U0089763

中國學術思想

研究輯刊

二一編

林慶彰 主編

第 2 冊

五德終始說研究

藏明 著

花木蘭文化出版社

國家圖書館出版品預行編目資料

五德終始說研究／藏明 著 -- 初版 -- 新北市：花木蘭文化出版
社，2015〔民104〕
目 4+264 面：19×26 公分
（中國學術思想研究輯刊 二一編：第2冊）
ISBN 978-986-404-041-4（精裝）
1.（周）鄒衍 2.中國哲學 3.陰陽家
030.8   103027144

ISBN-978-986-404-041-4

9 789864 040414

中國學術思想研究輯刊
二一編　第二冊　　　　　　ISBN：978-986-404-041-4

五德終始說研究

作　　者　藏　明
主　　編　林慶彰
總 編 輯　杜潔祥
副總編輯　楊嘉樂
編　　輯　許郁翎
出　　版　花木蘭文化出版社
社　　長　高小娟
聯絡地址　235 新北市中和區中安街七二號十三樓
　　　　　電話：02-2923-1455／傳眞：02-2923-1452
網　　址　http://www.huamulan.tw 信箱 hml 810518@gmail.com
印　　刷　普羅文化出版廣告事業
封面設計　劉開工作室
初　　版　2015 年 3 月
定　　價　二一編 27 冊（精裝）台幣 50,000 元
版權所有·請勿翻印

五德終始說研究

藏　明　著

作者簡介

藏明，山東煙臺人，歷史學博士，山東大學哲學博士後流動站博士後，現就職於邢臺學院法政學院，爲本專科生開設過《中國思想史》、《中國哲學史》、《中國傳統文化》、《旅行社經營與管理》等課程，主要從事中國史學、中國哲學的教學與研究，先後在《西北大學學報（哲學社會科學版）》、《中國礦業大學學報（哲學社會科學版）》、《華夏文化》、《管子學刊》、《科學·經濟·社會》、《明清海防研究》、《聊城大學學報（哲學社會科學版）》、《邢臺學院學報》、《衡水學院學報》等刊物上發表論文十餘篇，並參編《一本書讀懂中國哲學史》等書籍。

提　要

「陰陽家」是先秦時期重要的學術流派，司馬談在《論六家要指》中曾對陰陽五行學派的相關學說進行過論述，可見，該學派在當時有著較大的影響。陰陽之爲「家」始於鄒衍，鄒衍是陰陽學派的重要代表人物和學術集大成者。鄒氏的思想宏繁複雜，既有關於宇宙生成理論的五行相生說，又有相關的地理學理論——大小九州學說，還有陰陽主運說，而在鄒氏的眾多思想學說中，影響最大、流傳最廣的就是他的「五德終始說」。

從秦漢開始，「五德終始說」就成爲了歷代封建王朝的統治工具，歷代帝王都自稱「奉天承運皇帝」，就是宣稱他們是奉了天命，承接「五德終始」的秩序來統治人民的。可見，該理論學說的確在歷史上產生過一定的影響，而五德終始說則主要具有四層含義：其一，是歷史觀的意義；其二，是正統論的意義；其三，是政治上的意義；其四，是思想上的意義。學術界無論是對其歷史觀意義、正統論意義的研究，還是對其政治意義的研究，都有一定的學術成果。但對於五德終始說思想史意義的研究，卻略顯欠缺。一種學說一旦產生就不會停滯不前，而是會在諸多思想家的傳承下繼續向前發展，五德終始說也不例外。梁啓超、侯外廬、徐興無等學者就認爲，董仲舒、劉向對鄒衍的思想學說有所傳承，而他們所傳承的主要內容就是五德終始說。本文所要探討的重點就是五德終始說的產生，以及董仲舒、劉向對其的傳承與發展。

春秋戰國以來，陰陽觀念與五行觀念得到了長足的發展，它們由樸素的自然觀念發展成爲了具有抽象意義的哲學概念。特別是，隨著陰陽觀念與五行觀念的繼續發展，二者完成了合流，這爲五德終始說的形成奠定了相應的理論基礎。加之，戰國中期以後「造帝」運動盛行，這就爲五德終始說的形成提供了終極的理論目標——構建大一統的政權。最爲重要的是，鄒衍對儒家思孟學派的五行說、道家的自然觀，以及墨家、法家的相關理論進行了借鑒與吸納，使得五德終始說已經呼之欲出，尤其是燕昭王稱「北帝」的政治活動，直接促成了五德終始說的產生。五德終始說產生以後，並沒有停滯不前，董仲舒、劉向都從各自的時代背景出發，並結合自身的學術傳統，對五德終始說進行了繼承與發展。就董仲舒而言，其繼承了五德終始說中的「貴土」思想，並將土與忠、孝相聯繫，進而用於其宗法思想的構建。董仲舒還對五德終始說的自然之天理論進行了借鑒，並將其用於自身道德之天學說的構建。董仲舒同樣對五德終始說進行

了發展，其一，他將陰陽觀念、五行觀念引入社會控制領域，並引申出了「三綱」觀念與「五常」觀念，彌補了「五德終始說」缺乏社會控制的缺陷。其二，他以五德終始說爲藍本構建起了自身的「天人感應」學說，並對五德終始說的「符應」理論進行了初步的解釋。除此之外，董仲舒還在五德終始說的基礎上了構建起了自身的「三統說」。就劉向而言，其繼承了五德終始說中的政權轉移理論，進而認爲天命不拘於某朝某代，而是不斷更替變化的。劉向同樣對五德終始說有所發展。其一，他借鑒了五德終始說「符應」理論的框架，並吸納了董仲舒「天人感應」學說中的相關理論，進而構建起了自身的「災異學說」。第二，他發展了五德終始說以自然五行之間的生剋關係作爲政權轉移動因的理論，將自然之五行比附於人事，並認爲君王、大臣、女性等是促進歷史發展的重要因素，使五德終始說變的更加系統與全面。五德終始說是我國古代先哲們對歷史發展規律與歷史發展動因等問題進行思考的理論結晶，通過對五德終始說的研究，可以探尋出中國傳統文化所散發出的蓬勃發展的無窮生命力。

目

次

緒　論 ……………………………………………… 1

1.1 選題的意義 …………………………………… 1

1.2 選題的可行性 ………………………………… 2

1.3 研究現狀 ……………………………………… 4

1.4 本書的研究思路及方法 ……………………… 11

第一章　陰陽觀念與五行觀念的發展、合流 ……… 13

1.1 五行觀念的源起與發展 ……………………… 13

1.1.1 五行觀念的起源 ………………………… 13

1.1.2 五行的最初含義 ………………………… 19

1.1.3 五行觀念內在關係的變化 ……………… 22

1.1.4 五行理論模式的確立 …………………… 29

1.2 陰陽觀念的源起與發展 ……………………… 30

1.2.1 陰陽觀念的起源 ………………………… 30

1.2.2 陰陽觀念的發展與演變 ………………… 34

1.2.3 《黃老帛書》中的陰陽思想 …………… 40

1.2.4 陰陽觀念向其它領域的遷衍 …………… 48

1.3 陰陽觀念與五行觀念的合流 ………………… 49

第二章　鄒衍與五德終始說的形成 ……………… 53
　2.1　陰陽家與鄒衍 ……………………………… 53
　　2.1.1　陰陽家簡介 …………………………… 53
　　2.1.2　鄒衍的生平及其主要的學術思想 …… 56
　　2.1.3　五德終始說的主要內容及其特點 …… 60
　2.2　五德終始說對儒、道、墨、法等思想的借鑒與
　　　　吸納 …………………………………………… 68
　　2.2.1　五德終始說對儒家思想的借鑒與吸納 … 68
　　2.2.2　五德終始說對道家思想的借鑒與吸納 … 90
　　2.2.3　五德終始說對墨家、法家思想的借鑒與
　　　　　吸納 …………………………………… 96
　2.3　五德終始說的形成與影響 ………………… 99
　　2.3.1　鄒衍對五德終始說的構建 …………… 99
　　2.3.2　五德終始說的影響 ………………… 102

第三章　董仲舒對五德終始說的借鑒與創新 …… 105
　3.1　再論董仲舒思想體系中的天 ……………… 107
　　3.1.1　董仲舒道德之天的緣起 …………… 108
　　3.1.2　董仲舒思想體系中天的屬性 ……… 108
　　3.1.3　董仲舒對道德之天的構建 ………… 114
　　3.1.4　董仲舒道德之天的意義 …………… 131
　3.2　董仲舒的天人感應理論 …………………… 132
　　3.2.1　天人感應理論與五德終始說 ……… 133
　　3.2.2　天人感應理論產生的時代背景及其對
　　　　　五德終始說的借鑒 ………………… 138
　　3.2.3　董仲舒對天人感應理論的構建 …… 149
　　3.2.4　董仲舒天人感應理論的影響 ……… 155
　3.3　再論董仲舒的三統說 ……………………… 158
　　3.3.1　三統說與五德終始說的關係 ……… 159
　　3.3.2　關於三統的循環順序 ……………… 163
　　3.3.3　關於三統改制的問題 ……………… 165
　　3.3.4　關於三統更化的問題 ……………… 168
　　3.3.5　三統說的最終歸宿 ………………… 170

第四章　劉向對五德終始說的吸納與發展 ………… 175
　4.1 劉向的災異學說 ……………………………… 178
　　4.1.1 劉向災異學說形成的歷史原因 ………… 179
　　4.1.2 劉向災異學說的文本載體 ……………… 180
　　4.1.3 災異現象產生的原因 …………………… 182
　　4.1.4 災異現象消弭的方法 …………………… 186
　　4.1.5 劉向災異學說與董仲舒天人感應理論的
　　　　　異同 …………………………………… 189
　4.2 劉向的社會變異理論 ………………………… 191
　4.3 劉向對社會發展動因的闡釋 ………………… 194
　　4.3.1 百姓對社會發展所產生的影響 ………… 196
　　4.3.2 女性對社會發展所產生的影響 ………… 197
　　4.3.3 賢臣對社會發展所產生的影響 ………… 200
　　4.3.4 君王對社會發展所產生的影響 ………… 206
　　4.3.5 劉向思想學說的人文主義傾向 ………… 212
第五章　五德終始說的衰亡以及堯後火德說的
　　　　興起 ……………………………………… 215
　5.1 五德終始說衰亡的原因 ……………………… 215
　5.2 五德終始說與堯後火德說的異同 …………… 216
　5.3 堯後火德說的倡興 …………………………… 219
結　論 ……………………………………………… 221
附錄：人文學人──張豈之先生學術研究紀實 …… 227
　　　張豈之先生教育研究紀事 ………………… 247
參考文獻 …………………………………………… 257
後　記 ……………………………………………… 265

緒 論

1.1 選題的意義

1、選取「五德終始說」作為研究對象，具有一定的思想史意義。中國思想文化是數千年生生不息的中國文化的核心體現，是中華民族繁榮奮鬥的精神結晶。春秋戰國時期，思想界出現的「百家爭鳴」無疑是中國思想文化的大繁榮、大發展時期。諸子各家著書立傳、廣收門徒，用各種手段宣揚自己的理論和學說。儒、道等學派是學術界研究的寵兒，學術成果頗豐。但是，作為秦漢時期重要學派的陰陽家〔註1〕，並沒有得到學術界的足夠重視，特別是陰陽五行學派的集大成者鄒衍的思想更是很少有人去進行專門的論述。鄒氏的思想博大精深，尤其是他的「五德終始說」在戰國末年和秦漢時期都產生過巨大的影響，所以，選取「五德終始說」作為研究對象可以豐富中國思想史的研究內容。

2、張豈之教授言：「任何一種社會思潮和思想體系的產生都有社會歷史原因。〔註2〕」的確如此，五德終始說是戰國末年造帝運動的產物，有著極深的社會歷史根源，隨著歷史的發展，其也在逐漸發生著變化，董仲舒的「天人感應」理論、劉向的「災異學說」都是五德終始說同時代相結合的產物，

〔註1〕 司馬談在《論六家要指》中，曾把「陰陽家」列為六家之首。詳見：司馬遷撰《史記》卷一百三十，《太史公自序》，北京：中華書局 1959 年版，第 3288～3290 頁。

〔註2〕 張豈之主編《中國思想史・序》，西安：西北大學出版社 1993 年版，第 3 頁。

而五德終始說同樣對歷史的發展產生著影響。所以，選取「五德終始說」作為研究對象，可以探尋出社會思潮同社會歷史發展之間的互動關係。

3、「五德終始說」是我國古代先哲們對歷史發展規律與歷史發展動因等問題進行思考的理論結晶。五德終始說創造性的將自然的「五行」與人類社會的「五德」相結合，對歷史的發展做出了宏觀的規劃，體現出了張豈之教授所言的中國傳統文化中固有的「創造精神〔註 3〕」。所以，選取「五德終始說」作為研究對象，可以探尋出我國傳統文化所散發出來的時代精神。

1.2 選題的可行性

「五德終始說」主要具有四層含義。首先，是歷史觀的意義。五德終始說「在中國歷史上第一次比較明確地表達了人類歷史的發展遵循著一定的發展法則的思想。〔註 4〕」白壽彝教授認為：「鄒衍的五德終始說宣揚了命定論的理論，並把歷史看成是按照五行相勝的順序循環發展的。〔註 5〕」張豈之教授則明確指出：「鄒衍的五德終始說是一種歷史循環論，其在歷史上產生過較大的影響。〔註 6〕」

其次，是正統論的意義。歐陽修曾言：「故自秦推五勝，以水德自名，由漢以來有國者，未始不由於此說。〔註 7〕」王夫之也曾對五德正統之說進行過批判。〔註 8〕饒宗頤認為：「中國古代正統論的一個重要理論依據，就是鄒衍的五德終始說。〔註 9〕」蔣重躍則指出：「五德終始說具有為現實政治承接天命的作用，其是一種正統觀。〔註 10〕」可見，五德終始說是新王朝再受命的

〔註 3〕 張豈之著《中華人文精神》，西安：陝西人民出版社 2007 年版，第 222 頁。

〔註 4〕 龍佳解《論「五行」範式的演化、擴展和價值取向》，載《湖南大學學報（社會科學版）》2010 年第 1 期。

〔註 5〕 白壽彝著《中國史學史》（第一卷），上海：上海人民出版社 2006 年版，第 209 頁。

〔註 6〕 張豈之著《儒學・理學・實學・新學》，西安：陝西人民出版社 1991 年版，第 193～195 頁。

〔註 7〕 歐陽修著《正統論上》，載《歐陽修全集・居士集》卷十六，北京：中國書店出版社 1986 年版，第 117 頁。

〔註 8〕 王夫之著，舒士彥點校《讀通鑒論》卷末，《敘論一》，北京：中華書局 1975 年版，第 949 頁。

〔註 9〕 饒宗頤著《中國史學上之正統論》，上海：上海遠東出版社 1996 年版，第 74 頁。

〔註 10〕 蔣重躍《五德終始說與歷史正統觀》，載《南京大學學報（哲學、人文科學、

重要理論依據。所以，新朝代建立伊始，總會利用五德終始說來進行相應的政治文化建設。如：秦朝就依據五德終始說中的水德理論對旌旗的顏色、君王所乘車馬的數量、河流的名稱等做出了相應的規定。

　　再次，是政治上的意義。劉澤華教授認爲：「鄒衍的五德終始說把政治分爲五種類型，把過去的政治活動都收納進去了。〔註11〕」君王在改制的時候，往往會對五德終始說進行改造，並用其來裝點門面，進而強調新政的合法性。秦始皇在施政時就將法家思想融入到水德理論中；而漢武帝在改歷時則對三統說與五德終始說進行了雜糅。所以說，五德終始說「成功地論證了王朝更迭的合理性，這種理論作爲中國傳統政治文化的重要組成，在一定程度上鞏固了君主政治的政治一體化，保障了全社會的君主政治認同意識的內在穩定性，從而使得君主政治得以安然地渡過一次次的改朝換代而長期傳延下去。〔註12〕」

　　最後，是思想史上的意義。一種學說一旦產生就不會停滯不前，而是會在諸多思想家的傳承下繼續向前發展，五德終始說也不例外。著名學者梁啓超就認爲鄒衍、董仲舒、劉向三者之間的思想具有傳承性。〔註13〕侯外廬教授主編的《中國思想通史》也認爲：鄒衍的陰陽五行思想是儒家「思孟學派到董仲舒之流的陰陽儒家的中間環節。〔註14〕」張豈之教授則更明確的指出：「董仲舒對五德終始說有過借鑒與吸收。〔註15〕」的確如此，董仲舒和劉向通過繼承與發展五德終始說中的相關理論進而建構起了自身的思想體系，而董仲舒所構建的「三統說」、劉向、劉歆所構建的「堯後火德說」同樣對「五德終始說」有過借鑒。

　　無論是歷史觀的意義，還是正統論的意義，學術界對其都有一定的研究成

社會科學版）》2004年第2期。

〔註11〕劉澤華、葛荃著《中國古代政治思想史》，天津：南開大學出版社2001年版，第169頁。

〔註12〕劉澤華等著《中國傳統政治思維》，長春：吉林教育出版社1991年版，第219頁。

〔註13〕梁啓超《陰陽五行說之來歷》，載顧頡剛主編《古史辨》（第五冊），上海：上海古籍出版社1982年版，第353頁。

〔註14〕侯外廬主編《中國思想通史》（第一卷），北京：人民出版社1957年版，第646頁。

〔註15〕張豈之《眞孔子和假孔子》，載《西北大學學報（哲學社會科學版）》1978年第4期。

果，而關於政治上的意義，學術界的研究成果最爲豐富。〔註16〕但是，對於五德終始說思想史意義的研究，卻很少有著作去涉獵。本文以五德終始說的形成爲立足點，著眼於董仲舒、劉向對五德終始說的借鑒與發展，進而揭示五德終始說在思想史上的傳承過程，以及在不同時代所呈現出來的不同特點。

1.3 研究現狀

　　根據本書的研究內容，可以從以下幾個方面來考察本論題的研究現狀：

1.3.1 關於五德終始說的個案研究

　　以五德終始說作爲個案研究的學術著作並不多，主要有顧頡剛所著的《五德終始說下的政治和歷史》〔註17〕、趙紀彬所著的《陰陽五行學派的代表—鄒衍》〔註18〕、鄧福田所著的《「五德終始學說」簡論》〔註19〕、張偉偉所著的《五德終始說研究》〔註20〕、宮欣旺所著的《論「五德終始說」的政治意識形態意蘊及其功能》〔註21〕、章啓群所著的《兩漢經學觀念與占星

〔註16〕 學術界研究五德終始說與政治相結合的學術著作較多。如：顧頡剛所著的《五德終始說下的政治和歷史》，載《古史辯》（第五冊），上海古籍出版社 1982年版。楊向奎所著的《西漢經學與政治》，獨立出版社 2000 年版。張豈之主編的《中國思想學說史》（秦漢卷），廣西師範大學出版社 2008 年版。楊權所著的《新五德理論與西漢政治——「堯後火德說」考論》，中華書局 2006 年版。上述著作都對五德終始說在秦與西漢的實踐做過闡述。劉寶才所著的《水德與秦制》，載《西北大學學報（哲學社會科學版）》1986 年第 1 期。趙瀟所著的《論五德終始說在秦的作用和影響》，載《齊魯學刊》1994 年第 2 期。王紹東、白音查幹所著的《論秦始皇對五德終始說的改造》，載《人文雜誌》2003年第 6 期。上述著作都對五德終始說在秦的實踐做過詳細的論述。林劍鳴所著的《秦漢史》，上海人民出版社 1989 年版。王勇所著的《漢初文化軟實力思想與武帝太初改制》，載《求索》2010 年第 4 期。王永祥所著的《董仲舒評傳》，南京大學出版社 1995 年版。上述著作都對五德終始說在武帝朝的實踐做過論述。

〔註17〕 顧頡剛《五德終始說下的政治和歷史》，載顧頡剛主編《古史辯》（第五冊），上海古籍出版社 1982 年版，第 404～617 頁。

〔註18〕 趙紀彬《陰陽五行學派的代表——鄒衍》，載《中國哲學史研究》1985 年第 2期。

〔註19〕 鄧福田《「五德終始學說」簡論》，載《中國哲學史》1994 年第 1 期。

〔註20〕 張偉偉《五德終始說研究》，蘭州大學 2008 年碩士論文。

〔註21〕 宮欣旺《論「五德終始說」的政治意識形態意蘊及其功能》，載《中共銀川市委黨校學報》2007 年第 3 期。

學思想—鄒衍學說的思想史意義探幽》〔註22〕、趙玉瑾所著的《鄒衍及其學說簡論》〔註23〕、朱森縛所著的《試論陰陽五行家鄒衍及其學說》〔註24〕等。

　　在顧頡剛、張偉偉、鄧福田的著作中，所謂的「五德終始說」既包括鄒衍的五德終始說又包括劉向、劉歆的堯後火德說。相比之下，顧頡剛的《五德終始說下的政治和歷史》一文對五德終始說的論述則更為詳細，其對鄒衍五德終始說產生的條件以及時代背景、主要內容、在秦與西漢的實施、與三統說的關係等都進行了闡述。趙紀彬、趙玉瑾、朱森縛也都在各自的文章中對五德終始說的理論來源、主要內容、以及影響進行了簡要的論述。宮欣旺、章啟群雖然都以五德終始說作為研究對象，但是他們的論述重點並不在五德終始說本身。宮欣旺在研究中強調的是鄒衍五德終始說的政治影響，而章啟群在論述中強調的則是鄒衍學說對於兩漢經學的影響。

　　除了上述的個案研究外，也有一些著作對五德終始說進行了較為詳細的論述。杜國庠所著的《陰陽五行思想和易傳思想》〔註25〕一文對五德終始說的主要內容、理論來源進行了論述，並認為其是一種循環的命定論。錢穆所著的《鄒衍考》〔註26〕一文對鄒衍的生平、著述進行了考辨，其中也有關於五德終始說的論述。金德建所著的《論鄒衍的著述和學說》〔註27〕一文搜集了有關鄒衍五德終始說的殘存資料，並介紹了五德終始說的流傳及影響。葛志毅所著的《鄒衍學說發微》〔註28〕一文對五德終始說進行了較為詳細的論述，並認為《鬼谷子‧捭闔》所載的關於「陰陽終始」的論述，同樣是鄒衍五德之說的遺存。

〔註22〕　章啟群《兩漢經學觀念與占星學思想——鄒衍學說的思想史意義探幽》，載《哲學研究》2009 年第 3 期。

〔註23〕　趙玉瑾《鄒衍及其學說簡論》，載《齊魯學刊》1985 年第 1 期。

〔註24〕　朱森縛《試論陰陽五行家鄒衍及其學說》，載《貴州社會科學》1980 年第 3 期。

〔註25〕　杜國庠《陰陽五行思想和易傳思想》，載杜國庠文集編輯小組主編《杜國庠文集》，北京：人民出版社 1962 年版，第 244～257 頁。

〔註26〕　錢穆《鄒衍考》，載錢穆著《先秦諸子繫年考辨》，上海：上海書店 1992 年版，第 401～406 頁。

〔註27〕　金德建《論鄒衍的著述和學說》，載金德建著《司馬遷所見書考》，上海：上海人民出版社 1963 年版，第 264～271 頁。

〔註28〕　葛志毅《鄒衍學說發微》，載葛志毅著《譚史齋論稿續編》，黑龍江人民出版社 2004 年版，第 324～337 頁。

王夢鷗所著的《鄒衍遺說考》〔註29〕一書對鄒衍的月令思想、五德終始說、地理學說進行了論述，而五德終始說則是論述的重點，其中既包括了五德終始說的理論來源、又包括了五德終始說形成的時代背景及內容。孫開泰所著的《鄒衍與陰陽五行》〔註30〕一書是一本關於鄒衍的傳記，其對鄒衍的五德終始說也進行了重點的介紹，對五德終始說特點以及影響的論述頗有新意。

孟祥才、胡新生主編的《齊魯思想文化史～從地域文化到主流文化》一書，對五德終始說的理論結構以及歷史影響，進行了較爲詳細的論述。〔註31〕白奚所著的《稷下學研究》〔註32〕一書專列一章對鄒衍的學說進行了介紹，並探討了鄒衍五德終始說與《黃帝四經》和《管子》之間的關係。黃磊所著的《歷史循環論和其他》〔註33〕一文從歷史循環論的視角對五德終始說進行了剖析。鄺芷人所著的《陰陽五行及其體系》〔註34〕、呂思勉所著的《先秦學術概論》〔註35〕等也都對五德終始說進行了論述。

除此之外，一般思想史、哲學史的著作都會對五德終始說做相應的論述。馮友蘭所著的《中國哲學史》上冊〔註36〕、侯外廬主編的《中國思想通史》第一卷〔註37〕、張豈之主編的《中國思想學說史》先秦卷〔註38〕、葛兆光所著的《中國思想史》第一卷〔註39〕、張立文、陸玉林所著的《中國學術通史》

〔註29〕 王夢鷗著《鄒衍遺說考》，臺北：商務印書館中華民國55年版，第52～74頁。

〔註30〕 孫開泰著《鄒衍與陰陽五行》，濟南：山東文藝出版社2004年版，第88～105頁。

〔註31〕 孟祥才、胡新生主編《齊魯思想文化史～從地域文化到主流文化》（先秦秦漢卷），濟南：山東大學出版社2002年版，第320～344頁。

〔註32〕 白奚著《稷下學研究·中國古代的思想自由與百家爭鳴》，北京：生活·讀書·新知三聯書店1998年版，第253～274頁。

〔註33〕 黃磊《歷史循環論和其他》，復旦大學2008年博士論文。

〔註34〕 鄺芷人著《陰陽五行及其體系》，臺北：文津出版社中華民國81年版，第58～64頁。

〔註35〕 呂思勉著《先秦學術概論》，上海：東方出版中心2008年版，第100～103頁。

〔註36〕 馮友蘭著《中國哲學史》（上冊），上海：華東師範大學出版社2008年版，第123～129頁。

〔註37〕 侯外廬主編《中國思想通史》（第一卷），北京：人民出版社1957年版，第645～656頁。

〔註38〕 張豈之主編《中國思想學說史》（先秦卷），桂林：廣西師範大學出版社2008年版，第28～29頁。

〔註39〕 葛兆光著《中國思想史》（第一卷），上海：復旦大學出版社2004年版，第128～143頁。

先秦卷〔註40〕、徐復觀所著的《兩漢思想史》第二卷〔註41〕等中都有關於五德終始說的論述。

與此同時，國外的一些學者也對五德終始說做過相關的研究，而他們的視角往往較爲獨特。史華慈所著的《古代中國的思想世界》〔註42〕一書就利用列維·斯特勞斯的結構人類學理論，把鄒衍五德終始說看成是自然的五行與人類社會的五德相結合的產物。李約瑟所著的《中國古代科學思想史》〔註43〕一書則用相關的化學知識來闡釋鄒衍的五德終始說。葛瑞漢所著的《陰陽與關聯思維的本質》〔註44〕一文用獨特的五行相勝、相剋圖來論述鄒衍的五德終始說。井上聰所著的《先秦陰陽五行》〔註45〕一書則用「三合理論」來解釋鄒衍五德終始說中的相勝理論。金谷治所著的《鄒衍的思想》〔註46〕一文對五德終始說的流傳與發展進行了考辨，並將鄒衍的「大小九州」學說視爲是五德終始說在時空領域延伸。

1.3.2 關於五德終始說理論來源的研究

大多數的學者都認爲，戰國中期之前的陰陽五行思想是五德終始說基本的理論來源。如：梁啓超所著的《陰陽五行說之來歷》〔註47〕、馮友蘭所著的《中國哲學史》上冊〔註48〕、張立文、陸玉林所著的《中國學術通史》先

〔註40〕　陸玉林著《中國學術通史》（先秦卷），北京：人民出版社 2004 年版，第 357 ～370 頁。

〔註41〕　徐復觀著《兩漢思想史》（第二卷），上海：華東師範大學出版社 2004 年版，第 3～8 頁。

〔註42〕　【美國】本傑明·史華慈著，程鋼譯，劉東校《古代中國的思想世界》，南京：江蘇人民出版社 2007 年版，第 378～389 頁。

〔註43〕　【英國】李約瑟著，陳立夫譯《中國古代科學思想史》，南昌：江西人民出版社 2006 年版，第 295～304 頁。

〔註44〕　【英國】葛瑞漢《陰陽與關聯思維的本質》，載艾蘭、汪濤、范毓周主編《中國古代思維模式與陰陽五行說探源》，南京：江蘇古籍出版社 1998 年版，第 1～58 頁。

〔註45〕　【日本】井上聰著《先秦陰陽五行》，武漢：湖北教育出版社 1997 年版，第 219～228 頁。

〔註46〕　【日本】金谷治《鄒衍的思想》，載馬振鐸、袁爾鉅主編《日本學者論中國哲學史》，北京：中華書局 1986 年版，第 138～152 頁。

〔註47〕　梁啓超《陰陽五行說之來歷》，載顧頡剛主編《古史辯》（第五冊），上海古籍出版社 1982 年版，第 343～363 頁。

〔註48〕　馮友蘭著《中國哲學史》（上冊），上海：華東師範大學出版社 2008 年版，第 123～129 頁。

秦卷〔註49〕。

除此之外，也有一些著作對五德終始說具體的理論來源進行了研究。

（1）來源於儒家思想：持這種觀點的著述主要有：顧頡剛所著的《五德終始說下的政治和歷史》〔註50〕、范文瀾所著的《與頡剛論五行說的起源》〔註51〕、童書業所著的《五行說起源的討論》〔註52〕、侯外廬主編的《中國思想通史》第一卷〔註53〕、楊榮國所著《中國古代思想史》〔註54〕。

（2）來源於墨家思想：持這種觀點的著述主要有：范毓周所著《「五行說」起源考論》〔註55〕、李漢三所著的《先秦兩漢之陰陽五行學說》〔註56〕。

（3）來源於道家思想：持這種觀點的著述主要有：謝扶雅所著的《田駢與鄒衍》〔註57〕、陳槃所著的《寫在〈五德終始說下的政治和歷史〉之後》〔註58〕、孫開泰所著的《鄒衍與陰陽五行》〔註59〕、白奚所著的《稷下學研究》〔註60〕。

（4）來源於其它思想：饒宗頤所著的《中國史學上之正統論》〔註61〕

〔註49〕 陸玉林著《中國學術通史》（先秦卷），北京：人民出版社2004年版，第357～370頁。

〔註50〕 顧頡剛《五德終始說下的政治和歷史》，載顧頡剛主編《古史辯》（第五冊），上海：上海古籍出版社1982年版，第404～617頁。

〔註51〕 范文瀾《與頡剛論五行說的起源》，載顧頡剛主編《古史辯》（第五冊），上海：上海古籍出版社1982年版，第640～649頁。

〔註52〕 童書業《五行說起源的討論》，載顧頡剛主編《古史辯》（第五冊），上海：上海古籍出版社1982年版，第660～669頁。

〔註53〕 侯外廬主編《中國思想通史》（第一卷），北京：人民出版社1957年版，第645～656頁。

〔註54〕 楊榮國著《中國古代思想史》，北京：人民出版社1973年版，第171～174頁。

〔註55〕 范毓周《「五行說」起源考論》，載艾蘭、汪濤、范毓周主編《中國古代思維模式與陰陽五行說探源》，南京：江蘇古籍出版社1998年版，第118～133頁。

〔註56〕 李漢三著《先秦兩漢之陰陽五行學說》，臺北：維新書局中華民國57年版，第26～28頁。

〔註57〕 謝扶雅《田駢與鄒衍》，載顧頡剛主編《古史辯》（第五冊），上海：上海古籍出版社1982年版，第728～745頁。

〔註58〕 陳槃《寫在〈五德終始說下的政治和歷史〉之後》，載顧頡剛主編《古史辯》（第五冊），上海：上海古籍出版社1982年版，第649～660頁。

〔註59〕 孫開泰著《鄒衍與陰陽五行》，濟南：山東文藝出版社2004年版，第122～127頁。

〔註60〕 白奚著《稷下學研究·中國古代的思想自由與百家爭鳴》，北京：生活·讀書·新知三聯書店1998年版，第253～274頁。

〔註61〕 饒宗頤著《中國史學上之正統論》，上海：上海遠東出版社1996年版，第16

一書認為，《孫臏兵法・地葆》中「五壤相勝」理論與五德終始說之間存在著莫大的聯繫。胡克森所著的《從五行說到鄒衍五德終始說理論的中間環節》〔註62〕一文認為，鄒衍五德終始說的理論來源為春秋末年晉國史官史墨的政權相勝理論，以及老子「德」的概念。

劉毓璜所著的《先秦諸子初探》〔註63〕一書認為，鄒衍的五德終始說是《管子》五行說的變形表現。王玨、胡新生所著的《論鄒衍五德終始說的思想淵源》〔註64〕認為前兆迷信是鄒衍五德終始說的主要理論來源。

趙瀟所著的《論五德終始說在秦的作用和影響》〔註65〕則認為鄒衍五德終始說的理論來源於秦的五行文化。秦彥士所著的《諸子學與先秦社會》〔註66〕一書認為「五德終始說」是由曆法建正、立閏朔的終始推衍而來的。

孟祥才、胡新生主編的《齊魯思想文化史——從地域文化到主流文化》〔註67〕一書，對諸家觀點進行了總結和歸納，並認為五德終始說主要有三個理論來源：一、古老的陰陽、五行生剋觀念；二、古老的天文曆法與傳統的四時教令思想；三、古老的自然與政事相比附的天人相與學說。

劉澤華教授曾言：「戰國末年的諸子百家都參與了『五德終始』的再創造；陰陽家也吸收了諸子之學。〔註68〕」的確如此，儒、道、墨、法等學派都對五德終始說的構建做出過貢獻，上述的研究或基於一點或基於一面，沒有綜合的去考慮鄒衍五德終始說的理論來源。

1.3.3 關於董仲舒、劉向對五德終始說的繼承與發展，以及五德終始說與三統說相互關係的研究

就董仲舒、劉向對五德終始說的繼承與發展而言，侯外廬主編的《中國思

～23 頁。
〔註62〕胡克森《從五行說到鄒衍五德終始說理論的中間環節》，載《北京行政學院學報》2010 年第 1 期。
〔註63〕劉毓璜著《先秦諸子初探》，南京：江蘇人民出版社 1984 年版，第 345 頁。
〔註64〕王玨、胡新生《論鄒衍五德終始說的思想淵源》，載《理論學刊》2006 年第 12 期。
〔註65〕趙瀟《論五德終始說在秦的作用和影響》，載《齊魯學刊》1994 年第 2 期。
〔註66〕秦彥士著《諸子學與先秦社會》，石家莊：河北人民出版社 2003 年版，第 94 頁。
〔註67〕孟祥才、胡新生主編《齊魯思想文化史～從地域文化到主流文化》（先秦秦漢卷），濟南：山東大學出版社 2002 年版，第 320～344 頁。
〔註68〕劉澤華著《中國的王權主義》，上海：上海人民出版社 2000 年版，第 135 頁。

想通史》第二卷〔註69〕、張豈之所著的《眞孔子和假孔子》〔註70〕、孫開泰所著的《鄒衍與陰陽五行》〔註71〕、卿希泰、唐大潮所著的《道教史》〔註72〕都認爲董仲舒對鄒衍的五德終始說有過借鑒，但是並沒有展開論述。

池田知久所著的《中國古代的天人相關論－董仲舒的情況》〔註73〕、徐復觀所著的《兩漢思想史》第二卷〔註74〕、金春峰所著的《漢代思想史》〔註75〕、陳榮捷編著的《中國哲學文獻選編》〔註76〕、王永祥所著的《董仲舒評傳》〔註77〕、周桂鈿所著的《五行論》〔註78〕、鄭明璋所著的《論董仲舒與陰陽五行學說的政治化》〔註79〕都對董仲舒的陰陽五行思想做過論述，但是，並沒有論述董仲舒是如何對鄒衍陰陽五行思想進行發展的。

徐興無所著的《劉向評傳》〔註80〕、吳全蘭所著的《劉向哲學思想研究》〔註81〕、王繼訓所著的《劉向陰陽五行學說初探》〔註82〕都對劉向的陰陽五行學說進行了論述，但並沒有論述劉向是如何借鑒與發展五德終始說的。

就五德終始說與三統說的相互關係而言，顧頡剛所著的《五德終始說下

〔註69〕 侯外盧主編《中國思想通史》（第二卷），北京：人民出版社1957年版，第84～115頁。

〔註70〕 張豈之《眞孔子和假孔子》，載《西北大學學報（哲學社會科學版）》1978年第4期。

〔註71〕 孫開泰著《鄒衍與陰陽五行》，濟南：山東文藝出版社2004年版，第136頁。

〔註72〕 卿希泰、唐大潮著《道教史》，北京：中國社會科學出版社1994年版，第12頁。

〔註73〕 【日本】池田知久《中國古代的天人相關論——董仲舒的情況》，載溝口雄三、小島毅主編，孫歌等譯《中國的思維世界》，南京：江蘇人民出版社2006年版，第46～97頁。

〔註74〕 徐復觀著《兩漢思想史》（第二卷），上海：華東師範大學出版社2004年版，第182～270頁。

〔註75〕 金春峰著《漢代思想史》，北京：中國社會科學出版社2006年版，第121～180頁。

〔註76〕 【美國】陳榮捷編著，楊儒賓等譯《中國哲學文獻選編》，南京：江蘇教育出版社2006年版，第248～261頁。

〔註77〕 王永祥著《董仲舒評傳》，南京：南京大學出版社1995年版，第244～275頁。

〔註78〕 周桂鈿《五行論》，載《福建論壇（文史哲版）》1997年第1期。

〔註79〕 鄭明璋《論董仲舒與陰陽五行學說的政治化》，載《管子學刊》2006年第4期。

〔註80〕 徐興無著《劉向評傳》，南京：南京大學出版社2005年版，第283～306頁。

〔註81〕 吳全蘭著《劉向哲學思想研究》，北京：中國社會科學出版社2007年版，第113～127頁。

〔註82〕 王繼訓《劉向陰陽五行學說初探》，載《孔子研究》2002年第1期。

的政治和歷史》〔註83〕、顧頡剛所著的《中國上古史研究講義》〔註84〕、楊向奎所著的《西漢經學與政治》〔註85〕、關口順所著的《董仲舒的氣的思想》〔註86〕都對三統說的主要內容及其特點做過論述。

　　錢穆所著的《評顧頡剛〈五德終始說下的政治和歷史〉》〔註87〕、雷家驥所著的《兩漢至唐初的歷史觀念與意識》〔註88〕、范立舟所著的《陰陽五行與中國傳統歷史觀念》〔註89〕、王愛和所著的《五行之相剋相生與秦漢帝國的形成》〔註90〕都對五德終始說與三統說的關係進行過簡要的論述。但是，這些著作在討論二者之間的關係時，往往把視角集中在了三統說對五德說的截取、相勝與相生的關係等問題上，而其它方面並沒有進行深入闡述。

1.4　本書的研究思路及方法

　　研究思路：本文的研究思路是以五德終始說的產生以及傳承為線索的。

　　就產生而言，以五德終始說的理論來源作為出發點，進而概括出諸家對五德終始說形成所起到的作用。

　　就傳承而言，以董仲舒與劉向對五德終始說的繼承和發展作為論述點。

　　研究方法：一、歷史與邏輯統一的方法：本文立足於五德終始說演變的整個歷程，同時注意揭示不同發展階段中的邏輯必然性。本文還借鑒了列維—斯特勞斯的結構主義方法，首先在整體上揭示研究對象種種差異中不變的結

〔註83〕顧頡剛《五德終始說下的政治和歷史》，載顧頡剛主編《古史辯》（第五冊），上海：上海古籍出版社 1982 年版，第 404～617 頁。

〔註84〕顧頡剛著《中國上古史研究講義》，北京：中華書局 2009 年版，第 124～125 頁。

〔註85〕楊向奎著《西漢經學與政治》，臺北：獨立出版社 2000 年版，第 44 頁。

〔註86〕【日本】關口順《董仲舒的氣的思想》，載小野澤精一、福永光司、山井湧主編，李慶譯《氣的思想～中國自然觀與人的觀念的發展》，上海：上海人民出版社 2007 年版，第 150～167 頁。

〔註87〕錢穆《評顧頡剛〈五德終始說下的政治和歷史〉》，載顧頡剛主編《古史辯》（第五冊），上海：上海古籍出版社 1982 年版，第 617～631 頁。

〔註88〕雷家驥著《兩漢至唐初的歷史觀念與意識》，北京：書目文獻出版社 1987 年版，第 38～39 頁。

〔註89〕范立舟《陰陽五行與中國傳統歷史觀念》，載《管子學刊》1997 年第 2 期。

〔註90〕王愛和《五行之相剋相生與秦漢帝國的形成》，載艾蘭、汪濤、范毓周主編《中國古代思維模式與陰陽五行說探源》，南京：江蘇古籍出版社 1998 年版，第 386～401 頁。

構，然後建構出這種結構的形成歷程，即結構顯現—邏輯建構—歷史追溯。

　　二、綜合運用比較、歸納、分析等方法：比如：通過對五德終始說內容的分析，歸納其主要特點，通過比較三統說與五德終始說，進而總結出它們之間的借鑒關係。

　　三、思想史與社會史相結合的研究方法：「思想史係以社會史爲基礎而遞變其形態。〔註91〕」通過對戰國末年社會狀況的研究，力圖揭示出五德終始說產生的相關社會原因。通過對西漢社會狀況的分析，去探尋五德終始說變化與發展的社會和歷史依據。

〔註91〕侯外廬主編《中國思想通史》（第一卷），北京：人民出版社1957年版，第28頁。

第一章　陰陽觀念與五行觀念的發展、合流

　　「陰陽五行」是國人的思維律。〔註1〕陰陽觀念側重於對不同事物的不同屬性或同一事物的正反兩方面進行論述；而五行觀念則對不同事物的屬性進行甄別，並對相同屬性的事物進行了歸類，陰陽與五行所涉及的對象，既可以是具體的客觀事物，又可以是抽象的觀念，或是動態的程序。起初，二者是各自發展，並行不悖的。但是，隨著陰陽觀念由自然領域向其它領域的遷衍，五行觀念所涵蓋範圍的逐漸擴大，陰陽、五行漸趨合流，並成爲中國傳統文化的重要組成部分。至於陰陽、五行形成的時間先後，由於二者的源起都與原始的農業生產、文化、藝術關係密切，所以，難以斷定陰陽、五行產生的孰先孰後。而且，「陰陽」與「五行」的含義是在不斷發生變化的，由自然物上昇爲解釋自然現象與人事現象的定律與法則，其發展變化的歷程是複雜、交錯的，所以，很難用例如春秋、戰國等時間節點，來界定某個時間段「陰陽」、「五行」的具體含義。

1.1 五行觀念的源起與發展

1.1.1 五行觀念的起源

　　「五行觀念」是中國傳統思想文化中極爲重要的概念。顧頡剛曾言：「『五行』是中國人宇宙信仰的核心觀念；二千多年來，其一直對中國的思

〔註 1〕　詳見：宋玉波、朱丹瓊《陰陽五行說的發展演變與中華民族思維方式的基本形成》，載《管子學刊》2011 年第 2 期。

想文化產生著影響。〔註2〕」不僅如此,「五行還滲透到了中國傳統學術的諸多方面,大到政治、宗教、天文、曆法、小到堪輿、占卜、以至醫學,兵學、都能看到五行說的影子。無論是士大夫的思維方式,還是常人的信仰觀念,都受到了五行學說的影響。〔註3〕」可見,五行觀念對中國的思想和文化產生了深遠的影響。關於五行學說的起源也是眾說紛紜,大致可以分為以下幾個觀點。

1、五行觀念起源於原始居民的日常生活。胡適認為:「五行一說大概是古代民間常識裏的一個觀念。古印度人有地、火、水、風,名為『四大』。古希臘人也認為水、火、土、氣為四種原質。〔註4〕」齊思和也認為:「五行觀念起初並不具備玄妙的哲理,只是源於先民的日常生活。〔註5〕」呂思勉則認為:「五行者:一曰水,二曰火,三曰木,四曰金,五曰土。此蓋民用最切之物〔註6〕」。

2、五行觀念起源於先民的圖騰崇拜、占卜、祭天。有的學者考證後認為:「五行源遠流長。在它的源頭上,『樸素的唯物主義』還沒有誕生。五行起源於上古時代『萬物有靈』,圖騰觀念和祖先崇拜。〔註7〕」有的學者則認為:「五行起源於古人的占卜活動,『殷人實以卜五龜為多。』五龜遂成為五行觀念的源頭。〔註8〕」有的學者還認為:五行觀念起源於殷代的祭星郊禮,其言:「商人在祭星火交天的活動中,自然方位成了最重要的一個具有特殊意義的象徵。『五帝』思想,是結合了東、西、南、北、中的概念而產生的。我們從卜辭所見『凡丘』之祭典,知其也應屬於『設丘兆於南郊』祭天禮的同一範疇。

〔註2〕 顧頡剛《五德終始說下的政治和歷史》,載顧頡剛主編《古史辨》(第五冊),上海:上海古籍出版社 1982 年版,第 404 頁。

〔註3〕 齊思和《五行說之起源》,載齊思和著《中國史探研》,石家莊:河北教育出版社 2003 年版,第 294 頁。

〔註4〕 胡適著《中國中古思想史長編》,合肥:安徽教育出版社 2006 年版,第 127 頁。

〔註5〕 齊思和《五行說之起源》,載齊思和著《中國史探研》,石家莊:河北教育出版社 2003 年版,第 294 頁。

〔註6〕 呂思勉著《先秦學術概論》,上海:東方出版中心 2008 年版,第 5 頁。

〔註7〕 臧振《略論五行思想的起源、演變與影響》,載《陝西師範大學成人教育學院學報》1999 年第 3 期。

〔註8〕 饒宗頤著《殷代貞卜人物通考》,載饒宗頤著《饒宗頤二十世紀學術文集》(第二冊),卷二《甲骨》,臺北:新文豐出版股份有限公司中華民國 92 年版,第 69 頁。

所以說，在商代卜辭中，已經有了五行觀念的最初雛形。〔註9〕」

　　3、五行觀念起源於先民的農業生產。馮友蘭就認為：「五行即為自然界的金，木，水，火，土的物質。〔註10〕」先民們用這五種物質來進行農業生產，並從實際的農業生產中逐漸認識到了五行之間所存在的生剋關係，樹木可以燃燒，即為木生火；水可以澆滅火焰，即水剋火。〔註11〕在進行農業生產時同樣需要相關的工具「五行的起源與古代農業生產活動中的治土、治水、治火、治木、治金等密切相關。〔註12〕」的確如此，在歷史文獻中，我們也可以找到相關的記載。古人把「治土」、「治水」、「治火」、「治木」、「治金」這五項生產活動稱為「五工」，並為它們配上了五種官職，稱為「五行之官」，即「（木）勾芒」、「（火）祝融」、「（金）蓐收」、「（水）玄冥」、「（土）后土」。而且，還將「五官」「實列受氏姓，封為上公，祀為貴神。」〔註13〕

　　《左傳・昭公二十九年》中關於對五官的「祭祀」，齊思和認為：「原始五行說，由五種實物，寢假而興五行之祀，已漸有神秘意味。〔註14〕」徐復觀認為：「按依蔡墨所說的原文，社稷五祀，分明是對於主管木、火、金、水、土、稷的幾個成績特別好，有功德於民的幾位好官員，死後加以祭祀，這種死後的祭祀，與生前的『列受氏姓，封為上公』，同樣是崇德報功德意思，與天神地祇毫無關係。而此處的五行，都是民生不可缺少的實物，與稷是民生不可缺少的實物，完全是一樣的。並沒有把五行當作五種天神。〔註15〕」正如徐復觀所言，《左傳》此處的「社稷五祀」，雖然有祭祀之意，但是其仍立足於農業生產之五行。可見，五行的起源與農業生產有著密切的關係。

　　4、五行觀念起源於商代四方、五方的觀念。〔註16〕胡厚宣認為：「五行

〔註9〕　沈建華《從殷代祭星郊禮論五行起源》，載艾蘭、汪濤、范毓周主編《中國古代思維模式與陰陽五行說探源》，南京：江蘇古籍出版社1998年版，第303頁。

〔註10〕馮友蘭著《中國哲學史新編》（上冊），人民出版社1998年版，第82～83頁。

〔註11〕林德宏主編《中國典籍精華叢書》，北京：中國青年出版社2000年版，第33頁。

〔註12〕池萬興著《管子研究》，北京：高等教育出版社2004年版，第225頁。

〔註13〕洪亮吉撰，李解民點校《春秋左傳詁》卷十八，《左傳・昭公二十九年》，北京：中華書局1987年版，第794頁。

〔註14〕齊思和《五行說之起源》，載齊思和著《中國史探研》，石家莊：河北教育出版社2003年版，第298頁。

〔註15〕徐復觀《陰陽五行及其有關文獻的研究》，載徐復觀著《中國思想史論集續編》，上海：上海書店出版社2005年版，第18頁。

〔註16〕有的學者對此種觀點進行了反駁，並認為：「遍檢殷墟出土的現尚存世的十餘

觀念起源於商代的四方之說。〔註17〕」龐樸在對甲骨文中「商」與「四土」受年的卜辭進行分析後認爲：「殷人已具有了五方觀念，五方觀念是以五作爲基數的方位系統，五行就是從這種系統衍伸而來。〔註18〕」郭沫若同樣認爲：「五行觀念起源自殷代的五方觀念。〔註19〕」

5、五行觀念源於天上的星宿。〔註20〕劉起釪認爲：「五行觀念源於天上五星的運行。所謂的『五星』即爲：辰星、太白、熒惑、歲星、土眞星等，天上的五星運動與地上的五材相結合，進而形成了金、木、水、火、土的五行。〔註21〕」王夢鷗則認爲：五行之名「是起於最常被注意的五個星氣，亦即肉眼所能看到的星光顏色。古老一輩的占星家用其日常生活經驗來與星氣相比類，其色蒼者謂之木星、其色赤者謂之火星、其色黃者謂之土星、其色白者謂之金星、其色黑者謂之水星。唯此五星，只要肉眼稍稍留意，便能覺察其『伏見有時』，而是『行』的。這種五行星名，當是較古的名稱，然後又轉用這種名稱來做人們生活資料的類名。〔註22〕」

6、關於五行觀念起源的其它觀點。陳夢家認爲：「五行的起源與殷代的

萬片甲骨文資料，很難找到『五行說』形成後的各種以『五』爲基礎的詞語或名稱。因此，五行觀念源於商代五方說的論斷難以成立。」詳見：范毓周《「五行說」起源考論》，載艾蘭、汪濤、范毓周主編《中國古代思維模式與陰陽五行說探源》，江蘇古籍出版社1998年版，第120頁。而陳夢家卻認爲：「商人把五當作小單位來計數，甲骨文中似乎已經存在『五『的觀念。」詳見：《殷虛卜辭綜述》，中華書局1988年版，第113頁。即便殷商時期已經出現了「五方」觀念，但五行說是否起源於五方觀念，卻難有確切的定論。

〔註17〕 胡厚宣在《甲骨文四方風名考》，載齊魯大學國學研究所，《責善半月刊》1941年12月2卷第19期、《論殷代五方觀念及中國稱謂之起源》，載《甲骨文商史論叢》初集第二冊、《釋殷代求年於四方和四方風的祭祀》，載《復旦學報（人文社科）》1956年第1期，等文章中都有關於五行說起源於商代四方觀念的論述。

〔註18〕 龐樸《陰陽五行探源》，載《中國社會科學》1984年第3期。

〔註19〕 郭沫若著《中國古代社會研究》，北京：人民出版社1977年版，第105頁。

〔註20〕 徐復觀對此種觀點進行了反駁，其通過考證《周易》、《呂氏春秋·十二紀》、《史記·天官書》等史籍，認爲「把五行說成天上的五星，乃是漢初所演出，所以，五行觀念的演變與古代天文家無關。」詳見：《陰陽五行及其有關文獻的研究》，載《中國思想史論集續編》，上海書店出版社2005年版，第49～50頁。

〔註21〕 劉起釪《五行原始意義及其紛歧蛻變大要》，載艾蘭、汪濤、范毓周主編《中國古代思維模式與陰陽五行說探源》，南京：江蘇古籍出版社1998年版，第133～160頁。

〔註22〕 王夢鷗著《鄒衍遺說考》，臺北：商務印書館中華民國55年版，第13頁。

『改火』有著密切的關係。『改火』又稱『五火』，其是指不同的季節分鑽不同樹木以爲火。殷代卜辭中關於『五火』的記錄代表了一種民族傳統，可以表明五行的起源。〔註23〕」謝松齡認爲：「五行起源於古代國人對心靈生生不息湧動的體驗。這種體驗是神秘的、非邏輯的、非語言的，只能由個體『洞悟』。〔註24〕」可見，謝氏的觀點認爲，五行起源的過程就像藝術家的靈感一樣，是難以用語言表達的。有的學者則認爲：「五行觀念的起源是基於社會生活的循環現象。四時、五方、五色、五德等五元素的相生相剋，產生無窮的變化和發展，也是循環而不是靜止的。正是這些現象的循環往復，轉化發展，導致了五行思想的產生。〔註25〕」還有的學者還把五行的起源與古代曆法相聯繫，並認爲「五行學說起源於曆法月令制度，曆法月令系統不僅是五行說的結構原型，其還是五行說發展的推動力。〔註26〕」

　　上述的觀點都有相關的文獻與理論作爲依據，各有所長。但他們好像都忽略了一個重要的線索，那就是「五」與「行」的原始文字。「五」與「行」爲什麼會結合到一起，五行究竟起源於何處，我們似乎可以從「五行」的原始字形中找到答案。就「五」而言，甲骨文中「五」的字形爲：「Ⅹ」〔註27〕、金文中「五」的字形爲：「Ⅹ」〔註28〕，《說文解字》言「五」：「五行也。從二，陰陽在天地間交午也。〔註29〕」而且，有的學者對「五」的甲骨文、金文字形進行分析後認爲：「Ⅹ象交錯形，二謂在物之間也。當以交錯爲本義。〔註30〕」可見，交錯、縱橫可能是「五」的最初含義。就「行」而言，甲骨文中「行」的字形爲：「朴」〔註31〕、金文中「行」的字形爲：「朴」〔註32〕，羅振玉通過考釋認爲：「朴象四達之衢，人所行也。〔註33〕」可見，

〔註23〕陳夢家《五行之起源》，載《燕京學報》1938年第24期。
〔註24〕謝松齡著《天人象：陰陽五行學說史導論》，濟南：山東文藝出版社1989年版，第31頁。
〔註25〕【日本】井上聰著《先秦陰陽五行》，武漢：湖北教育出版社1997年版，第7頁。
〔註26〕劉宗迪《五行說考源》，載《哲學研究》2004年第4期。
〔註27〕劉興隆主編《新編甲骨文字典》，北京：國際文化出版公司1993年版，第945頁。
〔註28〕陳初生主編《金文常用詞典》，西安：陝西人民出版社1987年版，第1044頁。
〔註29〕許慎著，班吉慶、王劍、王華寶點校《說文解字校訂本》卷十四下，南京：鳳凰出版社2004年版，第430頁。
〔註30〕朱芳圃著《殷周文字釋叢》，北京：中華書局1962年版，第127頁。
〔註31〕劉興隆主編《新編甲骨文字典》，北京：國際文化出版公司1993年版，第103頁。
〔註32〕陳初生主編《金文常用詞典》，西安：陝西人民出版社1987年版，第212頁。

前行、行進可能是「行」的最初含義。〔註 34〕而「五」和「行」如果結合到一起，則有了通達四方的含義。

並且，甲骨文中，已經有了四方受年的記載：

> 己巳王卜貞「今」歲商受「年」。王占日吉。東土受年。南土受年吉。西土受年吉。北土受年吉。〔註 35〕

胡厚宣、陳夢家等學者通過考證認爲，殷代已經有了四方的觀念。不僅如此，「關於方位，在甲骨文裏，『東』『西』『南』『北』『上』『下』俱全。〔註 36〕」除此之外，據學者考證，甲骨文中已經出現了「迓」字，而且已有「迓往」、「迓入」等記載。〔註 37〕于省吾通過考釋後認爲：「殷周時期的『迓』字指的是，統治者爲了溝通往來，傳遞消息，所建立的一種制度。〔註 38〕」可見，殷周時期的先民們已經有了交匯四方的想法。不僅如此，《五帝本紀》中還有關於黃帝開山鋪路的記載。〔註 39〕可見，在遠古時期，先民們就已經開始開鑿道路。〔註 40〕而且，在殷周時期，道路的建設很可能已經初具規模，「山川涸落，天氣下，地氣上，萬物交通。〔註 41〕」所以，殷人的活動範圍十分廣泛，「東至海濱，南越淮河流域，西抵秦晉，北達華北平原。〔註 42〕」可見，殷周先民們的足跡已經遍及四方。

〔註 33〕 羅振玉著《增訂殷虛書契考釋》，載羅振玉撰《羅雪堂先生全集三編》（冊二），臺北：文華出版公司中華民國 1959 年版，第 460 頁。

〔註 34〕 鄭吉雄、楊秀芳、朱歧祥、劉承慧《先秦經典「行」字字義的原始與變遷——兼論「五行」》，載《中國文哲研究集刊》（臺灣）2009 年第 35 期。

〔註 35〕 郭沫若著，中科院考古所編輯《殷契粹編》907，北京：科學出版社 1965 年版，第 509 頁。

〔註 36〕 王力著《漢語史稿》，北京：中華書局 2004 年版，第 571 頁。

〔註 37〕 劉興隆主編《新編甲骨文字典》，北京：國際文化出版公司 1993 年版，第 779～780 頁。

〔註 38〕 于省吾《殷代的交通工具和馹傳制度》，載《吉林大學社會科學學報》1955 年第 2 期。

〔註 39〕 據《史記·五帝本紀》載：「天下有不順者，黃帝從而征之，平者去之，披山通道，未嘗寧居。」而且，黃帝「東至於海，……西至於空桐，……南至於江，……北逐葷粥」。詳見：司馬遷撰《史記》卷一，《五帝本紀》，北京：中華書局 1959 年版，第 3～6 頁。

〔註 40〕 關於古代先民們對道路修建的記載，詳見：王勇《傳說時代道路交通發展的軍事因素》，載《宜春學院學報》2011 年第 7 期。

〔註 41〕 黎翔鳳撰《管子校注》卷十八，《度地》，北京：中華書局 2004 年版，第 1062～1063 頁。

〔註 42〕 于省吾《殷代的交通工具和馹傳制度》，載《吉林大學社會科學學報》1955

綜上所述，從「五」、「行」的原始文字上去探究，「五」和「行」如果結合到一起，確有通達四方之意。而據相關文獻的記載，殷周時期，先民的足跡已經遍及四方。所以說，五行觀念源於古人的開疆擴土、會通四方活動亦可說通。但是需要指出的是，五行觀念的起源與原始居民的日常生活、先民的圖騰崇拜與占卜、先民的農業生產等都存在著密切的關係。所以，有的學者就認爲，「五行觀念的起源，是遠古時期政治、經濟、文化、藝術等諸多因素共同作用的結果。〔註43〕」

1.1.2 五行的最初含義

「五行」一詞最早見於《尚書·甘誓》〔註44〕：

> 大戰於甘，乃召六卿。王（夏啓）曰「嗟！……有虞氏威侮五行，怠棄三正，天用劉絕其命。」〔註45〕

此處的「五行」究竟爲何意？學者們也是眾說紛紜。孔穎達認爲《尚書·甘誓》中的『五行』指的是，「王者之間相互傳承的五種德行。〔註46〕」皮錫瑞認爲：「此處的『五行』指的是《尚書·洪範》中的『五事』，即貌、言、視、聽、思。〔註47〕」但是，有的學者對這兩種觀點提出了反對意見。范文瀾認爲《尚書·甘誓》中的「五行」，「就是《左傳》文公七年中所提到的『六府』，即水、火、金、木、土、穀，有虞氏遭到征討的原因是因爲其不重六府，

年第 2 期。

〔註43〕胡化凱《五行起源新探》，載《安徽史學》1997 年第 1 期。

〔註44〕關於《尚書·甘誓》的成書年代，劉起釪認爲：「《甘誓》的寫成文字，當在殷代或殷末到西周之間，所以用了當時已經出現的『五行』、『三正』字樣。」詳見：《釋〈尚書·甘誓〉的五行與三正》，《文史》第七輯，中華書局 1979 年版。趙光賢則認爲：「《甘誓》的寫成當在春秋戰國之際。」詳見：《新五行說商榷》，《文史》第十四輯，中華書局 1982 年版。而徐復觀的論述則更加的合理，其認爲：「從《甘誓》的思想內容看，則非常單純質樸，決找不出春秋時代及其以後發展的有關政治道德方面的內容。所以《甘誓》的原始材料，乃夏典之遺，經周代史官及孔門增加以整理過的。」詳見：《陰陽五行及其有關文獻的研究》，載《中國思想史論集續編》，上海書店出版社 2005 年版，第 23～28 頁。

〔註45〕皮錫瑞撰，盛冬鈴、陳抗點校《今文尚書考證》，《甘誓》，北京：中華書局 1989 年版，第 193～195 頁。

〔註46〕中華書局編輯部編《唐宋注疏十三經》，《尚書注疏》，北京：中華書局 1998 年版，第 67 頁。

〔註47〕皮錫瑞撰，盛冬鈴、陳抗點校《今文尚書考證》，《甘誓》，北京：中華書局 1989 年版，第 193 頁。

不能養活百姓。〔註48〕」樂調甫認爲「《甘誓》之『五行』當然爲金木水火土，絕不容有疑義。『三正』似指天地人。蓋謂其不奉大禹五行之教，不謹神祇與龜之祭。不奉禹教是威辱矣，不謹祭祀是怠棄矣。〔註49〕」劉起釪則另闢蹊徑，認爲此處的「五行」是指「五星」，「即辰星、太白、熒惑、歲星、塡星；而地上的『五行』是從天上的『五星』來的。〔註50〕」徐復觀認爲此處的「五行」是，「五行之官，五行之政，其與自然之五行關係密切。〔註51〕」詹劍峰則認爲：「《尚書・甘誓》中的『五行』是指象徵金、木、水、火、土的五類神祇。〔註52〕」

范文瀾、樂調甫、徐復觀、詹劍峰等人都將《尚書・甘誓》中的「五行」同金、木、水、火、土相聯繫，深入探究，這些觀點的確有值得商榷的地方。1、金、木、水、火、土與古代的農業生產有著極爲重要的關係，如果說有虞氏破壞農業生產，那豈不是自取滅亡。2、古代的部落都特別重視祭祀，如果說有虞氏去主動破壞對五行之官、五類神祇的祭祀活動，那也是很難讓人信服的。3、古代君王在征討諸侯時，往往是誅其君，而不絕其後。例如：「成王滅唐而封叔虞，國仍號唐。〔註53〕」而《尚書・甘誓》中的有虞氏則是被「剿絕其命」，如果僅僅是因爲破壞農業生產與祭祀，有虞氏似乎不會遭此噩運。4、《禮記・祭義》言：「昔者有虞氏貴德而尙齒。〔註54〕」在《莊子・應帝王》

〔註48〕范文瀾《與顧頡剛論五行說的起源》，載顧頡剛主編《古史辨》（第五冊），上海：上海古籍出版社 1982 年版，第 645 頁。

〔註49〕樂調甫《梁任公五行說之商榷》，載顧頡剛主編《古史辨》（第五冊），上海：上海古籍出版社 1982 年版，第 387 頁。

〔註50〕劉起釪著《尚書學史》，北京：中華書局 1989 年版，第 470 頁。金景芳對劉起釪的看法提出了質疑，其認爲：「1、夏啓時期的民眾還不認識『五星』，所以不可能把『五星』與『五行』聯繫到一起。2、如果把『五行』解釋爲『五星』那麼『有虞氏威侮五行』就很難解釋的通。3、有文獻資料表明，夏啓時代的民眾對天體的認識重點在於日月，而不是星宿。」詳見：金景芳、呂紹綱《〈甘誓〉淺談》，載《社會科學戰線》1993 年第 2 期。

〔註51〕徐復觀著《中國人性論史》（先秦篇），上海：上海三聯書店 2001 年版，第 474 頁。

〔註52〕詹劍峰《駁「原始五行說」是樸素的唯物論》，載《中國哲學》第四輯，北京三聯書店 1980 年版。

〔註53〕詳見：洪亮吉撰《春秋左傳詁》卷十五，《左傳・昭公元年》，中華書局 1987 年版，第 641 頁。

〔註54〕孫希旦撰，沈嘯寰、王星賢點校《禮記集解》卷四十六，《祭義》，北京：中華書局 1989 年版，第 1229 頁。

中，蒲衣子言有虞氏「猶藏仁〔註55〕」，《淮南子・齊俗訓》中也有關於「昔有虞氏爲義而亡」的記載。〔註56〕可見，有虞氏是以「仁義」著稱於世，所以，不能把「威侮五行」中「五行」與有虞氏的個人德行和施政相聯繫。

有的學者根據《史記》、《左傳》、《國語》等相關文獻的記載，認爲《尚書・甘誓》中「五行」是指「黃帝所建立的五官制或禪讓制」，「有虞氏威侮五行」應該解釋爲「夏啓破壞了禪讓制，有虞起來反對，啓反而誣陷有虞破壞禪讓之制，進而剿滅之。〔註57〕」孔穎達也認爲：「自堯舜受禪相承，啓獨見繼父，（有虞）以此不服。〔註58〕」而且《淮南子・齊俗訓》中也有關於有虞反對啓的家天下，進而被啓所剿滅的記載。〔註59〕二者相互印證，把「五行」解釋爲「黃帝所建立的五官制或禪讓制」似乎亦可成立。而且，有的學者還把《甘誓》之「五行」解釋爲「政權轉移的規律，並認爲有虞反對遵循此種規律應天而王的夏啓，所以遭到了啓的討伐。〔註60〕」可見，《尚書・甘誓》中的「五行」似乎與政治有著千絲萬縷的聯繫。

除此之外，有的學者還通過對比分析《尚書・洪範》中鯀因不按五行運行的客觀規律辦事，進而引起治國混亂的史實後，認爲「有虞氏威侮五行，指的是有虞氏不按五行變化運動的規律辦事，所以夏啓才恭行天罰去討伐他。所謂的五行規律則是指天與人的中介，天或天帝所體現出來的客觀世界的自然法則、人間主觀世界的道德價值取向。〔註61〕」「五行」是箕子所闡述的九疇中的一種，其與國家的治理息息相關。〔註62〕所以，通過對比《洪範》

〔註55〕王先謙撰《莊子集解》卷二，《應帝王》，北京：中華書局1987年版，第70頁。

〔註56〕劉文典撰，馮逸、喬華點校《淮南鴻烈集解》卷十一，《齊俗訓》，北京：中華書局1989年版，第357頁。

〔註57〕逯宏《〈甘誓〉中「五行」與「三正」新解》，載《洛陽師範學院學報》2009年第4期。

〔註58〕中華書局編輯部編《唐宋注疏十三經》，《尚書注疏》，北京：中華書局1998年版，第67頁。

〔註59〕劉文典撰，馮逸、喬華點校《淮南鴻烈集解》卷十一，《齊俗訓》，北京：中華書局1989年版，第357頁。

〔註60〕李漢三著《先秦兩漢之陰陽五行學說》，臺北：維新書局中華民國57年版，第22頁。

〔註61〕劉筱紅著《神秘的五行——五行說研究》，南寧：廣西人民出版社1994年版，第23～24頁。

〔註62〕皮錫瑞撰，盛冬鈴、陳抗點校《今文尚書考證》，《洪範》，北京：中華書局1989年版，第239頁。

與《甘誓》的內容，把有虞氏之「五行」解釋為天道與人道貫通的自然法則，同樣是可以成立的。

總之，「五行」一詞始見於《尚書‧甘誓》，自古以來學術界對其的含義都進行過探究，無論是「金、木、水、火、土」說，還是「五官制或禪讓制」說與「自然法則」說，自此以後，五行觀念漸漸進入到了哲學思維的範疇，並在此基礎之上向文化的各個領域和層面延伸與發展。

1.1.3 五行觀念內在關係的變化

「隨著人類生產力水平的提高和原始農業的進步，土、木、金、火、水在人們生產生活中的重要意義，也使它們在先民心中佔據了愈來愈大的比重。〔註63〕」所以，金、木、水、火、土也逐漸同「五行」產生了聯繫。周公在回答武王如何戒備殷人的問題時，對「五行」做過簡要的論述，其言：「五行：一黑，位水；二赤，位火；三蒼，位木；四白，位金；五黃，位土。〔註64〕」可見，此處的「五行」已經同自然界的五種物質聯繫到了一起，並且對五行中每一行的顏色進行了描述。

隨著人們認知能力的不斷增強，先哲們已經開始對「五行」的概貌以及屬性進行系統性的論述，這就是《尚書‧洪範》〔註65〕中的「五行」說，在

〔註63〕 劉筱紅著《神秘的五行——五行說研究》，南寧：廣西人民出版社 1994 年版，第 3 頁。

〔註64〕 黃懷信著《逸周書校補注譯》，《小開武解》，西安：三秦出版社 2006 年版，第 133 頁。

〔註65〕 對於《尚書‧洪範》的成書年代，學術界歷來都存在爭議。以往，學術界一般認為《尚書‧洪範》是春秋戰國時期的作品。其中，劉節認為：「《洪範》是秦統一中國前，戰國末的作品。」詳見：《洪範疏證》，載顧頡剛主編《古史辨》（第五冊），上海古籍出版社 1982 年版，第 388 頁。楊向奎認為「《洪範》的成書年代應該早於戰國末年。」詳見：《西漢經學與政治》，獨立出版社 2000 年版，第 15 頁。馮友蘭把《洪範》定為「公元前 4 世紀或公元前 3 世紀的作品。」詳見：《中國哲學簡史》，新世界出版社 2004 年版，第 115 頁。郭沫若認為「《洪範》是子思的作品，應在《墨子》一書之後，《呂氏春秋》之前」。詳見：《先秦天道觀之進展》，載《青銅時代》，中國人民大學出版社 2009 年版，第 41 頁。隨著學者們對《尚書‧洪範》的繼續探究，學術界又認為其的成書年代是西周時期。劉起釪認為：「《洪範》的中心思想是商代的東西。就其內容而言，可推遲至西周和春秋早期。」詳見：《古史續辨》，中國社會科學出版社 1991 年版，第 303～306 頁。李學勤認為：「《洪範》肯定是西周時期的文字。」詳見：《李學勤集》，黑龍江教育出版社 1989 年版，第 370 頁。徐復觀認為：「夏禹在治水後，急於重建民生，因而在政治上特重視六府

《洪範》中箕子稱「五行」爲「水」、「火」、「木」、「金」、「土」，並認爲水的特性是「潤下」、火的特性是「炎上」、木的特性是「曲直」、金的特性是「從革」、土的特性是「稼穡」。〔註66〕

　　「到了商代，金與水火木土一樣，都與我國古人生活發生了密切的聯繫，並都成了人生日用不可缺少的物質。這種情況反映到人們的頭腦裏，便會出現相應的概括。《洪範》五行說將『五行』列爲治國之首要問題，並對『五行』初作說明，正是反映了當時人們的這種認識狀況。〔註67〕」可見，《尚書·洪範》中的「五行」在經歷了「四方之神」、「五方觀念」等階段的演變後，〔註68〕其含義已經變爲「自然界的水、火、木、金、土。〔註69〕」而且「此處的五行已經和五味聯繫到了一起，水的潤下特徵和鹹味相契合、木可曲直的特性與酸味相契合、火的炎上特徵與苦味相契合，可見，其已經尋找到了五種自然物質與自身屬性之間存在的某種必然聯繫，所以說，人們已經開始用思辨的眼光去審視身邊的自然萬物，哲學的思維業已在此萌發。〔註70〕」

　　或五行的設施，故箕子所傳承的《洪範》首先將其提出，是可以相信的。所以，《洪範》是周初的作品。」詳見：《陰陽五行及其有關文獻的研究》，載《中國思想史論集續編》，上海書店出版社 2005 年版，第 42 頁。金景芳也認爲：「《尚書·洪範》爲周初的作品。」詳見：《孔子的這一份珍貴的遺產～六經》，載《金景芳古史論集》，吉林大學出版社 1991 年版，第 150 頁。

〔註66〕皮錫瑞撰，盛冬鈴、陳抗點校《今文尚書考證》，《洪範》，北京：中華書局 1989 年版，第 245～246 頁。

〔註67〕殷南根著《五行新論》，瀋陽：遼寧教育出版社 1993 年版，第 6 頁。

〔註68〕趙載光《從卜辭中的四方神名看五行的演化》，載《湘潭大學學報（社會科學版）》1991 年第 2 期。

〔註69〕李約瑟認爲：「《洪範》之五行並非五種基本物質，而是五種基本的程序。」詳見：李約瑟著，陳立夫譯《中國古代科學思想史》，江西人民出版社 2006 年版，第 305 頁。《洪範》雖然用潤下、炎上、曲直、從革、稼穡對「五行」的屬性，進行了動態性的描述，但是其仍以土、木、金、火、水爲基礎，並沒有脫離生產資料的範疇。

〔註70〕張岱之主編《中國思想學說史》（先秦卷），廣西師範大學出版社 2008 年版，第 197 頁。學術界對於《洪範》中的「五行」是否具有哲學意味存在爭議。金景芳認爲：「就《洪範》原文來看，將水火木金土合稱五行，本身就具有了抽象概括的意義，而且，水木火金土都爲看得見摸得著的具體事物，《洪範》在具體談論時，並未對它們作靜止觀，而是將它們看成是能動的，五物皆能動，故名『五行』所以認定其已經具備了一定的哲學意義。」詳見：《西周在哲學上的兩大貢獻～〈周易〉陰陽說和〈洪範〉五行說》，載《哲學研究》1979 年第 6 期。步近智也認爲：「《洪範》的『五行』說，認爲人們只有遵循『五行』的特性去行事才能成功，這就賦予『五行』對自然和社會的普遍性意義，表明

水、火、木、金、土構成了原始的「五行」詞義，更爲重要的是，五種要素之間的關係是在不斷變化的。「五行結構內部具有兩種勢均力敵的普遍動力，進而賦予了五行之間或五行整體自我運動和自我調節的能力。〔註71〕」而且這種關係「包括數在內的對應和滲透的複雜程度達到無窮無盡。〔註72〕」有的學者更是明確的指出：「五行的核心在於相生相剋的關係，而五行之『五』是數學和邏輯上的必然要求。〔註73〕」的確如此，人們在生產與生活中逐漸總結出了五行之間相勝與相剋的規律，而且，從先秦思想史的發展歷程上來看，「五行」的內在要素經歷了一個從相雜，到相生與相勝並行發展的過程。〔註74〕

首先，是「五行」內在要素之間的相雜關係。《國語‧鄭語》中的史伯認爲「土與金，木，水，火雜，以成百物。〔註75〕」史伯「所說的土、金、木、水、火的五行，即後來五行的性質，則五行之自身，有其自動自主的運行法式，無待先王的運用。而先王也只能順應五行的法式，不能主動地去運用它。由此可以斷言這的五行，指的是民生實用的五種資材。〔註76〕」的確如此，《國語》中的「五行」大都是指自然界的五種物質，《國語‧魯語上》就有「及地之五行，所以生殖也〔註77〕」之語。但是，此處「史伯能以極爲樸素的『土』

《洪範》的原始五行說，已蘊含著哲學思維的萌芽。」詳見：《中國學術思想史稿》，中國社會科學出版社 2007 年版，第 34 頁。劉節卻認爲：「《洪範》之五行將五行與五味相聯繫，沒有哲學意味。」詳見：《洪範疏證》，載顧頡剛主編《古史辨》（第五冊），上海古籍出版社 1982 年版，第 391 頁。《洪範》對金、木、水、火、土的自然屬性進行了抽象性描述，其已經具有了一定的哲學意味。

〔註71〕 李澤厚著《中國古代思想史論》，天津：天津社會科學院出版社 2004 年版，第 151 頁。

〔註72〕 【法國】列維‧布留爾著，丁由譯《原始思維》，北京：商務印書館 1981 年版，第 212 頁。

〔註73〕 錢翰《略說五行之「五」——闡釋五行說的另一個角度》，載《北京師範大學學報》2007 年第 4 期。

〔註74〕 有的學者認爲，「五行觀念的發展依次經歷了並列、相雜、相剋、相生等階段。」詳見：馮達文、郭齊勇主編《新編中國哲學史》（上冊），人民出版社 2004 年版，第 135 頁。

〔註75〕 徐元誥撰，王樹民、沈長雲點校《國語集解》，《鄭語》，北京：中華書局 2002 年版，第 470 頁。

〔註76〕 徐復觀《陰陽五行及其有關文獻的研究》，載徐復觀著《中國思想史論集續編》，上海：上海書店出版社 2005 年版，第 19 頁。

〔註77〕 徐元誥撰，王樹民、沈長雲點校《國語集解》，《魯語上》，北京：中華書局 2002 年版，第 161 頁。

為基礎的『五行』物質元素說來說明萬物的生成。〔註78〕」可見，土與金、木、水、火、相融匯生成百物的五行觀念已經涉及到了世界本源形成的哲學問題。〔註79〕

除此之外，《左傳》中也有關於五行相合的記載。

據《左傳・昭公九年》記載：

> 夏四月，陳災。鄭裨灶曰：「五年，陳將復封。」……子產問其故。對曰：「陳，水屬也，火，水妃也，而楚所相也。……逐楚而建陳也。〔註80〕

此處的「火，水妃也」，即是說火是水的配偶。因為水與火的相合，所以陳國可以復國。

另據《左傳・昭公十七年》記載：

> 冬、有星孛於大辰，西及漢。申須曰：「慧所以除舊布新也。……諸侯其有火災乎！」梓慎曰：「今茲火出而章，必火入而伏。……其星為大水，水，火之牡也。其以丙子若壬午作乎！水火所以合也。」
>
> 〔註81〕

此處的「水，火之牡也」，即是說水是火的陽性配偶。梓慎通過水與火相合的原理，進而推衍出會在丙子日或者壬午日發生火災。

其次，是「五行」內在要素相生關係與相勝關係的並行發展。就相生關

〔註78〕步近智、張安奇著《中國學術思想史稿》，北京：中國社會科學出版社 2007年版，第38～39頁。

〔註79〕徐復觀通過對《左傳》文公七年中的「六府」、《左傳》襄公二十七年中的「五材」、《左傳》昭公二十五年中的「五行」等材料的分析認為：「春秋時期的五行，原指人生日用的五種資材，後經社會逐漸附會演變，擴大而為解釋自然現象，及人事現象變遷的法式。」詳見：《陰陽五行及其有關文獻的研究》，載《中國思想史論集續編》，上海書店出版社 2005年版，第17～20頁。齊思和也認為：「春秋時期的五行觀念，亦不過以五行為與人生關係最密切之五種實物而已，非有玄渺之哲理，存乎其中也。」詳見：《五行說之起源》，載《中國史探研》，河北教育出版社 2003年版，第295～296頁。「五行」的含義是在不斷發生變化的，由自然物上昇為解釋自然現象與人事現象的自然法則，其發展變化的歷程是複雜、交錯的，所以，很難用例如春秋、戰國等時間節點，來界定某個時間段「五行」觀念的具體含義。

〔註80〕洪亮吉撰，李解民點校《春秋左傳詁》卷十六，《左傳・昭公九年》，北京：中華書局 1987年版，第689頁。

〔註81〕洪亮吉撰，李解民點校《春秋左傳詁》卷十七，《左傳・昭公十七年》，北京：中華書局 1987年版，第728～729頁。

係而言，龐樸通過對相關典籍的分析，進而認爲「春秋時期人的名和字，已經具備了五行相生的意味。〔註82〕」除此之外，墨子認爲：「青龍位於東方」、「赤龍位於南方」、「白龍位於西方」、「黑龍位於北方」。〔註83〕墨子關於五龍的論述似乎與五行相生沒有任何關係，但如果用《管子·幼官》之語與其相參看，就會發現其中的奧妙。《管子·幼官》言：「旗物尙青，兵尙矛」，「青」即爲木用事；「旗物尙赤，兵尙戟」，「赤」即爲火用事；「旗物尙白，兵尙刃」，「白」即爲金用事；「旗物尙黑，兵尙脅盾」，「黑」即爲水用事。可見，青→赤→白→黑，體現了五行之間相互生成的關係：木→火→（土）→金→水（→表示相生）。雖然其中缺少了土的環節，但五行相生的雛形已經基本形成。五行相生的模式，最終是在《管子》一書中完成的。據《管子·五行》記載：

> 睹甲子木行御。……七十二日而畢。睹丙子，火行御。……七十二日而畢。睹戊子，土行御。……七十二日而畢。睹庚子，金行御。……七十二日而畢。睹壬子，水行御。……七十二日而畢。〔註84〕

木生火、火生土、土生金、金生水，可見，在《管子》中「五行」按照相生的順序依次「行御」。不僅如此，據秦簡《日書》〔註85〕乙種《夢》記載：

〔註82〕龐樸《五行思想三題》，載《山東大學學報》1964 年第 1 期。

〔註83〕孫詒讓撰，孫啓治點校《墨子閒詁》卷十二，《貴義》，北京：中華書局 2001 年版，第 448 頁。

〔註84〕黎翔鳳撰《管子校注》卷十四，《五行》，北京：中華書局 2004 年版，第 868 ～879 頁。

〔註85〕1975 年 12 月，考古工作者在湖北省雲夢縣城關西部，睡虎地戰國末至秦代的墓葬中，發現了 1155 枚竹簡。《日書》是這些竹簡的一部分，其分爲甲、乙種。李學勤通過對比《論衡·譏日》與秦簡《日書》的內容，認爲：「《日書》屬於《漢書·藝文志》中的『數術』一類，其主要是關於選擇時日吉凶的文獻，並認爲，《日書》的成書時間，大致在公元前 278 年至公元前 246 年。」李學勤還指出，「對於《日書》，至少可以從兩個方面去探究，其一，是從數術史的角度去考察；其二，是從社會史的角度去考察。」詳見：《睡虎地秦簡〈日書〉與楚、秦社會》，載《江漢考古》1985 年第 4 期。李零認爲「《日書》的主體由『曆忌總表』和『雜忌』兩個部分組成。『曆忌總表』，既含楚國的建除、叢辰，也含秦國的建除、叢辰，是以日辰爲綱，選擇事項爲緯，按日辰循環的周期（如建除十二值或叢辰十二值），講哪些日子幹什麼好，哪些日子幹什麼不好。『雜忌』是以選擇事項爲綱，日辰爲緯，即按選擇事項，分門別類，講它們的好日子和壞日子（良日和忌日）。」詳見：李零著《簡帛古書與學術源流》，生活·讀書·新知三聯書店 2004 年版，第 406 頁。

　　　　甲乙夢被黑裘衣寇（冠），喜，人（入）水中及谷，得也。丙丁
　夢被□，喜也，木金得也。戊巳夢黑，吉，得喜也。庚辛夢青黑，
　喜也，木水得也。壬癸夢日，喜也；金得也。〔註86〕

饒宗頤認爲：「按黑爲水，甲乙木，夢見黑，黑亦爲水，水生木，故爲得。庚
辛爲金，夢青黑爲喜者，木水相得，因火生木故也。壬癸爲水，夢白有喜者，
白即金，金生水，故有得。〔註87〕」可見，在戰國末年水生木、金生水等五
行相生的觀念已經傳播十分廣泛。

　　就相勝關係而言，《左傳・文公七年》載郤缺之言曰：「水、火、金、木、
土、穀，謂之六府。〔註88〕」此處，雖沒有言及五行相勝，但是，卻將五行
按照相勝的順序進行了排列，即水勝火、火勝金、金勝木、木勝土。這就爲
日後五行相勝觀念的發展，提供了可以借鑒的模式。在《左傳・哀公九年》
中，載有史墨關於「水勝火」的論述。〔註89〕而在《左傳・昭公三十一年》
中，則載有史墨關於「火勝金」的論述。〔註90〕

　　可見，在《左傳》中已有「水勝火」、「火勝金」的模式，但是仍然缺少
木勝土、金勝木、土勝水的模式。〔註91〕而在《孫臏兵法》中則有五行相勝
的完整記載。據《孫臏兵法・地葆篇》載：

〔註86〕吳小強撰《秦簡日書集釋》，長沙：嶽麓書社2000年版，第236頁。

〔註87〕饒宗頤《秦簡中的五行説與納音説》，載饒宗頤著《饒宗頤二十世紀學術文集》
　　　　（第五冊），卷三《簡帛學》，臺北：新文豐出版股份有限公司中華民國92年
　　　　版，第101頁。

〔註88〕洪亮吉撰，李解民點校《春秋左傳詁》卷九，《左傳・文公七年》，北京：中
　　　　華書局1987年版，第367頁。

〔註89〕詳見：洪亮吉撰，李解民點校《春秋左傳詁》卷二十，《左傳・哀公九年》，
　　　　中華書局1987年版，第863頁。

〔註90〕詳見：洪亮吉撰，李解民點校《春秋左傳詁》卷十八，《左傳・昭公三十一年》，
　　　　中華書局1987年版，第800～801頁。

〔註91〕就《左傳》中五行相勝的記載，徐復觀認爲：「五行演變而爲五種元素以後，
　　　　發生相勝相生的作用，此作用決非由抽象化之五元素所推論而得，乃係在使
　　　　用金木水火土五種實物的經驗中，始能找出其相勝相生的構造。」詳見：《陰
　　　　陽五行及其有關文獻的研究》，載《中國思想史論集續編》，上海書店出版社
　　　　2005年版，第19～20頁。齊思和卻認爲：「《左傳》中的水火之關係，取其抽
　　　　象的義意，比附之於天文現象，以推測未來。」詳見：《五行說之起源》，載
　　　　《中國史探研》，河北教育出版社2003年版，第301頁。《左傳》中關於「水
　　　　勝火」、「火勝金」的記載，可以視爲自然之五行抽象意義發展的結果，但
　　　　是，其是否與天文學產生了聯繫，卻難以斷定。

　　　　五壤之勝：青勝黃，黃勝黑，黑勝赤，赤勝白，白勝青。〔註92〕
雖然，在《孫臏兵法》中五行相勝的觀念已初見端倪，但是，所謂的「五行」
金、木、水、火、土仍舊用白、青、黑、赤、黃等五種顏色來代替，《日書》
則很好的彌補了這些缺陷。

　　據《日書》甲種《盜者》記載：

　　　　金勝木，火勝金，水勝火，土勝水，木勝土。〔註93〕

　　又據《日書》乙種《十二月》記載：

　　　　丙丁火，火勝金。戊巳土，土勝水。庚辛金，金勝木。壬癸水，
　　　水勝火。丑巳金，金勝木。未亥「卯木」，「木」勝土。辰申子水，
　　　水勝火。〔註94〕

　　可見，在《日書》中，五行相勝的觀念是清晰和明確的〔註95〕，即：土
勝水、木勝土、金勝木、火勝金、水勝火，土←木←金←火←水（←表示相
勝）。所以，在戰國中後期，完整的五行相勝模式已經廣泛傳播了。

　　最後，有的學者認爲：先秦「五行」觀念經歷了從「相雜」到「相生」
再到「相勝」的發展過程。〔註96〕有的學者則認爲：先秦「五行」觀念經歷
了從「相勝」到「相生」的發展過程。〔註97〕但是，這種單線的發展模式似
乎存在一定的局限性。在《孫子‧虛實篇》和《墨經》中都有關於「五行無
常勝」的記載。可見，在春秋、戰國時期，五行相勝與相生的觀念是同時存
在的，所以，才會有關於「無常勝」的論述。就「五行相勝」而言，《逸周書‧
周祝解》言：「陳彼五行必有勝，天之所覆盡可稱。〔註98〕」《莊子‧外物》
中也有「金與火相守則流。」和「月固不勝火」的記載。可見，如果再加上
《左傳》中關於五行相勝的記載，我們不難發現，五行相勝觀念的發展貫穿
於春秋和戰國兩個時期。就「五行相生」而言，丁山根據《左傳》的相關記
載，並與王引之所撰的《春秋名字解詁》相參看，進而認爲「五行相生」之

〔註92〕張震澤撰《孫臏兵法校理》，《地葆》，北京：中華書局1984年版，第72頁。

〔註93〕吳小強撰《秦簡日書集釋》，長沙：嶽麓書社2000年版，第156頁。

〔註94〕吳小強撰《秦簡日書集釋》，長沙：嶽麓書社2000年版，第210頁。

〔註95〕劉道超《秦簡〈日書〉五行觀念研究》，載《周易研究》2007年第4期。

〔註96〕周立升《五行觀念在春秋時期的沿革》，載《山東大學學報》1989年第2期。

〔註97〕萬志毅《試論先秦五行世界圖式之系統化》，載《大連大學學報》2003年第1
　　　期。

〔註98〕黃懷信著《逸周書校補注譯》，《周祝解》，西安：三秦出版社2006年版，第
　　　390頁。

說必然盛行於春秋之世。〔註99〕趙光賢也通過考證《尚書》、《左傳》等典籍，進而認爲，「五行相生」的觀念在春秋時期就已經出現。〔註100〕可見，單純的認爲相勝觀念早於相生觀念，或相生觀念早於相勝觀念的看法都是難以成立的。所以，從先秦的諸多文獻資料中我們可以看出，五行的「相勝」觀念與「相生」觀念並不是單線發展的，而是並行遷演的，其發展歷程大致可以分爲三個階段。一、金、木、水、火、土的自然物質意義；二、相雜以成百物的創生意義；三、與人事相契合的衍伸意義。

1.1.4　五行理論模式的確立

　　五行觀念發展成爲具有哲學意義的概念以後，「其內涵已不再是指某些具體的事物，而是演變成爲了五種程序。〔註101〕」或是說「『五行』成爲了具有五類不同功能的實物的稱謂，而不再是五種物質了。〔註102〕」五行觀念這種以「五」作爲基數的結構形式，被諸多思想家所採用，並運用於各種領域。如：「思孟學派」將人倫之仁、義、禮、智、聖灌注到五行的框架當中去，形成了著名的「思孟五行說」；鄒衍將五德融入到五行模式當中去，進而構建起了「五德終始說」；董仲舒將仁、義、禮、智、信與五行模式相契合，形成了「五常」理論。醫家們以五行結構爲基礎，進而引申出了「五臟」的概念，並用五行之間的生剋來闡明五臟之間的生理關係。總之，五行觀念的框架以及五行之間的生剋關係，被廣泛的運用到政治生活與社會生活的諸多領域，「『五行』已經成爲了一種自然律、歷史律、道德律，其體現出了一種人則天地，以自然爲師的價值信仰和思維范式。〔註103〕」

〔註99〕　丁山著《中國古代宗教與神話考》，上海：上海文藝出版社 1988 年版，第 120
　　　　　～121 頁。

〔註100〕趙光賢《新五行說商榷》，載趙光賢著《古史考辨》，北京：北京師範大學出
　　　　　版社 1987 年版，第 33 頁。

〔註101〕李約瑟認爲：「中國的『五行』觀念具有程序的意義，並認爲《尚書・洪範》
　　　　　中的『五行』說已經具備了這種意義。」詳見：李約瑟著，陳立夫譯《中國
　　　　　古代科學思想史》，江西人民出版社 2006 年版，第 305 頁。「五行」觀念的確
　　　　　具備程序的意義，但其是在自然物質意義的基礎上逐漸演變形成的，並非是
　　　　　一蹴而就的。

〔註102〕趙潤琦《「五行」學說是樸素的系統論～兼論「五行」學說的基本內容》，載
　　　　　《西北大學學報（哲學社會科學版）》1998 年第 2 期。

〔註103〕龍佳解《論「五行」範式的演化、擴展和價值取向》，載《湖南大學學報（社
　　　　　會科學版）》2010 年第 1 期。

1.2 陰陽觀念的源起與發展

1.2.1 陰陽觀念的起源

「陰陽觀念」自其發生之日起，就在中國的思想文化領域佔據著極為重要的地位。張立文就曾經指出：「陰陽觀念是中國古代哲學的中心議題，並且貫穿於古代哲學發展的始末。〔註104〕」李約瑟則把「陰陽觀念」稱為：「是古代中國人的思想結晶，是古代中國人構想出來的最終原理。〔註105〕」但是，關於陰陽思想的起源卻是眾說紛紜，大致可以分為以下幾種觀點。

1、陰陽觀念起源於生殖崇拜。呂思勉認為：「古之人，見人之生，必由男女之合，而鳥也有雌雄，獸也有牝牡也。則以為天地之生萬物，亦若是則已矣。〔註106〕」錢玄同也認為：「陰陽起源於性器，這與《周易》的陰陽爻有關，二者都起源於生殖崇拜。〔註107〕」范文瀾同樣認為：「在古代的野蠻社會裏，男女之間生育的事情，是和衣、食、住、行同等重要的。他們漸漸領會到了男女之事的原理，並用這一原理解釋天地、日月、人鬼、畫夜、陰晴等自然現象和社會現象，陰陽觀念也就自然而然的產生了。〔註108〕」

2、陰陽觀念起源於祭祀與占卜。

甲骨文已經有了「陽」字的記載：

> 於鳥日北對，於南陽西？〔註109〕

關於此處的「陽」字，有的學者認為：南陽指的是地名。〔註110〕彭華則認為：南陽所指代的是「太陽（日）〔註111〕」。有的學者通過考釋後認為：「甲

〔註104〕 張立文著《中國哲學範疇發展史》（天道篇），北京：中國人民大學出版社 1988 年版，第 261 頁。

〔註105〕 【英國】李約瑟著，陳立夫譯《中國古代科學思想史》，南昌：江西人民出版社 2006 年版，第 254 頁。

〔註106〕 呂思勉著：《先秦學術概論》，上海：東方出版中心 2008 年版，第 6～7 頁。

〔註107〕 錢玄同《答顧頡剛先生書》，載顧頡剛主編《古史辨》（第一冊），上海：上海古籍出版社 1982 年版，第 273 頁。

〔註108〕 范文瀾《與顧頡剛論五行說的起源》，載顧頡剛主編《古史辨》（第五冊），上海：上海古籍出版社 1982 年版，第 641 頁。

〔註109〕 姚孝遂、肖丁著《小屯南地甲骨考釋》4529，北京：中華書局 1985 年版，第 370 頁。

〔註110〕 蕭良瓊《從甲骨文看五行說的淵源》，載艾蘭、汪濤、范毓周主編《中國古代思維模式與陰陽五行說探源》，南京：江蘇古籍出版社 1998 年版，第 217 頁。

〔註111〕 彭華《陰陽五行研究》（先秦篇），華東師範大學 2004 年博士論文，第 12 頁。

骨文中的陽字均爲會意字,似與古代祭祀日神的原始宗教信仰有關。〔註112〕」

甲骨文中也有關於「陰」字的記載:

> 丙辰卜,丁「巳」其陰印。丁巳允陰。〔註113〕

> 戊戌卜,其陰,翌己印,啟不見雲。〔註114〕

甲骨文中的「陰」字究竟爲何意?沈建華認爲:「甲骨文中,陰陽所示的天氣變化只是表層含義,其實殷人觀念中的陰陽方位,在抽象的層面上已經有了預測吉凶,主宰成敗的意義。〔註115〕」有的學者更是明確的認爲:「甲骨文中的陰陽觀念,與上古時期人們對太陽神的崇拜有關。〔註116〕」除此之外,龐樸則認爲陰陽的起源與楚地所流行的枚卜〔註117〕有一定的關係。其認爲:「枚卜的一俯一仰,使人們想到了老子的『萬物負陰而抱陽』,這就與陰陽觀念不謀而合了。〔註118〕」

3、陰陽觀念起源於古代的曆法。有的學者通過研究後認爲,「彝族有一種曆法,其將一年五季各一分爲二,成爲五季十月;每月 36 天,月內仍是 12 天一個時段;另有 5 天作爲新年,彝族的冬夏兩個星回節均可作爲歲首,即可有兩個新年,其日期由北斗星斗柄指向的天文點(大寒、大暑)來確定。彝族的這種曆法叫做『十月太陽曆』,其已包含了原始的陰陽學說。〔註119〕」在此基礎之上,陳久金明確的指出:「陰陽觀念的起源與彝族的『十月太陽曆』有關。〔註120〕」

除此之外,還有的學者認爲,陰陽觀念起源於原始的宗教或圖騰符號。

〔註112〕劉翔著《中國傳統文化價值觀詮釋學》,上海:上海三聯書店 1996 年版,第 267 頁。

〔註113〕胡厚宣主編《甲骨文合集釋文(二)》19781,北京:中國社會科學出版社 1999 年版,第 998 頁。

〔註114〕胡厚宣主編《甲骨文合集釋文(二)》20988,北京:中國社會科學出版社 1999 年版,第 1051 頁。

〔註115〕沈建華《釋卜辭中方位稱謂「陰」字》,載《古文字研究》第 24 輯,中華書局 2002 年版。

〔註116〕何新著《何新故經新解系列·諸神的起源》,北京:時事出版社 2002 年版,第 299 頁。

〔註117〕枚卜指的是:用竹段之類爲器具進行占卜。詳見:何泉達《陰陽五行說之我見》,載《史林》2007 年第 12 期。

〔註118〕龐樸《陰陽五行探源》,載《中國社會科學》1984 年第 3 期。

〔註119〕劉堯漢著《中國文明的源頭新探——道家與彝族虎宇宙觀》,昆明:雲南人民出版社 1985 年版,第 60～61 頁。

〔註120〕陳久金《陰陽五行八卦起源新說》,載《自然科學史研究》1986 年第 2 期。

有的學者通過考證殷墟「婦好墓」出土的男女合體的「玉陰陽人」後認爲,「這種玉人已經具有了陰陽和合的意識,其是原始陰陽説的雛形。〔註121〕」有的學者則認爲,陰陽觀念的起源可能與「卍」符號有關。饒宗頤通過分析青海、遼寧、內蒙等地出土彩陶上的「卍」符號,並與西亞、印度出土的相關文物資料進行對比,進而又對王錫昌所著的《釋卍》一文分析後認爲,「『卍』符號在中國出現的時間可以上溯到公元前一、二千年,或者更早的時期,其具有象徵太陽或陰陽的意義。〔註122〕」

上述的觀點都有相關的文獻與理論作爲依據,各具特色。但有一種觀點似乎更接近於陰陽思想起源的原貌,那就是陰陽觀念起源於先民們對「自然現象」的觀察,即光照的有無與光照的相背。

就甲骨文中的「陰」字而言:

丙辰卜,丁「巳」其陰印。丁巳允陰。〔註123〕

戊戌卜,其陰,翌己印,啟不見雲。〔註124〕

雖然,有的學者認爲甲骨文中的「陰」字具有祭祀古代神靈的意義。但是,蕭良瓊對諸多觀點進行考辨後認爲,其全是講天氣變化,均指「陰天〔註125〕」。黃天樹則認爲,甲骨文中的「陰」字指的是「水之南,山之北〔註126〕」。可見,甲骨文中的「陰」字的確與光照有關。

就甲骨文中的「陽」字而言,

於鳥日北對,於南陽西?〔註127〕

黃天樹對「地名」、「太陽」、「祭祀」等觀點進行考辨後認爲,此處的「陽」

〔註121〕詳見:楊紅梅《殷墟婦好墓玉陰陽人文化蘊含初探》,載《殷都學刊》2011年第3期。

〔註122〕饒宗頤《卍(Swastika)考──青海陶文化試釋》,載饒宗頤著《梵學集》,上海:上海古籍出版社1993年版,第1~17頁。

〔註123〕胡厚宣主編《甲骨文合集釋文(二)》19781,北京:中國社會科學出版社1999年版,第998頁。

〔註124〕胡厚宣主編《甲骨文合集釋文(二)》20988,北京:中國社會科學出版社1999年版,第1051頁。

〔註125〕蕭良瓊《從甲骨文看五行説的淵源》,載艾蘭、汪濤、范毓周主編《中國古代思維模式與陰陽五行説探源》,南京:江蘇古籍出版社1998年版,第218頁。

〔註126〕黃天樹《説甲骨文中的「陰」和「陽」》,載黃天樹著《黃天樹古文字論集》,北京:學苑出版社2006年版,第216頁。

〔註127〕姚孝遂、肖丁著《小屯南地甲骨考釋》4529,北京:中華書局1985年版,第370頁。

字指的是「水之北，山之南〔註128〕」。除此之外，甲骨文中已經有了關於「易日」與「不易日」的記載。

> 甲子卜，乙丑其在易日？
>
> 丁卯卜，易日？
>
> 丁卯卜，戊辰易日？
>
> 丁卯卜，不易日？〔註129〕

關於此處的「易日」，陳夢家認為：「卜辭中『易日』與『不易日』都是指某一日的陰與不陰。〔註130〕」有的學者對郭沫若等人的觀點進行考辨後認為：「『易日』、『不易日』與天氣有關，指的是陽光的有無。〔註131〕」可見，甲骨文中的陽和陰，都與光照相聯繫。

金文也是如此，劉翔通過考辨後認為：「金文中的『陰』字是一個形聲字，其字義與地理相關，『水之南，山之北』即為其本初之意。〔註132〕」除此之外，金文中的「陰陽」也大都與自然界的光照存在著聯繫。

> 其陰其陽，以徵以行。〔註133〕

這裡的陰陽，所言就是日月交替的自然現象，即「『陽』為日光灑射，『陰』為日光灑射的否定。〔註134〕」

> 錫失師永厥田陰昜（陽）洛疆。〔註135〕
>
> 南淮夷遷及內，伐湏、昂、參泉，欲敏陰陽洛。〔註136〕

此兩處的「陰陽洛」指的是，洛河南北兩岸。〔註137〕而陰陽分別表示水

〔註128〕黃天樹《説甲骨文中的「陰」和「陽」》，載黃天樹著《黃天樹古文字論集》，北京：學苑出版社 2006 年版，第 213 頁。

〔註129〕姚孝遂、肖丁著《小屯南地甲骨考釋》2351，北京：中華書局 1985 年版，第 298 頁。

〔註130〕陳夢家著《殷虛卜辭綜述》，北京：中華書局 1988 年版，第 244 頁。

〔註131〕薛立芳《從甲骨文、金文看陰陽五行的興起》，載《蘭臺世界》2011 年第 5 期。

〔註132〕劉翔著《中國傳統文化價值觀詮釋學》，上海：上海三聯書店 1996 年版，第 264 頁。

〔註133〕沈寶春著《〈商周金文錄遺〉考釋（上）》，《真伯子寵父盨》，臺北：花木蘭文化工作坊民國 94 年版，第 404 頁。

〔註134〕李輯著《中國遠古暨三代思想史》，北京：人民出版社 1994 年版，第 94 頁。

〔註135〕陳邦懷《永盂考略》，載《文物》1972 年第 11 期。

〔註136〕郭沫若著《兩周金文辭大系圖錄考釋（下）》錄編 92，《敔簋》，上海：上海書店出版社 1999 年版，第 1385 頁。

的南北兩面，即向日爲陽，背日爲陰。可見，金文中的陰陽，也都與自然光照相聯繫。

除此之外，有的學者還對先秦諸子著作中的陰陽含義進行了探討，並認爲，「陰陽最初指代的是寒暑，其還與原始的農業生產有著一定的聯繫。〔註138〕」的確如此，「陰」、「陽」二字乃是從「陰」、「陽」簡化而來。《說文解字》解陰、陽二字謂：「陰，暗也。水之南，山之北也。從阜，侌聲。〔註139〕」「陽，高、明也。從阜，易聲。〔註140〕」關於陰字，徐復觀認爲其表示：「『山北水南，爲日所不及。』故孳乳爲陰。〔註141〕」即是說背日爲陰。關於陽字，徐復觀認爲其表示：「『山之南，水之北』，爲日所易照之處，故孳乳爲陽字。〔註142〕」即是說向日爲陽。可見，正如張豈之教授所言：「古人將山的向陽面稱爲陽，山的向陰面稱爲陰。在演變過程中，其含義隨之擴大，被抽象化爲兩種相反相成的自然力量，並以此爲基點闡述紛紜複雜的自然和社會現象。〔註143〕」

1.2.2 陰陽觀念的發展與演變

在戰國之前，陰陽觀念的發展經歷了一個由其本意到普遍自然規律意義的演變過程。雖然，《禮記‧祭義》言：「昔者聖人建陰陽天地之情，立以爲《易》。〔註144〕」《莊子‧天下》篇言「《易》以道陰陽」，但是，《易經》中並沒有「陰」、「陽」同時出現的記載。〔註145〕《易經》中出現的「陰」字首見

〔註137〕黃天樹《說甲骨文中的「陰」和「陽」》，載黃天樹著《黃天樹古文字論集》，北京：學苑出版社 2006 年版，第 214 頁。

〔註138〕戴君仁《陰陽五行學說究源》，載《中國哲學思想論集‧總論篇》，臺北：水牛出版社中華民國 65 年版，第 235～236 頁。

〔註139〕許慎著，班吉慶、王劍、王華寶點校《說文解字校訂本》卷十四下，南京：鳳凰出版社 2004 年版，第 426 頁。

〔註140〕許慎著，班吉慶、王劍、王華寶點校《說文解字校訂本》卷十四下，南京：鳳凰出版社 2004 年版，第 426 頁。

〔註141〕徐復觀著《中國人性論史》（先秦篇），上海：上海三聯書店 2001 年版，第 452 頁。

〔註142〕徐復觀著《中國人性論史》（先秦篇），上海：上海三聯書店 2001 年版，第 453 頁。

〔註143〕張豈之著《中華人文精神》，西安：陝西人民出版社 2007 年版，第 38 頁。

〔註144〕孫希旦撰，沈嘯寰、王星賢點校《禮記集解》卷四十六，《祭義》，北京：中華書局 1989 年版，第 1233 頁。

〔註145〕李漢三認爲：「《莊子‧天下》所言的『《易》以道陰陽』蓋指《繫辭傳》對易說的闡釋。」詳見：《先秦兩漢之陰陽五行學說》，臺北：維新書局民國 57 年版，第 13 頁。黃克劍則認爲：「《莊子‧天下》所言的『《易》以道陰陽』

於《易經‧中孚》九二爻辭：「鳴鶴在陰，其子和之；我有好爵，吾與爾靡之。〔註146〕」高亨認為此處的「陰」字為「樹蔭〔註147〕」，徐復觀認為此處的「陰」為「陰暗之意〔註148〕」。高島吞象則認為：「『鳴鶴』『子和』喻中孚之相應也。鶴為陽鳥，二以陽處陰，故曰『在陰』。〔註149〕」高島的解釋頗有見地，《易經》雖然沒有出現陰陽並存的局面，但是其「全書共有六十四卦，而六十四卦又由八經卦構成，八經卦由陰（－－），陽（－）兩種符號構成，可知陰（－－），陽（－）是構成《易經》的基本構件，全書體系是在陰陽觀念的基礎上建立起來的。〔註150〕」徐復觀還進一步指出：「《易》本來建立有相連的『－』，與不相連的『－－』代表兩種性質不同的符號。宇宙創生的現象是變化，同質的東西不會發生變化，從六氣中突出來的陰陽二氣體，恰恰可以套在《周易》裏兩個基本符號中去。以陰陽為性質相反相成之二氣體，即以之作為構成萬物之二元素，這對宇宙創生過程，及萬物在此過程中成為統一的有機體的說明，方便得太多了。〔註151〕」

徐氏的觀點頗有見地，同質的東西不會發生變化，而陰與陽則可以進行中和，進而成為《易經》『－』與『－－』兩種符號的象徵。清華簡《保訓》篇〔註152〕載文王之言曰：舜「厥有施於上下遠邇，迺易位邇稽，測陰陽之物，

中的《易》，是以《易經》和《易傳》並舉的，但諸如《繫辭》所謂『八卦以象告』、《賁‧象傳》所謂『觀乎天文以察時變』一類說法，卻清楚不過地昭示了《易傳》的編纂者在《周易》由『經』到『傳』的演繹中對陰陽家智慧的汲取。」詳見：《〈周易〉「經」、「傳」與儒、道、陰陽家學緣探要》，載《中國文化》1995 年第 12 期。

〔註146〕唐明邦主編《周易評注》，《中孚》，北京：中華書局 2009 年版，第 187 頁。

〔註147〕高亨著《周易大傳今注》卷四，《中孚》，濟南：齊魯書社 1998 年版，第 362頁。

〔註148〕徐復觀《陰陽五行及其有關文獻的研究》，載徐復觀著《中國思想史論集續編》，上海：上海書店出版社 2005 年版，第 42 頁。

〔註149〕【日本】高島吞象著，王治本譯，孫正治點校《高島易斷》，《風澤中孚》，北京：北京圖書館出版社 1997 年版，第 822 頁。

〔註150〕劉寶才《先秦思想史上的陰陽五行學說》，載《人文雜誌》1986 年第 3 期。

〔註151〕徐復觀《陰陽五行及其有關文獻的研究》，載徐復觀著《中國思想史論集續編》，上海：上海書店出版社 2005 年版，第 45 頁。但是，有的學者卻認為：「《易經》之陽爻—與陰爻～分別代表大小之義，而不是陰陽之義。」詳見：李漢三著《先秦兩漢之陰陽五行學說》，臺北：維新書局民國 57 年版，第 5頁。

〔註152〕「清華大學所藏的戰國竹簡中，有一篇周文王告誡武王的遺言，整理者將其命名為《保訓》，《保訓》共有竹簡 11 支，竹簡長 28.5 釐米，每支簡墨書 22

咸順不擾。〔註153〕」此處的「陰陽」爲何意？李學勤認爲，其與《周易》有著一定的聯繫。〔註154〕的確如此，但要想弄清「陰陽」的含義，就必須先對「咸順不擾」進行闡述，何爲「咸」？「咸，感也。柔上而剛下，二氣感應以相與。〔註155〕」可見，「咸」指的就是陰陽交感相互中和，而且「咸之爲道，以虛受爲本，有意於中」。〔註156〕可見，「咸」又是守「中道」的。而「咸順」即是大順的意思。〔註157〕有的學者通過考證後認爲，「擾」應爲「誥」，「不誥」即是「言聖人明於萬物，不卜而知吉凶。〔註158〕」所以，「咸順不擾」指的就是，不同屬性事物之間的剛柔相濟，進而達到中和的狀態。如何才能達到「中和」的狀體呢？這就要做到「測陰陽之物」。「測」爲「考量之意」；「物」爲「事物之意」。〔註159〕可見，「測陰陽之物」指的就是考量出不同事物的不同屬性或同一事物的正反兩方面，只有這樣，才能使剛與柔相結合、長與短相結合，達到「咸順不擾」，進而符合舜所要求的「中道」原則。〔註160〕所以，此處的「陰陽」指的就是世間萬物或事物本身所具有的與生俱來的兩種相契合的屬性，即是構成《易經》的陰（一一）與陽（一）。〔註161〕所以說，「《易經》中的確包含有原始的陰陽說。〔註162〕」

~24 字不等。」詳見：清華大學出土文獻研究與保護中心《清華大學藏戰國竹簡〈保訓〉釋文》，載《文物》2009 年第 6 期。

〔註153〕清華大學出土文獻研究與保護中心《清華大學藏戰國竹簡〈保訓〉釋文》，載《文物》2009 年第 6 期。

〔註154〕李學勤《周文王遺言》，載 2009 年 4 月 13 日《光明日報》國學版。

〔註155〕唐明邦主編《周易評注》，《咸》卦《象傳》，北京：中華書局 2009 年版，第 96 頁。

〔註156〕張載著，章錫琛點校《張載集》，《橫渠易説》，北京：中華書局 1978 年版，第 124 頁。

〔註157〕連劭名《戰國竹簡〈保訓〉與古代思想》，載《中國哲學史》2010 年第 3 期。

〔註158〕連劭名《戰國竹簡〈保訓〉與古代思想》，載《中國哲學史》2010 年第 3 期。

〔註159〕清華大學出土文獻研究與保護中心《清華大學藏戰國竹簡〈保訓〉釋文》，載《文物》2009 年第 6 期。

〔註160〕有的學者認爲：「舜所言的『中道』主要是指外在的治國原則，而『中道』又是儒家『道統』説的核心內容。」詳見：劉光勝《〈保訓〉與道統之間》，載《中國文物報》2009 年 7 月 17 日。

〔註161〕對於此處「陰陽」的含義，學術界存在爭議，有的學者認爲「陰陽」指的是「君臣、上下、夫婦等」，有的學者認爲「陰陽」指的是「陰陽變化」，還有的學者認爲「陰陽」指的是「正反」。詳見：李存山《試評清華簡〈保訓〉篇中的「陰陽」》，載《中國哲學史》2010 年第 3 期。

〔註162〕馮契著《中國古代哲學的邏輯發展》（上冊），上海：上海人民出版社 1983

另據《詩經·大雅·公劉》記載：「既景乃岡，相其陰陽，觀其流泉。〔註163〕」這裡所說的「陰、陽」就是它們的本意：即向日爲陽，背日爲陰。〔註164〕

而在《左傳》〔註165〕、《國語》、《老子》等著作中，陰陽觀念已經具備了自然界普遍規律的意義。《國語·越語下》載范蠡之言曰：「陽至而陰，陰至而陽。」這裡所說的就是，陰、陽如果發展到了極致，就會向自己的相反方向轉化，陽會轉變爲陰、陰會轉變爲陽。而陰陽的這種相互轉化會引起自然現象發生，如：《國語·周語下》載伶州鳩之言曰：「陰陽序次，風雨時至。」可見，陰陽轉化導致了風雨等自然現象的產生。除此之外，在《國語》中「陰陽」還與「氣」產生了聯繫，《國語·周語上》有「陰陽分佈，震雷出滯。」的記載，此處是用陰陽二氣來解釋響雷等自然現象。而在《國語·周語上》中，伯陽父認爲：「陽伏而不能出，陰迫而不能烝，於是有地震。〔註166〕」可

年版，第65～66頁。

〔註163〕程俊英、蔣見元著《詩經注析》，《大雅·公劉》，北京：中華書局1991年版，第828頁。

〔註164〕梁啓超通過考證認爲：「《詩經》中關於陰陽的記載，都是其向日爲陽，背日爲陰的本初含義。」詳見：《陰陽五行說之來歷》，載顧頡剛主編《古史辨》（第五冊），上海古籍出版社1982年版，第344～347頁。徐復觀通過考證認爲：「《詩經》中大概有八個『陰』字，其中大部分是就天氣而言的。《詩經》中大概有十八處用了『陽』字，其中大部分是就山水的方位而言。」詳見：《陰陽五行及其有關文獻的研究》，載徐復觀主編《中國思想史論集續編》，上海書店出版社2005年版，第11～12頁。李漢三也認爲：「《詩經》中的『陰』字，其是從暗覆義引申來得。而『陽』字皆言某山某水之正面或表面或南方，蓋從向日之一面得名也。」詳見：《先秦兩漢之陰陽五行學說》，臺北維新書局民國57年版，第4頁。

〔註165〕徐復觀對《左傳》中的陰陽觀念進行了考證，認爲其從三個方面發展了《詩經》中的陰陽思想。「其一，陰陽觀念開始成爲天地間作爲實物而存在的六氣中的兩種性質的氣，這是從原來氣候的觀念升上來的。其二，六氣開始與人發生關係，一種是直接的，如『陰淫寒疾』及六情生於六氣之類；另一種是間接的，因六氣能發爲五味、五色、五聲，而味、色、聲是爲人所需要，所享受的。其三，在六氣中，因陰陽二氣較之風雨晦明四氣稍爲抽象，更適合於人們合理的想像，在想像中所受的限制，比風雨晦明四氣來得少，所以它對許多現象所具備的解釋力特大，於是它開始從六氣中突出，而與其他更多的事物或現象發生關連，尤其是它開始作爲男性女性的象徵，這對於爾後的發展，具有相當的意義。」詳見：《陰陽五行及其有關文獻的研究》，載徐復觀著《中國思想史論集續編》，上海書店出版社2005年版，第15頁。

〔註166〕徐元誥撰，王樹民、沈長雲點校《國語集解》，《周語上》，北京：中華書局2002年版，第26頁。

見，「陰陽觀念」被賦予了天地之氣的意義，如果陰、陽二氣失調，就會造成地震現象的頻發。「在西周末年，伯陽父能夠做出這樣的解釋，這是以陰陽學說解釋自然界變化的一種創見。〔註167〕」並且也是陰陽觀念「內涵逐漸豐富與哲理化的顯現。〔註168〕」除此之外，《老子》中也有關於陰陽觀念的論述：「萬物負陰而抱陽，沖氣以爲和。〔註169〕」此處的「『負』爲背負之意、『抱』爲懷抱之意，所背爲陰、所向爲陽，言萬物之所生。〔註170〕」可見，這裡陰、陽二氣的作用又得到了進一步的發展，陰、陽二氣結合生成萬物，陰陽觀念被提升到了自然規律的高度。〔註171〕

戰國時期，隨著自然科學的進一步發展，人們認識能力的不斷提高，陰陽觀念也得到了長足的發展，其由陰陽二氣發展成了具有象徵意義的哲學概念。

《莊子·人間世》託孔子之言曰：

> 事若不成，則必有人道之患；事若成，則必有陰陽之患。若成若不成而後無患者，唯有德者能之。〔註172〕

此處「陰陽」指的是，人體內的陰陽之氣，陰陽二氣如果失調，就會導致病患的發生。

《莊子·田子方》中同樣有關於陰陽觀念的記載：

> 至陰肅肅，至陽赫赫；……兩者交通成和而物生焉，或爲之紀而莫見其形。〔註173〕

這裡所說的就是：世間萬物，皆稟陰陽二氣，都是陰陽交感而生，都遵循著陰陽變化的規律。

有的學者對《莊子》諸篇中的「陰陽」進行考辨後認爲：「《莊子》中的陰陽觀念是以自然爲基礎的，並用陰陽二氣來解釋紛繁複雜的世間萬物。〔註174〕」雖然《莊子》中的「陰陽觀念」大都與自然之氣相聯繫，但是

〔註167〕楊寬著《西周史》，上海：上海人民出版社2003年版，第690頁。
〔註168〕顧文柄著《陰陽新論》，瀋陽：遼寧教育出版社1993年版，第2頁。
〔註169〕朱謙之撰《老子校釋》，《第四十二章》，北京：中華書局1984年版，第174～175頁。
〔註170〕李漢三著《先秦兩漢之陰陽五行學說》，臺北：維新書局民國57年版，第15頁。
〔註171〕張豈之主編《中國思想史》，西安：西北大學出版社1993年版，第37頁。
〔註172〕王先謙撰《莊子集解》卷一，《人間世》，北京：中華書局1987年版，第37頁。
〔註173〕王先謙撰《莊子集解》卷五，《田子方》，北京：中華書局1987年版，第179頁。
〔註174〕李漢三著《先秦兩漢之陰陽五行學說》，臺北：維新書局民國57年版，第73

內篇與外雜篇對「陰陽觀念」進行闡釋的路徑卻大不相同。「內篇的陰陽觀念，強調陰陽乘戾進而達到自然的『至境』；外雜篇的陰陽觀念，以自然作爲基礎，並用陰陽二氣來闡釋自然現象、社會現象。〔註175〕」

與《詩經》、《老子》、《莊子》等著作相比，《易傳》〔註176〕則對陰陽觀念進行了較爲系統的論述。「《易傳》用陰陽來說明卦象、爻象，以及事物的根本性質，把陰陽視爲兩種對立互補的屬性，並認爲卦畫隱含著的陰陽變易法則，是以有形之象彰顯無形的陰陽之義，使陰陽的解釋功能具體化而且成爲可操作的東西。〔註177〕」所以說，在《易傳》中「陰」與「陽」已經發展成爲了兩種對立的哲學範疇。

據《易傳‧繫辭上》〔註178〕記載：

> 一陰一陽之謂道。繼之者善也，成之者性也。〔註179〕

這裡所講的「陰、陽，是指宇宙中創生萬物的兩個基本元素。〔註180〕」龐樸更進一步的指出，此處的「道」：「既是一個陰，一個陽的不易體，又是一時陰一時陽的變易之用；從而《易傳》所謂的『一陰一陽』包含有靜動體用兩方面的含義，忽略任何一方都將是片面的。〔註181〕」而且《易傳‧說卦》

～77 頁。

〔註175〕邵穎濤《〈莊子〉內篇與外雜篇「陰陽」觀念比較》，《山西師範大學學報（社會科學版）》2010 年第 2 期。

〔註176〕學術界對於《易傳》的成書年代以及作者存在著爭議，班固、顏師古、孔穎達等人認爲《易傳》全係孔子所作；王充、歐陽修等人認爲《彖》、《象》或《繫辭》爲孔子所作，其它諸篇皆爲弟子或後學所作；錢玄同、顧頡剛等人認爲《易傳》非孔子所作，而是出於戰國中期、戰國末期或漢昭宣之間、昭宣之後。當代的學者劉建國等人對古往今來的諸多觀點進行了考辨，並通過考證《左傳》、《論語》、《史記》、《淮南子》等典籍，分析《易傳》的語言特色，以及對比馬王堆所出土的《周易》，進而認爲「《易傳》始於春秋中期，中經孔丘以及弟子修改，戰國時期傳《易》者完成不同版本。」詳見：《中國哲學史史料學概論》（上），吉林人民出版社 1983 年版，第 59～63 頁。

〔註177〕陸玉林、唐有伯著《中國陰陽家》，北京：宗教文化出版社 1996 年版，第 11 頁。

〔註178〕學術界對《繫辭傳》的成書年代存在諸多爭議，李漢三對相關的觀點進行考辨後認爲：「《繫辭傳》成書於戰國末期，而且下接鄒衍的陰陽五行學說。」詳見：《先秦兩漢之陰陽五行學說》，臺北維新書局民國 57 年版，第 14 頁。

〔註179〕唐明邦主編《周易評注》，《繫辭上》，北京：中華書局 2009 年版，第 233 頁。

〔註180〕【英國】李約瑟著，陳立夫譯《中國古代科學思想史》，南昌：江西人民出版社 2006 年版，第 345 頁。

〔註181〕龐樸《「一陰一陽」解》，載《清華大學學報（哲學社會科學版）》2004 年第 1 期。

還將「陰陽」與「天道」相連、「柔剛」與「地道」相連、「仁義」與「人道」相連。〔註182〕徐復觀認為：《說卦》「用陰陽來表示天道；用剛柔來表示地道；用仁義來表示人道，天、地、人已被容納到了一個完整的系統當中，陰陽、剛柔、仁義三者已成為並列的概念。〔註183〕」

可見，在《易傳》中，陰陽思想確實有了與天地共生的寓意。不僅如此，《易傳》還把「把陰陽看作氣，而且把陰陽看作事物的屬性。它把萬事萬物分為兩類，一類具有陽的性質，另一類具有陰的性質，用陽表示一切事物中剛健的屬性，用陰表示一切事物的柔順屬性。這樣，陰陽就成為一對代表萬物中兩種對立勢力的哲學範疇。〔註184〕」

而《黃老帛書》〔註185〕則對陰陽觀念進行了創造性的發展，不僅將陰陽引入社會控制領域，用其解釋和論證社會現象，而且還把陰陽看做是溝通人道與天道的有效手段，並用陰陽之道來治理國家，形成了獨具特色的陰陽思想體系。

1.2.3 《黃老帛書》中的陰陽思想

《黃老帛書》出土以後，許多學者對其的學派歸屬發表了不同的看法。唐蘭認為：「以《黃帝四經》為代表的黃老學派講道法，主刑名，基本上不屬於道家，而是新法家。〔註186〕」陳鼓應則認為：「《黃帝四經》雖然主時變，引法入道，但其仍是先秦黃老道家的重要代表文獻。〔註187〕」裘錫圭認為：「《四

〔註182〕詳見：唐明邦主編《周易評注》，《說卦》，中華書局2009年版，第291頁。
〔註183〕徐復觀《陰陽五行及其有關文獻的研究》，載徐復觀主編《中國思想史論集續編》，上海：上海書店出版社2005年版，第45頁。
〔註184〕張豈之主編《中國思想史》，西安：西北大學出版社1993年版，第68頁。
〔註185〕《黃老帛書》即為馬王堆帛書《老子》（乙本）卷前古佚書，唐蘭對相關的文獻考證後認為：「《經法》、《十大經》、《稱》、《道原》四篇就是《漢書·藝文志》道家類的《黃帝四經》，其成書年代應該是戰國前期之末到中期之初，即公元前400年前後。」詳見：《馬王堆出土〈老子〉乙本卷前古佚書的研究》，載《考古學報》1975年1期。金春峰同意唐蘭的說法，認為「帛書四篇成於戰國中期前（約公元前401年）。」詳見：《漢代思想史》，中國社會科學出版社2006年版，第36～41頁。劉固盛通過考證，並綜合了諸家的觀點後認為：「帛書四篇成書於戰國中期至末期，並認為稱帛書四篇為《黃老帛書》更加符合歷史原貌。」詳見：張豈之主編《中國思想學說史》（先秦卷），廣西師範大學出版社2008年版，第153～158頁。
〔註186〕馬王堆帛書整理小組編《經法》，北京：文物出版社1976年版，第149頁。
〔註187〕陳鼓應著《黃帝四經今注今譯》，北京：商務印書館2007年版，第1頁。

經》吸納了諸多的法家思想，應歸於『道法家』。〔註188〕」有的學者則認爲：
「《黃帝四經》雖然融合了道家和法家的一些思想以及陰陽家、兵家、名家等
學派的一些成分，但它既不屬於道家學派，也不屬於法家學派，而是自成體
系的一家之說。〔註189〕」

　　雖然，《黃老帛書》所屬的學派難以界定，但其自成體系的陰陽思想卻是
顯而易見的。有的學者還對《黃老帛書》各篇出現的「陰」字與「陽」字的
數量進行了統計。〔註190〕

篇　　目	陰　字	陽　字
《國次》	3 次	3 次
《四度》	4 次	4 次
《觀》	7 次	9 次
《果童》	2 次	2 次
《姓爭》	4 次	4 次
《十六經第 12 章》	1 次	1 次
《順道》	1 次	1 次
《稱第 39 章》	1 次	1 次
《稱末章》	24 次	24 次
《道原》	2 次	2 次

　　可見，《黃老帛書》對陰、陽二字的使用是較爲頻繁的，就像陳鼓應所說
的那樣「《經法》以『名理』收尾，《十大經》以『名刑』收尾，《稱》以『陰
陽』收尾。可見三者的地位很重要，僅次於『道』。而事實上這三者即是『道』
的具現。〔註191〕」所以說，陰陽觀念在《黃老帛書》的思想體系中佔據著重
要的地位。

〔註188〕裘錫圭著《古代文史研究新探》，南京：江蘇古籍出版社 1992 年版，第 561
　　　　頁。
〔註189〕熊呂茂《馬王堆漢墓〈黃帝四經〉之學派歸屬辨析》，載《求索》2009 年第
　　　　10 期。
〔註190〕【英國】雷敦和《〈黃帝四經〉中的陰陽學說》，載艾蘭、汪濤、范毓周主編
　　　　《中國古代思維模式與陰陽五行說探源》，南京：江蘇古籍出版社 1998 年版，
　　　　第 351 頁。
〔註191〕陳鼓應著《黃帝四經今注今譯》，北京：商務印書館 2007 年版，第 397 頁。

1、陰陽滲透於世間萬物

> 天地陰陽，「四」時日月，……皆反焉，道弗爲益多。〔註192〕

可見，陰陽猶如四時，布施於天地之間。

> 天弗能覆，地弗能載。……在陰不腐，在陽不焦。〔註193〕

可見，道產生陰陽，而陰陽則是道的重要屬性。

除此之外，陰陽還是動態發展的。

> 陰陽備物，變化乃生。〔註194〕

可見，陰陽運動使萬物生生不息。而且，如果陰氣，陽氣聚散未定，那麼一切事物都將無法命名。

> 陰陽未定，吾未有以名。〔註195〕

更爲重要的是，陰陽滲透於世間萬物，每個事物都具有陰陽的屬性。

> 凡論必以陰陽大義。天陽地陰，春陽秋陰，……大國陽，小國
> 陰；……主陽臣陰，上陽下陰，男陽「女陰，父」陽「子」陰，……
> 制人者陽，制於人者陰。客陽主人陰。〔註196〕

可見，討論一切問題，都要從「陰陽」觀念這個總原則出發。無論是個人還是國家，無論是動靜還是屈伸，無論是四季、軍隊還是守伐，這些都體現著陰陽的屬性。

2、陰陽是溝通天道與人道的重要途徑

陰陽通過對八正、四時、刑德的調節來溝通天道與人道，進而使人道有效的效法天道。

首先，是八正，

> 天明三以定二，則壹晦壹明，「壹陰壹陽，壹短壹長」。天……
> 建八正，則四時有度，動靜有立（位），而外內有處。〔註197〕

〔註192〕陳鼓應著《黃帝四經今注今譯》，《道原》，北京：商務印書館2007年版，第402頁。

〔註193〕陳鼓應著《黃帝四經今注今譯》，《道原》，北京：商務印書館2007年版，第399頁。

〔註194〕陳鼓應著《黃帝四經今注今譯》，《十大經‧果童》，北京：商務印書館2007年版，第241頁。

〔註195〕陳鼓應著《黃帝四經今注今譯》，《十大經‧觀》，北京：商務印書館2007年版，第210頁。

〔註196〕陳鼓應著《黃帝四經今注今譯》，《稱》，北京：商務印書館2007年版，第394頁。

〔註197〕陳鼓應著《黃帝四經今注今譯》，《經法‧論》，北京：商務印書館2007年版，

可見，上天如果使陰陽各得其位，則八正得以建立，這樣四時節侯皆有定則，動靜進退才能各安其位。那麼，建立八正有何作用呢？《黃老帛書》認爲：「天建八正以行七法」之後，「天之道」、「天度」、「天之期」、「天之性」、「天之命」就能得以確立。〔註198〕可見，上天建立八正，頒佈七法，萬事萬物以其作爲自己的行事準則，這是由天道決定的。

那麼，不遵行八正會有什麼後果呢？《黃老帛書》認爲：如果「『八』正皆失」，那麼，就會造成「失其神」、「失其根」、「民疾」、「事宭於內」、「舉宭於外」的惡果，進而「與天地離」〔註199〕可見，不取法於天道，不尊重地道，沒有區分好事物的內外之分，不能遵守事物虛守盈伸的進退之規，這些都是違反八正的表現，不遵守八正就會與天道相離，進而會遭到滅國殃身的後果。如果，遵行八正的法則就會達到人道與天道的統一，「則與天地總矣。〔註200〕」

其次，是四時，

　　　　陰陽未定，吾未有以名。今……分爲陰陽，離爲四「時」，……

　　因以爲常。〔註201〕

可見，陰陽定則四時明。那麼，遵行四時有什麼好處呢？《黃老帛書》認爲：「四時有度，天地之李（理）也。」如果，「四時定」，那麼，世間萬物的運行就會「常有法式」、「冬（終）而復始」。〔註202〕可見，四時是人世間的重要法則，只有四時安順，人事才能各安其位，並行不悖，而遵行四時則是取法天道的具體體現。

那麼，不遵行四時會有什麼後果呢？《黃老帛書》認爲，如果，「夏起大土功」即農忙時節大興土木，這樣就嚴重的違反了四時之度，會導致六危的出現。何爲六危？一、「適（嫡）子父」即太子篡政；二、「大臣主」即大臣

　　　　第 126～127 頁。

〔註198〕陳鼓應著《黃帝四經今注今譯》，《經法・論》，北京：商務印書館 2007 年版，第 130 頁。

〔註199〕陳鼓應著《黃帝四經今注今譯》，《經法・論》，北京：商務印書館 2007 年版，第 123～124 頁。

〔註200〕陳鼓應著《黃帝四經今注今譯》，《經法・論》，北京：商務印書館 2007 年版，第 123～124 頁。

〔註201〕陳鼓應著《黃帝四經今注今譯》，《十大經・觀》，北京：商務印書館 2007 年版，第 210 頁。

〔註202〕陳鼓應著《黃帝四經今注今譯》，《經法・論約》，北京：商務印書館 2007 年版，第 166 頁。

篡權；三、「謀臣『外』其志」即謀臣有異心；四、「聽諸侯之廢置」即諸侯權力過大；五、「左右以周以雍（壅）塞」即群臣結黨；六、「父兄黨以拂」即貴族權勢過大。〔註203〕六危的出現，更是會導致亡國的命運。

　　　　一國而服（備）六危者滅。〔註204〕

　　最後，是刑德，「用陰陽觀念論證邢德，從而把邢德提高爲主宰萬物的兩種根本力量，是《黃老帛書》政治思想引人注目的特點。〔註205〕」

　　　　刑晦而德明，刑陰而德陽，刑微而德章（彰）。〔註206〕

　　可見，在《黃老帛書》中，陰陽已被比附於刑德，而且刑具有了微晦的特性，德具有了明彰的特性。那麼刑德的施政順序是怎樣的呢？

　　　　春夏爲德，秋冬爲刑。先德後刑以養生。……刑德皇皇，日月

　　相望，以明其當，而盈「絀」無匡。〔註207〕

　　可見，施政的順序是先德後刑，而且四時也與刑德結合到了一起，春夏實行德治，秋冬實行法治。

　　除此之外，刑德之間應該相輔相成，相互配合，只有這樣，上天才不會降下災禍。

　　　　刑德皇皇，日月相望，以明其當，……刑德相養，逆順若成。

　　〔註208〕

　　不僅如此，如果刑德配合得當，人們就可以掌握天道運行的規律，進而將其作爲行事的指導思想，人們就可以在天道與人道的關係中，反客爲主。

　　　　明明至微，時反以爲幾。天道環「周」，於人反爲之客。〔註209〕

　　但是，如果顛倒了刑德之間的施政順序，造成了刑德之間的配合不當，

〔註203〕陳鼓應著《黃帝四經今注今譯》，《經法・亡論》，北京：商務印書館 2007 年版，第 155～156 頁。

〔註204〕陳鼓應著《黃帝四經今注今譯》，《經法・亡論》，北京：商務印書館 2007 年版，第 147 頁。

〔註205〕張豈之主編《中國思想史》，西安：西北大學出版社 1993 年版，第 115 頁。

〔註206〕陳鼓應著《黃帝四經今注今譯》，《十大經・姓爭》，北京：商務印書館 2007 年版，第 265 頁。

〔註207〕陳鼓應著《黃帝四經今注今譯》，《十大經・觀》），北京：商務印書館 2007 年版，第 217 頁。

〔註208〕陳鼓應著《黃帝四經今注今譯》，《十大經・姓爭》，北京：商務印書館 2007 年版，第 265 頁。

〔註209〕陳鼓應著《黃帝四經今注今譯》，《十大經・姓爭》，北京：商務印書館 2007 年版，第 267 頁。

那麼，人們就會遭到上天的懲罰。「其時贏而事絀」即在萬物生長的春夏季節，施行嚴厲的政令，那就會造成「陰節復次」即刑德次序的混亂，從而導致「地尤復收」即土地不能養育萬物。「其時絀而事贏」即在肅殺的秋冬季節施行德政，同樣會造成「陽節復次」即節氣的混亂，從而導致「地尤不收」即土地難以豐產。〔註210〕

3、陰陽與治國、戰爭、農業的關係

在《黃老帛書》中，有用「陰陽之道」治國的明確記載。

> 治國固有前道：……善陰陽……「名」正者治，名奇者亂。

〔註211〕

此外，「大庭氏」治理天下「不辨陰陽」、「不數日月」、「不去四時」卻能「天開以時，地成以財。」黃帝對此感到十分疑惑。〔註212〕可見，在《黃帝四經》中，「陰陽之道」確實是治國的重要法則。

而陰陽之間的變化規律則是治國的具體手段。

> 極陽以殺，極陰以生，是胃（謂）逆陰陽之命。〔註213〕

在陽氣極盛的時候，推行殺伐的政策；在陰氣極盛時，推行仁德的政策，這樣做就違反了陰陽治國之道。

> 已逆陰陽，有逆其立，大則國亡，小則身受其央（殃）。〔註214〕

可見，在治國的過程中，如果已經違反了陰陽治國之道，但又不能及時的改正，其後果是非常嚴重的，大則國家滅亡，小則殃及自身。

> 當者有「數」，極而反，盛而衰：天地之道也，人之李也。……
> 以強下弱，何國不克。以貴下賤，何人不得。以賢下不宵（肖），「何
> 事」不「治」。〔註215〕

〔註210〕陳鼓應著《黃帝四經今注今譯》，《十大經‧觀》，北京：商務印書館2007年版，第223頁。

〔註211〕陳鼓應著《黃帝四經今注今譯》，《十大經‧前道》，北京：商務印書館 2007年版，第314頁。

〔註212〕陳鼓應著《黃帝四經今注今譯》，《十大經‧順道》，北京：商務印書館 2007年版，第326頁。

〔註213〕陳鼓應著《黃帝四經今注今譯》，《經法‧四度》，北京：商務印書館2007年版，第109頁。

〔註214〕陳鼓應著《黃帝四經今注今譯》，《經法‧四度》，北京：商務印書館2007年版，第109頁。

〔註215〕陳鼓應著《黃帝四經今注今譯》，《經法‧四度》，北京：商務印書館2007年

可見，如果遵循了陰陽變化的規律，國家就可以廣納賢才，進而強大起來。陰陽之道對於戰爭與農業生產也具有舉足輕重的作用。

就農業而言：

陰陽之間的消長，體現出了農業生產的總規律。「是『故』贏陰布德，『重陽長，晝氣開』民功者」即陰氣發展到了極致，陽氣就會慢慢生成，與陽氣相契合的滋養之德就會開始發揮作用，進而「所以食之也」即陽氣逐漸布施，人類便可以得到滋養。「宿陽修刑，童（重）陰長」即陽氣積累久了，陰氣則會漸漸萌發，所以，此時肅殺之刑開始醞釀，進而「夜氣閉地繩（孕）者」即夜氣閉合，孕育生機，最後「『所』以繼之也」即人類便得以繁衍。〔註216〕

如果陰陽規律被破壞，農業就很難得到發展。「陰敝者」即違反了陰陽變化的規律，在農時過度的強調刑虐，這樣就會導致「土芒（荒）」即土地的荒蕪。所以，「是故為人主者，時挃三樂，毋亂民功，毋逆天時。」即君王不要在徭役時起兵伐，不要在農作物生長之時過度的享樂，只有如此才能「五穀溜孰（熟），民『乃』蕃茲（滋）。」即五穀豐產，百姓富足。〔註217〕

就軍事而言：

夫是故使民毋人執，舉事毋陽察，⋯⋯陽察者奪光。〔註218〕

「陽察者」即為征討時不以殺伐為務，這樣會導致敵人的反攻。可見，在軍事上也要按照陰陽變化的規律辦事。否則，就會出現「土敝者亡地」即被掠奪土地、「人執者失民」即失去民心、「黨別者亂」即國家大亂的惡果。〔註219〕

最後，《黃老帛書》之所以推崇陰陽之道，關鍵在於其是「守雌節」的。

凡人好用「雌節」，是胃（謂）承祿。富者則昌，貧者則穀。

〔註220〕

版，第109頁。

〔註216〕陳鼓應著《黃帝四經今注今譯》，《十大經・觀》，北京：商務印書館2007年版，第217～218頁。

〔註217〕陳鼓應著《黃帝四經今注今譯》，《十大經・觀》，北京：商務印書館2007年版，第223頁。

〔註218〕陳鼓應著《黃帝四經今注今譯》，《十大經・觀》，北京：商務印書館2007年版，第223頁。

〔註219〕陳鼓應著《黃帝四經今注今譯》，《經法・國次》，北京：商務印書館2007年版，第47頁。

〔註220〕陳鼓應著《黃帝四經今注今譯》，《十大經・雌雄節》，北京：商務印書館2007

可見，「守雌節」可以得到福祿的眷顧，並且還能夠富足。陰陽之道正與雌節相契合，「諸陽者法天」、「諸陰者法地」，陰陽對於天地的效法體現出了「安徐正靜」、「柔節先定」、「善予不爭」，這正是雌節所要求的。〔註221〕

> 夫雄節以得，乃不爲福；雌節以亡，必得將有賞。〔註222〕

可見，雄節往往會帶來災禍，而雌節對於國家和個人則是百利而無一害的。所以，對於「雄節」與「雌節」的分辨也是至關重要的。

黃帝可以「屯曆吉凶之常」、「辯雌雄之節」、「分禍福之鄉。」所以，其能夠成爲人文初祖。〔註223〕可見，能夠清楚的辨析「雄節」、「雌節」對治國與修身有著重要的意義。

除此之外，《黃老帛書》中的陰陽思想對後世也產生了一定的影響。

據《管子·四時》載：

> 德始於春，長於夏。刑始於秋，流於冬。〔註224〕

> 邢德合於時則生福，詭則生禍。〔註225〕

可見，《管子》對《黃老帛書》中的「刑陰德陽」思想進行了進一步的發展，「邢德」不僅上昇爲了治國之道，而且「邢德」與「四時」的結合也更加緊密了。

不僅如此，《黃老帛書》中貶斥「陰」的思想也是董仲舒「貴陽賤陰」理論的重要思想來源之一。據《黃老帛書》載：

> 驕溢（溢）好爭，陰謀不羊（祥），刑於雄節，危於死亡。〔註226〕

> 不陰謀，不擅斷疑，不謀削人之野，不謀劫人之宇。〔註227〕

年版，第277頁。

〔註221〕陳鼓應著《黃帝四經今注今譯》，《稱》，北京：商務印書館2007年版，第394頁。

〔註222〕陳鼓應著《黃帝四經今注今譯》，《十大經·雌雄節》，北京：商務印書館2007年版，第271頁。

〔註223〕陳鼓應著《黃帝四經今注今譯》，《十大經·雌雄節》，北京：商務印書館2007年版，第271頁。

〔註224〕黎翔鳳撰《管子校注》卷十四，《四時》，北京：中華書局2004年版，第857頁。

〔註225〕黎翔鳳撰《管子校注》卷十四，《四時》，北京：中華書局2004年版，第838頁。

〔註226〕陳鼓應著《黃帝四經今注今譯》，《經法·行守》，北京：商務印書館2007年版，第320頁。

〔註227〕陳鼓應著《黃帝四經今注今譯》，《十大經·順道》，北京：商務印書館2007年版，第332頁。

　　　　陽親而陰亞（惡），胃（謂）外其膚而内其劇。〔註228〕

　　可見，在《黃老帛書》中「陰」總是與詭辯、不詳、邪惡聯繫在一起。不僅如此，《黃老帛書》還明確的提出了「陽貴陰賤」的觀點。

　　　　兄陽弟陰，長陽少「陰」，貴「陽」賤陰，達陽窮陰。〔註229〕

　　而董仲舒則對這一思想脈絡進行了傳承，其言：

　　　　惡之屬盡爲陰，善之屬盡爲陽。陽爲德，陰爲刑。〔註230〕

　　可見，董仲舒發展了《黃老帛書》中的「陽貴陰賤」理論，並對「貴陽賤陰」的原因進行了闡釋，其言：「陽氣發於孟春，畢於孟冬」，所以，「以次見之，貴陽而賤陰也。」〔註231〕

　　可見，董仲舒認爲，陽氣滋養萬物，所以其地位是顯貴的。

　　在《黃老帛書》對陰陽觀念進行發展的基礎之上，《管子》又使「陰陽」的内涵得到了進一步的拓展，據《管子・四時》載：

　　　　陰陽者，天地之大理也。四時者，陰陽之大經也。〔註232〕

　　可見，在《管子》中，陰陽已經與自然規律聯繫到了一起，四時更迭則成爲了陰陽法則的重要表現形式，陰陽觀念已然成了具有思辨意義的哲學概念。

1.2.4 陰陽觀念向其它領域的遷衍

　　「專有名稱並非組成了一種簡單實用的分類系統形式，而這種分類形式可以按照其他分類形式來表述。〔註233〕」陰陽觀念發展成爲哲學範疇以後，其已不再是僅僅隸屬於自然界的分類系統，由於陰陽觀念所特有的抽象性與比附性，陰陽思想開始逐漸滲透到社會生活的諸多領域，如：《黃老帛書》將

〔註228〕陳鼓應著《黃帝四經今注今譯》，《稱》，北京：商務印書館 2007 年版，第 382 頁。

〔註229〕陳鼓應著《黃帝四經今注今譯》，《稱》，北京：商務印書館 2007 年版，第 394 頁。

〔註230〕蘇輿撰，鍾哲點校《春秋繁露義證》卷十一，《陽尊陰卑》，北京：中華書局 1992 年版，第 326 頁。

〔註231〕蘇輿撰，鍾哲點校《春秋繁露義證》卷十一，《陽尊陰卑》，北京：中華書局 1992 年版，第 324 頁。

〔註232〕黎翔鳳撰《管子校注》卷十四，《四時》，北京：中華書局 2004 年版，第 838 頁。

〔註233〕【法國】克洛德・列維——斯特勞斯著，李幼蒸譯《野性的思維》，北京：中國人民大學出版社 2006 年版，第 226 頁。

陰陽觀念比附於政治，提出了「刑陰德陽」的理論，《黃帝內經》則「將陰陽觀念貫穿於中醫的各個方面，在人體的生理、病理、藥物的作用、臨床上的診斷和治療等方面都運用陰陽理論進行指導。〔註234〕」陰陽觀念逐漸被用來闡釋紛繁複雜的自然現象、社會現象，並成爲中國哲學上的一個極爲重要的觀念。但需要指出的是，「各個時期以及各個領域的『陰陽』，都有它們的特殊性。在各個時期，『陰陽』有著不同的內涵；在各個領域，『陰陽』所代表的具體內容、方式結構、表達方式等也都存在差異。〔註235〕」

1.3 陰陽觀念與五行觀念的合流

　　隨著陰陽觀念由自然領域向其它領域的遷衍，五行觀念所涵蓋範圍的逐漸擴大，陰陽、五行漸趨合流。〔註236〕而陰陽與五行的合流則經歷了兩個階段。

　　其一、陰陽觀念向五行觀念的滲透，陰陽被用來闡釋五行的屬性。《國語·周語下》言：「天六地五，數之常也。」「六」指陰、陽、風、雨、晦、明，即六氣；「五」指金、木、水、火、土，即五行。〔註237〕此處，「陰陽」與「五

〔註234〕華北東北八所中醫院校編寫組編著《陰陽五行學說》，天津：天津科學技術出版社1987年版，第68～75頁。
〔註235〕顧文炳著《陰陽新論》，瀋陽：遼寧教育出版社1993年版，第5頁。
〔註236〕陰陽觀念和五行觀念究竟是如何完成合流的，學術界一直存在著爭議。梁啓超、顧頡剛、范文瀾等人認爲：「陰陽觀念、五行觀念合流於鄒衍。」詳見：梁啓超《陰陽五行說之來歷》、范文瀾《與頡剛論五行說的起源》、顧頡剛《五德終始說下的政治和歷史》，三篇文章均載於《古史辨》（第五冊），上海古籍出版社1982年版。張豈之主編的《中國思想史》認爲：「陰陽觀念與五行觀念的合流是在春秋時期完成的。」詳見：《中國思想史》，西北大學出版社1993年版，第18～19頁。左益寰認爲：「伯陽父最早促成了陰陽觀念與五行觀念的合流。」詳見：《陰陽五行家的先驅者伯陽父——伯陽父、史伯是一人而不是兩人》，載《復旦大學學報（社會科學版）》1980年第1期。武占江認爲：「陰陽五行觀念在《月令》文獻系統中完成合流，而《月令》文獻系統包括：《夏小正》、《逸周書·時訓解》、《禮記·月令》、《呂氏春秋·十二紀》、《淮南子·時則訓》等」。詳見：《〈月令〉文獻系統及其在思想史上的意義》，載《中國思想史論集》第一輯，廣西師範大學2000年版。徐復觀認爲：「陰陽五行觀念合流於鄒衍後學」。詳見：《陰陽五行及其有關文獻的研究》，載《中國思想史論集續編》，上海書店出版社2005年版。潘俊傑認爲：「陰陽、五行觀念在《周易》中完成合流。」詳見：《陰陽五行合流新探》，載《西北大學學報（哲學社會科學版）》2009年5期。馬勇認爲：「陰陽五行觀念合流於董仲舒。」詳見：《鄒衍與陰陽五行學說》，載《社會科學研究》1986年5期。
〔註237〕詳見：徐元誥撰，王樹民、沈長雲點校《國語集解》，《周語下》，中華書局

行」即便是同時出現，二者也沒有任何融匯的跡象。

據《說苑・辨物》記載：

> 是故玄象著明，莫大於日月；察變之動，莫著於五星。天之五
> 星，運氣於五行。其初猶發於陰陽。〔註238〕

此段論述將天上的辰星、太白、熒惑、歲星、鎮星等五星與地上的金、木、水、火、土五行相聯繫，並認為五行起源於陰陽之間的盈虛轉換。陰陽、五行雖然在論述中同時出現，但是二者被賦予了生成與被生成的關係，並沒有涉及到合流的問題。

另據《逸周書・成開解》載：

> 三極：一，天有九列，別時陰陽；二，地有九州，別處五行；
> 三、人有四佐，佐官維明。〔註239〕

此處用「陰陽」與「五行」來解釋「三極」，「陰陽」與天上的九星相聯繫、「五行」則是指地上的五種方位，即東、西、南、北、中。「陰陽」與「五行」再次同時出現，但是二者仍然沒有融匯到一起。

雖然，《國語》與《逸周書》中陰陽觀念與五行觀念沒有相互匯通，但是，二者都被納入到了相同的視域範圍之中，如：《國語》用陰陽與五行來闡述天的自然屬性、《逸周書》則用陰陽與五行來解釋三極。可見，陰陽觀念與五行觀念已經開始逐漸結合。

在《左傳・昭公三十二年》中，史墨在回答趙簡子「季氏出其君，而民服焉，……而莫之或罪何也。」的問題時，言：「物生有兩，……故天有三辰，地有五行，……各有妃耦。」〔註240〕

可見，史墨認為世間萬物皆是由既對立又統一的兩方面組成，而「這種

2002 年版，第 89 頁。

〔註238〕《說苑》雖為劉向所撰，但是該書囊括了許多春秋與戰國時期的史料。劉向所言的「是故玄象著明，莫大於日月；察變之動，莫著於五星。天之五星，運氣於五行。其初猶發於陰陽。」即是其對《易傳・繫辭上》「一陰一陽之謂道，繼之者善也，成之者性也。」相關思想的闡釋。所以，該段論述為我們研究春秋與戰國時期陰陽五行思想的發展提供了一定的參考價值。詳見：劉向撰，向宗魯校證《說苑校證》卷十八，《辨物》，中華書局 1987 年版，第442～443 頁。

〔註239〕黃懷信著《逸周書校補注譯》，《成開解》，西安：三秦出版社 2006 年版，第288 頁。

〔註240〕洪亮吉撰，李解民點校《春秋左傳詁》卷十八，《左傳・昭公三十二年》，北京：中華書局 1987 年版，第 803 頁。

對立統一的關係主要是由陰與陽來體現的。〔註241〕」「地有五行」中「五行」雖然指的是金、木、水、火、土，但是，它們同樣是「各有妃耦」的，即是說五行中的每一行都是由兩方面組成的，也許這兩個方面的地位以及對事物發展所起到的作用有所不同，但是，二者之間的關係同樣可以用陰、陽二氣的變化與發展來體現，陰陽已經被用來闡釋五行的屬性，陰陽觀念與五行觀念結合的更加緊密了。

其二、五行觀念向陰陽觀念的滲透，五行被用來闡釋四時（陰陽）的變遷。隨著人們思辨能力的進一步提高，在《管子》的「《幼官》等篇中，以四時教令爲主要內容的陰陽學說採取了五行圖式的表達方式，或者說，五行框架的形式表現著陰陽學說的內容，陰陽、五行二者已有機地融爲一體。〔註242〕」可見，陰陽觀念與五行觀念在四時教令的圖式中完成了合流。那麼，何爲四時教令？「四時教令就是在一年四時之中，關於政事、祭祀和生產活動內容的有關規定。最初所體現的僅是陰陽消長推移的觀念，後來則把五行的內容注入其中。〔註243〕」所以說，陰陽與五行結合的關鍵是五行如何與四時教令相結合。只有五行和四時教令二者相結合，五行框架才能表現出陰陽的變化形式，陰陽觀念和五行觀念才能達到眞正的合流。在《管子》中，五行與四時教令的結合併不是一蹴而就的，而是逐步完成的。

首先，《幼官》篇在東方配以「八舉時節」的春季；在南方配以「七舉時節」的夏季；在中央配以「五和時節」；在西方配以「九和時節」的秋季；在北方配以「六行時節」的冬季。〔註244〕雖然，在《幼官》篇中與四時教令相結合的並不是五行觀念，而是五方觀念（東、南、西、北、中），但是，這種以「五」爲基數觀念已經開始與四時教令相結合，這就爲日後五行與四時教令的融合提供了可能。

〔註241〕徐復觀認爲：「在《左傳》中，陰陽二氣由於具備了抽象與對立的特點，其已經從六氣中脫穎而出，具有了象徵事物屬性的意義。」詳見：《陰陽五行及其有關文獻的研究》，載徐復觀著《中國思想史論集續編》，上海書店出版社 2005年版，第 15 頁。

〔註242〕白奚著《稷下學研究·中國古代的思想自由與百家爭鳴》，北京：生活·讀書·新知三聯書店 1998 年版，第 259 頁。

〔註243〕劉文英主編《中國哲學史》（上卷），天津：南開大學出版社 2002 年版，第188 頁。

〔註244〕黎翔鳳撰《管子校注》卷三，《幼官》，北京：中華書局 2004 年版，第 135～158 頁。

其次，在《五行》篇中，一年被分爲了五個「七十二日」，由「五行」分掌，並按照「木、火、土、金、水」的順序，依次「行御」。〔註245〕五行已經與君王的政令結合到了一起。但是，四時教令所強調的是四時的更迭，《五行》篇以五個「七十二日」替代了對季節的劃分，所以，五行與教令還沒有徹底的結合。

最後，《四時》篇視「東方」作爲春季，用「木」與之相契合，並認爲「五政苟時，春雨乃來。」視「南方」作爲夏季，用「火」與之相契合，並認爲「五政苟時，夏雨乃至也。」視「西方」爲秋季，用「金」與之相契合，並認爲「五政苟時，五穀皆入。」視「北方」爲多季，用「水」與之相契合，並認爲「五政苟時，多事不過，所求必得，所惡必伏。」〔註246〕可見，在《四時》篇中，如果在加上「中央的土〔註247〕」，那麼五行就徹底的與四時教令的圖式結合到了一起，此外，在每一時中又分爲了「五政」，五行的觀念又滲透到了君王的政令當中，所以，五行觀念已經融入到了四時教令的圖式當中去。

可見，《幼官》、《五行》、《四時》等篇已經完成了「播五行於四時〔註248〕」，在經歷了兩個階段的發展之後，陰陽與五行最終在《管子》中完成合流。陰陽觀念與五行觀念的合流對日後陰陽學派的產生與發展，乃至鄒衍等學者陰陽五行思想的形成都產生了巨大的影響。更爲重要的是，陰陽五行思想在中國傳統文化中也佔據著極爲重要的地位。葛兆光就認爲，陰陽五行是中國傳統文化五個重要組成部分中的一個，其言：「傳統中國文化的第四個方面，是有以陰陽五行爲基礎的觀念、技術和信仰。這個關於世界的觀念一直滲透到各個領域，而且它不光是觀念，其還發展出一套可以操作的技術，甚至成爲了信仰。〔註249〕」

〔註245〕黎翔鳳撰《管子校注》卷十四，《五行》，北京：中華書局 2004 年版，第 868～879 頁。

〔註246〕黎翔鳳撰《管子校注》卷十四，《四時》，北京：中華書局 2004 年版，第 846～855 頁。

〔註247〕黎翔鳳撰《管子校注》卷十四，《四時》，北京：中華書局 2004 年版，第 847 頁。

〔註248〕孫希旦撰，沈嘯寰、王星賢點校《禮記集解》卷二十二，《禮運》，北京：中華書局 1989 年版，第 608 頁。

〔註249〕葛兆光《復數的中國文化傳統》，載《中華國學研究》2008 年第 1 期。

第二章　鄒衍與五德終始說的形成

2.1 陰陽家與鄒衍

2.1.1 陰陽家簡介

陰陽家〔註 1〕是陰陽五行家的簡稱。〔註 2〕其究竟發端於何處？有的學

〔註 1〕陳柱認爲陰陽家可分爲三派：「一是以鄒衍爲首的源於羲和之官的陰陽家；二
是所謂的兵陰陽家；三是五行數術之學。」詳見：陳柱：《諸子概論》，中國
書籍出版社 2006 年版，第 108 頁。胡適同樣認爲：「陰陽家除了鄒衍一派外，
還可分爲兵陰陽家、五行數術之學。」詳見：胡適：《中國中古思想史長編》，
安徽教育出版社 2006 年版，第 18 頁。就陰陽像具體的思想學說而言，方立
天認爲：「陰陽家主要在天文、曆法、陰陽五行、哲學，對天、地、人，其實
都有比較全面的研究。」詳見：《中國古代哲學》（上），中國人民大學出版社
2006 年版，第 213 頁。有的學者還把陰陽家叫做「相關性宇宙論專家」，並認
爲：「陰陽家的學說主要是調和人類社會與自然界之間的關係，進而擴展人類
的認知能力。」其還認爲：「相關性宇宙論專家的知識卻沒有神秘可言，能夠
清楚地理解自然力量和人類力量之間的相互作用。世界是完全可以理解的。
因而，如果有人要理解它的內在聯繫，那麼世界對他是完全是開放的。宇宙
論者因而就能夠發現把人事領域和自然領域調配起來的合適『技術』。他並沒
有「控制」自然，但所擁有的關於如何使人事和自然『調配』起來的知識，
卻極大地擴展了他控制人類世界的能力。」詳見：【美國】本傑明‧史華慈著，
程鋼譯，劉東校《古代中國的思想世界》，江蘇人民出版社 2007 年版，第 379
頁。李澤厚則認爲：陰陽家「企圖通過把天文、地理、氣象、季候、草木鳥
獸、人事制度、法令政治以及形體精神等萬事萬物，都納入一個統一的，相
互聯繫和彼此影響並遵守普遍規律的『類別』的宇宙圖式中。」詳見：《中國
古代思想史論》，天津社會科學院出版社 2004 年版，第 149 頁。羅光認爲：「陰
陽家的核心思想在於協調人事與時間、空間之間的關係，其還認爲雖然陰陽
家的行事滲入了許多迷信，可是中心的思想則是儒家的傳統思想。」詳見：《中
國哲學思想史》（兩漢、南北朝篇），臺灣學生書局中華民國 67 年版，第 60
～61 頁。王德箴則認爲：「陰陽家的學說主要包括：微天象、論災異、卜筮相
法。」詳見：《先秦學術思想史》，美吉印刷社中華民國 24 年版，第 25 頁。

〔註 2〕馮友蘭認爲：「陰陽家」或稱爲「五行家」、或稱爲「陰陽五行家」。詳見：《中
國哲學史新編》（上冊），人民出版社 1998 年版，第 612～613 頁。

者認爲：「陰陽五行家的產生除了受到政治與經濟因素的影響之外，就其思想淵源而言，《易經》在宇宙觀、陰陽觀、時空觀等方面都對陰陽五行學派思想體系的形成產生了較大的影響。〔註3〕」而黃克劍則更明確的指出：「陰陽家與《易經》具有兩個契合點。其一、『敬順昊天』，二者都把『天』作爲自身學說的起點和終點；其二、『陰陽消長』之道，二者都把陰陽之間的變化規律視爲是溝通「天道」與「人道」的途徑。〔註4〕」如上所述，陰陽家的確與《易經》之間存在著密切的關係。首先，陰陽家對《易經》所體現出來的陰（——）陽（—）之間的變化規律進行了推衍，並將其與四時教令相結合，拓展了陰陽觀念的發展空間。其次，陰陽家對《易經》中的「宇宙生成論」進行了發展，並用自然事物之間的生剋關係來闡釋歷史的發展進程，使「創生理論」滲透到了政治生活領域。最後，陰陽家對《易經》中的「空間觀念」進行了遷衍，《易經》中已經出現了「『八方』的觀念〔註5〕」，鄒衍則對這種八方觀念進行了拓展，形成了「大小九州」的地理學說。

有的學者則認爲：「就廣義言，陰陽家實即是道家，〔註6〕因爲道是從本質

〔註3〕 孫熙國著《先秦哲學的意蘊～中國哲學早期重要概念研究》，北京：華夏出版社 2006 年版，第 239 頁。

〔註4〕 黃克劍《〈周易〉「經」、「傳」與儒、道、陰陽家學緣探要》，載《中國文化》1995 年第 12 期。

〔註5〕 孫熙國《〈易經〉的宇宙觀與陰陽五行家思想之淵源》，載《周易研究》2006年第 1 期。

〔註6〕 謝扶雅詳盡論述了鄒衍隸屬於道家的諸多理由。詳見：《田駢與鄒衍》，載顧頡剛主編《古史辨》（第五冊），上海古籍出版社 1982 年版，第 728～747 頁。王夢鷗並不認同謝扶雅關於陰陽家即爲道家的論斷，其從四個方面對這一觀點進行了批駁。「第一，從思想方法上看，儒家並非純用演繹的。不特在論語孟子書中，孔孟的言論也常用類推法，尤其孟子生於詭辯術昌明的時代，他幾乎用盡了所有的思想方法來排斥楊墨而推銷其仁義的學說。後來的荀子，我們倘不把他趕出儒家之門，而他的正名篇卻也有類推法的說明。第二，史記孟荀列傳所記的諸遊士，雖其操『術』各有不同，但可注意的是司馬遷說到鄒衍則一再指明：他是『後孟子』及『孟子……後有鄒衍』。因爲他所說的後於孟子的人很多，而單獨指明鄒衍，又把鄒衍的走紅和孔孟的倒黴反覆打比，這都不是沒有含意的。第三，董仲舒受到黃老思想的影響。然而『影響』既不足以代表其中心思想；尤其是他遠在鄒衍之後，更不可用以『類推』前人的思想。第四，鄒衍駁斥儒家之語，謝氏把桓寬鹽鐵論中爲著做文章而浮大的『設辭』當作『眞話』，而且還忘記了那些設辭是出自與賢良文學對峙的『大夫』之口。這不但不夠引爲論證；縱使引爲論證，也不夠證明鄒衍之非儒家。」詳見：《鄒衍遺

言，陰陽是從歷程言；道是玄學上所謂本體論，陰陽是玄學上所謂的宇宙論。〔註7〕」但是，據《漢書・藝文志》記載：「陰陽家者流，蓋出於羲和之官」何爲羲和之官？〔註8〕顧實言：「羲和之官，詳見《堯典》。仲叔四子，分宅四裔。南交則今之安南也。朔方、幽都則今之黑龍江之上源也。東西至日之所出入，則更遠矣。本其實測，而著歷象，故古之陰陽家未可輕量也。〔註9〕」另據《尚書・堯典》記載：「乃命羲和，欽若昊天，歷象日月星辰，敬授民時。」可見，堯、舜受官，以羲和爲最先，並讓其掌管與農業、天文息息相關的曆法。所以，羲和之官在古代有著非常重要的地位，而由其衍生出來的陰陽家也是「未可輕量」的。從「則牽于禁忌，泥於小數，舍人事而任鬼神。〔註10〕」中可以看出，陰陽家的產生又與「數術」〔註11〕之學有著密切的聯繫。〔註12〕所以，有的學者認爲「蓋數術家陳其數，而陰陽家明其義耳。〔註13〕」而有的學者則更明確的指出：陰陽家的背景是數術之學。〔註14〕其還認爲，陰陽家的思想「絕大部分還是來源於中國古代的數術之學。陰陽五行學說產生之後，其也是沿著數術之學所特有的內在理路來進行發展的，而且，陰陽家所涉獵的學術門類都在數術之學所涵蓋的範圍之內。〔註15〕」

説考》，臺北商務印書館，中華民國 55 年版，第 6～7 頁。

〔註 7〕謝扶雅《田駢與鄒衍》，載顧頡剛主編《古史辨》（第五冊），上海：上海古籍出版社 1982 年版，第 738 頁。

〔註 8〕有的學者通過考證認爲，所謂的「羲和之官」即爲「史官」。詳見：戴君仁《陰陽五行學說究源》，載《中國哲學思想論集・總論篇》，水牛出版社中華民國 65 年版，第 227～232 頁。

〔註 9〕顧實著《漢書藝文志講疏》，上海：上海古籍出版社 2009 年版，第 132 頁。

〔註 10〕班固撰《漢書》卷三十，《藝文志》，北京：中華書局 1962 年版，第 1734～1735 頁。

〔註 11〕《漢書・藝文志》根據劉歆《七略・數術略》，把方士的數術分爲「天文」、「曆譜」、「五行」、「蓍龜」、「雜占」、「形法」等六類。

〔註 12〕有些學者認爲，陰陽家的學說與數術之學存在著差異。如：章學誠認爲：「陰陽家的學說是『空論其理，而不徵其數』，數術之學是『顯徵度數，而不衍空文』，所以，『陰陽部次所敘列，本與數術中之天文五行不相入。』」詳見：葉瑛校注《文史通義校注》，《校讎通義》卷三，《漢志諸子》，中華書 1985 年版，第 1040～1041 頁。

〔註 13〕呂思勉著《先秦學術概論》，上海：東方出版中心 2008 年版，第 142 頁。

〔註 14〕李零著《簡帛古書與學術源流》，北京：生活・讀書・新知三聯書店 2004 年版，第 400 頁。

〔註 15〕李零《從占卜方法的數字化看陰陽五行說的起源》，載李零著《中國方術續考》，北京：東方出版社 2000 年版，第 96 頁。

可見，陰陽五行學派的起源與《易經》、農業、天文曆法、數術之學等都有著較爲密切的關係。「陰陽家的理論則是將當時從事於星相觀察、曆法的制定實施及對各種奇異天象的解釋的自然科學知識與對勞動人民生產實踐的經驗的總結統合起來的結果。〔註16〕」所以說，無論是學派產生的淵源，還是學派的宗旨，道家與陰陽家都有明顯的區別，二者並不能相提並論。

還有的學者認爲，「陰陽家」就是「齊學」。〔註17〕胡適對《漢書·藝文志》中關於陰陽家的論述，也曾做出如下的評價：「這裡所說的陰陽家，是齊學的正統，還是以政治爲主體，用陰陽消息與五德轉移爲根據，教人依著『四時之大順』設施政教。〔註18〕」可見，胡適認爲陰陽五行學派在齊學中佔有極爲重要的位置。不僅如此，胡適還曾言：「在公元前三世紀到公元前四世紀之間，在瀕臨大海的齊國出現了一個融匯了海洋文化、內陸文化，並彙集了民眾思想信仰的一個學術派別，我們稱之爲『陰陽家』，也可以叫做『齊學』。〔註19〕」可見，在胡適眼中的陰陽五行學派，顯然已經成了齊學的代名詞。胡適的觀點同樣有一定的局限性。齊學包羅萬象，它對道家、法家、墨家、陰陽家、儒家、農家等學派都有吸納，陰陽五行學派只是齊學的學流之一。

2.1.2 鄒衍的生平及其主要的學術思想

一、鄒衍的生卒年代

學術史上所謂某家，必以某人爲代表人物或以某書爲代表著作方可稱之爲「家」。「陰陽與五行的概念，溯源甚古，而且其源頭可能各不相同，然而其歷史仍甚模糊。……我們也不知它們早期的任何著作與代表人物。如說有的話，

〔註16〕向世陵主編《中國哲學智慧》，北京：中國人民大學出版社2000年版，第58頁。
〔註17〕學術界對於「齊學」的界定存在分歧。胡孚琛認爲：「所謂的齊學，即爲轅固生和公羊壽等經學派，但從廣義上，也指戰國期間以臨淄爲中心的齊文化。」詳見：《齊學芻議》，載《管子學刊》1987年第1期。咸千等人認爲：「齊學，就狹義而言，是將先秦鄒衍或漢代受鄒衍影響的學術稱爲齊學；就廣義而言，把諸子凡言利的，全歸爲齊學。」詳見：《博采精研文自工～《先秦齊學考》述評》，載《管子學刊》1993年第1期。林麗娥則認爲：「所謂的齊學，『就地域言，以在齊國產生的學術或活動爲限、就學者言，以齊國人或任職於稷下的各國大夫爲限。』」詳見：《先秦齊學考》，臺北商務印書館中華民國81年版，第34頁。
〔註18〕胡適著《中國中古思想史長編》，合肥：安徽教育出版社2006年版，第17頁。
〔註19〕胡適著《中國中古思想史長編》，合肥：安徽教育出版社2006年版，第5頁。

一般認爲鄒衍可以代表此派。〔註20〕」可見，陰陽之爲「家」始於鄒衍〔註21〕，而且有的學者認爲鄒衍是「我國第一位歷史哲學家。〔註22〕」據唐代人林寶所著的《元和姓纂》記載：「鄒，子姓，宋愍公之後。正考父食邑於鄒，生叔良紇，逐爲鄒氏。齊有鄒衍，鄒忌。〔註23〕」可見，鄒姓出自采邑之名，鄒衍乃是齊國人。由於文獻記載不足，學術界對於鄒衍的生卒年代眾說紛紜。〔註24〕錢穆、蕭公權、王夢鷗、蔡德貴等人的觀點或是將鄒衍的出生上線推斷的過於靠前，甚至已經到了齊威王的早期，或是將鄒衍的去世下線截止在了燕惠王時期，這與《新書》、《韓詩外傳》、《說苑》、《論衡》、《峴泉集》等典籍中關於鄒衍事蹟的記載相矛盾，所以，很難讓人信服。而且司馬遷言鄒衍「有《終始》、《大聖》之篇十萬餘言〔註25〕」，如果將鄒衍的生卒年限推定的過短，也是欠妥的。孫開泰對前人的觀點進行了考辨，提出了更加符合歷史原貌的論斷：「鄒衍約生於公元前 324 年，齊威王當政的 33 年左右，卒於約公元前

〔註20〕【美國】陳榮捷編著，楊儒賓等譯《中國哲學文獻選編》，南京：江蘇教育出版社 2006 年版，第 226 頁。

〔註21〕思想史、哲學史的著作，幾乎都將鄒衍作爲了陰陽五行學派的創始人。除此之外，鄺芷人還認爲：「太史公及班固所謂陰陽家，大抵是指戰國至漢初那些順鄒衍的五德終始的路向，從天文、曆法、幷配合陰陽五行之原則而論政教及人事吉凶的一群學者而言。」詳見：《陰陽五行及其體系》，文津出版社民國 81 年版，第 69 頁。有的學者還認爲：「鄒衍把『道～陰陽』說與『五行』說結合起來，創造了陰陽五行學說。」詳見：莊春波著《漢武帝評傳》，南京大學出版社 2006 年版，第 257 頁。

〔註22〕尹達著《中國史學發展史》，鄭州：中州古籍出版社 1985 年版，第 49 頁。

〔註23〕林寶著《元和姓纂》卷五，北京：中華書局 1994 年版，第 428 頁。

〔註24〕錢穆認爲：「鄒衍生卒年代約爲公元前 305 年～公元前 240 年。」詳見：《先秦諸子繫年》卷四，《鄒衍考》，商務印書館 2001 年版，第 507 頁。蕭公權認爲：「鄒衍的生卒年代約爲公元前 302 年～公元前 240 年。」詳見：《中國政治思想史》，遼寧教育出版社 1998 年版，第 44 頁。胡適通過考證認爲：「鄒衍生於齊威王七年，卒於齊襄王四年，即公元前 350 年～公元前 280 年。」詳見：《中國哲學史大綱》，河北教育出版社 2002 年版，第 263 頁。王夢鷗認爲：「鄒衍生於公元前 345 年，卒於公元前 275 年。」詳見：《鄒衍遺說考》，臺北商務印書館中華民國 55 年版，第 28～33 頁。張岱年認爲：「鄒衍生於公元前 340 年前後，死於公元前 260 年前後。」詳見：《中國哲學大綱》，中國社會科學出版社 1982 年版，第 144 頁。蔡德貴則認爲：「鄒衍約生於齊威王十七年，卒於齊王建五年，即公元前 340 年～公元前 260 年。」詳見：劉蔚華、趙宗正著《山東古代思想家》，山東人民出版社 1985 年版，第 137 頁。

〔註25〕司馬遷撰《史記》卷七十四，《孟子荀卿列傳》，北京：中華書局 1959 年版，第 2344 頁。

250 年，齊王建 5 年。〔註 26〕」雖然，這一推斷僅根據《韓非子‧飾邪》的記載，將鄒衍的去世下線截止在了齊王建（燕喜王）時期，難免有牽強之嫌。但是，其還是將史籍中關於鄒衍事蹟的記載貫穿到了一線，比較符合歷史事實。

二、鄒衍的主要學說

鄒衍「睹有國者益淫侈，不能尚德」，所以著「《終始》，《大聖》之篇十萬餘言。」〔註 27〕可見，鄒衍的著述頗豐。《漢書‧藝文志》著錄《鄒子》49 篇，《鄒子終始》56 篇，但是，均已遺失。〔註 28〕然而，我們從現存典籍中所轉述、徵引的相關材料，仍可大體考見其主要的思想內容。〔註 29〕

1、五德終始說。〔註 30〕鄒衍：「先序今以上至黃帝，……因載其機祥度制，推而遠之」，並認爲，開天闢地以後「五德轉移，治各有宜，而符應若茲。」〔註 31〕從司馬遷這段提綱挈領的文字中我們不難看出：五德終始說適用於人

〔註 26〕 孫開泰著《鄒衍與陰陽五行》，濟南：山東文藝出版社 2004 年版，第 3 頁。
〔註 27〕 司馬遷撰《史記》卷七十四，《孟子荀卿列傳》，北京：中華書局 1959 年版，第 2344 頁。
〔註 28〕 顧頡剛認爲：「鄒衍著作遺失的原因爲讖緯的禁絕。」詳見：《五德終始說下的政治和歷史》，載顧頡剛主編《古史辨》（第五冊），上海古籍出版社 1982 年版，第 419 頁。葛志毅認爲：「秦漢統一後焚書禁學，秦末大亂乃至漢初之蕭條與黃老之興盛，使原有的學術傳統被擾亂幾於中斷。」所以，鄒衍的著作沒有傳承下來。詳見：《鄒衍學說發微》，葛志毅著《譚史齋論稿續編》，黑龍江人民出版社 2004 年版，第 337 頁。但是，有的學者並不同意鄒衍著作已經遺失的觀點。鄺芷人就認爲：「鄒衍的著作都已輯入《呂氏春秋》及《淮南子》等書中，就沒有單行本的必要了。」詳見：《陰陽五行及其體系》，文津出版社中華民國 81 版，第 38 頁。王夢鷗則認爲：「鄒衍的遺說已經輯入《呂氏春秋》及《淮南子》等書中，《呂氏春秋》等著作之所以不提及鄒衍之名，原因在於鄒衍死於燕惠王時期的獄中，和蘇秦一樣，大家都『諱言其術』了。」詳見：《鄒衍遺說考》，臺北商務印書館，中華民國 55 年版，第 31~32 頁。
〔註 29〕 學者們對鄒衍學說的歸納眾說紛紜，其中，蔡仁厚的觀點很具有代表性，其認爲鄒衍的學說可分爲四點。「1、以儒墨之道（尤重在儒家），解決當時之政治問題。2、以陰陽消息言災異，加強對統治者之壓力。3、以五行言五德終始，對政治上之『天命所歸』賦以新的內容。4、提出大九州之說。謂中國爲赤縣神州，內有九州，中國以外復有九州。」詳見：蔡仁厚著《中國哲學史大綱》，吉林出版集團有限責任公司 2009 年版，第 69 頁。
〔註 30〕 崔適認爲：「劉歆爲了幫助王莽篡漢，進而炮製出了『五德終始說』，五德之說並非出自鄒衍。」詳見：《史記探源》，中華書局 1986 年版，第 182~184 頁。此種觀點已被顧頡剛、楊向奎等諸學者批駁，故難以成立。
〔註 31〕 司馬遷撰《史記》卷七十四，《孟子荀卿列傳》，北京：中華書局 1959 年版，

類社會的全部歷史，人類社會的歷史其實就是五德轉移的歷史，並且在五德興衰時還會出現各種「符應」現象。〔註32〕

　　2、大小九州的地理觀。〔註33〕鄒衍稱中國爲「赤縣神州」，並認爲其還可以「分爲九州」，這就是所謂的「小九州」；鄒衍還認爲，在中國之外「絕陵陸不通」、「有大瀛海圜其外」，存在所謂的「大九州」。而「所謂中國者」，則是「天下八十一分之一」。〔註34〕

　　3、陰陽主運說。司馬遷認爲：「鄒衍以陰陽主運顯於諸侯」，何爲「《主運》」？即「五行相次轉用事，隨方面爲服也。」〔註35〕可見，鄒衍的「陰陽主運說」包括兩個方面的內容。一、「五行相次轉用事」，意爲「五行按相『次』的順序轉相用事。〔註36〕」而且「是東方木，南方火，中央土，西方金，北方水，春夏秋多相次用事的。〔註37〕」即是說「君王頒佈政令必須要與陰陽法則相契合，並按照五方（東、南、西、北、中）與自然之五行（金、木、水、火、土）相結合的模式，依據春、夏、秋、冬的次序，不同的季節實行不同的政令。〔註38〕」二、「隨方面爲服」是指「君王按照四時相隨，即五行相生的順序來規範自身的

第 2344 頁。

〔註32〕有的學者認爲，鄒衍的「五德終始說」可分爲兩類。「一是小型的，五行之一年一周的終始：一是大型的，在五行之從天地剖判以來一朝一代的終始。前者是王居明堂而行的時令，後者是受命而帝的制度。前者在『陰陽消息』的原理上注意其『相繼生』的一面，後者則注重其『相代勝』的一面。」詳見：王夢鷗著《鄒衍遺說考》，臺北商務印書館民國 55 年版，第 56 頁。

〔註33〕有的學者認爲，鄒衍提出「大小九州」學說的原因在於「『有國者益淫侈』，即君王非常自大，鄒衍警告之。」詳見：徐復觀《陰陽五行及其有關文獻的研究》，載徐復觀著《中國思想史論集續編》，上海書店出版社 2005 年版，第 53 頁。呂思勉則認爲：「鄒衍所認爲的中國外又有如赤縣神州者八，合中國而九，則淵源有自。而鄒衍的九州說是源於島居時代的遺習，即將島居之民分爲九個部落。」詳見：《呂思勉讀史札記》，上海古籍出版社 1982 年版，第 423 頁。

〔註34〕王利器校注《鹽鐵論校注》卷九，《論鄒》，北京：中華書局 1992 年版，第 551 頁。

〔註35〕司馬遷撰《史記》卷二十八，《封禪書》，北京：中華書局 1959 年版，第 1369 頁。

〔註36〕白奚著《稷下學研究·中國古代的思想自由與百家爭鳴》，北京：生活·讀書·新知三聯書店 1998 年版，第 261 頁。

〔註37〕錢穆《評顧頡剛〈五德終始說下的政治和歷史〉》，載顧頡剛主編《古史辨》（第五冊），上海：上海古籍出版社 1982 年版，第 621～622 頁。

〔註38〕詳見：白奚《鄒衍四時教令思想考索》，載《文史哲》2001 年第 6 期。

行爲，所謂的『行爲』則包括服飾、舉火、飲食等。〔註39〕」

由此可見，鄒衍的思想學說是極爲豐富和龐雜的。〔註40〕牟宗三在對鄒衍的遺説進行分析後認爲，「鄒衍者眞中國之亞里士多德也，科學之祖也。政治、文化、地理、動植，無不談及，亦可見其想像力之豐富，故齊人有『談天衍』之頌，而其所談亦正儒者所不談也。〔註41〕」饒宗頤也認爲，「鄒衍的學說對漢代的讖緯思想、道教的神仙思想，以及古代的地理學都產生了一定的影響。〔註42〕」

2.1.3 五德終始說的主要內容及其特點

一、五德終始說的主要內容

在鄒衍的諸多學說中，影響最大的就是「五德終始說」。〔註43〕有的學者就認爲：「『五德終始說』是鄒衍思想的核心，鄒衍對戰國末期的諸子之學以

〔註39〕 詳見：白奚《鄒衍四時教令思想考索》，載《文史哲》2001 年第 6 期。

〔註40〕 鄒衍的學説除了「五德終始説」、「大小九州的地理觀」以及「陰陽主運説」外，很可能還有天文、曆算、物候學等方面的學説。就天文與曆算的學説而言：據《史記・曆書》載「其後戰國並爭，在於強國禽敵，救急解紛而已，豈遑念斯哉！是時獨有鄒衍，明於五德之傳，而散消息之分，以顯諸侯。」《文心雕龍・諸子略》也有「鄒子養政於天文」的記載。詳見：劉勰著、范文瀾注《文心雕龍》，人民文學出版社 2006 年版，第 308 頁。除此之外，有的學者還認為：「鄒衍『五德終始』説的立論之本，全屬天文曆法中建正、立閏、推算日月五星的行度等的專門曆數之學。」詳見：蕭萐父著《中國哲學史史料源流舉要》，武漢大學出版社 1998 年版，第 102 頁。就物候學的理論而言：《文選・左太沖〈魏都賦〉》劉淵林注引劉向《別錄》曰：「鄒衍在燕，燕有谷，地美而寒，不生五穀。鄒子居之，吹律而溫至黍生。今名黍穀。」《文選・顏延年〈秋胡詩〉》李善注引劉向《別錄》曰：「鄒衍在燕，有谷寒不生五穀，鄒子吹律而溫至生黍也。」《文選・阮嗣宗〈詣蔣公〉》李善注引劉向《別錄》曰：「鄒衍在燕，有谷寒，不生五穀，鄒子吹律而溫，生黍。」據《論衡・寒溫》載：「燕有寒谷，不生五穀。鄒衍吹律，寒谷可種。燕人種黍其中，號曰：『黍穀』。」上述關於鄒衍吹律而生黍的記載，雖然較爲荒誕，但是，其同樣從一個側面反映出：「鄒衍在燕，曾利用其侯氣知識，使不毛之地適應季節而變爲『黍穀』」。詳見：王夢鷗著《鄒衍遺説考》，臺北商務印書館中華民國 55 年版，第 27 頁。

〔註41〕 牟宗三《陰陽家與科學》，載《理想與文化》1942 年第 1 期。

〔註42〕 饒宗頤《不死觀念與齊學——鄒衍書別考》，載饒宗頤著《梵學集》，上海：上海古籍出版社 1993 年版，第 51～61 頁。

〔註43〕 「鄒衍的基本思想無疑是『五德終始』論。」詳見：侯外廬、趙紀彬、杜國庠主編《中國思想通史》（第一卷），人民出版社 1957 年版，第 648 頁。

及相關的思想資料進行了借鑒，並結合了齊國所特有的海洋文化，進而構建起了驚世駭俗的五德轉運之說。〔註44〕」春秋末年「當士演變成參與政治的預備軍的時候，也正是貴族階層已經腐爛，需要依賴士的能力以維持其統治的時候。於是士勢必起而追求政治上的各種知識；這使士開始過渡到『古代知識分子』的性格。〔註45〕」鄒衍作為「士〔註46〕」，其所倡導的「五德終始說」就是為政治服務的。所以，這種學說使其「顯於諸侯〔註47〕」，以至於鄒衍到了梁國「惠王郊迎，執賓主之禮。」到了趙國「平原君側行撇席。」到了燕國「昭王擁彗先驅，……身親往師之。」〔註48〕

　　除了《史記・孟子荀卿列傳》、《鹽鐵論・論儒》、《鬼谷子・捭闔》〔註49〕、《淮南子・齊俗訓》〔註50〕之外，李善、劉淵林在注《文選・左太沖〈魏都

〔註44〕孟祥才、胡新生主編《齊魯思想文化史～從地域文化到主流文化》（先秦秦漢卷），濟南：山東大學出版社2002年版，第331～332頁。

〔註45〕徐復觀著《兩漢思想史》（第一卷），上海：華東師範大學出版社2001年版，第53頁。

〔註46〕按照劉澤華對士人的分類標準，鄒衍可稱得上是「文士」，「其有著較高的文化水平，能夠對政治產生一定的影響。」詳見：《先秦士人與社會》，天津人民出版社2004年版，第7頁。

〔註47〕司馬遷撰《史記》卷二十八，《封禪書》，北京：中華書局1959年版，第1369頁。

〔註48〕司馬遷撰《史記》卷七十四，《孟子荀卿列傳》，北京：中華書局1959年版，第2345頁。但有的學者也認為，「五德終始說」並沒有在戰國末年產生巨大的影響。如：徐復觀就認為：「從《戰國策》看，當時趙、燕、梁之君，雖大為鄒衍之說所掀動，但尚未見有任何一國把它應用作實際政治變動上的解說之跡。當時游說之士，亦無以此作游說之資的。所以《戰國策》中，沒有一處提到五行。因為可以推斷，鄒氏終始五德之說，除了少數君主貴族外，並沒有引起其他思想家的注意。以此施之於朝廷政令，乃在秦併天下之後。」詳見：《陰陽五行及其有關文獻的研究》，載徐復觀著《中國思想史論集續編》，上海書店出版社2005年版，第24～25頁。

〔註49〕據《鬼谷子・捭闔》載：「捭之者，開也，言也，陽也；闔之者，閉也，默也，陰也。陰陽之和，終始其義。故言長生，安樂、富貴、尊榮、顯名、愛好、財利、得意、喜欲為陽，曰始：故言死亡，憂患、貧賤、苦損、亡利、失意、有害、刑戮、誅罰為陰，曰終。諸言法陽之類者皆曰始，言善以始其事；諸言法陰之類者皆曰終，言惡以終為謀。」葛志毅認為：「《鬼谷子》該段的論述，已經開始用陰、陽來解釋終始，五德終始說的雛形業已形成。」詳見：《鄒衍學說發微》，載葛志毅著《譚史齋論稿續編》，黑龍江人民出版社2004年版，第327頁。

〔註50〕據《淮南子・齊俗訓》載：「有虞氏之紀，其社用土，祀中霤……其服尚黃。夏后氏，其社用松，祀戶……其服尚青。殷人之禮，其社用石，祀門……其

賦〉》、《文選‧沈休文〈齊故安陸昭王碑文〉》、《文選‧應吉甫〈晉武帝華林園集詩〉》等篇時，引用了劉歆《七略》與《鄒子》佚文中關於『五德終始說』的相關史料。〔註51〕高誘在注《淮南子》時，同樣引用了《鄒子》中的佚文「五德之次，從所不勝，故虞土、夏木、殷金、周火。〔註52〕」但是，這些關於五德終始說的記述是零散而不全面的，所以，我們很難探究到「五德終始說」的全貌。〔註53〕

在諸多的歷史典籍中《呂氏春秋‧應同篇》〔註54〕保存了一段關於「五

服尚白。周人之禮，其社用栗，祀龜……其服尚赤。」有虞氏尚黃，即爲貴土；夏后氏尚青，即爲貴木；殷人尚白，即爲貴金；周人尚赤，即爲貴火。可見，無論是循環的順序，還是崇尚的顏色其都與其它典籍所載的「五德轉運之說」相同。所以，王夢鷗認爲：「《淮南子》該段的論述，同樣是鄒衍五德終始理論的遺說。」詳見：《鄒衍遺說考》，臺北商務印書館中華民國55年版，第113頁。

〔註51〕 詳見：姚振宗輯錄，鄧駿捷校補《七略別錄佚文‧七略佚文》，上海古籍出版社2008年版，第56～57，139～140頁。

〔註52〕 詳見：李秀華《〈淮南子〉高誘注佚文輯考》，載《古籍整理研究學刊》2010年第2期。

〔註53〕 顧頡剛彙集了《呂氏春秋》、《淮南子》、《史記》等典籍中關於「五德終始說」的史料，製成了《五德終始說殘存材料表》附於《古史辨》（第五冊）中。詳見：顧頡剛主編《古史辨》（第五冊），上海古籍出版社1982年版。

〔註54〕 「陰陽五行學派」與《呂氏春秋》關係密切。陳奇猷通過分析認爲：「陰陽家的學說是《呂氏春秋》全書的重點，其還指出《呂氏春秋》的主導思想是陰陽家之學。」詳見：《〈呂氏春秋〉成書的年代與書名的確立》，載陳奇猷校釋《呂氏春秋新校釋》，上海古籍出版社2002年版，第1885～1889頁。雖然，此種論斷還有待於商榷，但是，我們還是可以從中看出《呂氏春秋》的確記載了不少陰陽家的學說。就具體內容而言，學術界大都認爲，《呂氏春秋‧應同篇》所記載的「五德相勝之說」乃是鄒衍的遺說。清人馬國翰在《玉函山房輯佚書》中就將《應同篇》該段輯入《鄒子》佚文中。日本學者金谷治認爲：「《呂氏春秋‧應同篇》中關於五德終始的論述是鄒衍的著作。」詳見：金谷治《鄒衍的思想》，載馬振鐸、袁爾鉅主編《日本學者論中國哲學史》，中華書局1986年版，第139～140頁。馮友蘭認爲：「《應同篇》中五德轉移學說來自於鄒衍。」詳見：《中國哲學史》（上冊），華東師範大學出版社2008年版，第125頁。顧頡剛認爲：「《應同篇》所言的五德相勝學說，就是《史記‧孟子荀卿列傳》所記載的鄒衍的五德轉移學說。」詳見：《中國上古史研究講義》，中華書局2009年版，第35～40頁。侯外廬也認爲：「《應同篇》中關於五德終始說的記載爲鄒衍的學說。」詳見：《中國思想通史》（第一卷），人民出版社1957年版，第649～650頁。王夢鷗同樣認爲：「該篇所載關於五德終始說的文字，是鄒衍的遺說。」詳見：《鄒衍遺說考》，臺北商務印書館中華民國55年版，第72頁。胡適則認爲：「是鄒衍的後學，將五德終始說編

德終始說」的比較完整的記載：

　　凡帝王者之將興也，天必先見祥乎下民。黃帝〔註55〕之時，天

入了《呂氏春秋》當中。」詳見：《中國中古思想史長編》，安徽教育出版社 2006 年版，第 122 頁。周桂鈿也認爲：「《應同篇》中所記載的五德理論是鄒衍的學說。」詳見：《秦漢思想史》，河北人民出版社 2000 年版，第 27 頁。至於「五德終始說」被編入《呂氏春秋》的原因，有的學者認爲：「鄒衍的學說在秦必甚顯赫，五德終始說見採於《呂氏春秋》是很自然的，說不定還有他的信徒參加了《呂氏春秋》的『論集』。」詳見：侯外廬主編《中國思想通史》（第一卷），人民出版社 1957 年版，第 650 頁。胡適則認爲：「五德終始論在秦未稱帝之前，早已傳到西方，早已被呂不韋的賓客編進《呂氏春秋》裏。」詳見：《中國中古思想史長編》，安徽教育出版社 2006 年版，第 13～14 頁。

〔註55〕 有的學者對「五德終始說」將黃帝作爲起始君王的原因進行了分析。孫開泰認爲：「鄒衍是齊國人，而田氏政權是黃帝的後裔。所以，鄒衍將黃帝作爲『五德終始說』的起始君王，進而迎合田氏政權。」詳見：《鄒衍與陰陽五行》，山東文藝出版社 2004 年版，第 74 頁。謝松齡認爲：「黃帝是燕齊海上方術的開山祖，養生成仙的第一人，黃帝實爲海濱文化的化身。所以，鄒衍對其極爲重視。」詳見：《天人象：陰陽五行學說史導論》，山東文藝出版社 1989 年版，第 144 頁。葉山認爲：「因爲陰陽家們確信黃帝參與了使自然現象得以產生的過程。作爲天與地的根源，他是時間的發明者，空間的構造者和國家的統治者，他是『黃宗質』。」詳見：《秦漢陰陽思想的特色》，載艾蘭、汪濤、范毓周主編《中國古代思維模式與陰陽五行說探源》，江蘇古籍出版社 1998 年版，第 378 頁。胡適則認爲：「在老子、孔子、墨子之中，老子提倡自然的天道，可以用作陰陽五行的招牌。老子的思想裏又頗有一點玄談得味兒，比較容易穿鑿附會。但老子年代太近……於是齊學有另尋一位故人的必要。這時候，各家學派都不嫌託古改制。儒墨皆稱道堯舜，堯舜成了濫調，招牌便不響了。於是燕齊的學者和方士們便抬出一位更渺茫無稽的黃帝出來。《史記》說鄒衍『先序今，以上至黃帝。』《呂氏春秋》記五德終始，也從黃帝之時說起。可見鄒衍的熱心擁戴黃帝。」詳見：《中國中古思想史長編》，安徽教育出版社 2006 年版，第 22～23 頁。雷家驥則更加系統的，歸納出了五德終始說以黃帝作爲起始帝王的原因。其認爲「首先，諸子學說多託言黃帝，陰陽家即其中之一。其次，黃帝『法天則地』，『考定星曆，建立五行』，欲驗證五行說，當自黃帝始。而且，先秦諸國史，淵源似乎可溯祖於黃帝，較有證可稽。……另外，司馬遷記述自黃帝始，實蘊含了他的實證史學精神。……據『五帝本紀』，黃帝崛起於神農氏世衰之時。他『修德振兵，治五氣』等，開創其政權。政權的創建，一在修德征伐，爲諸侯所尊；一在能治五行，推曆數、修封禪等，『有土德之瑞』，故號黃帝。表示黃帝乃順天應民而起，是天意、人事一致的情況下創建。『自黃帝至舜禹皆同姓，而異其國號，以章明德』。是則顓頊、嚳、堯、舜、禹，皆同出一家族，前三帝相繼，後三帝相禪而已。堯、舜、禹禪讓說大體本於孟子，皆有應天受命之說。不過，據司馬遷之意，五帝同姓，雖應天受命，國號改易，但他們繼承黃帝土德之數未嘗有改，即

先見大螾大螻，黃帝曰：「土氣勝。」土氣勝，故其色尚黃，其事則土。〔註56〕及禹之時，天先見草木秋冬不殺，禹曰：「木氣勝。」木氣勝，故其色尚青，其事則木。及湯之時，天先見金刃生於水，湯曰：「金氣勝。」金氣勝，故其色尚白，其事則金。及文王之時，天先見火赤烏銜丹書集於周社，文王曰：「火氣勝。」火氣勝，故其色尚赤，其事則火。代火者必將水，天且先見水氣勝。水氣勝，故其色尚黑，其事則水。水氣至而不知，數備將徙於土。〔註57〕

　　根據上述《呂氏春秋》的相關記載，我們可以大致的瞭解「五德終始說」的概貌。〔註58〕

所謂『維昔黃帝，法天則地，四聖遵序，各成法度』是也。因此，夏、殷、周、秦本紀，即依鄒衍五行說以推，不必說明其政權以何德而王。」詳見：《兩漢至唐初的歷史觀念與意識》，書目文獻出版社1987年版，第44頁。《漢書·藝文志》中的《數術略·五行類》著錄《黃帝陰陽》25卷、《黃帝諸子論陰陽》25卷，可見，「五德終始說」中將黃帝作爲起始君王，雖然有假託之嫌，但也能看出黃帝與陰陽家之間關係密切。

〔註56〕鄒衍對「土」的重視，可能源於土地是農業生產最重要的物質資料。甲骨文中就有四方土地受年而大吉的記載。「己巳王卜貞「今」歲商受「年」。王占曰吉。東土受年。南土受年。西土受年。北土受年。」詳見：《殷契粹編》907。《管子·四時》中也有關於土地滋養萬物，使國家風調雨順的記載。「中央曰土，土德實輔四時入出，以風雨節土益力，土生皮、肌、膚。其德和平用均，中正無私，實輔四時：春嬴育，夏養長，秋聚收，冬閉藏；大寒乃極，國家乃昌，四方乃服，此謂歲德。」《鶡冠子·天權》中也有以「土」爲中心制約四行，並將此規律運用到軍隊部署上的記載。「下因地利，制以五行。左木、右金、前火、後水，中土，營軍陳士，不失其宜。五度既正，無事不舉。」除此之外，有學者還認爲：鄒衍對「土」的推崇目的在於迎合田齊政權。「鄒衍是齊國的稷下先生，其思想受到當時齊國形勢的影響。齊國統治者設稷下學宮，主要目的是培養和選拔爲田齊政權服務的人才。田齊自稱是黃帝之後，所以象徵黃帝的土，成爲齊國思想家討論的重要範疇。」詳見：孔德立、周群著《先秦諸子》，南京大學出版社2009年，第286頁。

〔註57〕許維遹撰，梁運華整理《呂氏春秋集釋》卷十三，《應同》，北京：中華書局2009年版，第284頁。

〔註58〕「五德終始說」主要具有四層含義，即歷史觀的意義、正統論的意義、政治上的意義、思想史上的意義。就歷史觀的意義而言：胡適認爲：「五德終始之運，只是把五德相勝的觀念適用到歷史裏去，造成一種歷史變遷的公式，故是一種歷史哲學。又因爲五德的終始都先見於機祥符應，故這種歷史哲學其實又是一種宗教迷信。五德終始與陰陽消息兩個觀念又可以適用到宇宙間的一切現象。可以支配人生的一切行爲，可以解釋政治的得失和國家的盛衰，故這種思想竟成了一個無所不包的萬寶全書。」詳見：《中國中古思想史長編》，安徽教育出版社2006年版，第14頁。就正統論的意義而言：李約瑟認

就「五德終始說」的具體內容而言，「五德終始說〔註59〕」所謂五德：即土德、木德、金德、火德、水德。〔註60〕每一德都有與自身相對應政權，如：金德與殷商相對應、火德與周相對應。

「五德」之間是按照五行相勝的順序進行轉移的，不僅如此，「五德」之間的遷衍還是循環往復的，即水德結束以後，五德又將從土德開始進行新一輪的循環。

就「五德終始說」所體現出來的「機祥度制」而言，五德之說認為，當新朝代將興之時，上天必然會顯現出某德興勝的景象，這種現象就叫做「符應〔註61〕」。如：黃帝之時出現了「土氣勝」的符應。「符應」現象在歷朝歷

爲：五德終始說「是一種宗室統治權興衰的理論，把人事與歷史和非人性的大自然現象，並列於同樣地『法則』之下。人事與大自然兩者都是遵守不變法則的，這就是所謂『相勝』，木勝土，金勝木，火勝金，水勝火，土勝水，自此以下周而復始。如此，一切人類歷史上的變更，都被認作是這種『相勝』變更的表徵。這些變更可由較爲基層的無機物質上觀察得之，其實五行的觀念也無非導源於對這些無機物質的觀察。」詳見：李約瑟著，陳立夫譯《中國古代科學思想史》，江西人民出版社2006年版，第300頁。就政治上的意義而言：唐君毅認爲：「五德終始說具有三重涵義。言帝王受命之第一涵義，蓋爲其中只有此五方之五帝，依次序當令，而無唯一之上帝。……是見此五帝亡權能，皆爲有限，兼受時間空間之規定，而其德亦皆不能無偏至。此五德終始說之帝王受命之思想之第二涵義，爲帝王受命，必有符應。由天之降災異，以示前代人王之當退；由天之降祥瑞，以示後代人王之當興。此五德終始說之帝王受命思想之第三涵義，是天上之帝德，依五行之序，而爲人王所法時，此帝德乃有確定之內容者。……如五帝以五行相剋之序而代興，則當今人王行政之德，亦當順此相剋之序，以矯前代政治之弊。」詳見：《原命中：秦漢魏晉天命思想之發展》，載唐君毅著《中國哲學原論‧導論篇》，中國社會科學出版社2005年版，第350～351頁。就思想史上的意義而言：王繼訓認爲：「鄒衍五德終始說是在全面總結先秦時代神學思想基礎上提出來的哲學體系。具有以下兩個思想特徵：（一）在追究宗教神學的過程中，將五行演繹爲五德，將五行相生或相勝的原理運用到社會規律的闡釋上，建立起以帝王爲中心的宇宙圖式。（二）五德終始說具有先驗性，鄒衍將自然之變上昇爲主觀性的類比思維。」詳見：《漢代諸子與經學》，陝西人民出版社2003年版，第118頁。

〔註59〕 有的學者認爲：「五德終始說包括三個相互關聯的思想，即『五德轉移』、『治各有宜』、『符應』。」詳見：孟祥才、胡新生主編《齊魯思想文化史～從地域文化到主流文化》（先秦秦漢卷），山東大學出版社2002年版，第332頁。

〔註60〕 有的學者認爲：「所謂的『五德』並不是朝代受命於天的象徵，而是得到之意。」詳見：晁福林著《先秦社會思想研究》，商務印書館2007年版，第94頁。

〔註61〕 「符應」就是「以異象來支持政權的正統性」。詳見：陳捷先《漫談符瑞、圖讖與政治》，載《歷史月刊》1995年第92期。據《史記‧五帝本紀》載：黃

代都會出現。

　　「五德終始說」還根據某一朝代由某一種德支配的原則，制定出了一套與之相對應的政令和服飾制度。如：黃帝之時，其事則土，即制定了與土德相契合的政令制度；禹之時，其事則木，即制定了與木德相契合的政令制度。

　　就「五德終始說」的發展動力而言，表面上看來，推動五德運行的是自然五行之間的生剋關係，但是，影響五德轉移的決定性因素卻是「天命」。五德之說並沒有對歷史的發展動因進行過多闡釋，這就爲後世的思想家留下了有待於解決的課題。〔註62〕

二、五德終始說的特點

　　首先，「五德終始說」具有「天命更迭」的特點。春秋戰國時期，隨著自然科學的進一步發展，人們已經逐漸認識到「天命」已「成爲非私眷愛於一民族之一君或一人者。〔註63〕」而「五德終始說」則集中體現了人們的這一認識，「五德終始說」不僅發展了西周「以德配天」的天命觀〔註64〕，其還認爲人世間的政權是不斷轉移的，《文選・應吉甫〈晉武帝華林園集詩〉》李善注引劉歆《七略》曰：「鄒子有終始五德。言土德從所不勝，木德繼之，金德次之，火德次之，水德次之。〔註65〕」可見，「陰陽五德轉移之說，本非效後世抱萬世帝王一姓之見。〔註66〕」而是認爲「天命」按照五行相勝的順序不斷更迭的。

　　其次，「五德終始說」具有「循環往復」的特點。「循環往復」是中國傳統文化的重要特徵。〔註67〕儒家和道家都把歷史發展看做是一個循環往復的過

　　　帝「生而神靈，弱而能言，幼而徇齊，長而敦敏，成而聰明。……有土德之瑞，故號黃帝。」另據《史記・龜策列傳》載：「自三代之興，各據禎祥。塗山之兆從而夏啓世，飛燕之卜順故殷興，百穀之筮吉故周王。」可見，所謂祥瑞預示王朝興盛的理論淵源甚久。

〔註62〕劉向在「五德終始說」的基礎上，對歷史發展的具體動因進行了闡釋。詳見：本書194～212頁。

〔註63〕唐君毅《原命中：秦漢魏晉天命思想之發展》，載唐君毅著《中國哲學原論・導論篇》，北京：中國社會科學出版社2005年版，第326頁。

〔註64〕牟鍾鑒、張踐著《中國宗教通史》（上卷），北京：中國社會科學出版社2007年版，第152頁。

〔註65〕蕭統編，李善注《文選》卷二十，《應吉甫〈晉武帝華林園集詩〉》，上海：上海古籍出版社1986年版，第953頁。

〔註66〕錢穆《劉向歆父子年表》，載顧頡剛主編《古史辨》（第五冊），上海：上海古籍出版社1982年版，第113頁。

〔註67〕高晨陽對中國文化中的「循環往復」模式進行了較爲詳細的論述，並用「五

程。〔註68〕而「五德終始說」則對「循環往復」的理論模式進行了詮釋，五德之說的起始政權是土德、在經歷了木德、金德、火德、水德的發展之後，「水氣至而不知，數備將徙於土。〔註69〕」可見，「五德終始說」不僅認為，政權是按照五行相勝的順序進行變化發展的，其還認為，這種發展是循環進行的。

　　最後，「五德終始說」具有「缺乏社會控制」的特點，如何做好社會控制一直是歷代思想家熱衷探討的話題。墨子認為進行社會控制的手段是法律和宗教。〔註70〕韓非同樣認為法律是進行社會控制的最有效手段。〔註71〕與墨子、

德終始說」作為實例加以說明。詳見：《中國傳統思維方式研究》，山東大學出版社 1994 年版，第 84～90 頁。

〔註68〕　就儒家而言，孟子言：「天下之生久矣，一治一亂。」（《孟子‧滕文公下》）可見，在孟子看來，歷史的發展經歷著由治到亂，再由亂到治的循環過程。荀子言：「皓天不復，憂天疆也。千歲必反，古之常也。」（《荀子‧賦篇》）可見，荀子認為歷史在經歷了一定時間段的發展之後，又會回到最初的狀態。就道家而言，老子言：「萬物並作，吾以觀其復。夫物云云，各歸其根。歸根曰靜，靜曰復命，復命曰常，知常曰明。」（《老子‧第十六章》）可見，老子認為世間萬物以「道」為法則，永恆的做著周而復始的循環運動。莊子則借太公調之口言：「窮則反，終則始。此物之所有，言之所盡，知之所至，極物而已。」（《莊子‧則陽》）可見，在莊子看來，任何事物都經歷著從「始」到「終」，再從「終」到「始」的循環發展過程。

〔註69〕　許維遹撰，梁運華整理《呂氏春秋集釋》卷十三，《應同》，北京：中華書局 2009 年版，第 284 頁。

〔註70〕　《墨子‧尚同上》載墨子之言曰：「古者聖王為五刑，請以治其民。譬若絲縷之有紀，網罟之有綱，所連收天下之百姓不尚同其上者也。」可見，墨子主張制定法律，對不法行為要進行依法制裁。更為可貴的是，墨子清醒的認識到法律作為社會控制的重要手段必須得運用得當。如果使用不當，則會造成社會的混亂，給國家帶來重大的危害。這就是他在《墨子‧尚同中》中所言的：「善用刑者以治民，不善用刑者以為五殺。」宗教是墨子進行社會控制的另一個重要手段，而宗教進行社會控制的具體形式則是「天」和「鬼神」。《墨子‧天志上》載墨子之言曰：「當天意而不可不順。順天意者，兼相愛，交相利，必得賞。反天意者，別相惡，交相賊，必有罰。」在墨子看來「天」具有控制社會的能力，天的賞罰標準就是兼相愛，別相惡。「天」的下面還有鬼神對社會進行控制。墨子認為，春秋戰國時期天下大亂，諸侯征伐的原因在於君主「皆以疑惑鬼神之有與無之別，不明乎鬼神之能賞賢而罰暴也。」（《墨子‧明鬼下》）可見，墨子認為君王必須做到「其事上尊天，中事鬼神，下愛人。」（《墨子‧天志上》）只有這樣，社會的秩序才會趨於良好。

〔註71〕　韓非言：「無捶策之威，銜橛之備，雖造父不能以服馬；無規矩之法，繩墨之端，雖王爾不能以成方圓，無威嚴之勢，賞罰之法，雖堯、舜不能以為治。」（《韓非子‧奸劫弒臣》）可見，韓非認為法律的作用在於通過賞罰來維護社會的正常秩序。同時，韓非認為思想控制也是進行社會控制的一種重要手段。

韓非等思想家的社會控制理論相比，「五德終始說」在這一方面是極為欠缺的。五德之說強調的是政權轉移所遵循的規律，以及政權所隸屬的五德屬性，其雖然也有政令方面的規定，但是這種規定僅僅局限於君王本人，並沒有涉及到社會層面，所以，「五德終始說」在社會控制方面缺乏相關的理論，直到董仲舒將陰陽觀念、五行觀念引入到社會控制領域，並在此基礎上遷衍出了「三綱」理論和「五常」理論，「五德終始說」缺乏社會控制的缺陷才得以被彌補。

2.2 五德終始說對儒、道、墨、法等思想的借鑒與吸納

「陰陽觀念」與「五行觀念」的源起與發展以及陰陽觀念與五行觀念的合流，都為「五德終始說」的形成了提供了相應的理論基礎。不僅如此，隨著「陰陽觀念」與「五行觀念」的繼續發展，「到了戰國末年，百家諸子，都受了陰陽五行說的影響〔註72〕」。而諸子同樣對陰陽家的學說產生了一定的影響，這種影響集中體現在了「五德終始說」上，「戰國末年的諸子百家都參與了『五德終始』的再創造；陰陽家也吸收了諸子之學。〔註73〕」作為陰陽家代表人物的鄒衍，其思想又「有汗漫兼容之勢，森羅並蓄之象〔註74〕」。而且，他還試圖融匯儒家與道家思想。〔註75〕鄒衍通過對儒家、道家、墨家等學派思想的借鑒與吸納，最終促成了「五德終始說」的形成。〔註76〕

其言：「是故禁奸之法：太上禁其心，其次禁其言，其次禁其事。」（《韓非子‧說疑》）「言」和「事」都受到「心」的制約。所以，韓非主張加強思想控制，以此達到控制人們言行的目的。

〔註72〕曹聚仁《春秋——戰國》，載曹聚仁著《中國學術思想史隨筆》，北京：生活‧讀書‧新知三聯書店 1986 年版，第 81 頁。

〔註73〕劉澤華著《中國的王權主義》，上海：上海人民出版社 2000 年版，第 135 頁。

〔註74〕錢穆《先秦諸子繫年考辨自序》，載羅根澤主編《古史辨》（第六冊），上海：上海古籍出版社 1982 年版，第 73 頁。

〔註75〕錢穆著《中國思想史》，臺北：臺灣學生書局中華民國 77 年版，第 111 頁。

〔註76〕有的學者認為：「鄒衍的觀點是儒道混合的，而更偏畸於思孟學派。」詳見：侯外廬、趙紀彬、杜國庠主編《中國思想通史》（第一卷），人民出版社 1957 年版，第 648 頁。孫秀偉則認為：「鄒衍五德終始說中的『陰陽』、『五行』思想，是對原始陰陽五行學說的總結，也含有儒家、道家等思想。」詳見：《董仲舒「天人感應」論與漢代的天人問題》，陝西師範大學 2010 年博士論文，第 32 頁。

2.2.1　五德終始說對儒家思想的借鑒與吸納

一、鄒衍與儒家的淵源注〔註77〕

有的學者認爲，陰陽家出於方士，並認爲「陰陽家是方士中出類拔萃的一類人，被稱爲『家』不僅是因爲他們掌握了某種如：占卜、相命這類的技術，更因爲他們擁有一套理論，並且用這套理論解釋宇宙—社會—人生，還希望用這套理論和技術去干預政治和社會事務。〔註78〕」陰陽家與方士的確存在著密切的關係，馮友蘭也認爲陰陽家源於方士，但他同樣認爲儒家所自出之儒士與方士關係密切，其言：「蓋儒士爲禮樂專家，而禮樂原來最大之用，在於喪祭。喪祭用巫祝，亦用禮樂專家，此二種人乃常在一處之同事。雖然後來儒家，如荀子等，將禮樂中之迷信成分，掃除淨盡，而予之以新意義，新解釋，然儒士原來所用之禮樂，其原來之意義，則與方士所見極近。〔註79〕」不僅如此，有的學者還認爲，曾子曾將陰陽家的陰陽思想引入到了儒學當中，並拓展了儒學的視野與發展空間。〔註80〕可見，陰陽家與儒家的確有著極深的歷史淵源。〔註81〕

〔註77〕　有的學者從儒家「知之爲知之，不知爲不知」的觀點，以及《鹽鐵論・論鄒》中賢良文士以孔子之言對鄒衍學說進行批判等方面出發，論證了鄒衍既不屬於儒家，又和儒家毫無淵源。詳見：【日本】金谷治《鄒衍的思想》，載馬振鐸、袁爾鉅主編《日本學者論中國哲學史》，中華書局1986年版，第146～148頁。

〔註78〕　陸玉林、唐有伯著《中國陰陽家》，北京：宗教文化出版社1996年版，第18頁。

〔註79〕　馮友蘭著《中國哲學史》（下冊），上海：華東師範大學出版社2008年版，第387頁。

〔註80〕　羅新慧《曾子思想與陰陽學說》，載《管子學刊》1996年第3期。

〔註81〕　有的學者認爲：「作爲儒家著作的《易傳》，也是成於鄒衍學派之手。而且，《易傳》從五個方面對鄒衍思想進行了傳承與發展。一、『天垂象，聖人則之』是對鄒衍『治各有宜，而符應若茲』（土氣勝乃『天垂象』，其事則土乃『聖人則之』）思想的模仿；二、鄒子深觀『陰陽消息』，而《易傳》的思想尤重『陰陽消息盈虛』；三、鄒子五德終始說，是一種循環的變化觀；而《易》的思想也是循環的變化觀。四、鄒衍所言的：『當時則用，過則舍之，有易則易之。故守一而不變者，未睹治之至也。』與《革卦・象傳》所載的：『天地革而四時成。湯、武革命，順乎天而應乎人。革之時大矣哉！』都體現出了相類似的變革思想；五、鄒衍所言的『治各有宜』，『當時則用，過則舍之』，強調『時』，尚未明確強調『中』。而《易傳》中已有了系統的『時中』主義。詳見：侯外廬、趙紀彬、杜國庠主編《中國思想通史》（第一卷），人民出版社1957年版，第651～656頁。徐文珊則認爲：「儒家思想與陰陽家思想具有三個共同之處。一、類似的『陰陽觀』、二、類似的『變化觀』、三、相同的『終始循環』的

　　而作爲陰陽五行學派代表人物的鄒衍，其思想也與儒家有著千絲萬縷的
聯繫。徐文珊認爲：「《易經》是儒家與陰陽家共同的思想來源，鄒衍站在儒
家的立場，把往舊五行說發揚光大，造成所謂陰陽五行說。陰陽家是從儒家
分化出來的，它是儒家的一個宗派。〔註82〕」劉豐則認爲：「鄒衍之所以和
儒家有這樣的親和關係，正是因爲他們都以中國古代的陰陽五行思想作爲思
想背景，而他們對陰陽五行說的不同發展，又使他們的思想顯出各自的特
色。〔註83〕」

　　而且，「鄒子以儒術干世主，不用，即以變化終始之論」。〔註84〕可見，
鄒衍最初可能是習儒學的。譚戒甫就認爲鄒衍是源自儒家的。〔註85〕郭沫若
也認爲「鄒衍對子思的五行相生說，以及子弓的陰陽對立說進行了合併與發
展，進而形成了自己的陰陽五行學說。〔註86〕」孫開泰則明確指出，「鄒衍在
稷下學宮上學時的老師當是孟子去齊後留在稷下學宮的孟子學派的儒學後
學。〔註87〕」

　　除此之外，司馬遷還認爲，鄒衍思想的核心是「必止乎仁義節儉，君臣
上下六親之施」。〔註88〕可見，就像有的學者所說的那樣，「《史記‧孟子荀卿
列傳》以『仁義』爲線索，鄒衍亦涵蓋其中。〔註89〕」而且，《玉函山房輯佚
書續編》引《鄒子書》言：「騶虞議獸，白虎黑文食自死之肉，不食生物。人
君有至信之德則應之〔註90〕」。可見，鄒衍認爲，君王應該修德行，講仁義。

　　　理論。」詳見：《儒家和五行的關係》，載顧頡剛主編《古史辨》（第五冊），
　　　上海古籍出版社1982年版，第671～674頁。

〔註82〕徐文珊《儒家和五行的關係》，載顧頡剛主編《古史辨》（第五冊），上海：上
　　　海古籍出版社1982年版，第671～675頁。

〔註83〕劉豐《從〈禮記〉看陰陽五行思想的合流》，載李景源、謝地坤主編《新中國
　　　哲學研究50年》，北京：人民出版社2005年版，第740頁。

〔註84〕王利器校注《鹽鐵論校注》卷二，《論儒》，北京：中華書局1992年版，第150
　　　頁。

〔註85〕譚戒甫《論思孟五行說的演變》，載《中國哲學》1980年第4輯。

〔註86〕郭沫若著《十批判書》，石家莊：河北教育出版社2004年版，第115頁。

〔註87〕孫開泰《陰陽家鄒衍的『天人合一』思想——『陰陽』是開啓『五行』的鑰
　　　匙》，載《管子學刊》2006年第2期。

〔註88〕司馬遷撰《史記》卷七十四，《孟子荀卿列傳》，北京：中華書局1959年版，
　　　第2344頁。

〔註89〕楊燕起等著《歷代名家評史記》，北京：北京師範大學出版社1986年版，第
　　　592頁。

〔註90〕詳見：《續修四庫全書》，《子部‧雜家類》，上海：上海古籍出版社2002年版，

鄒衍的著作雖然遺失，但其思想主旨仍具有儒家「仁義」的成分。所以，顧頡剛才會認爲：「鄒衍可能是隸屬於儒家的，他的思想核心是儒家的仁義之說、六親之施。〔註 91〕」楊向奎也曾言：鄒衍是「一變節的儒家。〔註 92〕」而蕭公權則認爲，鄒衍通過對儒家學說的批判進而構建起了自身的學說，其言：「蓋由鄒子（鄒衍）深感孔孟仁義之言，不足與富強之說爭席。故創爲天談，退儒家之禹域爲「神州」，縮時君之世運爲一德，使聞者知天下之小而無足欣，國祚之暫而不足恃，庶可反躬修德，盡洗七雄貪暴之惡。〔註 93〕」可見，鄒衍與儒家之間同樣有著極深的歷史淵源。

　　既然，鄒衍與儒家之間有著很深的淵源，那麼，我們自然能從現存的典籍中找到其與儒家思想的相通之處。如：鄒衍的「反辯」思想就與儒家具有一致性。鄒衍在趙國與公孫龍及其弟子綦母子，進行了一場關於「白馬非馬」的辯論。〔註 94〕在辯論中，鄒衍認爲，辯士的「五勝三至」〔註 95〕原則是強詞奪理之舉，並不是什麼高明的手段。辯論的目的在於「辯論的雙方各有所得，辯論勝了『不失其所守』，辯論敗了也可以學到新的知識，

第 236 頁。
〔註 91〕顧頡剛《五德終始說下的政治和歷史》，顧頡剛主編《古史辨》（第五冊），上海：上海古籍出版社 1982 年版，第 407 頁。
〔註 92〕楊向奎著《西漢經學與政治》，臺北：獨立出版社 2000 年版，第 22 頁。
〔註 93〕蕭公權著《中國政治思想史》，瀋陽：遼寧教育出版社 1998 年版，第 36 頁。
〔註 94〕在《史記‧平原君虞卿列傳》中，對於「絀公孫龍」的原因，《集解》引劉向《別錄》曰：齊史鄒衍過趙，平原君見公孫龍及其徒綦母子之屬，論「白馬非馬」之辯，以問鄒子。鄒子曰：「不可。彼天下之辯有五勝三至，而辭正爲下。辯者，別殊類使不相害，序異端使不相亂，抒意通指，明其所謂，使人與知焉，不務相迷也。故勝者不失其所守，不勝者得其所求。若是，故辯可爲也。及至煩文以相假，飾辭以相惇，巧譬以相移，引人聲使不得及其意。如此，害大道。夫繳紛爭言而競後息，不能無害君子。」坐皆稱善。詳見：司馬遷撰《史記》卷七十六，《平原君虞卿列傳》，中華書局 1959 年版，第 2364 頁。並且胡適還認爲：「《史記‧平原君虞卿列傳》中關於鄒衍論『辯』一節，並非漢代人假造。」詳見：《中國哲學史大綱》，河北教育出版社 2002 年版，第 266 頁。
〔註 95〕李約瑟認爲：「鄒衍所言的『五勝』是引五行而言，『三至』則是指陰與陽所處的三種位置狀況。一、陰在主位；二、陽在主位；三、陰陽處於完全平衡的狀態。」詳見：李約瑟著，陳立夫譯《中國古代科學思想史》，江西人民出版社 2006 年版，第 298 頁。金德建則認爲：「『五勝』已經難以探究其意，『三至』是指『別殊類』、『序異端』、『抒意通指，明其所謂』。」詳見：《鄒衍所說「五勝三至」釋義》，載金德建著《司馬遷所見書考》，上海人民出版社 1963 年版，第 256～264 頁。

爭取做到『別殊類使不相害，序異端使不相亂』，事物都有所歸屬，不相衝突。〔註 96〕」

　　鄒衍這種「反辯」思想也與儒家類似。孔子就曾說過：「天下有道，則庶人不議。〔註 97〕」孟子也曾言：「予豈好辯哉？予不得已也。〔註 98〕」而荀子的反辯思想最為強烈，其言：「故明君臨之以勢，道之以道，申之以命，章之以論，禁之以刑。故其民之化道也如神，辯勢惡用矣哉！〔註 99〕」而且荀子認為名家的辯論之術毫無用處，其言：「若夫充虛之相施易也，堅白、同異之分隔也，是聰耳之所不能聽也，明目之所不能見也，辯士之所不能言也，雖有聖人之知，未能僂指也。〔註 100〕」可見，在對於辯論的態度上鄒衍與孔子、荀子有相同之處。另據其他學者所考，鄒衍於齊襄王時重新回到了稷下學宮，〔註 101〕而荀子則是齊襄王時的稷下學宮祭酒。荀子這種反辯的思想是否受到過鄒衍的影響呢？明代的道士張宇初在其著作中言：「孟軻學於子思之門，荀卿學於鄒衍。〔註 102〕」既然孟軻受業於子思的後學為確鑿事實，那麼，荀子也很可能受業於鄒衍。可見，鄒衍的「反辯」思想很可能受到了儒家學說的影響，而其的反辯主張也很可能影響到了荀子。

二、五德終始說對儒家思想的吸納與借鑒

　　在鄒衍的諸多學說中，五德終始理論在當時產生的影響最為巨大，而且有的學者還認為：五德終始說是「把儒家天命論與陰陽家的五行主運理論結合而成的神學政治歷史論。〔註 103〕」所以，與鄒衍的「反辯」思想相比，「五德終始說」對與儒家思想的借鑒與吸納則更為明顯。

〔註 96〕 李漢三著《先秦兩漢之陰陽五行學說》，臺北：維新書局中華民國 57 年版，第 61 頁。

〔註 97〕 楊伯峻撰《論語譯注》，《季氏》，北京：中華書局 2009 年版，第 172 頁。

〔註 98〕 楊伯峻撰《孟子譯注》卷六，《滕文公下》，北京：中華書局 2010 年版，第 141 頁。

〔註 99〕 王先謙撰，沈嘯寰、王星賢點校《荀子集解》卷十六，《正名篇》，北京：中華書局 1988 年版，第 422 頁。

〔註 100〕 王先謙撰，沈嘯寰、王星賢點校《荀子集解》卷四，《儒效篇》，北京：中華書局 1988 年版，第 124 頁。

〔註 101〕 孫開泰《鄒衍年譜》，載《管子學刊》1990 年第 2 期。

〔註 102〕 張宇初著《峴泉集》卷三，載《正統道藏》第三十三冊，上海：上海書店 1988 年版，第 224 頁。

〔註 103〕 趙載光著《天人合一的文化智慧——中國古代生態文化與哲學》，北京：文化藝術出版社 2006 年版，第 139 頁。

1、五德終始說對儒家政權更迭模式的借鑒

首先，就「五德終始說」的政權更迭而言，在鄒氏的學說中，天命是政權轉移的決定性因素，並且用五行相剋來表現，與人事並沒有太多的關聯。「某一德運到底是興還是衰，完全取決於天意，人在這裡是無能為力的〔註104〕」。這種唯天命論顯然是受到了儒家思想的影響。孔子曾言：

> 唯天為大，唯堯則之。〔註105〕

> 道之將行也與，命也；道之將廢也與，命也。〔註106〕

> 君子有三畏：畏天命，畏大人，畏聖人之言。〔註107〕

> 不知命，無以為君子也〔註108〕

雖然「在孔子那裡，『天』或『天命』只是一種虔誠信仰的態度，而不是具有某種人格神性質的實實在在的信仰對象。〔註109〕」但是，孔子這種對天命重視的態度，卻對後世產生了一定的影響。孟子就曾言：

> 求之有道，得之有命，是求無益於得也，求在外者也。〔註110〕

> 行，或使之；止，或尼之。行止，非人所能也。吾之不遇魯侯，天也。〔註111〕

而且，孟子還把天命與政權轉移相聯繫，他在回答萬章「然則舜有天下也，孰與之？」的問題時言：「天與之〔註112〕」，可見，孟子也認為「政權的轉移，決定權在於天，傳賢或傳子，天子不可得而私相授。天意有充分的自主自由，不可強邀天命，舜相堯、禹相舜、益相禹的時間久暫和積德大小，皆出於天意的安排，非人力之所能為也；天子之子的賢或不肖、能否繼道得

〔註104〕向世陵主編《中國哲學智慧》，北京：中國人民大學出版社2000年版，第59頁。

〔註105〕楊伯峻撰《論語譯注》，《泰伯》，北京：中華書局2009年版，第82頁。

〔註106〕楊伯峻撰《論語譯注》，《憲問》，北京：中華書局2009年版，第155頁。

〔註107〕楊伯峻撰《論語譯注》，《季氏》，北京：中華書局2009年版，第174～175頁。

〔註108〕楊伯峻撰《論語譯注》，《堯曰》，北京：中華書局2009年版，第209頁。

〔註109〕王繼訓著《漢代諸子與經學》，西安：陝西人民出版社2003年版，第89頁。

〔註110〕楊伯峻撰《孟子譯注》卷十三，《盡心上》，北京：中華書局 2010 年版，第279頁。

〔註111〕楊伯峻撰《孟子譯注》卷二，《梁惠王下》，北京：中華書局 2010 年版，第49頁。

〔註112〕楊伯峻撰《孟子譯注》卷九，《萬章上》，北京：中華書局2010年版，第201～202頁。

天，亦如此。也就是說，人事由天意所安排。〔註 113〕」需要指出的是，孟子在強調天命權威性的同時還看到了人事的力量，「孟子引用《泰誓》的話說：『天視自我民視，天聽自我民聽。』表面是講天通過民來視聽，實際上是給民意加了一個天意的神聖光環，這是孟子重民思想的表現，是對傳統天命論的突破和發展。〔註 114〕」

可見，依孔孟之道〔註 115〕，修德養性是自己的事情，能否行的通世間的大道則由天命決定，天命的存在是人力所不能及的。所以說，五德終始說在天命觀上與孔孟的思想具有一致性。

2、五德終始說對儒家循環理論的借鑒

其次，就五德終始說中的循環論而言，在鄒氏的學說中，政權轉移按照五行相勝的順序始於土德，而終於水德，一輪循環結束後，新一輪的政權轉移又將會從土德開始。這種周而復始的政權更迭理論，顯然也是受到了孟子思想的影響。在孟子的循環論中既有歷史的循環，又有人生的循環。就歷史的循環而言，《孟子‧公孫丑下》中有「五百年必有王者興」之語，即是說歷史發展以五百年為一大循環。而《孟子‧盡心下》中也有「由堯舜至於湯，五百有餘歲」，「由湯至於文王」又「五百有餘歲」，「由文王至於孔子」又「五百有餘歲」之語。這裡同樣認為，歷史是以五百年為一大循環的。就人生的循環而言，《孟子‧離婁下》中有「君子之澤，五世而斬；小人之澤，五世而斬」之語。即是說，無論是君子還是小人，潤澤都是以五世為一斷限的。可見，鄒衍五德終始說中的循環理論與孟子的循環理論具有一致性。王夢鷗就認為，「孟子此種一五一十的說法，已經具備了五德終始說的意義。〔註 116〕」有的學者更是指出，「五行說的歷史觀在孟子的手裏就已略見端倪；之後，鄒衍把它擴而充之，使其具體化，進而形成了五德終始的歷史哲學。〔註 117〕」

〔註 113〕雷家驥著《兩漢至唐初的歷史觀念與意識》，北京：書目文獻出版社 1987 年版，第 35 頁。

〔註 114〕張豈之主編《中國思想史》，西安：西北大學出版社 1993 年版，第 49 頁。

〔註 115〕與孔孟不同的是，荀子提出了「天人相分」的理論，其認為：天是無意志、無目的的自然界。自然界沒有意志，按照本身的固有規律性運動變化著。天有天的運行規律，人有人的活動領域，兩者不能互相代替。詳見：張豈之主編《中國思想史》，西北大學出版社 1993 年版，第 73 頁。

〔註 116〕王夢鷗著《鄒衍遺說考》，臺北：商務印書館中華民國 55 年版，第 8 頁。

〔註 117〕楊榮國著《中國古代思想史》，北京：人民出版社 1973 年版，第 173 頁。

3、五德終始說對儒家經世致用思想的借鑒

再次，鄒衍的五德終始說與儒家的經世致用思想具有一致性。「任何一種社會思潮和思想體系的產生都有社會歷史原因。〔註118〕」戰國時期「邦無定交，士無定主〔註119〕」，知識分子「或沉淪下僚、或跧伏草莽、或以宗臣而困讒人、或以奇才而羈異國。既不獲伸其志，於是舉其心之憂悲憤懣者，畢見於書。〔註120〕」鄒衍「疾晚世之儒墨，不知天地之弘，昭曠之道」，所以，「推大聖終始之運，以喻王公」。〔註121〕可見，鄒衍能夠顯於諸侯的最主要原因，在於其五德終始說爲未來的大一統政權提供了必要的政治理論依據。〔註122〕

而五德終始說的形成，則與燕昭王的稱帝活動有著直接的關係。〔註123〕

〔註118〕 張豈之主編《中國思想史·序》，西安：西北大學出版社1993年版，第3頁。

〔註119〕 顧炎武著，黃汝成集釋《日知錄集釋（上）》卷十三，《周末風俗》，上海：上海古籍出版社1985年版，第1006頁。

〔註120〕 姚永樸著《諸子考略·序》，北京：中華印刷局民國17年版，第1頁。

〔註121〕 王利器校注《鹽鐵論校注》卷九，《論鄒》，北京：中華書局1992年版，第551頁。

〔註122〕 日本學者金谷治認爲：鄒衍的「五德終始說」，「正是處於戰國末期不斷尋求新的大一統原理的諸侯們所極度期待的，所以鄒衍的學說被視爲具有鮮明反響的回答。」詳見：《鄒衍的思想》，載馬振鐸、袁爾鉅主編《日本學者論中國哲學史》，中華書局1986年版，第150頁。李零認爲：「陰陽家之所以會成爲一個獨立的學派，產生巨大的影響，最重要的原因就在於『五德終始說』與政治活動相結合，爲政治運動服務。」詳見：《道家與中國古代的「現代化」》，載《道家文化研究》第十輯，上海古籍出版社1996年版，第82頁。李漢三認爲：「鄒衍創此閎大不經之學，亦欲救此時數之窮歟？誠以自夏而商，自商而周，爲示順天應人，皆言『改命』，時至戰國中晚葉，周天子幾已消沒於無形，於群雄逐鹿之際，無由復言改命，鄒衍創此新受命說，正乃應運而生，非偶然也。」詳見：《先秦兩漢之陰陽五行學說》，維新書局民國57年版，第52頁。可見，「五德終始說」有利於大一統政權的建設，所以，受到了諸侯們的重視。

〔註123〕 《史記·燕世家》，《新序》卷三、《韓詩外傳》卷七、《大戴禮記·保傅》、《新書·胎教》、《說苑·尊賢》、《說苑·君道》、《論衡·別通篇》、《論衡·超奇篇》等中都有關於鄒衍仕燕昭王的記載。除此之外，胡適認爲：「閔王與燕昭王同時，鄒衍此時去齊往燕，也是可能的事。」詳見：《中國中古思想史長編》，安徽教育出版社2006年版，第10頁。徐復觀也認爲：「鄒衍在燕昭王初年到了燕國，是無可疑的。」詳見：《兩漢思想史》（第二卷），華東師範大學出版社2001年版，第4頁。王夢鷗也認爲：「因爲齊閔王的嬌恣，暴戾，鄒衍離開齊國去了燕國，爲燕昭王師。」詳見：《鄒衍遺說考》，臺北商務印書館中華民國55年版，第17～18頁。但有的學者卻認爲：「鄒衍的五德終始說是爲齊國的稱帝運動做準備的。」詳見：張豈之主編《中國學術思想史編年》（先秦卷），陝西師範大學出版社2005年版，第467～470頁。孔德立、周群著《先

戰國中後期以後，諸侯間的爭霸戰爭越演越烈，慘痛的戰爭教訓已經讓人們清醒的認識到天下必須「定於一」。就像《呂氏春秋‧謹聽》所言：如果天子缺失「則強者勝弱，眾者暴寡，以兵相殘，不得休息。〔註124〕」燕昭王是一位很有作爲的國君，他執政謙恭，禮賢下士，許多賢士都紛紛的來到了燕國，「燕昭王得郭隗，而鄒衍、樂毅自齊，魏至〔註125〕」。鄒衍來到燕國之後，燕昭王對他更是禮遇有加，親自「擁慧先驅，請列弟子之座而受業」。〔註126〕鄒衍更是知恩圖報，用其五德之說爲燕昭王的稱「北帝〔註127〕」活動提供理論依據。〔註128〕

可見，正如司馬遷所認爲的那樣，「燕齊方士沒有眞正的領悟到鄒衍學說的眞諦，穿鑿附會，致使鄒衍的思想成爲了孕育怪誕之說的溫床。〔註129〕」鄒衍將自己的學說「傳與燕齊海上之方士。這些方士，出身各不相同，而所操之『術』亦不一樣；其中有巫觀、龜卜、侯星望氣以及兵農醫之流，他們各採取鄒衍的陰陽五行說爲基本定律而用以推衍各自的學說。」所以，「一部分雖乃爲明習音律曆術者所保守，但其餘則衍爲易之陰陽，書之五行，春秋之變異諸說；等而下之，則爲方仙道，形解消化，依於鬼神之事，由士大夫而普遍及於庶民。〔註130〕」進而導致鄒衍原有的思想學說「棄政教而游心於『赤縣之外』，迂怪遂奪仁義之席。〔註131〕」可見，所謂的怪誕之說，乃是出

秦諸子》，南京大學出版社2009年，第287～288頁。孫開泰也認爲：「鄒衍的五德終始說是爲齊閔王稱『東帝』的政治運動服務的。」詳見：《鄒衍事蹟考辨》，載《管子學刊》1989年第3期。

〔註124〕許維遹撰，梁運華整理《呂氏春秋集釋》卷十三，《謹聽》，北京：中華書局2009年版，第296頁。
〔註125〕賈誼撰，閻振益、鍾夏校注《新書校注》卷十，《胎教》，北京：中華書局2000年版，第393頁。
〔註126〕司馬遷撰《史記》卷七十四，《孟子荀卿列傳》，北京：中華書局1959年版，第2345頁。
〔註127〕據《史記》記載：「蘇代曾向燕昭王提出過『秦爲西帝，燕爲北帝，趙爲中帝』的政治主張，燕昭王善其言。」詳見：司馬遷撰《史記》卷六十九，《蘇秦列傳》，中華書局1959年版，第2270～2271頁。
〔註128〕《文選‧阮嗣宗〈詣蔣公〉》李善注引劉歆《七略》曰：「《方士傳》言鄒子在燕，其游，諸侯畏之，皆郊迎而擁篲。」可見，鄒衍對燕昭王的輔佐是卓有成效的。
〔註129〕司馬遷撰《史記》卷二十八，《封禪書》，北京：中華書局1959年版，第1369頁。
〔註130〕王夢鷗著《鄒衍遺說考》，臺北：商務印書館中華民國55年版，第15頁。
〔註131〕蕭公權著《中國政治思想史》，瀋陽：遼寧教育出版社1998年版，第36頁。

自鄒衍的後學，而非源於鄒衍。所以說，鄒衍的學說並不是像王充所說的那樣「率多侈縱，無實是之驗，華虛誇誕，無審察之實。〔註132〕」揚雄所說的那樣「至周罔君臣之義，衍無知於天地之間，雖鄰不覩。〔註133〕」而是如陳柱所言：「鄒衍之宗旨，固非怪迂阿諛者比，而其學則先重實驗而後演繹，則其先蓋與科學方法相近，與陰陽主運神仙方士之說當絕不同。所謂鬼神之事乃後人所假託，而非鄒衍之本眞。〔註134〕」更爲重要的是，鄒衍的學說還同當時社會的發展結合到了一起，就像呂思勉所說的那樣，「鄒子之學，非徒窮理，其意亦欲以致治也。〔註135〕」

　　鄒衍的五德終始說「把五行由日常行業的觀念，化爲哲學觀念，加上了宗教色彩，運用到政治制度上。〔註136〕」鄒衍這種積極和政治結合的致用思想與儒傢具有一致性。任何一種思想學說只有與政治相融通，其才能發揮更大的作用。例如：戰國時期，「老子的後繼者『把老子學說與黃帝統國傳統統一起來』創制出了『黃老思想』，因爲有了具體的治國方案，黃老思想在戰國晚期以及漢初都產生了廣泛的影響。〔註137〕」儒家也積極的將自身的理論思想與政治運動相結合。孔子言：

　　　　其人存，則其政舉；其人亡，則其政息。……故爲政在人，取人以身，修身以道，修道以仁。〔註138〕

　　孔子認識到，政治目標的實現要依靠對現實政治有高度使命感的賢人。而孔子對這種賢人又有什麼要求呢？他在回答魯國貴族季康子的問題時言：

　　　　子爲政，焉用殺？子欲善而民善矣。君子之德風，人小之德草，草上之風，必偃。〔註139〕

〔註132〕黃暉著《論衡校釋》卷二十九，《案書》，北京：中華書局1990年版，第1166～1167頁。

〔註133〕汪榮寶撰，陳仲夫點校《法言義疏》卷四，《問道》，北京：中華書局1997年版，第134～135頁。

〔註134〕陳柱著《諸子概論》，北京：中國書籍出版社2006年版，第109頁。

〔註135〕呂思勉著《先秦學術概論》，上海：東方出版中心2008年版，第143頁。

〔註136〕羅光著《中國哲學思想史》（兩漢、南北朝篇），臺北：臺灣學生書局中華民國67年版，第53頁。

〔註137〕方光華《春秋戰國時期思想解放與社會進步》，載《史學理論研究》2005年第4期。

〔註138〕朱熹撰《四書章句集注》，《中庸章句》，北京：中華書局1983年版，第28頁。

〔註139〕楊伯峻撰《論語譯注》，《顏淵》，北京：中華書局2009年版，第127頁。

可見，孔子認爲執政者要道德高尚。在孔子的教育培養下，他的弟子大都「散游諸侯，大者爲卿相師傅，小者友教士大夫〔註140〕」。孟子同樣認爲：「如欲平治天下，當今之世，舍我其誰也？〔註141〕」所以說，五德終始說很可能借鑒了儒家積極與政治相結合的思想理論。

4、五德終始說對思孟五行學說的借鑒

最後，就五德終始說中的「五行」而言，其明顯借鑒與吸收了儒家思孟學派的五行說。〔註142〕在《荀子‧非十二子》中，荀子批評子思、孟子學派時言：

> 略法先王而不知其統，猶然而材劇志大，聞見雜博。案往舊造說，謂之五行，甚僻違而無類，幽隱而無說，閉約而無解。案飾其辭而祇敬之曰：此眞先君子之言也。子思唱之，孟軻和之，世俗之溝猶瞀儒，嚾嚾然不知其所非也，遂受而傳之，以爲仲尼、子游爲茲厚於後世，是則子思、孟軻之罪。〔註143〕

思孟學派的「五行」說究竟爲何物？在帛簡〔註144〕沒有出土以前，許

〔註140〕 班固撰《漢書》卷八十八，《儒林傳》，北京：中華書局 1962 年版，第 3591 頁。

〔註141〕 楊伯峻撰《孟子譯注》卷四，《公孫丑下》，北京：中華書局 2010 年版，第 100 頁。

〔註142〕 有的學者對此提出了不同的意見，胡克森認爲：「鄒衍五德終始說的理論來源，爲春秋末年晉國史官史墨的政權相勝理論，以及老子『德』的概念。」詳見：《從五行說到鄒衍五德終始說理論的中間環節》，載《北京行政學院學報》2010 年第 1 期。劉毓璜則認爲：「鄒衍的五德終始說是《管子》五行說的變形表現。」詳見：《先秦諸子初探》，江蘇人民出版社 1984 年，第 345 頁。

〔註143〕 王先謙撰，沈嘯寰、王星賢點校《荀子集解》卷三，《非十二子》，北京：中華書局 1988 年版，第 94～95 頁。

〔註144〕 1973 年 12 月湖南長沙馬王堆第三號漢墓出土《老子》甲本卷後的古佚書，據龐樸研究：「帛書以『仁、義、禮、智、聖』爲五行，故取名其中一篇爲《五行篇》。」詳見：《馬王堆帛書解開了思孟五行說之謎——帛書〈老子〉甲本卷後古佚書之一的初步研究》，載《文物》1977 年第 10 期。1993 年在湖北荊門出土的郭店竹簡中，李學勤認爲：「《緇衣》、《魯穆公問子思》、《窮達以時》、《五行》、《唐虞之道》、《忠信之道》等六篇應歸於《漢書‧藝文志》中的《子思子》，而《五行》應爲子思所著。」詳見：《荊門郭店楚簡中的〈子思子〉》，載《文物天地》1998 年第 2 期。學術界大都認爲竹簡《五行》篇、帛書《五行》篇是思孟學派的作品，因帛書《五行》篇有「經」部和「說」部，但竹簡《五行》篇只有「經」部，所以，認定竹簡《五行》篇的成書時間要早於帛書《五行》篇。其中，龐樸認爲：「竹簡《五行》篇的作者是子思或者子思

多學者對荀子批判思孟的「五行」說的原因，進行了諸多的猜想。胡適認為：「今所傳子思、孟軻的文字中，沒有談五行的話。但當時人既說是『案往舊造說』，可見五行之說是民間舊說，初為智識階級所輕視，後雖偶有鄒魯儒生提出五行之說，終為荀卿所譏彈。〔註145〕」童書業認為：「今案《漢志》兵陰陽家有《孟子》一篇，兵陰陽與五行說深有關係。或孟子後學有發揮五行說者，荀子不察，遂以歸之孟子；又《表記》相傳為子思學派之書，中亦見有五行說之痕跡，或子思學派亦確曾提倡五行說也。〔註146〕」徐文珊則認為：「法先王是孔孟的主張，聞見雜博是通儒；案往舊造說是把以前散在民間的五行斷片思想造成有系統，有組織的學說；僻違，幽隱，閉約總而言之是『荒謬』；先君子是指的孔子，是他的子孫的稱謂；他們假託的是孔子；世俗鄙儒不察是非，盲從之，傳受之，歸結起來，造說的是子思，贊成的是孟子。〔註147〕」

的弟子，帛書《五行》篇的作者是孟氏之儒或樂正氏之儒。」詳見：《帛書五行篇研究》，齊魯書社 1980 年版，第 22 頁。陳來對諸家觀點進行了總結和分析後認為：「竹簡《五行》篇出自子思之手，竹簡《五行》篇與帛書《五行》篇『經』部所存在的差異，有可能是傳本的差異，不必一定是孟子後學對經文作了改編。帛書《五行》篇『說』部出自孟子之手。」詳見：《竹帛〈五行〉與簡帛研究》，生活・讀書・新知三聯書店 2009 年版，第 96～110 頁。但有，的學者對上述觀點提出了不同的看法，其中，池田知久認為：「竹簡《五行》篇和帛書《五行》篇一樣，都具有『經』部和『說』部。」他還認為：「竹簡《五行》篇的成書時間要早於帛書《五行》篇，其中竹簡《五行》篇是戰國後期的古本，而帛書《五行》篇則是數十年後形成的戰國末期的新文本。」詳見：《郭店楚簡〈五行〉研究》，載《池田知久簡帛研究論集》，中華書局 2006 年版，第 48～84 頁。丁四新認為：「竹簡《五行》篇的作者是七十子的弟子世子，並非是子思；而帛書《五行》『說』部的作者是世子的門人，而非孟子。」詳見：《郭店楚墓竹簡思想研究》，東方出版社 2000 年版，第 160～167 頁。陶磊則認為：「不存在一個子思與孟子共有的五行學說，思孟作為一個學術術語是欠妥的。」詳見：《思孟五行考辨》，載於《簡帛研究網》。苟東鋒則對簡帛出土以來，學者們對其成書年代、作者、所屬學派、以及具體思想內容的論述，進行了較為詳細的歸納和總結。詳見：《簡帛〈五行〉研究述要》，載於《簡帛研究網》。

〔註145〕 胡適著《中國中古思想史長編》，合肥：安徽教育出版社 2006 年版，第 9 頁。

〔註146〕 童書業《五行說起源的討論～評顧頡剛先生五德終始說下的政治和歷史》，載童教英整理《童書業著作集》卷三，北京：中華書局 2008 年版，第 622～623 頁。

〔註147〕 徐文珊《儒家和五行的關係》，載顧頡剛主編《古史辨》（第五冊），上海：上海古籍出版社 1982 年版，第 695 頁。

有的學者還認爲，思孟學派並沒有「五行」之說。其中，顧頡剛認爲，「《非十二子》中所罵的子思、孟軻即是鄒衍的傳誤，五行說當即鄒衍所造。〔註148〕」但是，荀子與孟子皆出身於稷下學宮，而且荀子距孟子之時不遠，應該不會把孟子與鄒衍混淆。而劉節的觀點似乎更加的合理，其言：「戰國之時，陰陽五行之說亦倡於齊魯之間，並與孟子的學說存在著聯繫，所以，荀子對其進行了批判。〔註149〕」

除此之外，有的學者還對思孟學派「五行」說的具體內容進行了論證。楊向奎認爲：「子思孟軻的本體論是依一定規範而變動的理法，這種規範即所謂『五行』〔註150〕」。譚戒甫則認爲：「子思所言的五行說，是指君臣、父子、夫婦、昆弟、朋友之間的倫理關係，而孟子所言的五行，是指父子、君臣、夫婦、長幼、朋友之間的倫理關係。〔註151〕」

帛簡出土以後，思孟學派「五行」說的謎底終於被揭開。學者們經過考證認爲思孟學派所言的五行，乃是「仁、義、禮、智、聖」。有的學者認爲：「帛簡《五行》以『仁、義、禮、智、聖』爲重要內容，思孟學派吸納了『五行』觀念，並用自然『五行』說的框架，來闡發人的內在道德心性。〔註152〕」李學勤則認爲，子思五行說所依據的思想資料爲《尚書·洪範》中的「五事」，即「一曰貌，二曰言，三曰視，四曰聽，五曰思。」思孟學派將「五事」發展成爲了

〔註148〕顧頡剛《五德終始説下的政治和歷史》，載顧頡剛主編《古史辨》（第五冊），上海：上海古籍出版社1982年版，第409頁。

〔註149〕劉節《洪範疏證》，載顧頡剛主編《古史辨》（第五冊），上海：上海古籍出版社1982年版，第388頁。

〔註150〕楊向奎著《西漢經學與政治》，臺北：獨立出版社2000年版，第1～19頁。

〔註151〕譚戒甫《思孟「五行」考》，載顧頡剛主編《古史辨》（第五冊），上海：上海古籍出版社1982年版，第709～728頁。龐樸將簡帛出土以前，古往今來諸多學者對思孟學派五行說的論證進行了總結和歸納，其中有唐代人楊倞的「五常」說、近代章太炎、梁啓超的「五倫」說、范文瀾的「五氣」說、郭沫若的「仁義禮智誠」說等。詳見：《帛書五行篇研究》，齊魯書社1980年版，第1～7頁。苟東鋒也對簡帛出土以前，學者們對思孟學派五行說的論證進行了總結。其共歸納出七種觀點，「一、認爲五行即金、木、水、火、土；二、認爲五行爲五常，即仁、義、禮、智、信；三、認爲五行爲五倫，即親、義、別、序、信；四、認爲五行是五常、五倫和陰陽五行的一種雜糅；五、認爲五行或是五常，或是五倫；六、認爲五行爲仁、義、禮、智、誠；七、認爲五行蓋『王道』字之轉誤。」詳見：《簡帛〈五行〉研究述要》，載於《簡帛研究網》。

〔註152〕田文軍、李富春《帛簡《五行》篇與原始「五行」說》，載《武漢大學學報（人文科學版）》2003年第1期。

「仁、義、禮、智、聖」。〔註 153〕不僅如此，有的學者還對思孟「五行」說的理論來源、思孟學派創建「五行」說的目的進行了論證。孔德立認爲子思五行說的主要思想來源有三：「一、自然之五行；二、孔子構建的天道與人道相貫通的思維模式；三、曾子的五孝說。〔註 154〕」葛志毅還對子思用仁、義、禮、智、聖比附金、木、水、火、土的原因進行了解釋。其言：「仁義禮智聖本作爲道德倫理規範，若不借助天道五行的框架，根本無由自己使自己神化爲天賦道德本體，從而就無法構造其天道性命說的體系。這是思孟五行說必須以仁義禮智聖比附金木水火土及使二者合和爲一體的根本原因。〔註 155〕」

　　隨著思孟學派「五行」說的眞相大白，荀子批判思孟「五行」說的具體原因也成爲了學者們熱議的話題。徐復觀對「案往舊造說，謂之五行」一句進行了解釋。其認爲該句：「透出了『五行』這一名詞，作了本質轉換的消息。所謂『往舊』，正指的夏時在政治上所重視的社會生活的實用資材的五行而言。『案往舊造說』，乃是按照傳統的『五行』，這即他所說的『謂之五行』一語的意義。〔註 156〕」龐樸認爲：「荀子批判思孟，不在於這些範疇（仁義禮智聖）本身，也不在於一般的談論它們，而在於『案往舊造說』。即爲，荀子批評思孟把『往舊』的道德論、認識論作爲素材，賦予它們『幽隱』的內容，臆造出了『無解』的體系，並傳之於後世。〔註 157〕」梁濤對黃俊傑孟荀「心」、「道」概念存在差異，進而荀子批判思孟「五行」說的觀點、廖明春認爲孟子的「五行」說與性善論相關進行荀子批判思孟「五行」說的觀點、李景林認爲荀子對思孟「五行」說批判的原因在於思孟學派在天人關係、天道與人道或性與天道的問題上存在差異的觀點進行了逐一的考辨，並認爲：「荀子批判『無類』是指子思將仁、義、禮、智、聖作爲『德之行』，而將仁、義、禮、智作爲『行』的做法採用了雙重的道德標準，所以對『正名』極爲推崇的荀子對其進行了批判。荀子所謂的『幽隱而無說』，顯然是指《五行》將仁、義、禮、智、聖『形於內』，述諸內心體驗，獲得神秘的精神感受。而且，荀子認

〔註 153〕李學勤《帛書〈五行〉與〈尚書・洪範〉》，載《學術月刊》1986 年第 11 期。

〔註 154〕孔德立《子思五行說的來源》，載《齊魯學刊》2010 年第 3 期。

〔註 155〕葛志毅《簡帛〈五行〉與子思之學考辨》，載葛志毅著《譚史齋論稿續編》，哈爾濱：黑龍江人民出版社 2004 年版，第 311 頁。

〔註 156〕徐復觀《陰陽五行及其有關文獻的研究》，載徐復觀著《中國思想史論集續編》，上海：上海書店出版社 2005 年版，第 38 頁。

〔註 157〕龐樸著《帛書五行篇研究》，濟南：齊魯書社 1980 年版，第 83～84 頁。

爲先王之道是『禮』而思孟學派以『德之行』的仁爲要，並不看重『不形於
內』的禮，所以荀子斥之『毀先王之道』。〔註158〕」陳來則認爲：「荀子對子
思五行的批評，其『案往舊造説，謂之五行』，是指子思吸納了原始的自然五
行觀念；『僻違而無類』，是指子思把天的道德律與人的道德律歸爲一類；『幽
隱而無説』『閉約而無解』，是指子思沒有對自己所建構的『五行』説做出解
釋。思孟還將『聖智』與『仁義』納入一體，這也是荀子批評他們的重要原
因。〔註159〕」成中英還認爲：荀子批判思孟五行説的主要原因在於：「荀子認
爲，仁、義、禮、智、聖的道德律需要通過外在禮法來建立，而不能付諸於
人的內心。〔註160〕」

諸家都從不同的角度出發，論述了荀子批判思孟「五行」説的原因。但
是，要想弄清荀子此舉的眞正目的，就必須對思孟的「五行」説進行具體的
分析。何爲「仁、義、禮、智、聖」？〔註161〕竹簡《五行》篇言：

> 五行。仁形於內謂之德之行，不形於內謂之行。義形於內謂之
> 德之行，不形於內謂之行。禮形於內謂之德之行，不形於內謂之行。
> 智形於內謂之德之行，不形於內謂之行。聖形於內謂之德之行，不
> 形於內謂之德之行。〔註162〕

關於此處的「五行」，陳來認爲：「五行，即仁、義、禮、智、聖。行，
德行也。形於內，即發於中心，亦宋儒所謂『心之德』之意。不形於內，則
惟是『行』也。鄭玄所謂『在心爲德，施之爲行』，乃此意也。〔註163〕」晁福

〔註158〕梁濤著《郭店楚簡與思孟學派》，北京：中國人民大學出版社2008年版，第
224～227頁。
〔註159〕陳來《竹簡〈五行〉篇與子思思想研究》，載《北京大學學報（哲學社會科學
版）》2007年第2期。
〔註160〕成中英《荀子對思孟五行説的批評與思孟荀的本體整合》，載龐樸主編《儒林》
第四輯，濟南：山東大學出版社2008年版，第12頁。
〔註161〕有的學者還認爲：除了竹帛《五行》篇外，《史記·樂書》中也有關於思孟「五
行」説的記載，「《樂書》明確標舉『仁、義、禮、智、聖』，並把這五種德性
與五音相配合，又以五音協和、陶冶五臟之氣，以端正身心，喚發德氣。這
段文字又明確以『聖』作爲五行之中心。這都與《五行》簡帛本、《性自命出》
簡本相合。」詳見：郭齊勇著《中國哲學智慧的探索》，中華書局2008年版，
第67～68頁。
〔註162〕以下所引竹簡《五行》篇的內容，均來源於陳來《竹簡〈五行〉分經解論：〈五
行〉章句簡注》，載陳來著《竹帛〈五行〉與簡帛研究》，生活·讀書·新知
三聯書店2009年版，第110～118頁。
〔註163〕陳來著《竹帛〈五行〉與簡帛研究》，北京：生活·讀書·新知三聯書店2009

林認爲：「《五行》篇的作者所說的仁、義等五行（即五種行爲道德），屬於『天德』的範疇，皆在人之外，是『天』所擁有的，但是，它可以通過人心表現出來，這就是簡文所說的『德之行』。反之，如果它不通過人心表現出來（『不形於內』），那就是一般行爲，而不能算作『德之行』。〔註164〕」丁四新認爲：「《五行》篇仍舊區分了五行形於內爲『德之行』，不形於內爲『行』的差別。『德之行』是指與身體相契合的內在的道德律；『行』則是指人與人之間的倫理道德。〔註165〕」張立文則認爲：「《五行》篇中的『五行』指的是內心的五種道德行爲活動。〔註166〕」梁濤對多方觀點進行了總結和分析後，進而認爲：「《五行》篇中的『德之行』與『行』分別體現出了兩種不同的道德律，前者是內在的、自覺的道德律，後者是外在的、客觀的道德律，是一種類似於『忠』、『孝』、『順』的倫理規範；……《五行》提出『形於內』的『德之行』與『不形於內』的『行』所體現出來的雙重道德律是孔子『仁』與『禮』概念的發展，是處於孔子到孟、荀的過渡階段。〔註167〕」

可見，有的學者認爲竹簡「五行」是一種道德規範，有的學者則更進一步的指出，竹簡「五行」的道德規範是雙重標準的。的確如此，竹簡「五行」的道德標準是分爲兩個層次的，一個層次是形於內的「德之行」，這時所說的仁、義、禮、智、聖，體現了上天所要求的道德規範。所以，竹簡《五行》篇才會有「德之行五和謂之德，……德，天道也。」的論述。而且，「竹簡《五行》所強調的是，人不僅要在行爲上符合仁義禮智聖，更要使行爲眞正發自作爲自己內在德性的仁義禮智聖，這樣的人才是眞正的君子。〔註168〕」人只有將這五種倫理道德植根於內心並付諸於實施，才能稱之爲「君子」。所以，竹簡《五行》篇言：「五行皆形於內而時行之，謂之君子」。

另一個層次則是不形於內的「行」，即是仁、義、禮、智。竹簡《五行》

年版，第111頁。

〔註164〕晁福林《先秦時期『德』觀念的起源及其發展》，載《中國社會科學》2005年第4期。

〔註165〕丁四新著《郭店楚墓竹簡思想研究》，北京：東方出版社2000年版，第134頁。

〔註166〕張立文《略論郭店楚簡的「仁義」思想》，載《孔子研究》1999年第1期。

〔註167〕梁濤著《郭店楚簡與思孟學派》，北京：中國人民大學出版社2008年版，第184～188頁。

〔註168〕陳來《竹簡〈五行〉篇與子思思想研究》，載《北京大學學報（哲學社會科學版）》2007年第2期。

篇言:「四行和謂之善。善,人道也」。可見,這四行應是指人與人之間的倫理關係,而非隸屬於天道。所以說,「『德之行』屬於道德心性,並與天道相契合;而『行』則是屬於實踐層面的社會禮俗。〔註169〕」

　　為何不形於內的「四行」獨缺「聖」?這是由「聖」在五行中的特殊地位決定的。帛書《五行》篇經部在談到「聖」時稱其「形於內謂之德之行,不形於內謂之行。〔註170〕」這與竹簡《五行》篇所謂的聖「形於內謂之德之行,不形於內謂之德之行」是有區別的。究其原因,帛書《五行》篇經部意在突出「仁義說」在全篇的優先地位,以取代或覆蓋「聖智說〔註171〕」在竹簡本中的地位。〔註172〕並通過對「聖智」說的修正,重新突出儒學的價值方向。竹簡《五行》篇在論述「聖」時稱其「形於內謂之德之行,不形於內謂之德之行。」此處的論述與仁、義、禮、智有所不同,上述四行在談到「不形於內」時都稱之爲「行」而非「聖」的「德之行」。究其原因,有的學者認爲:「這可能是竹簡抄寫者看到聖在《五行》中主要是指『形於內』的『德之

〔註169〕郭齊勇著《中國哲學智慧的探索》,北京:中華書局2008年版,第56頁。

〔註170〕以下所引帛書《五行》篇的內容,均來源於龐樸《帛書〈五行〉篇校注》,載龐樸著《帛書五行篇研究》,齊魯書社1980年版,第23~69頁。

〔註171〕學者們大都認爲,在竹簡《五行》篇中,「聖」的地位較之其它四行是最爲重要的。陳麗桂認爲:「竹簡《五行》篇在竹簡《五行》篇中,『聖』爲『五行之所和』。」詳見:《從郭店竹簡〈五行〉檢視帛書〈五行〉說文對經文的依違情況》,載陳福濱主編《本世紀出土思想文獻與中國古典哲學研究論文集》(上冊),輔仁大學出版社1999年版,第193~194頁。李存山也認爲:「在竹簡《五行》的論述中,聖智是最重要的。」詳見:《從簡本五行到帛書〈五行〉》,載武漢大學中國文化研究院編《郭店楚簡國際學術研討會論文集》,湖北人民出版社2000年版,244~245頁。

〔註172〕學術界對竹簡《五行》突出「聖智」,而帛書《五行》突出「仁義」的觀點存有爭議。支持此種觀點的代表學者主要有陳來等。其中陳來認爲:「竹簡《五行》對『聖智』推崇的主要目的是要在政治上要求國君知賢尊賢敬賢。」詳見:《竹帛〈五行〉與簡帛研究》,生活·讀書·新知三聯書店2009年版,第154頁、第183頁。而有的學者卻認爲:「從帛書《五行》中仍然可以看出對『聖智』的強調,只不過相對於楚簡有所弱化,轉移而已。」其還歸納總結出了三個原因:「一、戰國中後期的心性學論題正在發展,帛書《五行》的編者偏重於向構造聖智的內在心性學原理進行拓展,而忽略了對『聖智』一詞詞面上的強調。二、《莊子》外篇對聖智進行了強烈的批判,帛書《五行》的編者有意淡化對聖智的強調。三、帛書《五行》的編者已開始把『智』與『聖』有意的做些間隔、區別;在客觀上無疑造成『聖智』一詞聯言結構的失落。」詳見:丁四新著《郭店楚墓竹簡思想研究》,東方出版社2000年版,第129~130頁。

行』，若説『不形於內謂之行』，多少與聖的內容顯得矛盾，故對原文作了改動。〔註173〕」有的學者則更明確指出，「『德之行』中的『德之』二字並非衍文，其是在強調『聖』與仁、義、禮、智有所區別，它形不形之於內都是『德之行』。〔註174〕」的確如此，在竹簡《五行》篇上經的 16 章中〔註175〕「聖」往往都與人的內心活動或者天道相聯繫。竹簡《五行》篇上經《第 2 章》言：

　　　　君子無中心之憂則無中心之聖，無中心之聖則無中心之悦，無
　　中心之悦則不安。〔註176〕

「憂」、「悦」、「安」、「樂」均是指人的內心情感，而它們都與「聖」相關聯。竹簡《五行》篇上經《第 6 章》言：「不聖，思不能輕。」可見，「聖」又與人內心的思考活動相聯繫。竹簡《五行》篇上經《第 9 章》言：「聖之思也輕，輕則形，形則不忘，不忘則聰。」此處，「聖」又與形容人思想睿智的「聰」產生了聯繫。除此之外，「聖」還與天道相聯繫。竹簡《五行》篇上經《第 9 章》言：「聞君子之道則玉音，玉音則形，形則聖。」可見，將體現天道的「德之行」實施於外，才能達到「聖」的思想境界。所以説，在竹簡《五行》篇中，「聖」是「異於其他四行，獨以天道為對象。〔註177〕」其不是表現於外的，而是天道所規定的倫理道德在個人內心中的體現，屬於「形於內」的「德之行」。

　　既然，竹簡《五行》篇中的「五行」説採用了雙重的道德標準，那麼，形於內的「德之行」（仁、義、禮、智、聖）與不形於內的「行」（仁、義、禮、智）是否可以相互溝通呢？答案是肯定的。「聖」就是「德之行」與「行」相溝通的重要途徑。〔註178〕竹簡《五行》篇下解《第 18 章》言：「見而知之，

〔註173〕梁濤著《郭店楚簡與思孟學派》，北京：中國人民大學出版社 2008 年版，第
　　　　215 頁。
〔註174〕郭齊勇著《中國哲學智慧的探索》，北京：中華書局 2008 年版，第 56 頁。
〔註175〕陳來以朱子《大學章句》為藍本，對竹簡《五行》篇進行了重新劃分，分為
　　　　上經 16 章，下解 16 章，共 32 章。詳見：《竹簡〈五行〉分經解論：〈五行〉
　　　　章句簡注》，載陳來著《竹帛〈五行〉與簡帛研究》，生活·讀書·新知三聯
　　　　書店 2009 年版，第 110～118 頁。
〔註176〕陳來《竹簡〈五行〉分經解論：〈五行〉章句簡注》，載陳來著《竹帛〈五行〉
　　　　與簡帛研究》，北京：生活·讀書·新知三聯書店 2009 年版，第 110 頁。
〔註177〕龐樸著《帛書五行篇研究》，濟南：齊魯書社 1980 年版，第 87 頁。
〔註178〕有的學者認為：「在竹帛《五行》篇中，『聖』指的是能與天道相通的資質與
　　　　認識能力。具有此種資質與能力的人為聖人。大凡人力所及之善，只具有相
　　　　對正確的意義；而天、天道、天德、天常都具有絕對正確的意義。竹帛《五

智也。知而安之，仁也。安而行之，義也。行而敬之，禮也。」帛書《五行》篇說部《第 19 章》對這段話做出了解釋，所謂的「見而知之，智也。」即「見者明也。智者言由所見知所不見也。」所謂的「知而安之，仁也。」即「知君子所道而惢然安之者，仁氣也。」所謂的「安而行之，義也。」即「既安之矣，而殺然行之，義氣也。」所謂的「行而敬之，禮也。」即「即行之矣，又愀愀敬之者，禮氣也。」而且，帛書《五行》篇說部《第 19 章》還認爲：「所安所行所敬，人道也。」〔註 179〕

可見，除了「聖」之外的其它「四行」始於「智」，而由「知」所引發的「安」、「行」、「敬」等一系列的倫理規範則是屬於「不形於內」的「人道」。那麼，以「智」爲代表的四行與「聖」又是什麼關係呢？竹簡《五行》篇上經《第 16 章》言：

> 見而知之，智也。聞而知之，聖也。明明，智也；赫赫，聖也。

「明明在下，赫赫在上」，此之謂也。〔註 180〕

既然，隸屬於人道的「智」是在「下」的，那麼，在「上」的「聖」自然就隸屬於天道了。所以，帛書《五行》篇說部《第 17 章》言：「『聞而知之，聖也。』聞之而遂知其天之道也，聖也。」所以，以「智」作爲起始點的四行（仁、義、禮、智）代表了人與人之間的道德規範；而「聖」則集中體現了天對人的道德行爲的總體要求。「聖」是其它四行道德水平的發展和昇華。而作爲「天道」象徵的「聖」與作爲「人道」象徵的其它四行是如何溝通的呢？竹簡《五行》篇下解《第 17 章》言：「聞君子道，聰也」。可見，人如果要瞭解天道，必須先做到所謂的「聰」。那麼，「聰」又是指什麼呢？帛書《五行》篇說部《第 13 章》言：「聰也者，聖之藏於耳者也。」可見，只有多多的聽取各處的信息才能做到所謂的「聰」。那麼，人只要做到了「聰」就能使人道與天道相溝通了嗎？答案顯然是否定的。帛書《五行》篇說部《第 17 章》言：

> 聞君子道而不知其君子道也，謂之不聖。聞君子道而不色然，

行》篇將主體能否認識眞理的命題表述爲聖與天道的命題，其中包涵了人之最優秀者可以認識眞理的含義。」詳見：劉信芳著《簡帛五行解詁》，藝文印書館中華民國 89 年版，第 303 頁。

〔註 179〕龐樸《帛書〈五行〉篇校注》，載龐樸著《帛書五行篇研究》，濟南：齊魯書社 1980 年版，第 53 頁。

〔註 180〕陳來《竹簡〈五行〉分經解論：〈五行〉章句簡注》，載陳來著《竹帛〈五行〉與簡帛研究》，北京：生活‧讀書‧新知三聯書店 2009 年版，第 114 頁。

而不知其天之道也，謂之不聖。〔註 181〕

可見，所謂的「聰」只是「聖之始也〔註 182〕」，要想真正的溝通「天道」與「人道」，還必須做到「知」。竹簡《五行》篇下解《第 18 章》言：「見而知之，智也。」帛書《五行》篇說部《第 13 章》又言：「智之藏於目者也。」所以說，要想做到「天道」與「人道」相溝通，還必須做到多聽、多看，只有做到「聞」與「知」相結合，才能使以「智」為代表的其它四行與「聖」一樣，體現著「天道」所要求的道德規範。

綜上所述，竹簡《五行》篇的「五行」思想之所以會出現「形於內」的「德之行」與「不形於內」的「行」的雙重道德標準，其最主要的目的就在於通過個人道德的修養，以五行中的「聖」為媒介，力圖把隸屬於「天道」的倫理道德標準灌注到「人道」當中去，並付諸於實施。而這一「天道」與「人道」相溝通的過程又是漫長而複雜的。

龐樸就認為：「只有具備了竹帛《五行》篇所言的，仁、義、禮、智、聖的五種品格，才能擁有『配天』的資格，也就是說，便成了天在人間的代表。可見，它不是一般凡人可以隨便達到的。〔註 183〕」而其中的理論建構也是通過「思孟學派」的多代學者共同完成的。在歷經了竹簡《五行》篇、帛書《五行》篇的思想傳承與發展之後，孟子的「四端」〔註 184〕說，將「不形於內」的四行—仁、義、禮、智提升為天道之德並將其植根於人的內心，成為了個人道德修養的重要標準。〔註 185〕「孟子將仁、義、禮、智等都放置於人的內

〔註 181〕龐樸《帛書〈五行〉篇校注》，載龐樸著《帛書五行篇研究》，濟南：齊魯書社 1980 年版，第 48 頁。

〔註 182〕帛書《五行》篇說部《第 13 章》。詳見：龐樸《帛書〈五行〉篇校注》，載龐樸著《帛書五行篇研究》，齊魯書社 1980 年版，第 40 頁。

〔註 183〕龐樸著《帛書五行篇研究》，濟南：齊魯書社 1980 年版，第 88 頁。

〔註 184〕孟子言：「惻隱之心，仁之端也；羞惡之心，義之端也；辭讓之心，禮之端也；是非之心，智之端也。人之有是四端也，猶其有四體也。詳見：楊伯峻撰《孟子譯注》卷三，《公孫丑上》，中華書局 2010 年版，第 73 頁。

〔註 185〕在《孟子・盡心下》中，有孟子關於「五行」理論的論述，其言：「口之於味也，目之於色也，耳之於聲也，鼻之於臭也，四肢之於安佚也，性也；有命焉，君子不謂性也。仁之於父子也，義之於君臣也，禮之於賓主也，智之於賢者也，聖之於天道也，命也；有性焉，君子不謂命也。」此處，孟子所說的仁、義、禮、智體現了父子、君臣、賓主等所謂的不形於內的道德倫理標準，而聖卻與天道相聯繫，體現了隸屬於上天的「德之行」。可見，除了「四端」說外，《孟子》一書和竹簡《五行》篇一樣，其也對仁、義、禮、智、聖作出了天德與人善的劃分。所以，有的學者指出：「子思首先提出『誠』的哲

心，從而完成了將『德』的觀念從天命和制度的層面深入到人內心的總過程。
〔註186〕」孟子還言：「仁義禮智，非由外鑠我也，我固有之也〔註187〕」。可見，
孟子認爲「四端」是與生俱來的。但是，孟子同樣認爲，要實現自我道德的
完善，還需要自身的學習與師長的教導，通過個人精神的修養而具備君子的
人格，這也就是孟子所說的「人皆可以爲堯舜〔註188〕」。

通過上述的分析，我們可以對荀子批判思孟學派「五行」說的原因進行
簡要的歸納。荀子所說的「略法先王而不知其統」當是指，在子思的「五行」
理論中，用「聖」來契合天道，把「聖」看成是先王之道，這與孔子重視「仁」
的觀念〔註189〕、其自身重視「禮」的觀念相衝突。〔註190〕荀子所說的「案往
舊造說，謂之五行」，當是指，子思對原始的金、木、水、火、土的五行說進
行了倫理化的處理，形成了所謂「仁、義、禮、智、聖」的新五行說。荀子
所說的「甚僻違而無類」，當是指，子思將隸屬於天道的「德之行」（仁、義、
禮、智、聖）與隸屬於人道的「行」（仁、義、禮、智）統統納入其「五行」
理論中，把不同類別的兩種道德規範，融爲了一體。荀子所說的「幽隱而無
說，閉約而無解」，當是指，在子思的「五行」理論中，雖已有德之五行與善

學概念，它是居五行中央位置的。孟子繼承子思的思想，把『誠』發展爲『聖』，
並使思孟學派的五行說定型爲『仁』、『義』、『禮』、『智』、『聖』，以至於爲西
漢以後的人所沿用。」詳見：孫開泰著《先秦諸子精神》，鳳凰出版社 2010
年版，第 32 頁。

〔註186〕晁福林《先秦時期『德』觀念的起源及其發展》，載《中國社會科學》2005
年第 4 期。

〔註187〕楊伯峻撰《孟子譯注》卷十一，《告子上》，北京：中華書局 2010 年版，第
239 頁。

〔註188〕楊伯峻撰《孟子譯注》卷十二，《告子下》，北京：中華書局 2010 年版，第
255 頁。

〔註189〕有的學者認爲：「孔子的『仁』既是處理人與人之間關係的重要準則，又是自
我道德修養的重要標準。就人際關係而言：要遵循『仁者愛人』的準則，而
這一準則又可以分爲三個層次，首先是『己所不欲、勿施於人』、其次是『己
欲立而立人，己欲達而達人』、最後是『忠恕之道』。就個人修養而言：『仁』
又包含著不同的標準，其中『恭』是指自重、『寬』是指寬厚、『信』是指信
用、『敏』是指勤勞、『惠』是指幫助他人。」詳見：張豈之《論儒學「人學」
思想體系》，載張豈之著《儒學・理學・實學・新學》，陝西人民出版社 1991
年版，第 3～19 頁。

〔註190〕《荀子・禮制》載荀子之言曰：「禮者，謹於治生死者也……故天子棺槨十重，
諸侯五重，大夫三重，士再重……是先王之道，忠臣孝子之極也。」可見，
荀子把「禮」視爲先王之道。

之四行的區分，但是子思並沒有將天道（仁、義、禮、智、聖）與人道（仁、義、禮、智）相溝通的方法交待清楚。荀子所說的「子思唱之，孟軻和之」，當是指，孟子對子思的「五行」思想進行了發展，用「四端」說對子思「五行」說中的「德之行」（天道）與「行」（人道）進行了融通。正是由於思孟學派「五行」說的種種「弊端」，才會出現荀子所言的「世俗之溝猶瞀儒，嚾嚾然不知其所非也，遂受而傳之，以爲仲尼、子游爲茲厚於後世。〔註191〕」的局面。

　　就鄒衍與思孟學派的關係而言，在帛簡沒有出土之前，就已經有學者意識到了鄒衍同思孟學派之間存在著聯繫。范文瀾認爲：「鄒衍對孟子的五行說進行了推衍，進而形成了系統化的神秘的五行說。〔註192〕」王夢鷗則認爲：「現在我們審視荀子非十二子篇的『文例』，其中被他駁斥的人很多，但所指名的，顯然都是『已死』之人。如陳仲、墨翟、魏牟、惠施、鄧析、子思、孟子。這些人的年代，都顯在荀子之前。……他這樣指死人來罵他們學說的遺毒，恰正像他在別的地方罵一些與他並世的『賤儒』一樣，不指其姓名，而但稱爲『子張之徒』『子游之徒』或『子夏之徒』。我們從這特指某一學派的祖先而罵當時還活著的徒眾之文例上推斷，鄒衍與子思、孟子的學說，在某點上必有相連。〔註193〕」楊榮國認爲：「思孟學派的五行說，對後世儒家帶來了消極影響。鄒衍就繼承了他們的這一怪誕的五行說，並且還作了進一步的發展，把五行相勝說演化成了歷史循環的階段說。所以，荀卿在《非十二子》中指子思孟軻爲罪人。〔註194〕」楊向奎則更明確的指出：「思孟的五行說與鄒衍的五德終始說之間存在傳承的關係。〔註195〕」

　　帛簡出土以後，饒宗頤認爲，《馬王堆老子甲本》後的《佚書》已有「五德」、「始終」之義，其很可能是子思的遺說。鄒衍對子思的五德之說進行了擴充與發展，進而形成了五德終始說。〔註196〕高峰也認爲，「《洪範》的『五

〔註191〕王先謙撰，沈嘯寰、王星賢點校《荀子集解》卷三，《非十二子》，北京：中華書局1988年版，第95頁。

〔註192〕范文瀾《與顧頡剛論五行說的起原》，載顧頡剛主編《古史辨》（第五冊），上海：上海古籍出版社1982年版，第647頁。

〔註193〕王夢鷗著《鄒衍遺說考》，臺北：商務印書館中華民國55年版，第8～9頁。

〔註194〕楊榮國著《中國古代思想史》，北京：人民出版社1973年版，第146頁。

〔註195〕楊向奎著《西漢經學與政治》，臺北：獨立出版社2000年版，第19～24頁。

〔註196〕饒宗頤著《中國史學上之正統論》，上海：上海遠東出版社1996年版，第10～12頁。

行說』、『思孟的五行』、五德終始的『五行說』三者之間是按照時間先後的順序，逐漸的傳承與發展的。〔註197〕」

那麼，鄒衍是如何對思孟的五行學說進行吸納與發展的呢？有的學者對錢穆《先秦諸子繫年》、狄子奇《孟子編年》中的相關觀點考證後認爲：「齊宣王 9 年（公元前 312 年），鄒衍約 12 歲的時候，孟子離開稷下學宮歸鄒。齊宣王 12 年（公元前 309 年），鄒衍約 15 歲的時候，開始在稷下學宮學習。〔註198〕」而且，《史記》〔註199〕和《風俗通義》〔註200〕中都有關於鄒衍在稷下學宮遊歷的記載。

所以說，「鄒衍很可能在稷下學宮學習到孟子所遺留下來的儒學。〔註201〕」更爲重要的是，鄒衍將自然界的五行直接比附於政治，如果沒有一定的理論作爲基礎是很難辦到的。這一理論基礎就是思孟學派的五行說，「思孟學派的五行說，與『金』、『木』、『水』、『火』、『土』的五行有區別。它是五行說的進一步發展，成爲道德領域裏的五行。這對鄒衍將五行說進一步發展爲社會發展領域的五德終始的歷史觀，無疑起了頗大的啓發和推動作用。〔註202〕」可見，鄒衍對以倫理道德爲基礎的思孟學派的五行說進行了借鑒與推演，構建起了五德終始說中最爲核心的五行理論。

綜上所述，「五德終始說」從反辯思想、仁義理論、經世致用理論、五行學說等諸多方面對儒學進行了借鑒與發展。所以，有的學者認爲：「鄒衍打破了儒家囿於仁義之說而不知變通的僵局，使之放開眼界，……鄒衍改變了儒

〔註197〕 高峰《從〈洪範〉「五行」到「五德終始」——一個經學問題的哲學考察》，載《湖南科技學院學報》2005 年第 9 期。

〔註198〕 孫開泰《鄒衍年譜》，載《管子學刊》1990 年第 2 期。

〔註199〕 據《史記‧田敬仲完世家》載：「宣王喜文學游說之士，自如鄒衍、淳于髠、田駢、接子、慎到、環淵之徒七十六人，皆賜列第，爲上大夫，不治而議論。是以稷下學士復盛，且數百千人。」詳見：司馬遷撰《史記》卷四十六，《田敬仲完世家》，中華書局 1959 年版，第 1895 頁。

〔註200〕 據《風俗通義‧窮通》載：「齊威、宣王之時，聚天下賢士於稷下，尊寵之，若鄒衍、田駢、淳于髠之屬甚眾，號曰列大夫，皆世所稱，咸作書刺世。」詳見：王利器校注《風俗通義校注》卷七，《窮通》，中華書局 1981 年版，第 322 頁。

〔註201〕 【日本】武內義雄著，汪馥泉譯《中國哲學思想史》，上海：商務印書館 1939 年版，第 68 頁。

〔註202〕 孫開泰《陰陽家鄒衍的「天人合一」思想——「陰陽」是開啓「五行」的鑰匙》，載《管子學刊》2006 年第 2 期。

學的形態，保留了儒學的內核，開漢代儒學形態變易之先河，在儒學發展史上應當享有重要地位。〔註203〕」

2.2.2 五德終始說對道家思想的借鑒與吸納

就鄒衍與道家的關係而言，有的學者指出：由於齊國瀕臨大海，加之商貿經濟發達，人們的思想富於幻想，所以才會培植出鄒衍的浪漫主義哲學。而鄒衍則隸屬於稷下學宮的道家學派。〔註204〕而且鄒衍把「水德」作爲新政權的替代者，也是源於道家對水的重視。〔註205〕的確如此，齊國的地理環境和人文環境對鄒衍思想的形成產生了巨大的影響。但是，鄒衍的思想是兼容並包的，對諸家都有所借鑒，並非僅僅受到過齊國風俗的影響。再者，「在戰國末年，鄒衍成了齊學的領袖人物〔註206〕」而且，這裡所說的「齊學」主要是指陰陽五行思想，〔註207〕而非稷下學宮中的道家思想。道家的確對「水」比較重視，《老子》第八章言：「上善若水。水善利萬物，又不爭。處眾人之所惡，故幾於道。〔註208〕」但是道家重視水，與鄒衍的重視水德是有區別的。據《史記‧蘇秦列傳》記載，蘇代曾向燕昭王提出過「秦爲西帝，燕爲北帝，趙爲中帝」〔註209〕的政治主張，而身處北方的燕國屬於水德，可見，鄒衍提出水德之說是爲了與燕昭王的稱「北帝」運動相契合。〔註210〕

〔註203〕蕭漢明著《陰陽：大化與人生》，廣州：廣東人民出版社1998年版，第165頁。

〔註204〕謝扶雅《田駢與鄒衍》，載顧頡剛主編《古史辨》（第五冊），上海：上海古籍出版社1982年版，第731頁。

〔註205〕謝扶雅《田駢與鄒衍》，載顧頡剛主編《古史辨》（第五冊），上海：上海古籍出版社1982年版，第733頁。

〔註206〕胡孚琛《齊學芻議》，載《管子學刊》1987年第1期。

〔註207〕胡適著《中國中古思想史長編》，合肥：安徽教育出版社2006年版，第17頁。

〔註208〕朱謙之撰《老子校釋》，《第八章》，北京：中華書局1984年版，第31頁。

〔註209〕詳見：司馬遷撰《史記》卷六十九，《蘇秦列傳》，中華書局1959年版，第2270～2271頁。

〔註210〕錢穆認爲：「鄒衍所處的時代晚於燕昭王，而是與燕喜王同時代。」詳見：《先秦諸子繫年》卷四，《鄒衍考》，商務印書館2001年版，第507～509頁。胡適同樣認爲：「鄒衍不可能見到梁惠王、平原君、燕昭王。」詳見：《中國哲學史大綱》，河北教育出版社2002年版，第263～264頁。孫開泰通過考證《新書》、《說苑》、《論衡》等典籍，並對錢穆、胡適的觀點進行考辨後認爲：「司馬遷所說的鄒衍仕燕昭王是可信的。」詳見：《鄒衍與陰陽五行》，山東文藝出版社2004年版，第92～93頁。

　　有的學者還對鄒衍與老子的思想的相通之處進行了論述。孫以楷認爲：
「鄒衍從三個方面對老子的思想進行了繼承。其一、鄒衍由自然的『五行』
引出人類社會的『五德』，其思路和推論方式顯然受老子道德說的啓示。道，
即人行道中，遵循規律。可以說，道是行之道，行是道之行。由道而生德，
德得於道；同樣，由行而生德，德得於行。鄒衍的『五德從所不勝』認爲木
克土、金克木、火克金、水剋火、土克水循環不已，這同老子之道的『周行
而不殆』的無限運行非常相似。其二、鄒衍以陰陽解釋五行，無疑同老子『萬
物負陰而抱陽』，以陰陽解釋萬物的思維方式一致，而且受其影響。其三、鄒
衍的治學方法是『必先驗小物，推而大之，至於無垠』。此種方法同老子推究
事物本原時的『天下萬物生於有，有生於無』非常相似。〔註 211〕」孫開泰則
認爲老子思想在四個方面對鄒衍學說產生了影響。「一、鄒衍所謂的『推而遠
之，至天地未生，窈冥不可考而原也』的宇宙觀受到了《老子》『有物混成，
先天地生』的『道』的觀念的影響。二、鄒衍思想中的『陰陽觀』受到了《老
子》『負陰而抱陽』、『沖氣以爲和』思想的影響。三、鄒衍『兩限不靜』的樸
素辯證思想受到了《老子》『反者道之動』思想的影響。四、鄒衍的『非聖』
思想受到了《老子》『絕聖棄智』思想的影響。〔註 212〕」上述觀點都對鄒衍思
想與老子思想中的相通之處，進行了較爲細緻的分析，但是，鄒衍思想與道
家思想之間存在的宏觀聯繫也是值得重視的，鄒衍思想與道家思想宏觀聯繫
的紐帶就是「自然觀念」〔註 213〕。

　　首先，老子非常重視自然觀念，在《老子》一書中，「自然」一詞大約
出現過五次，而且在某些地方，道已經與自然聯繫到了一起，「有物混成，
先天地生。……吾不知其名，字之曰道，吾強爲之名曰大。……道大，天大，

〔註 211〕孫以楷主編《道家與中國哲學》（先秦卷），北京：人民出版社 2004 年版，第
　　　　　389～390 頁。
〔註 212〕孫開泰著《鄒衍與陰陽五行》，濟南：山東文藝出版社 2004 年版，第 122～
　　　　　127 頁。
〔註 213〕胡適認爲：「陰陽家雖然迷信，他們的根本學說卻頗帶有自然主義的色彩。陰
　　　　　陽消息五行終始，都可以說是自然的現象。一德已終，不得不終；一德將興，
　　　　　不得不興。改正朔，易服色，都只是順著這自然的轉移，並不是用人事轉移
　　　　　天命。……這種說法仍是一種自然主義的說法，仍可以掛著「自然主義」的
　　　　　招牌。」詳見：《中國中古思想史長編》，安徽教育出版社 2006 年版，第 22
　　　　　頁。可見，作爲陰陽五行學派代表人物的鄒衍，其五德之說也與自然觀念具
　　　　　有某種聯繫。

地大，王大。域中有四大，而王處一。人法地，地法天，天法道，道法自然。〔註214〕」此處的「人法地，地法天，天法道，道法自然。」究竟爲何意？孫以楷認爲：「表達的是地天統一，天道統一以及天地人統一於道，統一於自然的理念。〔註215〕」可見，老子認爲不僅僅是道，人也要取法於自然。老子爲什麼這麼傾心於自然呢？孫以楷認爲：「老子罷官後，才從現實生活中認識到周禮的虛僞以及剝削制度的不合道，從而形成了無爲而治的社會政治觀，並進而探討自然天道，把無爲而治的政治觀植基於天道自然無爲的基礎上。〔註216〕」

　　而且《老子》有已有「天地」合一的記載，「天長地久。天地所以能長久者，以其不自生，故能長久。〔註217〕」「天地相合，以降甘露，人莫之令而自均。〔註218〕」可見，老子認爲人與自然相合可以滋養萬物，就像張豈之教授所言的那樣，「從總體上看，老子不是不要人文文化，他所理解的人文文化是基於『道』的一種自然主義文化，這和儒家的禮樂人文文化有所不同。老子不是不要創造，他要的是符合自然法則的創造。〔註219〕」所以說，「自然觀念」在老子思想中佔有極爲重要的作用。

　　其次，陸德明認爲，莊子「著書十餘萬言，以逍遙、自然、無爲、齊物而已〔註220〕」。可見，莊子也非常重視自然觀念，在《莊子》一書中「自然」一詞大約出現了八次。據《莊子・知北遊》載：「天不得不高，地不得不廣，日月不得不行，萬物不得不昌，此其道與！」可見，莊子認爲自然萬物的變化是「道」之使然。而且，莊子還認爲，自然是完整的，不可分割的。據《莊子・應帝王》載：

　　　　南海之帝爲儵，北海之帝爲忽，中央之帝爲渾沌。儵與忽時相
　　　與遇於渾沌之地，渾沌待之甚善。儵與忽謀報渾沌之德，曰：「人皆
　　　有七竅，以視聽食息，此獨無有，嘗試鑿之。」日鑿一竅，七日而

〔註214〕朱謙之撰《老子校釋》，《第二十五章》，北京：中華書局1984年版，第102～103頁。

〔註215〕孫以楷著《老子通論》，合肥：安徽大學出版社2004年版，第374頁。

〔註216〕孫以楷、甄長松著《莊子通論》，北京：東方出版社1995年版，第66頁。

〔註217〕朱謙之撰《老子校釋》，《第七章》，北京：中華書局1984年版，第29頁。

〔註218〕朱謙之撰《老子校釋》，《第三十二章》，北京：中華書局1984年版，第130頁。

〔註219〕張豈之著《中華人文精神》，西安：陝西人民出版社2007年版，第43頁。

〔註220〕吳承仕著《經典釋文序錄疏證》，北京：中華書局1984年版，第160頁。

渾沌死。〔註221〕

可見，莊子認為，自然的完整性是不容被破壞的。如何才能保證自然的完整性呢？莊子認為，首先，要放任自然萬物自由發展，人類不能加以干涉。莊子借王倪之口言：

> 民濕寢則腰疾偏死，鰌然乎哉？木處則惴慄恂懼，猿猴然乎哉？
> 三者孰知正處？民食芻豢，麋鹿食薦，蝍且甘帶，鴟鴉耆鼠，四者
> 孰知正味？〔註222〕

可見，自然萬物各有各的習性，各有各的興趣愛好，如果人類強加干涉就違背了自然的屬性，就會出現社會秩序的混亂。莊子進而借「樗樹」的例子來說明了這個道理。惠施認為樗樹「擁腫而不中繩墨」、「小枝捲曲而不中規矩」，所以，工匠棄之不用。而莊子卻認為，正是因為樗樹的「無用」，所以，其才能「不夭斤斧」，進而「逍遙乎寢臥其下」。〔註223〕樗樹因為材質不好，免遭了人為的破壞，這是莊子極為稱道的。

除此之外，莊子還認為，要想保障自然的完整性，就要防止對自然進行人為的改造。莊子言：

> 夫弓、弩、畢、弋、機變之知多，則鳥亂於上矣；鉤餌、罔、
> 罟罾笱之知多，則魚亂於水矣；削格、羅落、罝罘之知多，則獸亂
> 於澤矣；〔註224〕

可見，莊子認為：「弓、弩、畢、弋」、「鉤餌、罔、罟」、「削格、羅落」等一些人造的工具會對自然界造成危害，會破壞大自然的正常狀態。

莊子又言：

> 伯樂善治馬，而陶、匠善治埴木。此亦治天下者之過也。〔註225〕

可見，莊子認為，伯樂的善治馬、陶工的善治埴、木匠的善治木，這些做法都違背了馬、埴、木的自然屬性，是極不可取的。更為重要的是，在莊子所倡導的理想社會中，人與自然是和諧相處的。據《莊子·馬蹄》載：

〔註221〕王先謙撰《莊子集解》卷二，《應帝王》，北京：中華書局 1987 年版，第 75 頁。

〔註222〕王先謙撰《莊子集解》卷一，《齊物論》，北京：中華書局 1987 年版，第 22 頁。

〔註223〕王先謙撰《莊子集解》卷一，《逍遙遊》，北京：中華書局 1987 年版，第 7～8 頁。

〔註224〕王先謙撰《莊子集解》卷三，《胠篋》，北京：中華書局 1987 年版，第 88 頁。

〔註225〕王先謙撰《莊子集解》卷三，《馬蹄》，北京：中華書局 1987 年版，第 82 頁。

　　　　萬物群生，連屬其鄉；禽獸成群，草木遂長。是故禽獸可繫羈

　　　而遊，鳥鵲之巢可攀援而窺。夫至德之世，同與禽獸居，族與萬物

　　　並，……素樸而民性得矣。〔註226〕

　　可見，自然萬物自由發展，人與自然共存共處，而不相互干涉，這才是莊子所追求的至德之世的真諦。在莊子「理想的社會裏，文明與文化都是不復存在的，存在的只有自然萬物，以及自然萬物的自由發展。〔註227〕」但需要指出的是，「道家的自然哲學並不是要人們屈從於自然，作自然的奴隸，而是要把人們從自然界所獲得的啟示，運用於人生。〔註228〕」而且，老莊所言的自然，並非是自然界，而是意在通過自然界表達一種自身所嚮往和追求的自然而然的狀態。

　　而鄒衍則將老莊所要追求的自然而然的狀態與政治相聯繫。在鄒衍的思想學說中，同樣具有濃厚的「自然觀念」。「在先秦諸子中，祇有鄒衍曾據氣候的反覆變化說明各種物質之生滅循環，作為定理，並用以解釋宇宙及人生諸現象。〔註229〕」而韋政通所言的各種物質生滅的定理就是「五德終始說」。五德終始說「明確地提出了自然律構成了政治律與歷史律的基礎，人類社會的治理必須遵循自然規律的思想觀念。〔註230〕」

　　在五德終始說中，「大自然與人類世界之中發現的實體、過程和現象分類之間呈現出了對應或『匹配』的關係。〔註231〕」自然界的「五行」與人類社會的「五德」結合到了一起。不僅如此，上天還通過自然界的「大螾大螻」、「草木」、「金刃」、「赤鳥」等來傳達意志。「簡單地說，鄒衍設定了自然界的水、土、木（蔬菜）、金、火與人類歷史發展之間所對應的契合關係。每一元素在克服其先行者之後，就贏得了一次『優勢』。這一理論顯然依據的是諸如水滅火，火融化金屬之類普遍的自然現象。〔註232〕」胡適同樣認為：「陰陽消

〔註226〕王先謙撰《莊子集解》卷三，《馬蹄》，北京：中華書局1987年版，第83頁。

〔註227〕張豈之主編《中國思想史》，西安：西北大學出版社1993年版，第56頁。

〔註228〕張豈之著《中華人文精神》，西安：陝西人民出版社2007年版，第99頁。

〔註229〕韋政通著《董仲舒》，臺北：東大圖書股份有限公司中華民國75年，第68～69頁。

〔註230〕龍佳解《論「五行」範式的演化、擴展和價值取向》，載《湖南大學學報（社會科學版）》2010年第1期。

〔註231〕【美國】本傑明·史華慈著，程鋼譯，劉東校《古代中國的思想世界》，南京：江蘇人民出版社2007年版，第352頁。

〔註232〕【美國】本傑明·史華慈著，程鋼譯，劉東校《古代中國的思想世界》，南京：

息，五行終始，都可以說是自然的現象。一德已終，不得不終；一德將興，不得不興。〔註233〕」而李約瑟也認爲：「五德終始說」體現了自然物質之間的生剋關係。〔註234〕

有的學者更是指出：鄒衍的五德終始說的底蘊是老子的陰陽觀。〔註235〕可見，「五德終始說」體現了鄒衍思想與道家思想之間的宏觀聯繫。但是，「五德終始說」不僅僅只是借鑒道家思想，它還對道家的「自然觀念」同樣有所發展。道家的「自然觀」以人生和社會爲主要落腳點，而五德終始說中的「自然觀」卻著眼於政治。有的學者認爲：「鄒衍哲學與老子哲學有著共同的目的，那就是要從所不勝以取天下，而他們所採取的手段卻不相同，鄒衍運用的是五德終始說，而老子依靠的則是權謀之術。〔註236〕」五德終始說所體現出來的「自然觀」是建立在政治基礎之上的，雖然老子也談無爲而治，但其系統性不強，而且沒有進一步的運用到政權建設當中去。而五德終始說的「自然觀」則將自然界中的五行與人世間的政權緊密的結合在一起，並用五行之間的克制關係來指導政權轉移。可見，「五德終始說的政治自然觀是對老莊人生自然觀的一種發展與創新。〔註237〕」

2.2.3 五德終始說對墨家、法家思想的借鑒與吸納

有的學者認爲：「齊文化具有開放性的特點，而鄒衍的思想正好反映了齊文化的這一特點。他受稷下學風的影響，雖以陰陽五行說爲主，但同時也吸收了儒家、道家、墨家、法家的營養。〔註238〕」的確如此，作爲鄒衍核心學

江蘇人民出版社 2007 年版，第 354 頁。
〔註233〕胡適著《中國中古思想史長編》，合肥：安徽教育出版社 2006 年版，第 22 頁。
〔註234〕【英國】李約瑟著，陳立夫譯《中國古代科學思想史》，南昌：江西人民出版社 2006 年版，第 300 頁。
〔註235〕謝扶雅《田駢與鄒衍》，載顧頡剛主編《古史辨》（第五冊），上海：上海古籍出版社 1982 年版，第 745 頁。
〔註236〕陳槃《寫在〈五德終始說下的政治和歷史〉之後》，載顧頡剛主編《古史辨》（第五冊），上海：上海古籍出版社 1982 年版，第 656～658 頁。
〔註237〕李約瑟就認爲：「與道家不同的是：陰陽家～自然主義者，並不規避宮廷與國君的生活方式，相反地，他們似乎很自信的覺得自己掌握了有關宇宙的某些事實，國君們如有忽略這些事實之處，便會遭逢大咎。」詳見：李約瑟著，陳立夫譯《中國古代科學思想史》，江西人民出版社 2006 年版，第 295 頁。可見，與老莊不同的是，以鄒衍爲代表的陰陽五行學派並不逃避政治，而是廣泛的參與政治活動。
〔註238〕孫開泰著《鄒衍與陰陽五行》，濟南：山東文藝出版社 2004 年版，第 21 頁。

說的「五德終始」理論同樣對墨家、法家思想有所借鑒。就墨家而言，《墨子‧貴義》中載有墨子關於「五龍」與「天干」的論述。〔註239〕有的學者通過列表的形式，將該段的論述同五德終始說進行了比較。

《墨子‧貴義》所言

方位	東	南	（中）	西	北
天干	甲乙	丙丁	（戊巳）	庚辛	壬癸
龍色	青	赤	（黃）	白	黑

五德終始說所言

帝王	禹	文王	黃帝	湯	（昭王）
五行之氣	木	火	土	金	水
尚色	青	赤	黃	白	黑

並認爲，《墨子‧貴義》中的記載，已經有了「五德終始說」的雛形。〔註240〕除此之外，《墨經》中也有「五行毋常勝」的記載，《墨子‧經說下》對此進行了解釋「五合，水土火，火離然。火鑠金，火多也。金靡炭，金多也。合之府水，木離木。〔註241〕」此段論述究竟爲何意？李漢三綜合了孫詒讓、郭沫若等諸家觀點後認爲：「水、火、木、金、土五行，是互相宜合的，所以叫做五合。火的麗附於木而燃，火的能夠把金燒化，那是因爲火多的緣故，也不能證明它們之間是不相宜合的。金和炭放在一起，有什麼不相合的呢？但金的能夠鑠炭，不也是金多的原因嗎？反之，炭（火）多的話，不一樣能夠把金子燒化聚而爲水嗎？木的麗附於土而成木，不又是相合宜了嗎？」可見，李漢三認爲《墨經》中的「五行毋常勝」，指的是五行之間包含相勝與相生兩種含義〔註242〕，「五德終始說」中的每一德並不是常勝的，五德之間是循

〔註239〕墨子言：「且帝以甲乙殺青龍於東方，以丙丁殺赤龍於南方，以庚辛殺白龍於西方，以壬癸殺黑龍於北方，若用子之言，則是禁天下之行者也。是圍心而虛天下也，子之言不可用也。」詳見：孫詒讓撰，孫啓治點校《墨子間詁》卷十二，《貴義》，北京：中華書局2001年版，第448頁。

〔註240〕范毓周《「五行說」起源考論》，載艾蘭、汪濤、范毓周主編《中國古代思維模式與陰陽五行說探源》，南京：江蘇古籍出版社1998年版，第124～125頁。

〔註241〕孫詒讓撰，孫啓治點校《墨子間詁》卷十，《經說下》，北京：中華書局2001年版，第377～378頁。

〔註242〕樂調甫也認爲：「《墨經》中『五行毋常勝』之語，乃是墨子深研物理，必有見於五行常勝說之不可通，乃立毋常勝之宗。」詳見：《梁任公五行說之商榷》，

環克制的，所以，李漢三進一步指出，「五行毋常勝」的理論是鄒衍五德終始說的理論來源之一。〔註243〕

就法家而言，據《漢書·嚴朱吾丘主父徐嚴終王賈傳》載：

> 嚴安者，臨淄人也。以故丞相史上書，曰：「臣聞鄒（衍）子曰：『政教文質者，所以云救也，當時則用，過則舍之，有易則易，故守一而不變者，未睹治之至也。』」〔註244〕

可見，鄒衍認爲歷史環境發生了變化，統治政策也應該做出相應的變革。而且，鄒衍在「學者所共術」的基礎上，「大並世盛衰」，並將「機祥度制，推而遠之。」〔註245〕可見，鄒衍用「推」〔註246〕的手段來論述自己的學說，而「鄒衍的『推』也許是出自想像，而非邏輯的推論，但不管他的理論如何粗糙，總是由假定推衍所得。他由當下處境作爲起點，與前人或同時代的思想家總以過去爲典型，確實大異其趣。〔註247〕」所以說，鄒衍並不認同「厚古薄今」的觀點，而是認爲歷史是不斷發展的，作爲鄒衍核心思想的「五德終始說」同樣重視變革的重要性，「五德終始說在政治上的用意，在於改革度制，在於從這種種方面證明『五德轉移，治各有宜，而符應若茲。』〔註248〕」所以，在五德終始理論當中，才會有對湯武革命的推崇。「韓非同樣認爲歷史是不斷變化和發展的，他把以往歷史劃分爲上古、中世、當今，言：『上古競於道德，中世逐於智謀，當今逐於氣力。』並強調今世不同於古代，所要完成的事業不同，所採取的辦法也應有所不同。〔註249〕」可見，五德終始說與韓非「世異則事異「、「事異則備變」〔註250〕的思想具有一致性。

載顧頡剛主編《古史辨》（第五冊），上海古籍出版社1982年版，第384頁。

〔註243〕李漢三著《先秦兩漢之陰陽五行學說》，臺北：維新書局民國57年版，第26～28頁。

〔註244〕班固撰《漢書》卷六十四下，《嚴朱吾丘主父徐嚴終王賈傳》，北京：中華書局1962年版，第2809頁。

〔註245〕司馬遷撰《史記》卷七十四，《孟子荀卿列傳》，北京：中華書局1959年版，第2344頁。

〔註246〕李漢三著《先秦兩漢之陰陽五行學說》，臺北：維新書局民國57年版，第52頁。

〔註247〕【美國】陳榮捷編著，楊儒賓等譯《中國哲學文獻選編》，南京：江蘇教育出版社2006年版，第229頁。

〔註248〕王夢鷗著《鄒衍遺說考》，臺北：商務印書館中華民國55年版，第14頁。

〔註249〕張豈之主編《中國思想史》，西安：西北大學出版社1993年版，第84頁。

〔註250〕王先慎撰，鍾哲點校《韓非子集解》卷十九，《五蠹》，北京：中華書局1998

「有人說鄒衍是陰陽家，有人說鄒衍是儒家，後來又有人說鄒衍是道家，他們只是看到了鄒衍的一隅，並沒有看清鄒衍思想的全貌。〔註 251〕」鄒衍對儒、道、法等學派的思想都有所借鑒，所以，其構建的五德終始說「把道家的天道思想、儒家墨家的仁愛思想和法家的刑罰思想巧妙地納入五行四時的框架之中，既有雜家思想內容的廣博，又有雜家所沒有的理論形勢的完整。〔註 252〕」所以說，儒、道、墨、法等家的思想，都對五德終始說的形成產生過一定的影響。

2.3 五德終始說的形成與影響

2.3.1 鄒衍對五德終始說的構建

無論是陰陽觀念和五行觀念的發展與合流，還是儒家、道家、法家等學派所提供的相關理論，這些都為五德終始說的形成奠定了堅實的基礎。「而鄒衍對諸多理論進行了歸納和總結，並把傳統的陰陽五行思想挪用和推衍到了時間的縱向方面，用於時間（歷時）和變化（終始），於是便有了所謂的『五德終始說』。〔註 253〕」

首先，《黃老帛書》將「『陰陽觀念』引入社會政治生活領域，提出了『刑陰德陽』的理論，使陰陽家的陰陽學說直接為政治統治服務。〔註 254〕」這種以陰陽觀念比附政治的做法給了鄒衍很大的啟示〔註 255〕，鄒衍「利用五行來表示自然世界的秩序，藉以作為政治生活的典範。〔註 256〕」進而將五行觀念

年版，第 445 頁。

〔註 251〕龐樸《陰陽五行探源》，載《中國社會科學》1984 年第 3 期。

〔註 252〕孟祥才、胡新生主編《齊魯思想文化史～從地域文化到主流文化》（先秦秦漢卷），濟南：山東大學出版社 2002 年版，第 347 頁。

〔註 253〕葛兆光著《中國思想史》（第一卷），上海：復旦大學出版社 2001 年版，第 152 頁。

〔註 254〕孫以楷主編《道家與中國哲學》（先秦卷），北京：人民出版社 2004 年版，第 264 頁。

〔註 255〕唐蘭與陳鼓應通過論證《管子》、《莊子》與《黃帝四經》的關係，認為《四經》成書於戰國中期之前，而且陳鼓應還認為其與《管子》一樣均來自於齊國的稷下學宮。有的學者認為：「鄒衍身為稷下先生，有機會看到並借鑒稷下的學術著作《黃帝四經》與《管子》。」詳見：白奚著《稷下學研究》，生活・讀書・新知三聯書店 1998 年版，第 253～260 頁。

〔註 256〕【日本】金谷治《鄒衍的思想》，載馬振鐸、袁爾鉅主編《日本學者論中國哲

引入到政治領域。《文選・應吉甫〈晉武帝華林園集詩〉》李善注引劉歆《七略》曰：「鄒子有終始五德。言土德從所不勝，木德繼之，金德次之，火德次之，水德次之。〔註257〕」可見，在五德終始說中，自然之五行成為了象徵政權屬性的「五德」〔註258〕。

除了受到《黃老帛書》的影響之外，「在思孟學派『五行』說的影響之下，鄒衍將仁、義、禮、智、聖之『五行』發展成為了象徵朝代更迭的『五德』。〔註259〕」「五行」之「行」發展成為「五德」之「德」的最重要原因在於，鄒衍「睹有國者益淫侈，不能尚德」，重視「仁義節儉」、「君臣上下六親之施」〔註260〕的鄒衍，遂以思孟學派的倫理道德五行作為框架，將歷史發展的遷衍規律灌注其中，並冠以「德」的稱謂，進而要求君王要修德、律己。

其次，《黃老帛書》中有一些關於災異現象的記載，如：

寒時而獨暑，暑時而獨寒，生其危，以其逆也。〔註261〕

蟄蟲不出、雪霜復清，孟穀乃肅，此災「乃」生。〔註262〕

「蟄蟲不出」即為春季的時候萬物不能復蘇；「雪霜復清」即為春季的時候冰雪復至；「孟穀乃肅」即為糧食不能豐產，這些大都是因為陰陽失衡造成的。而這種災異思想對五德終始說的影響也是明顯的。在鄒氏的五德終始說中，凡是在新朝代將興之時，上天必然會顯現出某德興勝的景象，這就叫做「符應」。如：黃帝之時，出現了「大螾大螻」，這就是黃帝「以土德王」的

學史》，北京：中華書局 1986 年版，第 150 頁。

〔註257〕蕭統編，李善注《文選》卷二十，《應吉甫〈晉武帝華林園集詩〉》，上海：上海古籍出版社 1986 年版，第 953 頁。

〔註258〕有的學者認為：「鄒衍『五德終始說』中的『德』不僅僅具有政治上的意義，還有善德的意味。」詳見：羅光著《中國哲學思想史》（兩漢、南北朝篇），臺灣學生書局中華民國 67 年版，第 177 頁。有的學者還認為：「五德終始說是在九鼎思想的基礎之上發展起來的，五德中的『德』發端於九鼎思想中的『在德不在鼎』。」詳見：李華《九鼎與鄒衍的五德終始說》，山東大學 2003 年碩士論文，第 25 頁。

〔註259〕龍佳解《論「五行」範式的演化、擴展和價值取向》，載《湖南大學學報（社會科學版）》2010 年第 1 期。

〔註260〕司馬遷撰《史記》卷七十四，《孟子荀卿列傳》，北京：中華書局 1959 年版，第 2344 頁。

〔註261〕陳鼓應著《黃帝四經今注今譯》，《稱》，北京：商務印書館 2007 年版，第 388 頁。

〔註262〕陳鼓應著《黃帝四經今注今譯》，《十大經・觀》，北京：商務印書館 2007 年版，第 223 頁。

符應；禹之時，草木冬季不枯，這就是禹「以木德王」的符應。可見，五德終始說中的「符應」理論與《黃老帛書》中的「災異」思想具有相同的內在理路。除了受到《黃老帛書》災異思想的影響之外，「五德終始說中的『符應』思想同樣對《尚書》、《國語》、《墨子》等典籍中的古老的天人觀念進行了繼承與發展。〔註263〕」

再次，鄒衍將原始的「五行相勝」理論引入到了五德終始說中。就理論來源而言，《左傳·哀公九年》中關於「水勝火」的記載、《左傳·昭公三十一年》中關於「火勝金」的記載、《孫臏兵法·地葆篇》中關於「五壤之勝」的記載、《日書》中關於「土勝水、木勝土、金勝木、火勝金、水勝火」的記載〔註264〕都對鄒衍五行相勝理論的形成產生了影響。就最終目的而言，鄒衍「深感孔孟仁義之言，不足與富強之說爭席。」所以，「縮時君之世運爲一德，使聞者知天下之小而無足欣，國祚之暫而不足恃，庶可反躬修德。〔註265〕」可見，鄒衍希望通過五行相勝的學說來警示君主，如果君主不能律己修德，那麼自己的政權就會被其它政權所克制、所取代，這也是五德終始說採用五行相勝原理而非五行相生原理的根本原因。

而後，「五德終始說」中的「終始」指的是「終而復始」〔註266〕，而五德之說的這種終而復始的模式又是借鑒於陰陽、五行合流時所產生的循環理論。在陰陽、五行沒有合流之前，典籍中也有關於五行相勝的記載，如：《孫臏兵法·地葆篇》中就有關於「五壤相勝」論述。但是，這種相勝是單向的，並不是循環往復的。陰陽、五行合流時所產生的循環理論是指：陰陽五行觀念與四時政令相結合，以年爲單位循環的作用於人事與政事。鄒衍則將這種循環理論借鑒到五德終始說當中。

五德終始說認爲：「水氣至而不知，數備將徙於土。〔註267〕」可見，在五德終始說中，政權發端於土德，在經歷了木德、金德、火德、水德的循環之後，政權又會重新的歸於土德，五德進而進行下一輪的遷衍。這樣以來，

〔註263〕王珏《論鄒衍五德終始說的思想淵源》，載《理論學刊》2006年第12期。

〔註264〕關於「五行相勝」觀念在春秋、戰國的發展與傳播，詳見：本書27～28頁。

〔註265〕蕭公權著《中國政治思想史》，瀋陽：遼寧教育出版社1998年版，第36頁。

〔註266〕司馬貞在《索隱》中將「終始」解釋爲「終而復始」。詳見：司馬遷撰《史記》卷十，《孝文本紀》，北京：中華書局1959年版，第429頁。

〔註267〕許維遹撰，梁運華整理《呂氏春秋集釋》卷十三，《應同》，北京：中華書局2009年版，第284頁。

五德就可以終而復始的發展下去，五德終始說的整體循環模式也就形成了。

最後，燕昭王的稱「北帝」運動，直接促成了「五德終始說」的形成。「鄒衍流落國外，感激知遇之恩，不但像孟嘗君在魏要助魏人伐齊一樣而協助燕昭王伐齊的計劃，並且還獻出了他的拿手好戲，替燕昭王演一部大的終始，……以證明燕國水德之王，將要『受命而帝』了。〔註268〕」另據《史記‧孟子荀卿列傳》載：鄒衍「如燕，昭王擁彗先驅……身親往師之。作《主運》。」何為「《主運》」？張舜徽認為：「所謂『《主運》』，即是附會自然五行之生剋原理，藉以成為君王『受命於天』的理論依據。〔註269〕」可見，鄒衍為昭王的稱帝活動構建了一套能夠使其受命於天的帝運理論，而這一理論就是「五德終始說」。

燕國處於北方，「北方曰月，其時曰冬，其氣曰寒。寒生水與血〔註270〕」。可見，按照《管子》中的五行理論，燕國應屬於水德。《文選‧應吉甫〈晉武帝華林園集詩〉》李善注引劉歆《七略》曰：「鄒子有終始五德。言土德從所不勝，木德繼之，金德次之，火德次之，水德次之。〔註271〕」所以說，鄒衍將「五德終始說」中的新生政權設定為「水德」，目的就在於與燕昭王的稱「北帝」運動相契合。

2.3.2 五德終始說的影響

起初，五德終始說僅僅是為燕昭王稱「北帝」的政治活動服務，但隨著該思想理論的不斷傳播，其對各諸侯國的影響也在逐漸增大。在戰國末年大一統政權呼之欲出的社會大背景下，五德終始說有著極為重要的時代意義。戰國末年，諸侯爭霸，「周室既滅，而天子已絕。〔註272〕」實現政權統一的重任自然就落到了各諸侯國的身上，但是諸侯王們急需一種理論來為他們的「篡政」活動披上一層合法的外衣。五德終始說正好滿足了他們的需要。〔註273〕

〔註268〕王夢鷗著《鄒衍遺說考》，臺北：臺灣商務印書館民國55年，第105頁。
〔註269〕張舜徽著《周秦道論發微》，北京：中華書局1982年版，第10頁。
〔註270〕黎翔鳳撰《管子校注》卷十四，《四時》，北京：中華書局2004年版，第854頁。
〔註271〕蕭統編，李善注《文選》卷二十，《應吉甫〈晉武帝華林園集詩〉》，上海：上海古籍出版社1986年版，第953頁。
〔註272〕許維遹撰，梁運華整理《呂氏春秋集釋》卷十三，《謹聽》，北京：中華書局2009年版，第296頁。
〔註273〕韋政通主編《中國哲學辭典大全》，北京：世界圖書出版公司1989年版，第

該思想理論倡導政權按照五行相勝的順序進行轉移。所以說，每個朝代都不可能永久的維持住自身的統治權，周王朝在不久的將來必定會被新興的政權所取代，這就為諸侯們的政權統一活動提供了理論依據，從而大大促進了大一統政權的形成，秦代建立伊始，就套用五德終始說的「水德」理論來進行國家的統治。〔註274〕

除此之外，五德終始說還促進了中國古代自然哲學的發展。在該思想理論的天命論中，自然之天取代了殷周時期的義理之天，自然的力量滲透到了人類的政權建設當中去，並影響著人類政權的構建和轉移。五德終始說使自然與人類政權產生了某種必然的聯繫，推動中國古代「天人之學」的發展。

總之，五德終始說在戰國中後期盛極一時，稍後，「以五德終始說為主導的鄒衍的陰陽五行學說又與神仙方術結合到了一起，從而形成了方仙道，以及宣傳方仙道的神仙家，並成為了道教的道士和道教修煉方法的前身。〔註275〕」可見，五德終始說在歷史上的確產生過一定的影響。〔註276〕所以，無論六家還是九流，都排上了陰陽家的座次。但是，五德終始說同樣對後世產生了一些消極影響，如：「五德之說為漢代讖緯之學的發展提供了理論框架。〔註277〕」如：五德之說成為了孕育怪誕之說的溫床。

而且，鄒衍創建五德終始說之後，五德之說並沒有停滯不前，董仲舒、劉向都從各自的時代背景出發對五德終始說中的相關理論進行了吸納與發展，五德之說成為了他們解決時代課題的重要理論來源。董仲舒對五德之說中的「自然天論」思想、「符應」理論進行了借鑒，並對五德之說的陰陽五行觀念進行了倫理化的處理，以解決儒學在西漢發展時所遭遇的諸多問題；而劉向在五德之說「符應」理論的基礎上構建起了自身的「災異」學說，成為

---

476 頁。

〔註274〕詳見：劉寶才《水德與秦制》，載《西北大學學報（哲學社會科學版）》1986年第 1 期。趙瀟《論五德終始說在秦的作用和影響》，載《齊魯學刊》1994年第 2 期。王紹東、白音查幹《論秦始皇對五德終始學說的改造》，載《人文雜誌》2003 年第 6 期。

〔註275〕張豈之主編《中國思想史》，西安：西北大學出版社 1993 年版，第 204 頁。

〔註276〕有的學者對五德終始說在歷史上所產生的影響進行了論述：「一、對秦始皇施政的影響；二、對方士與道教的影響；三、對漢儒與讖緯之學的影響。」詳見：孫開泰著《鄒衍與陰陽五行》，山東文藝出版社 2004 年版，第 134～136 頁。

〔註277〕章啓群《兩漢經學觀念與占星學思想——鄒衍學說的思想史意義探幽》，載《哲學研究》2009 年第 3 期。

了其打擊外戚、宦官擅政的重要手段，劉向還在五德之說五行相勝理論的基礎上構建起了社會發展動因理論，藉以告誡君王要修德、律己。但是，由於五德終始說具有「缺乏社會控制」的特點，正是基於這個特點，儘管五德之說在秦漢時期產生了巨大的影響，然而君王只能把它用於自己的政權建設，卻無法用它來控制人們的思想，約束人們的言行，達到治世的目的，這樣以來五德之說就失去了繼續向前發展的外在推動力，加之五德之說主張相勝與革命，所以，在西漢末年「五德終始說」被劉向、劉歆父子的「堯後火德說」所取代。

第三章 董仲舒對五德終始說的借鑒與創新

漢初,「諸子之學有過短暫的復興,除名家、墨家沒有著名代表人物外,各家都還有程度不等的勢力。各家之中,尤以儒家和道家爲盛。但從整個社會思潮看,陰陽五行學說影響巨大。〔註1〕」正如顧頡剛所言:「漢代人在宗教上,在政治上,在學術上,都深受陰陽五行思想的影響,陰陽五行是漢代人的思想律。〔註2〕」陰陽五行學說所涵蓋的範圍是十分廣泛的,就代表人物而言,「鄒衍的陰陽五行思想的確對漢代的經學產生過一定的影響。〔註3〕」就具體的內容而言,「『五德終始說』在秦漢所產生的影響是最爲巨大的。〔註4〕」所以,漢代的一些思想家大都會受其影響,如:「司馬遷的『通變觀』就是在五德終始說的影響下形成的,受五德終始說的影響,司馬遷不僅認爲歷史的發展是終始循環的,其還認爲歷史的發展是『承弊易變』的。」〔註5〕與司馬遷相比,董仲舒對於五德終始說的借鑒與吸納則更爲明顯。

〔註1〕 張豈之主編《中國思想史》,西安:西北大學出版社1993年版,第107~108頁。

〔註2〕 顧頡剛著《秦漢的方士與儒生》,上海:上海世紀出版集團2005年版,第1頁。

〔註3〕 章啓群《兩漢經學觀念與占星學思想——鄒衍學說的思想史意義探幽》,載《哲學研究》2009年第3期。

〔註4〕 【日本】金谷治《鄒衍的思想》,載馬振鐸、袁爾鉅主編《日本學者論中國哲學史》,北京:中華書局1986年版,第138頁。

〔註5〕 張強《司馬遷的通變觀與五德終始說》,載《南京師範大學學報(社會科學版)》2005年第4期。

　　董仲舒〔註6〕「治《公羊春秋》，始推陰陽，爲儒者宗。〔註7〕」其是西漢時期的儒學大師，漢景帝時任博士官，漢武帝時舉賢良文學之士，他應詔先後三次對策，進獻著名的「天人三策」，建議「不在六藝之科，孔子之術者，皆絕其道，勿使並進。〔註8〕」漢武帝採納了他的建議，「罷黜百家，獨尊儒術」。董仲舒是漢代今文經學的春秋公羊派大師，其學說對先秦諸家都有所借鑒，而且「兩漢學術的眞正精神、眞正淵源，是陰陽家的學說。〔註9〕」所以，在這種大的學術背景下，董仲舒將儒家學說與陰陽家的學說眞正結合到了一起。〔註10〕所以，其對鄒衍思想學說的借鑒尤爲明顯。蕭公權就認爲，鄒衍的學說「爲公羊家之三統，棄消息而說感應，仁義乃入於拘畏之途。〔註11〕」錢穆則更明確的指出：「其實仲舒思想的主要淵源，只是戰國晚年的陰陽家鄒衍。〔註12〕」王夢鷗也認爲：「董仲舒好言陰陽變異，他的一半學統是屬於鄒衍的。《春秋繁露》〔註13〕中關於五行生剋的說明，是否全是他的手筆皆無關重要，但他在應用鄒衍的諸論則無可疑。〔註14〕」而且，有的學者還指出：

〔註6〕　學術界對於董仲舒的生卒年代存在爭議。周桂鈿通過考辨後認爲：「董仲舒生於公元前200年至公元前196年（漢高祖在位期間），卒於漢武帝元封四年（公元前107年）以後，漢武帝太初元年（公元前104年）之前。」詳見：《秦漢思想史》，河北人民出版社2000年版，第113～122頁。王永祥則認爲：「董仲舒生於惠帝三年～四年（公元前192年～公元前191年），卒於漢武帝元封四年至漢武帝太初元年（公元前107年～公元前104年）之間。」詳見：《董仲舒評傳》，南京大學出版社1995年版，第20～24頁。雖然，學術界對董仲舒的生卒年代存在爭議，但都基本認爲其主要的政治生涯是在武帝朝度過的。

〔註7〕　班固撰《漢書》卷二十七上，《五行志上》，北京：中華書局1962年版，第1317頁。

〔註8〕　班固撰《漢書》卷五十六，《董仲舒傳》，北京：中華書局1962年版，第2454頁。

〔註9〕　王伯祥、周振甫著《中國學術思想演進史》，上海：亞細亞書局1935年版，第48頁。

〔註10〕　詳見：薩孟武著《中國政治思想史》，東方出版社2008年版，第166頁。羅光著《中國哲學思想史》（兩漢、南北朝篇），臺灣學生書局中華民國67年版，第137頁。

〔註11〕　蕭公權著《中國政治思想史》，瀋陽：遼寧教育出版社1998年版，第36頁。

〔註12〕　錢穆著《中國思想史》，臺北：臺灣學生書局中華民國77年版，第110～111頁。

〔註13〕　李建國等人彙集並考辨了古往今來諸多學者的觀點後認爲：「《春秋繁露》確係董仲舒所著，可以反映其思想概貌。」詳見：《中國哲學史史料學概論》（上），吉林人民出版社1983年版，第265～266頁。

〔註14〕　王夢鷗《鄒衍五德始終論的構建》，載《中國哲學思想論集·先秦篇》，臺北：

鄒衍的「五德終始說」，對漢初的公羊家以及董仲舒本人都產生了巨大的影響。〔註15〕可見，在鄒衍的眾多學說中，董仲舒主要對其「五德終始說」進行了借鑒與發展。〔註16〕董氏的春秋公羊學適應了漢代大一統政權發展的需要，所以，該學派受到了漢代統治者的重視，〔註17〕久居統治地位，並產生了巨大的影響。

3.1　再論董仲舒思想體系中的天

　　董仲舒借鑒了五德終始說中的「自然天論」思想，並吸收了殷周時期神秘的「天命」理論，而且綜合了秦漢之際人們所獲得的自然知識，以解決西漢社會的政治、經濟問題為出發點，形成了獨具特色的「天」的哲學。「天」在董仲舒的哲學體系中佔有極為重要的地位，其既統攝董仲舒的「天人」思想學說，又貫穿董仲舒思想的始末。在董仲舒「天」的哲學理論中，為了解決儒學在西漢發展時所遇到的，如何將先秦儒家的德治理想與專制體制相結合的問題，「天」被賦予了多層的含義，但最為重要的是董仲舒對天賦予了儒

水牛出版社中華民國 65 年版，第 335 頁。

〔註15〕【韓國】宋榮培《董仲舒的歷史哲學：董氏春秋學的歷史哲學意義及其局限》，載於《21 世紀孔子網》。

〔註16〕有的學者認為：「董仲舒把《春秋》記載的大量天象變化和自然災害，加以全面的歪曲和神秘化，使《春秋》學說完全和陰陽五行家的陰陽五德終始的神學唯心主義綜合起來。」「董仲舒的『三統說』，和他的目的論的『災異』、『天人感應』說，與鄒衍的『五德終始』說有著直接繼承的關係。」詳見：任繼愈主編《中國哲學史》（第二冊），人民出版社 1979 年版，第 71～79 頁。蔡仁厚也認為：「董仲舒的學說主要是借鑒了『五德終始說』中的相關理論。」詳見：《中國哲學史大綱》，吉林出版集團有限責任公司 2009 年版，第 77 頁。劉筱紅也認為：「董仲舒的『天人感應』等學說對鄒衍的『五德終始說』有所借鑒。」詳見：《神秘的五行——五行說研究》，廣西人民出版社 1994 年版，第 81 頁。

〔註17〕據《史記・日者列傳》載：「孝武帝時聚會占家，問之某日可取婦乎？五行家曰：可；堪輿家曰：不可；建除家曰：不吉；叢辰家曰：大凶；曆家曰：小凶；天人家曰：小吉；太一家曰：大吉。辯訟不決，以狀聞。制曰：避諸死忌，以五行家為主；人取法五者也。」所以，陳啟雲認為：「漢武帝在宗教禮儀上，大多受到了陰陽五行方術之士的影響。」詳見：《漢初「子學沒落、儒學獨尊」的思想史底蘊》，載《中國文哲研究集刊》（臺灣）2003 年第 22 期。可見，漢武帝對陰陽家的學術之學是較為重視的，董仲舒的思想學說充分借鑒了陰陽家的相關理論，這也可能是漢武帝較為推崇董仲舒學說的一個原因。

家倫理道德的成分，並以「仁」作爲判斷是非對錯的標準，君主被要求規範自己的言行、取法天的仁德之政。

3.1.1 董仲舒道德之天的緣起

學術界大都認爲，董仲舒最大的貢獻在於融匯了諸家思想。諸子時代結束以後，「如何將重視自然法則的道家、陰陽家思想與積極入世的儒家、法家思想相結合，倒是漢代思想所要處理的一個要害問題。〔註18〕」「如何吸收融合先秦各家思想，特別是在社會和政治領域擁有重大影響與勢力的陰陽家思想，建構新的思想理論，以符合新政治形勢的需要，成爲時代的迫切問題。〔註19〕」上述思想領域所遇到的問題都是由西漢時期的儒學大師董仲舒解決的，其悉心研究《春秋公羊》，「並廣泛的吸收諸子之學，遂成爲『儒者宗』。〔註20〕」

與其說融合百家思想是董仲舒在學術上的最大貢獻，還不如說其只是董仲舒解決儒學在西漢發展問題的手段。漢武帝「罷黜百家，獨尊儒術」之後。雖然，儒學得到了獨尊的地位，但是其還是遇到了發展的瓶頸，那就是如何使先秦儒家的德治理想與專制體制相結合的問題。〔註21〕董仲舒「從孔、孟之『仁』出發〔註22〕」，通過對道德之天的推崇，進而要求君主傚仿天的仁德之政來解決這一問題。道德之天體現了先秦儒家的德治思想，而君主則是專制體制最爲關鍵的一環，君主對天的仁政的取法，正好完成了儒家政治思想與專制政體相結合的任務。而董仲舒「天」的哲學也不是空發議論，「其是從社會實際出發，爲了解決社會的實際問題，採取了最適合當時實際的理論形式，來進行建構的。〔註23〕」

3.1.2 董仲舒思想體系中天的屬性

「天」在董仲舒的哲學體系中佔據著極爲重要的地位，有的學者甚至認

〔註18〕 李澤厚著《中國古代思想史論》，天津：天津社會科學院出版社 2004 年版，第 134 頁。

〔註19〕 金春峰著《漢代思想史·序》，北京：中國社會科學出版社 2006 年版，第 3 頁。

〔註20〕 王永祥著《董仲舒評傳》，南京：南京大學出版社 1995 年版，第 73 頁。

〔註21〕 韋政通著《董仲舒》，臺北：東大圖書股份有限公司中華民國 75 年版，第 145 頁。

〔註22〕 張實龍著《董仲舒學說內在理路探析》，杭州：浙江大學出版社 2007 年版，第 15 頁。

〔註23〕 周桂鈿著《秦漢思想史》，石家莊：河北人民出版社 2000 年版，第 3 頁。

爲其是董仲舒哲學的根本。〔註 24〕「天」雖然在董仲舒哲學體系中具有提綱
挈領的作用，但不能僅僅因此就將其視爲董學的根本，要想探究「天」是否
爲董學之本，必須首先分析董仲舒哲學之「天」的屬性。

「一般地說，對天的性格的規定，一是轉述傳統的說法；傳統對人的精
神是一種力量，而容易使人作反省的信服。一是出於個人價值觀的投射；即
是將個人的價值觀，不知不覺地投到天上面去，以爲天的性格本來是如此。
另一是出自主觀的要求；自己要求如此，認定天即是如此。〔註 25〕」董仲舒
哲學之「天」究竟有何種屬性，學術界一直都存在分歧。

1、道德之天，有些學者認爲，儒家的倫理道德是董仲舒哲學之「天」的
主要屬性。李威熊就認爲：「董仲舒所言之天是以道德之天爲主的。〔註 26〕」
侯外廬主編的《中國思想通史》也認爲：董仲舒所言的「『天』是一個仁慈的
造物主，宇宙萬物的創造者，一切神的君長。〔註 27〕」任繼愈主編的《中國
哲學史》同樣認爲：「董仲舒認爲天的根本特徵就是德，以德爲本，而德的根
本觀念就是作爲封建道德最高概念的『仁』。……給天加上封建道德的屬性。
〔註 28〕」吳全蘭則認爲：「董仲舒所講的『天』本質上是道德之天，他把以仁
德爲本質的天和人進行類比，目的是說明人間的仁義禮智等道德品質來源於
天，強調社會道德的權威性，並警告統治者要遵從道德。〔註 29〕」有的學者
更是進一步指出：「董仲舒對天賦予了儒家倫理道德的屬性，天成爲了儒家道
德律的代言人。〔註 30〕」

〔註 24〕於首奎《試析董仲舒哲學思想的「天」》，載《東嶽論叢》1986 年第 4 期。而
　　　　有的學者並不認爲「天」是董仲舒哲學的根本。金春峰認爲「氣」是董仲舒
　　　　哲學的根本。詳見：《漢代思想史》，中國社會科學出版社 2006 年版，第 124
　　　　頁。張實龍認爲「天」、「氣」均不是董仲舒哲學的根本，董學之本是「仁」。
　　　　詳見：《董仲舒學說內在理路探析》，浙江大學出版社 2007 年版，第 27～37
　　　　頁。周桂鈿則認爲董仲舒哲學的根本是「元」。詳見：《董學探微》，北京師範
　　　　大學出版社 1989 年版，第 38～43 頁。
〔註 25〕徐復觀著《兩漢思想史》（第二卷），上海：華東師範大學出版社 2001 年版，
　　　　第 230 頁。
〔註 26〕李威熊著《董仲舒與西漢學術》，臺北：文史哲出版社民國 67 年，第 61～66
　　　　頁。
〔註 27〕侯外廬主編《中國思想通史》（第二卷）北京：人民出版社 1957 年版，第 101 頁。
〔註 28〕任繼愈主編《中國哲學史》（第二冊）北京：人民出版社 1979 年版，第 68 頁。
〔註 29〕吳全蘭著《劉向哲學思想研究》，北京：中國社會科學出版社 2007 年版，第
　　　　72 頁。
〔註 30〕吳濤《天人相與之際～董仲舒思想體系淺析》，載《蘭州學刊》2007 年第 2

2、神靈之天，有些學者認爲，神學性是董仲舒哲學之「天」的唯一屬性。於首奎就認爲：「董仲舒的哲學思想是有其完整的體系的，從其整個體系看來，他的神學性質的『天』，是他的哲學體系最高層次的最高範疇。也就是說，董仲舒的神學唯心主義哲學體系，是神學性一元論的『天』。而不是神學性、自然性和倫理性兼有的三元論或多元論的『天』。〔註31〕」「董仲舒所謂的『天』是主宰宇宙萬物的神。〔註32〕」步近智也認爲：「董仲舒把『天』看成是有意志、有賞罰、有絕對權威的至上神。〔註33〕」唐君毅同樣認爲：「董仲舒所言之天乃神靈之天。〔註34〕」

3、自然之天，有些學者認爲，董仲舒哲學之「天」主要體現了一種自然之性。馮友蘭認爲：「董仲舒所謂之天，……雖有智力、意志，但卻非人格之上帝，故此謂之爲自然也。〔註35〕」王永祥也認爲：「董仲舒所言之『天』，是純粹中國式的以神秘化的自然之天爲本的宇宙論，更確切說就是：將自然之天封建人倫化和神聖化的自然神論。〔註36〕」有的學者還進一步指出：「董仲舒哲學之『天』所體現出來的變化規律可以稱之爲『自然律』，天地萬物變化按照這種自然律而行，所以能起變化，乃因有陰陽相反的兩種因素，由兩因素而成五行。陰陽五行的變化都在自然律之內，故曰：『天有陰陽，天有五行。』〔註37〕」

4、多種屬性的結合體，有些學者認爲董仲舒哲學之「天」具有多重屬性。徐復觀認爲：「董氏所說的天，似乎回到古代宗教人格神上面去了，我

期。

〔註31〕於首奎《試析董仲舒哲學思想的「天」》，載《東嶽論叢》1986 年第 4 期。

〔註32〕於首奎著《兩漢哲學新探》，成都：四川人民出版社 1988 年版，第 119 頁。

〔註33〕步近智、張安奇著《中國學術思想史稿》，北京：中國社會科學出版社 2007 年版，第 132 頁。

〔註34〕唐君毅《原命中：秦漢魏晉天命思想之發展》，載唐君毅著《中國哲學原論·導論篇》，北京：中國社會科學出版社 2005 年版，第 353～360 頁。

〔註35〕馮友蘭著《中國哲學史》（下冊），上海：華東師範大學出版社 2008 年版，第 11 頁。

〔註36〕王永祥著《董仲舒評傳》，南京：南京大學出版社 1995 年版，第 73 頁。但是，王永祥關於董仲舒哲學之天屬性的觀點，在後來又發生了變化，其認爲：「董仲舒哲學之天的屬性是自然性、人倫性、神聖性三者兼而有之，其中封建人倫性是核心，神聖性是形式，自然性是基礎。」詳見：《董仲舒取法於天的歷史哲學論綱》，載《河北學刊（哲學社會科學版）1999 年第 2 期。

〔註37〕羅光著《中國哲學思想史》（兩漢、南北朝篇），臺北：臺灣學生書局中華民國 67 年版，第 193 頁。

相信董氏常常會有宗教神的影響，往來於他的心中之中。但他的天的實體是氣，氣表現而為陰陽四時五行；認眞地思考一下，把氣當作人格神來看待，是非常困難的事。〔註38〕」湯一介認為：「董仲舒所講的『天』，一方面是繼承和發展著西周以來的『天命』思想；另一方面則是把春秋戰國以來的『自然之天』加以改造，使之神秘化、道德化、人格化。〔註39〕」李澤厚也認為：「在董的哲學體系中，『天』是多種因素所構成的綜合體。〔註40〕」龍文茂同樣認為：「所謂董子『天論』的內在矛盾，是解讀董子時遇到的矛盾，而不是董子哲學自身的矛盾。在董子和他那個時代的人那裡，『天』是囫圇不開的，它既是自然的，又是義理的、意志的；或者說，『天』的三個層面是天衣無縫地融合在一起的。〔註41〕」

5、以一種屬性統攝其它屬性的綜合體，金春峰認為：「董仲舒哲學思想中的天可以分為，神靈之天、自然之天、道德之天，而神靈之天是第一性的，自然之天、道德之天都要從屬於它。〔註42〕」張實龍認為：「董子之『天』是一大『象』。筆者將其分成生命之天、神靈之天、道德義理之天、自然之天等只是為了言說上的方便。其實董子之『天』諸多方面打成一片，糾纏混合，其中自然之天以及自然現象是這一大『象』的物質基礎，生命大體（實際上是人的生命體驗）是這一大『象』的核心。生命大本衍生萬物，神機莫測，故有神靈之天；生命化物自有規律，便有道德義理之天。一句話，董子之「天」是對自然與人事的生命體驗的凝聚之『象』。〔註43〕」

董仲舒認為「明陰陽、入出、實虛之處。」可以「觀天之志。」而「辨五行之本末順逆、小大廣狹。」則可以「觀天道。」〔註44〕可見，「在先秦諸子中，祇有鄒衍曾據氣候的反覆變化說明各種物質之生滅循環，作為定理，

〔註38〕徐復觀著《兩漢思想史》（第二卷），上海：華東師範大學出版社 2001 年版，第 245 頁。

〔註39〕湯一介、莊印《董仲舒的哲學思想及其歷史評價》，載《北京大學學報》1963年第 3 期。

〔註40〕李澤厚著《中國古代思想史論》，天津：天津社會科學院出版社 2004 年版，第 137 頁。

〔註41〕龍文茂《董仲舒『天論』新解》，載《中國哲學史》1998 年第 1 期。

〔註42〕金春峰著《漢代思想史》，北京：中國社會科學出版社 2006 年版，129 頁。

〔註43〕張實龍著《董仲舒學說內在理路探析》，杭州：浙江大學出版社 2007 年版，第 139 頁。

〔註44〕蘇輿撰，鍾哲點校《春秋繁露義證》卷十七，《天地陰陽》，北京：中華書局1992 年版，第 467 頁。

並用以解釋宇宙及人生諸現象。而董仲舒明顯受到了鄒衍學説的影響，以四時、陰陽等自然現象説天。〔註45〕」所以，有些學者才會認爲自然性是董仲舒哲學之「天」的根本屬性。但是，董仲舒對自然之天的設置並非爲了凸顯「天」的自然屬性，而是把自然之天視爲是人君實現取法道德之天的重要手段。所以，李澤厚認爲：「在董仲舒的哲學思想中，天的意志是通過自然界的陰陽、五行、四時來體現的，不僅如此，人世社會中的尊卑等級和倫理制度也是天通過陰陽五行來進行推衍的。〔註46〕」

而有的學者認爲：「董仲舒繼承並發展了鄒衍、《呂氏春秋》的神學，賦予它自己的時代內容，形成具有自己獨特體系的新神學。〔註47〕」的確如此，董仲舒十分強調天的神聖性和主宰性。其言：

> 天者，百神之君也，王者之所最尊也。〔註48〕

> 天者萬物之祖，萬物非天不生。〔註49〕

> 天地者，萬物之本，先祖之所出也。〔註50〕

所以，有的學者認爲董仲舒所言之天乃是神聖之天。但是，董仲舒對神聖之天進行宣揚目的在於爲君主取法道德之天提供思想上的保障。就像葛兆光所言：「當他（董仲舒）將這種觀念（神學思想）納入儒者的知識系統時，無疑又兼容了墨子『天志』、『明鬼』的思想，使儒者的倫理原則獲得了『天』與『鬼神』的監督與保護，使政治權威的權力有了來自『天』或『鬼神』的支持與權威。〔註51〕」

董仲舒言：「故曰王者配天，謂其道。〔註52〕」何爲「王者配天」？其意

〔註45〕 韋政通著《董仲舒》，臺北：東大圖書股份有限公司中華民國 75 年版，第 68 ～69 頁。

〔註46〕 李澤厚著《中國古代思想史論》，天津：天津社會科學院出版社 2004 年版，第 136 頁。

〔註47〕 祝瑞開著《兩漢思想史》，上海：上海古籍出版社 1989 年版，第 116 頁。

〔註48〕 蘇輿撰，鍾哲點校《春秋繁露義證》卷十五，《郊義》，北京：中華書局 1992 年版，第 402～403 頁。

〔註49〕 蘇輿撰，鍾哲點校《春秋繁露義證》卷十五，《順命》，北京：中華書局 1992 年版，第 410 頁。

〔註50〕 蘇輿撰，鍾哲點校《春秋繁露義證》卷九，《觀德》，北京：中華書局 1992 年版，第 269 頁。

〔註51〕 葛兆光著《中國思想史》（第一卷），上海：復旦大學出版社 2002 年版，第 267 頁。

〔註52〕 蘇輿撰，鍾哲點校《春秋繁露義證》卷十三，《四時之副》，北京：中華書局 1992 年版，第 353 頁。

即爲「王者法天而治。〔註53〕」董仲舒認爲：天「高其位，所以爲尊也；下其施，所以爲仁也。」即天以仁愛之政布施天下。所以，君王要「任群賢」、「汎愛群生」、「不以喜怒賞罰」即君王要效法天的仁政，只有這樣才能稱之「爲仁也。」〔註54〕

可見，董仲舒所言的君主取法於天的具體內容，既不是自然之天的陰陽、五行、四時；也不是神靈之天的天神、天君；而是道德之天所體現出來的儒家的仁德之政。加之「在董仲舒思想體系中，由元氣構成的自然之天和神靈之天存在著內在的矛盾。因爲氣是像泥和水一樣的以自己爲本原的客觀存在，具有物質實體的屬性。〔註55〕」所以，自然之天與神靈之天不可能徹底分離而獨立存在，它們也就不能承擔起統領天的其它屬性的任務。董仲舒設置哲學之「天」的最主要目的在於「用當時人們最能接受的方式，把天解釋爲與儒家聖人有相同意志的至上神。換句話說，天是由儒家來解釋，天是儒家的神，而儒家是天在人世間的代言人。〔註56〕」使「無窮極之仁」的「天」成爲自身施展政治抱負的重要工具，藉以解決客觀的社會政治問題。〔註57〕所以說，以儒家的德治理想爲基礎的道德之天，自然而然的就成爲了董仲舒哲學之「天」最重要和最根本的屬性。

但是，董仲舒哲學之「天」的屬性並不是單一的神聖性或自然性，其是由道德之天、自然之天、神靈之天三者相結合的混合體。三者相輔相成密不可分，其中道德之天是核心，統攝自然之天和神靈之天；自然之天是道德之天得以實現的物質基礎；而神靈之天則是道德之天得以實現的思想保證。董仲舒「天」的哲學最終極的目標就是要求君主效法道德之天，進而把儒家的仁德之政與西漢帝國的具體治國策略相結合，以便解決相關的社會問題、政治問題，進一步鞏固和發展大一統政權。需要指出的是，雖然董仲舒一再強調「天」的至高無尚地位，但是「天」並不是董學之本，董學之本乃是「天」所體現出來的「仁」的思想，「『仁』是『天』的精神，『天』是『仁』之表象。

〔註53〕 韋政通著《董仲舒》，臺北：東大圖書股份有限公司中華民國75年版，第151頁。

〔註54〕 蘇輿撰，鍾哲點校《春秋繁露義證》卷六，《離合根》，北京：中華書局1992年版，第164～165頁。

〔註55〕 金春峰著《漢代思想史》，北京：中國社會科學出版社2006年版，第433頁。

〔註56〕 周桂鈿著《秦漢思想史》，石家莊：河北人民出版社2000年版，第207頁。

〔註57〕 韋政通著《董仲舒》，臺北：東大圖書股份有限公司中華民國75年版，第68頁。

在一定意義上說，『天』就是『仁』。〔註58〕」

3.1.3 董仲舒對道德之天的構建

一、君王取法於天的理論依據

聖人取法於天的思想自古有之。范蠡就曾言：

> 天因人，聖人因天；人自生之，天地形之，聖人因而成之。〔註59〕

> 夫人事必將與天地相參，然後乃可以成功。〔註60〕

董仲舒對君王取法於天做了進一步的論證。爲什麼只有君王能取法於天呢？首先，董仲舒言：「天地之間，有陰陽之氣，常漸人者，若水常漸魚也。」即人生活在天地之氣中。所以，「天地之間，若虛而實，人常漸是澹澹之中，而以治亂之氣，與之流通相淆也。」〔註61〕可見，董仲舒認爲人可以通過天地之間的氣來交感萬物，這樣君王取法於天就成爲了可能。

其次，董仲舒認爲人和天屬於同類，其言：

> 人之人本於天，天亦人之曾祖父也。〔註62〕

而且，董仲舒還認爲：「天地之符，……常設於身，身猶天也，數與之相參」，所以，「故小節三百六十六，副日數也。」即人體的小關節數與一年的天數相契合；「大節十二分，副月數也。」即人體的大關節數與一年的月數相契合；不僅如此，「內有五藏，副五行數也。」「外有四肢，副四時數也。」〔註63〕可見，無論是人體的器官還是人體的四肢，都與天的度數相契合。

這樣以來，君王與天就具有了相同的內在屬性。再次，董仲舒認爲只有人才能實踐天的仁德之政。「天地之精所以生物者，莫貴於人。」即人是

〔註58〕詳見：張實龍著《董仲舒學說內在理路探析》，浙江大學出版社 2007 年版，第 33～34 頁。余治平《董仲舒仁義之學的特殊性》，載於《21 世紀孔子網》。

〔註59〕徐元誥撰，王樹民、沈長雲點校《國語集解》，《越語下》，北京：中華書局 2002 年版，第 579 頁。

〔註60〕徐元誥撰，王樹民、沈長雲點校《國語集解》，《越語下》，北京：中華書局 2002 年版，第 582 頁。

〔註61〕蘇輿撰，鍾哲點校《春秋繁露義證》卷十七，《天地陰陽》，北京：中華書局 1992 年版，第 469 頁。

〔註62〕蘇輿撰，鍾哲點校《春秋繁露義證》卷十一，《爲人者天》，北京：中華書局 1992 年版，第 318 頁。

〔註63〕蘇輿撰，鍾哲點校《春秋繁露義證》卷十三，《人副天數》，北京：中華書局 1992 年版，第 356～357 頁。

天地萬物中最爲精貴的，所以，「受命乎天也，故超然有以倚。」即只有「人」才能擔當起受命於天的重任。而人受命於天的原因就在於「物疢疾莫能爲仁義，唯人獨能爲仁義。」即萬物之中，只有人能稟受天的「仁義」之德。〔註64〕

　　這樣以來，君王就有了執政於天下的可能。最後，董仲舒認爲「古之造文者，三畫而連其中，謂之王。」其又從「王」字的字形出發，進而認爲「取天地與人之中以爲貫而參通之，非王者孰能當是？」即唯有君王才能擔當起貫通天地的重任。所以，「是故王者唯天之施，施其時而成之。」即只有君王才能取法於天，善治天下。〔註65〕

　　除此之外，董仲舒還對君王取法於天提出了更明確的要求，他有大量的論述都是涉及於此的。如：

> 王道參天地矣。〔註66〕
>
> 王道之三綱，可求於天。〔註67〕
>
> 聖人之道，同諸天地，蕩諸四海，變易習俗。〔註68〕
>
> 王者承天意以從事。〔註69〕
>
> 王者欲有所爲，宜求其端於天。〔註70〕
>
> 王者配天，謂其道。〔註71〕
>
> 聖人副天之所行以爲政。〔註72〕

〔註64〕蘇輿撰，鍾哲點校《春秋繁露義證》卷十三，《人副天數》，北京：中華書局1992年版，第354頁。

〔註65〕蘇輿撰，鍾哲點校《春秋繁露義證》卷十一，《王道通三》，北京：中華書局1992年版，第328～329頁。

〔註66〕蘇輿撰，鍾哲點校《春秋繁露義證》卷十七，《天地陰陽》，北京：中華書局1992年版，第468頁。

〔註67〕蘇輿撰，鍾哲點校《春秋繁露義證》卷十二，《基義》，北京：中華書局1992年版，第351頁。

〔註68〕蘇輿撰，鍾哲點校《春秋繁露義證》卷十二，《基義》，北京：中華書局1992年版，第352頁。

〔註69〕班固撰《漢書》卷五十六，《董仲舒傳》，北京：中華書局1962年版，第2452頁。

〔註70〕班固撰《漢書》卷五十六，《董仲舒傳》，北京：中華書局1962年版，第2452頁。

〔註71〕蘇輿撰，鍾哲點校《春秋繁露義證》卷十三，《四時之副》，北京：中華書局1992年版，第353頁。

　　　　爲人君者，其法取象於天。〔註73〕

　　　　聖人視天而行。〔註74〕

　　　　與天同者大治，與天異者大亂。〔註75〕

　　所以，有的學者就認爲：「董仲舒歷史哲學的基本原則就是要求人類社會取法於天。〔註76〕」董仲舒又言：

　　　　是故王者唯天之施，……法其志而歸之於仁。〔註77〕

　　　　人之受命於天也，取仁於天而仁也。〔註78〕

　　　　故爲人主之道，……使德之厚於刑也，如陽之多於陰也。〔註79〕

　　　　爲人主也，……答天之出四時而必忠其受也，則堯舜之治無以

加。〔註80〕

　　可見，「董仲舒把天賦予了封建社會的倫理意義。〔註81〕」並認爲「人所以要效法天，是因爲天代表仁義，人主對百姓雖有予奪生殺之權，但也不可任意而爲，他應該效法天的仁義。〔註82〕」所以，董仲舒認爲君王取法於天最主要的內容就是道德之天所體現出來的儒家的「仁德」之政。

〔註72〕　蘇輿撰，鍾哲點校《春秋繁露義證》卷十三，《四時之副》，北京：中華書局
　　　　1992 年版，第 353 頁。
〔註73〕　蘇輿撰，鍾哲點校《春秋繁露義證》卷十七，《天地之行》，北京：中華書局
　　　　1992 年版，第 458 頁。
〔註74〕　蘇輿撰，鍾哲點校《春秋繁露義證》卷十一，《天容》，北京：中華書局 1992
　　　　年版，第 333 頁。
〔註75〕　蘇輿撰，鍾哲點校《春秋繁露義證》卷十二，《陰陽義》，北京：中華書局 1992
　　　　年版，第 341 頁。
〔註76〕　王永祥《董仲舒取法於天的歷史哲學論綱》，載《河北學刊（哲學社會科學版》
　　　　1999 年第 2 期。
〔註77〕　蘇輿撰，鍾哲點校《春秋繁露義證》卷十一，《王道通三》，北京：中華書局
　　　　1992 年版，第 329 頁。
〔註78〕　蘇輿撰，鍾哲點校《春秋繁露義證》卷十一，《王道通三》，北京：中華書局
　　　　1992 年版，第 329 頁。
〔註79〕　蘇輿撰，鍾哲點校《春秋繁露義證》卷十二，《陰陽義》，北京：中華書局 1992
　　　　年版，第 341～342 頁。
〔註80〕　蘇輿撰，鍾哲點校《春秋繁露義證》卷十一，《爲人者天》，北京：中華書局
　　　　1992 年版，第 319 頁。
〔註81〕　王永祥著《董仲舒評傳》，南京：南京大學出版社 1995 年版，第 111～112 頁。
〔註82〕　韋政通著《董仲舒》，臺北：東大圖書股份有限公司中華民國 75 年版，第 97
　　　　頁。

二、道德之天的具體內涵

董仲舒所言的道德之天究竟是何種樣子？其言：

霸王之道，皆本於仁。仁，天心，故次以天心。〔註83〕

仁之美者在於天。天，仁也。〔註84〕

察於天之意，無窮極之仁也。〔註85〕

天志仁，其道也義。〔註86〕

天常以愛利爲意，以養長爲事，春秋冬夏皆其用也。〔註87〕

可見，董仲舒所言的天，「是儒家所倡導的一種普遍的道德原則，這種道德原則滲透到了陰陽五行的流轉之中，並對自然界和人世社會產生著巨大的影響。〔註88〕」董仲舒所言的道德之天集中體現了儒家的德治理想，而「仁」則是其最爲核心的觀念，並且有的學者認爲，「仁」同樣是董仲舒政治倫理思想的中心觀念。〔註89〕

「何爲仁？」就爲人處世的原則而言：董仲舒認爲「仁者憯怛愛人，謹翕不爭，好惡敦倫，無傷惡之心。」即要求人要愛護別人、與人無爭。「無隱忌之志，無嫉妒之氣，無感愁之欲，……無闕違之行。」即要求人不要心存嫉妒、違犯法紀。就道德修養的標準而言：董仲舒認爲「其心舒，其志平，其氣和，其欲節，……故能平易和理而無爭也。」即要求人要精神平和、性情溫順、心情舒展、並對欲望有所節制。所以， 在處事原則、道德修養兩方面「如此者謂之仁。」〔註90〕

〔註83〕蘇輿撰，鍾哲點校《春秋繁露義證》卷六，《俞序》，北京：中華書局1992年版，第161頁。

〔註84〕蘇輿撰，鍾哲點校《春秋繁露義證》卷十一，《王道通三》，北京：中華書局1992年版，第329頁。

〔註85〕蘇輿撰，鍾哲點校《春秋繁露義證》卷十一，《王道通三》，北京：中華書局1992年版，第329頁。

〔註86〕蘇輿撰，鍾哲點校《春秋繁露義證》卷十七，《天地陰陽》，北京：中華書局1992年版，第467頁。

〔註87〕蘇輿撰，鍾哲點校《春秋繁露義證》卷十一，《王道通三》，北京：中華書局1992年版，第330頁。

〔註88〕金春峰著《漢代思想史》，北京：中國社會科學出版社2006年版，第129頁。

〔註89〕徐復觀著《兩漢思想史》（第二卷），上海：華東師範大學出版社2001年版，第185～187頁。

〔註90〕蘇輿撰，鍾哲點校《春秋繁露義證》卷八，《必仁且智》，北京：中華書局1992年版，第258頁。

更爲重要的是，爲了使儒家的仁德之政與西漢帝國的具體治國策略相結合，「仁」已經成爲了規範君王言行與施政策略的重要標準。「董仲舒不僅要求君主在施政與自我修養方面貫徹儒家的仁德之政；而且還要把這種政策布施於天下。〔註91〕」除此之外，董仲舒還擴大了「仁」的涵蓋範圍，改變了「仁」的側重點，完善了「仁」的實踐載體。〔註92〕

三、道德之天的構建歷程以及法天的具體內容

那麼，董仲舒的「道德之天」是如何建構的呢？首先，借用神靈的權威來推行政令的做法，很多典籍中都有所涉獵。《易經‧觀》卦《彖傳》言：「觀天之神道，而四時不忒。聖人以神道設教，而天下服矣。〔註93〕」孔穎達認爲，此處是在講「聖人用天的權威來設教於天下，不用法律和道德的手段，人們也能自覺的遵行。〔註94〕」王充認爲「神道設教」的目的在於「聖人舉事，……明與鬼神同意共指。」進而「欲令眾下信用不疑。」〔註95〕錢

〔註91〕周桂鈿著《秦漢思想史》，石家莊：河北人民出版社 2000 年版，第 150 頁。

〔註92〕張實龍認爲：「董仲舒從兩個方面發展了孔孟之仁，一、從『親親仁也』到『仁大遠』；二、從以事論『仁』到以天論『仁』。」詳見：《董仲舒學說內在理路探析》，浙江大學出版 2007 年版，第 38～46 頁。周桂鈿認爲：「董仲舒從三個方面發展了先秦儒家『仁』的觀念，一、吸收了先秦儒家『仁者愛人』的思想，並作了揚棄和發展。否定只愛自己的思想，認爲仁就是指愛別人，並否定了『親親爲大』的原則。二、對先秦的愛民思想作了發揮，認爲『仁』的最顯著標記是『遠』。三、認爲道德高低的關係重於血緣關係。」詳見：《秦漢思想史》，河北人民出版社 2000 年版，第 132～137 頁。王永祥認爲：「董仲舒從三個方面發展了先秦儒家『仁』的觀念。一、否定了『愛己』、『愛親』這一孔、孟之仁的核心觀點，主張『善其所恤遠』、『以仁厚遠』。二、明確提出了『仁之法，在愛人，不在愛我。』『人不被其愛，雖厚自愛，不予爲仁。』這顯然就直接否定了愛己這個孔、孟之仁的核心，把『愛人』解作了愛別人，即把愛自身從『仁』中剔除了出來。三、對『親親原則』進行了否定。」詳見：《董仲舒評傳》，南京大學出版社 1995 年版，第 297～300 頁。崔濤認爲：「董仲舒的『仁』特別繼承了孔子哲學中具有普世意義的『愛人』之『仁』，凸顯了它作爲最高『正義』在儒家思想政治設想中的重要性。另一方面，董氏之『仁』也極大地拓展了孔子之『仁』的政治內涵。」詳見：《董仲舒政治哲學發微》，浙江大學 2004 年博士論文，第 60～64 頁。

〔註93〕唐明邦主編《周易評注》，《觀》卦《彖傳》，北京：中華書局 2009 年版，第 62 頁。

〔註94〕中華書局編輯部編《唐宋注疏十三經》，《周易注疏》，北京：中華書局 1998 年版，第 124 頁。

〔註95〕黃暉著《論衡校釋》卷二十四，《辨祟》，北京：中華書局 1990 年版，第 1009 頁。

鍾書列舉了《周易》、《管子》、《墨子》、《淮南子》、《禮記》、《論衡》等典籍中的實例，認爲借用神靈的權威來推行政令的做法是「古人政理之要言也。〔註96〕」董仲舒則對這種「神道設教」的做法進行了進一步的發展，其「對天究如何大顯，並未提出任何論證，只是獨斷地斷言，天與其所創者的關係，亦只是類比地說如子之事父、臣之事君的關係〔註97〕」，爲了給君王法天提供相關的理論支持，神靈之天就自然而然的成爲了構建道德之天的重要思想保障。

在西漢時期，「天」的觀念已經與周代有所不同，天、地、人已經充分的結合到了一起，而且天在皇帝的權威塑造方面發揮著重要的作用。〔註98〕所以，董仲舒首先強調了天的神聖性、權威性，其言：

> 天者，百神之君也，王者之所最尊也。〔註99〕

> 天者萬物之祖，萬物非天不生。〔註100〕

而後，他又認爲君王的權力乃是天之所賜，其言：

> 受命之君，天之所大顯也。〔註101〕

> 王者，天之所予也，其所伐皆天之所奪也。〔註102〕

> 唯天子受命於天，天下受命於天子。〔註103〕

董仲舒進而又認爲君王應效法於天，其言：

> 然則王者欲有所爲，宜求其端於天。〔註104〕

〔註96〕錢鍾書著《管錐篇》（一），《周易正義》，北京：生活・讀書・新知三聯書店2007年版，第30～31頁。

〔註97〕韋政通著《董仲舒》，臺北：東大圖書股份有限公司中華民國75年版，第41頁。

〔註98〕【英國】崔瑞德、【英國】魯惟一著，楊品泉、張書生等譯《劍橋中國秦漢史》，北京：中國社會科學出版社1995年版，第785頁。

〔註99〕蘇輿撰，鍾哲點校《春秋繁露義證》卷十五，《郊義》，北京：中華書局1992年版，第402頁。

〔註100〕蘇輿撰，鍾哲點校《春秋繁露義證》卷十五，《順命》，北京：中華書局1992年版，第410頁。

〔註101〕蘇輿撰，鍾哲點校《春秋繁露義證》卷一，《楚莊王》，北京：中華書局1992年版，第18頁。

〔註102〕蘇輿撰，鍾哲點校《春秋繁露義證》卷七，《堯舜不擅移湯武不專殺》，北京：中華書局1992年版，第220頁。

〔註103〕蘇輿撰，鍾哲點校《春秋繁露義證》卷十一，《爲人者天》，北京：中華書局1992年版，第319頁。

〔註104〕班固撰《漢書》卷五十六，《董仲舒傳》，北京：中華書局1962年版，第2504

故爲人主之道，莫明於在身之與天同者而用之。〔註105〕

取天地與人之中以爲貫而參通之，非王者孰能當是？〔註106〕

這樣以來，君王就要隸屬於天，並要聽從天的旨意。隨後董仲舒又把「天」塑造成了關愛萬物的救世主，其言：「天高其位而下其施，藏其形而見其光。」所以，「位尊而施仁，藏神而見光者，天之行也。」並且天還要「汎愛群生」、「不以喜怒賞罰」。〔註107〕

這樣以來，君王就應該取法天的仁愛之政，所以，董仲舒言：「天常以愛利爲意，以養長爲事，春秋冬夏皆其用。」所以，君王也要「以愛利天下爲意，以安樂一世爲事。」〔註108〕

而且，董仲舒還認爲「且天之生民，非爲王也，而天立王以爲民也。」即天立君以爲民。所以，君王如果「其德足以安樂民者，天予之。」即君王如能效法天的仁政，天就會鞏固君王的統治。反之，君王如果「其惡足以賊害民者，天奪之。」即君王如果橫征暴斂，天就會剝奪君王統治天下的權力。〔註109〕

可見，董仲舒所言的「神靈之天」是對君王有生殺予奪大權的至上神，而董仲舒對神聖之天設置的最終目的是在於以神靈之天做爲監督，進而保證君王對道德之天所體現出來的仁政思想進行取法。就像韋政通所言，董仲舒「無法將仁政的理想直接向人主要求，所以先把這個要求投射到天上面，然後再要求人主去法天，以增加這種要求的效力。另一方面，天既被賦予理想的君道，而人主的治理國事，是應該效法天的，是不可以違背天道天意的，這樣君權就受到了宗教性的限制。〔註110〕」

其次，自然之天是實現道德之天的重要途徑。「在董仲舒看來，人世社會

頁。

〔註105〕蘇輿撰，鍾哲點校《春秋繁露義證》卷十二，《陰陽義》，北京：中華書局1992年版，第342頁。

〔註106〕蘇輿撰，鍾哲點校《春秋繁露義證》卷十一，《王道通三》，北京：中華書局1992年版，第329頁。

〔註107〕蘇輿撰，鍾哲點校《春秋繁露義證》卷六，《離合根》，北京：中華書局1992年版，第164～165頁。

〔註108〕蘇輿撰，鍾哲點校《春秋繁露義證》卷十一，《王道通三》，北京：中華書局1992年版，第330頁。

〔註109〕蘇輿撰，鍾哲點校《春秋繁露義證》卷七，《堯舜不擅移湯武不專殺》，北京：中華書局1992年版，第220頁。

〔註110〕韋政通著《董仲舒》，臺北：東大圖書股份有限公司中華民國75年版，第71頁。

的各種倫理道德都是天通過陰陽五行的變化、四時的更迭來體現出來的。無論是陰陽五行，還是四時，它們都體現著天的意志。〔註111〕」自然界的陰陽、五行、四時成爲了君王效法道德之天的中介。而且「陰陽五行的有規律的運行成爲道德化的自然，或蘊涵道德的自然，其全部運行皆爲仁－對人的愛所支配，從而保證了宇宙的和諧，使萬物生長收藏，生生不息，而人得以有其和樂的生活。〔註112〕」

那麼，君王是怎麼通過自然之天來效法天的仁德之政呢？就君王法天的途徑而言，首先是陰陽，董仲舒言：

> 陰陽之理，聖人之法也。〔註113〕

> 好仁惡戾，任德遠刑，若陰陽。〔註114〕

其次是四時，董仲舒言：

> 爲人主者，予奪生殺，各當其義，若四時。〔註115〕

董仲舒還認爲「喜氣取諸春」即喜氣倡於春季；「樂氣取諸夏」即樂氣倡於夏季；「怒氣取諸秋」即怒氣倡於秋季；「哀氣取諸冬」即哀氣倡於冬季，而君王也要與四時不同之氣相契合，「明王正喜以當春，正怒以當秋，正樂以當夏，正哀以當冬。」〔註116〕

最後是五行，董仲舒言：

> 列官置吏，必以其能，若五行。〔註117〕

董仲舒還認爲「臣之義比於地，故爲人臣者，視地之事天也。」即臣之事君取法於地之事天。董仲舒又言：「爲人子者，視土之事火也。」即子之事父取法於土之事火。所以，「孝子之行，忠臣之義，皆法於地也。」即人世間

〔註111〕於首奎著《兩漢哲學新探》，成都：四川人民出版社 1988 年版，第 116 頁。

〔註112〕金春峰著《漢代思想史·序》，北京：中國社會科學出版社 2006 年版，第 6 頁。

〔註113〕蘇輿撰，鍾哲點校《春秋繁露義證》卷十一，《王道通三》，北京：中華書局 1992 年版，第 331 頁。

〔註114〕蘇輿撰，鍾哲點校《春秋繁露義證》卷十七，《天地陰陽》，北京：中華書局 1992 年版，第 467～468 頁。

〔註115〕蘇輿撰，鍾哲點校《春秋繁露義證》卷十七，《天地陰陽》，北京：中華書局 1992 年版，第 467～468 頁。

〔註116〕蘇輿撰，鍾哲點校《春秋繁露義證》卷十一，《王道通三》，北京：中華書局 1992 年版，第 330～331 頁。

〔註117〕蘇輿撰，鍾哲點校《春秋繁露義證》卷十七，《天地陰陽》，北京：中華書局 1992 年版，第 467～468 頁。

的忠、孝觀念，要效法於五行之土養長萬物、善利而不爭的德性。〔註118〕

就君王法天的內容而言，首先，是尚仁德，董仲舒言：

　　爲人主者，……好仁惡戾，任德遠刑，……此之謂能配天。〔註119〕

其次是任賢，董仲舒言：

　　爲人君者，其法取象於天。……任賢使能，觀聽四方。〔註120〕

最後是推行教化，董仲舒言：

　　聖人之道，不能獨以威勢成政，必有教化。〔註121〕

就君王法天的具體措施而言，首先，君王要推行仁政，董仲舒在答漢武帝的《天人三策》中認爲，天是「群物之祖」，而且，天「遍覆包函而無所殊」即以公平之心對待天下；「建日月風雨以和之」即使天下風調雨順；「經陰陽寒暑以成之」即養長萬物。所以，君王要「法天而立道，亦博愛而亡私，布德施仁以厚之。」即君王要效法天的博愛萬物之德，以仁德之政布施於天下。〔註122〕

其次，君王要以天象來匹配官制，董仲舒認爲「聖王所取儀，全天之大經，三起而成，四轉而終。」即君王以天的標準來制定禮義，天以三個月爲一季度，四個季度爲一年。所以，「官制亦然。」即君王制定官制時也要遵循「天象」的標準。〔註123〕

董仲舒言：「是故天子自參以三公」即天子用三公來輔佐自己；「三公自參以九卿」即三公用九卿來輔佐自己；「九卿自參以三大夫」即九卿用三大夫來輔佐自己；「三大夫自參以三士」即三大夫用三士來輔佐自己。〔註124〕

〔註118〕蘇輿撰，鍾哲點校《春秋繁露義證》卷十一，《陽尊陰卑》，北京：中華書局1992年版，第325～326頁。

〔註119〕蘇輿撰，鍾哲點校《春秋繁露義證》卷十七，《天地陰陽》，北京：中華書局1992年版，第467～468頁。

〔註120〕蘇輿撰，鍾哲點校《春秋繁露義證》卷十七，《天地之行》，北京：中華書局1992年版，第458～459頁。

〔註121〕蘇輿撰，鍾哲點校《春秋繁露義證》卷十一，《爲人者天》，北京：中華書局1992年版，第319頁。

〔註122〕班固撰《漢書》卷五十六，《董仲舒傳》，北京：中華書局1962年版，第2515頁。

〔註123〕蘇輿撰，鍾哲點校《春秋繁露義證》卷七，《官制象天》，北京：中華書局1992年版，第214頁。

〔註124〕蘇輿撰，鍾哲點校《春秋繁露義證》卷七，《官制象天》，北京：中華書局1992年版，第215頁。

可見，官制以三人爲一選，三公、三卿、三大夫都是以三爲基數的。所以，董仲舒言：

> 由此觀之，三而一成，天之大經也，以此爲天制。〔註125〕

天以「三」作爲季度的基數，君王也對此進行了傚仿，以「三」作爲官制的基數。

董仲舒又言：「人之材固有四選，如天之時固有四變也。」即君王選官也要遵行天的四季（季度）而終的原則。所以，「聖人」一選、「君子」一選、「善人」一選、「正人」一選。這樣以來，君王在制官時就能「以四爲制，取諸天之時。」〔註126〕

再次，君王要推行教化，董仲舒言：

> 教，政之本也。獄，政之末也。〔註127〕

> 聖王之繼亂世也，……復修教化而崇起之。〔註128〕

可見，董仲舒認爲推行教化是君王施政之本。如果「教化已明，習俗已成」即教化修，習俗化。那麼「子孫循之，行五六百歲尚未敗也。」即國運昌盛。〔註129〕反之，一旦拋棄了教化，就會喪失天下。董仲舒言：「凡以教化不立而萬民不正也。」即教化是匡正民眾言行的重要手段。只有教化立「姦邪」才能「皆止」，否則「姦邪並出」、「刑罰不能勝」。〔註130〕

董仲舒又進一步論述了教化的具體措施和內容，其言：「立大學以教於國，設庠序以化於邑。」以便「漸民以仁，摩民於誼，節民以禮。」〔註131〕

可見，教化的具體措施，主要是在中央和地方設立學校，教導民眾以儒家的仁、禮思想。董仲舒認爲，君王要通過教化民眾，使其「成性」、「正法

〔註125〕蘇輿撰，鍾哲點校《春秋繁露義證》卷七，《官制象天》，北京：中華書局 1992 年版，第 216 頁。

〔註126〕蘇輿撰，鍾哲點校《春秋繁露義證》卷七，《官制象天》，北京：中華書局 1992 年版，第 216 頁。

〔註127〕蘇輿撰，鍾哲點校《春秋繁露義證》卷三，《精華》，北京：中華書局 1992 年版，第 94 頁。

〔註128〕班固撰《漢書》卷五十六，《董仲舒傳》，北京：中華書局 1962 年版，第 2504 頁。

〔註129〕班固撰《漢書》卷五十六，《董仲舒傳》，北京：中華書局 1962 年版，第 2504 頁。

〔註130〕班固撰《漢書》卷五十六，《董仲舒傳》，北京：中華書局 1962 年版，第 2503 頁。

〔註131〕班固撰《漢書》卷五十六，《董仲舒傳》，北京：中華書局 1962 年版，第 2503 ～2504 頁。

度之宜」、「別上下之序」。〔註132〕可見，正法度、辨親疏、化民性則是教化的具體內容。

董仲舒又言：

> 明於天性，知自貴於物；然後知仁誼；知仁誼，然後重禮節；重禮節，然後安處善；安處善，然後樂循理；樂循理，然後謂之君子。〔註133〕

可見，董仲舒所認爲的教化目標，是君王通過對萬民實行封建倫理綱常的教化，使之能夠自覺按照封建倫理綱常的要求去規範自己的言行，從而進入到君子的行列。

再者，君王要實行任德遠刑的政策，董仲舒認爲「天出陽，爲暖以生之；地出陰，爲清以成之。」即陰陽結合以成萬物。不僅如此，「然而計其多少之分，則暖暑居百而清寒居一。」即天以愛利萬物爲主。所以，「聖人多其愛而少其嚴，厚其德而簡其刑。」即聖人要對天的愛利之德進行效法，近德而遠刑，只有這樣，才能「配天」。〔註134〕

就刑與德的關係而言：董仲舒認爲「天下之昆蟲隨陽而出入，……草木隨陽而生落。」即陽氣可以養長萬物，所以，「刑者德之輔，陰者陽之助也，陽者歲之主也。」即與陽相對應的「德」在邢德的關係中佔據主導的地位。〔註135〕而「刑之不可任以成世也，猶陰之不可任以成歲也。」即陰氣以肅殺爲主，所以，「天之近陽而遠陰，大德而小刑也。」即與陰相對應的「邢」在邢德關係中處於從屬地位。〔註136〕董仲舒進而又將「任德遠刑」的政策運用到了治國當中，其言：「刑者不可任以治世，猶陰之不可任以成歲也。」所以，君王要「任德教而不任刑。」〔註137〕

〔註132〕班固撰《漢書》卷五十六，《董仲舒傳》，北京：中華書局1962年版，第2515～2516頁。

〔註133〕班固撰《漢書》卷五十六，《董仲舒傳》，北京：中華書局1962年版，第2516頁。

〔註134〕蘇輿撰，鍾哲點校《春秋繁露義證》卷十二，《基義》，北京：中華書局1992年版，第351～352頁。

〔註135〕蘇輿撰，鍾哲點校《春秋繁露義證》卷十一，《天辨在人》，北京：中華書局1992年版，第332～333頁。

〔註136〕蘇輿撰，鍾哲點校《春秋繁露義證》卷十一，《陽尊陰卑》，北京：中華書局1992年版，第327～328頁。

〔註137〕班固撰《漢書》卷五十六，《董仲舒傳》，北京：中華書局1962年版，第2502頁。

　　邢德之間除了具有「德爲主刑爲輔」的關係之外，董仲舒還認爲，德教與刑罰是相輔相成的，所以，君王在治理國家時需綜合運用。其言：「春修仁而求善」即春季需修仁；「秋修義而求惡」即夏季需修寬；「冬修刑而致清」即秋季需修義；「夏修德而致寬」即冬季需修刑。可見，邢德猶如四時的運轉一樣，相輔相成。除此之外，董仲舒還認爲「然而方求善之時，見惡而不釋。」即在求善的時候，見惡也不能放過它。「方求惡之時，見善亦立行。」即在求惡的時候，見善也要力行。可見，邢德需要綜合運用，缺一不可。〔註138〕

　　「任德遠刑」也好，「邢德兼舉」也罷，董仲舒認爲，君王在利用「邢德」治理國家的時候，最重要的是要「天人之道兼舉」即將天道的法則與人道的法則綜合運用，而且，還要「執其中。」〔註139〕即不能過度的實行德政，也不能過度的任用刑罰，要找到適中的契合點。

　　最後，君王要選賢任賢，董仲舒認爲能否任用賢人，對於國家的發展至關重要。其言：

　　　　治身者以積精爲寶，治國者以積賢爲道。〔註140〕

　　　　賢積於其主，則上下相制使。……上下相制使，則百官各得其所。然後國可得而守也。〔註141〕

　　　　夫欲爲尊者在於任賢……備股肱則君尊嚴而國安。〔註142〕

　　　　以所任賢，謂之主尊國安。〔註143〕

　　董仲舒又對如何選賢進行了論述，董仲舒認爲，要在太學之中「置明師，以養天下之士，數考問以盡其材。」只有這樣才能「英俊宜可得矣。」〔註144〕

〔註138〕蘇輿撰，鍾哲點校《春秋繁露義證》卷十七，《如天之爲》，北京：中華書局1992年版，第464頁。

〔註139〕蘇輿撰，鍾哲點校《春秋繁露義證》卷十七，《如天之爲》，北京：中華書局1992年版，第464頁。

〔註140〕蘇輿撰，鍾哲點校《春秋繁露義證》卷七，《通國身》，北京：中華書局1992年版，第182頁。

〔註141〕蘇輿撰，鍾哲點校《春秋繁露義證》卷七，《通國身》，北京：中華書局1992年版，第182頁。

〔註142〕蘇輿撰，鍾哲點校《春秋繁露義證》卷六，《立元神》，北京：中華書局1992年版，第170頁。

〔註143〕蘇輿撰，鍾哲點校《春秋繁露義證》卷三，《精華》，北京：中華書局1992年版，第97頁。

〔註144〕班固撰《漢書》卷五十六，《董仲舒傳》，北京：中華書局1962年版，第2512頁。

可見，董仲舒要求君王興太學，置明師，養士以求賢。董仲舒選賢的另一策略就是，命令地方的諸侯、州郡官員向中央推舉茂才孝廉之士。〔註145〕

董仲舒進而又對如何使用賢才進行了論述。首先，君王要禮賢下士，誠以待人。董仲舒認爲，君王要想納賢就必須「謙其身」、「盡卑謙」，只有如此，才能「置賢」、「致賢」。〔註146〕

其次，董仲舒認爲「聖人所以強者，非一賢之德也。」即君王需要對各種賢才綜合任用。而且需要「眾其賢而同其心。」即賢士們同其心、協其力。只有如此，才能「天積眾精以自剛，聖人積眾賢以自強。」即國家得以大治。〔註147〕

最後，君王在任用賢才時，要依據賢才的能力量體裁衣，各盡其用。董仲舒言：

> 量材而授官，錄德而定位。〔註148〕

> 故小材雖累日，不離於小官；賢才雖未久，不害爲輔佐。〔註149〕

董仲舒還言：

> 知之不能任，大者以死亡，小者以亂危，其若是何邪？〔註150〕

可見，君王如果不能各盡其才，國家就會出現混亂的局面。

就君王取法於天的最終目標而言，董仲舒言：「陰陽調而風雨時」即天下風調雨順；「群生和而萬民殖，五穀熟而草木茂，天地之間被潤澤而大豐美。」即物產豐美，百姓安居樂業；「四海之內聞盛德而皆來臣」即四海臣服；「諸

〔註145〕董仲舒向漢武帝諫言曰：「臣愚以爲使諸列侯、郡守、二千石各擇其吏民之賢者，歲貢各二人以給宿衛，且以觀大臣之能；所貢賢者有賞，所貢不肖者有罰。夫如是，諸侯、吏二千石皆盡心於求賢，天下之士可得而官使也。遍得天下之賢人，則三王之盛易爲，而堯舜之名可及也。」詳見：班固撰《漢書》卷五十六，《董仲舒傳》，中華書局 1962 年版，第 2513 頁。

〔註146〕蘇輿撰，鍾哲點校《春秋繁露義證》卷七，《通國身》，北京：中華書局 1992 年版，第 182 頁。

〔註147〕蘇輿撰，鍾哲點校《春秋繁露義證》卷六，《立元神》，北京：中華書局 1992 年版，第 170～171 頁。

〔註148〕班固撰《漢書》卷五十六，《董仲舒傳》，北京：中華書局 1962 年版，第 2513 頁。

〔註149〕班固撰《漢書》卷五十六，《董仲舒傳》，北京：中華書局 1962 年版，第 2512～2513 頁。

〔註150〕蘇輿撰，鍾哲點校《春秋繁露義證》卷三，《精華》，北京：中華書局 1992 年版，第 98 頁。

福之物，可致之祥，莫不畢至」即祥瑞遍佈寰宇；只有如此，才能稱的上「王道終矣。」〔註151〕

可見，董仲舒所嚮往的終極王道，是將儒家的仁政理念運用到現實的政治當中去，進而鞏固和發展西漢王朝的大一統政權。

最後，儒家傳統的倫理道德思想、經世致用理論與五德終始說中的「自然天論」思想爲董仲舒構建道德之天提供了必要的理論支持。

有的學者認爲，董仲舒「天」的哲學是把「鄒衍的宗教思想和儒家的庸俗哲學混合起來，使統治者的德治主義取得了神學的證明。〔註152〕」雖然，這一論斷看到了董仲舒思想中「神道設教」的一面，但卻忽視了對「五德終始說」中天的自然屬性的認識。在鄒氏的「五德終始說〔註153〕」中，天是通過自然界的「大螾大螻」、「草木」、「金刃」、「赤鳥」等來傳達意志的。「簡單地說，鄒衍設定了自然界的水、土、木（蔬荣）、金、火與人類歷史發展之間所對應的契合關係。每一元素在克服其先行者之後，就贏得了一次『優勢』。這一理論顯然依據的是諸如水滅火，火融化金屬之類普遍的自然現象。〔註154〕」所以，有的學者認爲：「董仲舒以四時、陰陽等自然現象說天，明顯是受鄒衍學說的影響，因爲在先秦諸子中，祇有鄒衍曾據氣候的反覆變化說明各種物質之生滅循環，作爲定理，並用以解釋宇宙及人生諸現象。〔註155〕」

可見，董仲舒確實借鑒了鄒氏五德終始說中的「自然天論」理論，並在此基礎上對「陰陽觀念」與「五行觀念」進行了倫理化的處理，「進而把陰陽自然天道的法則轉化爲人事的應用規約性原則。〔註156〕」

董仲舒認爲五行之間存在著「受」與「被受」的關係，「木受水」、「火受木」、「土受火」、「金受土」、「水受金」，而且，董仲舒還認爲「諸授之者，皆其父也；受之者，皆其子也。」可見，董仲舒將五行之間的關係曲解附會成了父子關係，不僅如此，董仲舒還認爲「故五行者，乃孝子忠臣之行也。」

〔註151〕班固撰《漢書》卷五十六，《董仲舒傳》，北京：中華書局1962年版，第2503頁。

〔註152〕於首奎著《兩漢哲學新探》，成都：四川人民出版社1988年版，第119頁。

〔註153〕關於「五德終始說」的具體內容，詳見：本書第60～66頁。

〔註154〕【美國】本傑明・史華慈著，程鋼譯，劉東校《古代中國的思想世界》，南京：江蘇人民出版社2007年版，第354頁。

〔註155〕韋政通著《董仲舒》，臺北：東大圖書股份有限公司中華民國75年版，第68～69頁。

〔註156〕孫長祥《董仲舒哲學與公羊春秋》，載《哲學與文化》（臺灣）2003年第9期。

可見，董仲舒又將忠孝的倫理道德比附於五行。〔註157〕

而且，董仲舒還把禮、義、仁、智、信強加於五行。其言：

> 東方者木，農之本，司農尚仁，……南方者火也，本朝。司馬
> 尚智，……中央者土，君官也。司營尚信，……西方者金，大理司
> 徒也。司徒尚義，……北方者水，執法司寇也。司寇尚禮。〔註158〕

這樣以來，五行觀念就和「五常」結合到了一起，而被徹底倫理化了。陰、陽原本是自然界的兩種現象，而董仲舒卻對其進行了倫理化的處理，其言：「物隨陽而出入，數隨陽而始終，三王之正隨陽而更起。」即陽可以養長萬物，所以「貴陽而賤陰也。」〔註159〕

這樣以來，陰陽之間就形成了陽貴陰賤的等級觀念。董仲舒又進一步將陰陽觀念比附於人倫。其言：

> 天爲君而覆露之，地爲臣而持載之；陽爲夫而生之；陰爲婦而
> 助之；春爲父而生之，夏爲子而養之；……王道之三綱，可求於天。
> 〔註160〕

這裡君臣被視爲是天與地之間的關係，夫婦被視爲是陽與陰之間的關係，父子被視爲是四季之間的關係，而天地關係和四季關係又同屬於陰陽關係的範疇。所以，董仲舒言：

> 君臣、父子、夫婦之義，皆取諸陰陽之道。君爲陽，臣爲陰；
> 父爲陽，子爲陰；夫爲陽，妻爲陰。〔註161〕

可見，董仲舒又將陰陽觀念與「三綱」結合到了一起，通過對「陰陽觀念」、「五行觀念」倫理化的處理，董仲舒使陰陽、五行成爲了君王取法道德之天的重要媒介。

除此之外，董仲舒還通過對儒家倫理道德思想的借鑒，使「天」與「君

〔註157〕蘇輿撰，鍾哲點校《春秋繁露義證》卷十一，《五行之義》，北京：中華書局
1992 年版，第 321 頁。
〔註158〕蘇輿撰，鍾哲點校《春秋繁露義證》卷十三，《五行相生》，北京：中華書局
1992 年版，第 362～365 頁。
〔註159〕蘇輿撰，鍾哲點校《春秋繁露義證》卷十一，《陽尊陰卑》，北京：中華書局
1992 年版，第 324 頁。
〔註160〕蘇輿撰，鍾哲點校《春秋繁露義證》卷十二，《基義》，北京：中華書局 1992
年版，第 351 頁。
〔註161〕蘇輿撰，鍾哲點校《春秋繁露義證》卷十二，《基義》，北京：中華書局 1992
年版，第 350 頁。

王」具有了血緣上的關係，「君王必須對『天父』盡孝道，必須對『天父』負責。〔註162〕」這樣以來，君王對「天」的取法就得到了倫理上的支持。董仲舒言：

> 受命之君，天意之所予也。故號爲天子者，宜視天如父，事天以孝道也。〔註163〕

> 人之爲人本於天，天亦人之曾祖父也。〔註164〕

可見，「董仲舒把天與天子的關係父子化，顯然是企圖在倫理的意義上，重新恢復天的權威，以強化法天的效果。〔註165〕」

董仲舒對道德之天的構建意在通過君王對天的德治理想的取法，使儒家的仁政思想貫徹到具體治國當中，進而解決相關的社會問題、政治問題。這種經世致用的觀念，顯然是受到了傳統儒家思想的影響。

孔子言：

> 其人存，則其政舉；其人亡，則其政息。……故爲政在人，取人以身，修身以道，修道以仁。〔註166〕

孔子認識到，政治目標的實現要依靠對現實政治有高度使命感的賢人。而孔子對這種賢人有什麼要求呢？他在回答魯國貴族季康子的問題時言：

> 子爲政，焉用殺？子欲善而民善矣。君子之德風，人小之德草，草上之風，必偃。〔註167〕

可見，孔子認爲執政者要道德高尚。在孔子的教育培養下，他的弟子大都「散游諸侯，大者爲卿相師傅，小者友教士大夫〔註168〕」。孟子同樣認爲：「如欲平治天下，當今之世，舍我其誰也？〔註169〕」

〔註162〕金耀基著《中國民本思想史》，臺北：臺灣商務印書館民國 82 年版，第 106 頁。

〔註163〕蘇輿撰，鍾哲點校《春秋繁露義證》卷十，《深察名號》，北京：中華書局 1992 年版，第 286 頁。

〔註164〕蘇輿撰，鍾哲點校《春秋繁露義證》卷十一，《爲人者天》，北京：中華書局 1992 年版，第 318 頁。

〔註165〕韋政通著《董仲舒》，臺北：東大圖書股份有限公司中華民國 75 年版，第 96 頁。

〔註166〕朱熹撰《四書章句集注》，《中庸章句》，北京：中華書局 1983 年版，第 28 頁。

〔註167〕楊伯峻撰《論語譯注》，《顏淵》，北京：中華書局 2009 年版，第 127 頁。

〔註168〕班固撰《漢書》卷八十八，《儒林傳》，北京：中華書局 1962 年版，第 3591 頁。

〔註169〕楊伯峻撰《孟子譯注》卷四，《公孫丑下》，北京：中華書局 2010 年版，第

可見，「董仲舒的儒學體系同他之前的儒家思想一樣，有著明顯的經世致用的傳統，直接與現實政治密切相連，並爲現實政治服務。〔註170〕」

四、道德之天與仁政

那麼，董仲舒所構建的道德之天究竟包含哪些具體的仁政思想呢？

首先，減輕對農民的盤剝，董仲舒言：「薄賦斂，省徭役，以寬民力。然後可善治也。〔註171〕」其主張「鹽鐵皆歸於民〔註172〕」，不與民爭利。

其次，反對土地兼併，董仲舒指出，由於農民失去土地，「或耕豪民之田，見稅什五。故貧民常衣牛馬之衣，而食犬彘之食〔註173〕」。所以，其主張官僚、貴族「不與民爭業，然後利可均布，而民可家足〔註174〕」。而且，董仲舒還認爲，需要限制權貴大賈土地的佔有量，把多餘的土地分配給不足者，其言：

> 古井田法雖難卒行，宜少近古，限民名田，以澹不足，塞併兼之路。〔註175〕

最後，要求解放奴婢，董仲舒指出官僚、貴族「身寵而載高位，家溫而食厚祿，因乘富貴之資力」、「眾其奴婢，多其牛羊，廣其田宅，博其產業，畜其積委，務此而亡已，以迫蹙民，民日削月朘，浸以大窮。〔註176〕」進而要求「去奴婢，除專殺之威。〔註177〕」可見，董仲舒「天」的哲學所體現出來的仁政思想著眼於社會現實，意在通過「保證百姓的基本生產資料，提供百姓發展生產的基本條件〔註178〕」來解決當時社會的政治、經濟問題，這種

---

100 頁。

〔註170〕王永祥著《董仲舒評傳》，南京：南京大學出版社 1995 年版，第 343 頁。

〔註171〕班固撰《漢書》卷二十四，《食貨志上》，北京：中華書局 1962 年版，第 1137 頁。

〔註172〕班固撰《漢書》卷二十四，《食貨志上》，北京：中華書局 1962 年版，第 1137 頁。

〔註173〕班固撰《漢書》卷二十四，《食貨志上》，北京：中華書局 1962 年版，第 1137 頁。

〔註174〕班固撰《漢書》卷五十六，《董仲舒傳》，北京：中華書局 1962 年版，第 2521 頁。

〔註175〕班固撰《漢書》卷二十四，《食貨志上》，北京：中華書局 1962 年版，第 1137 頁。

〔註176〕班固撰《漢書》卷五十六，《董仲舒傳》，北京：中華書局 1962 年版，第 2520 ～2521 頁。

〔註177〕班固撰《漢書》卷二十四，《食貨志上》，北京：中華書局 1962 年版，第 1137 頁。

〔註178〕張豈之主編：《中國思想學説史》（秦漢卷），桂林：廣西師範大學出版社 2008

經世致用的思想是儒家所固有的，並被董仲舒賦予了新的時代意義。

3.1.4 董仲舒道德之天的意義

董仲舒言：

> 《春秋》之道，大得之則以王，小得之則以霸。故曾子、子石
> 盛美齊侯安諸侯，尊天子。霸王之道，皆本於仁。〔註179〕

可見，「董仲舒通過對《春秋》和秦王朝治世經驗的分析與總結，以解決西漢王朝的諸多社會問題、政治問題為出發點，將儒家的「仁德」思想作為了自身思想學說的核心內容，並力圖將「仁德」之政布施於天下。〔註180〕」而「道德之天」則是董仲舒推行「仁政」的重要手段。如果說，「孔、孟是把道德的根源建立在人的心性上，那麼，董仲舒則將其依託於天。〔註181〕」董仲舒希望通過對「道德之天」〔註182〕的設置與推崇來促使君王取法道德之天的仁德之政，提倡儒家的仁、義、禮、樂，「並要求君王任德不任刑、博愛無私、使天下財富均有〔註183〕」，力圖緩解當時西漢社會存在的政治、經濟矛盾。儒學一直試圖將自身所主張的道德律令上昇為天的道德律令，並希望通過天的權威來使這種以「仁德」為核心的道德律令成為自然與社會共同遵行的法則，而董仲舒對「道德之天」的構建，正是儒學「以天律人」的重要嘗試，儘管，董仲舒所言的「道德之天」還具有些許神學意味，儒學的道德律令也沒有倡發於世，但是，董仲舒為「以德配天」在專制社會中的發展，提供理論依據與實踐經驗，並對後世的儒者產生了較大的影響。所以，「董仲舒『天』

年版，第 316 頁。

〔註179〕蘇輿撰，鍾哲點校《春秋繁露義證》卷六，《俞序》，北京：中華書局 1992年版，第 161 頁。

〔註180〕金春峰著《漢代思想史·序》，北京：中國社會科學出版社 2006 年版，第 130頁。

〔註181〕韋政通著《董仲舒》，臺北：東大圖書股份有限公司中華民國 75 年版，第 146頁。

〔註182〕有的學者認為：「董仲舒的道德之天，並沒有完全擺脫神靈之天的束縛。要完全擺脫這種束縛，實現由神靈的天到道德義理之天的完全轉變，歷史表明，需要經歷一個漫長的過程。這個過程在我國是到兩宋時才完成的。所以，董仲舒思想的上述矛盾，歷史地看正是由先秦到兩宋的儒家唯心主義發展過程中，作為承前啟後的一個環節產物。」詳見：金春峰著《漢代思想史·序》，中國社會科學出版社 2006 年版，第 130 頁。

〔註183〕羅光著《中國哲學思想史》（兩漢、南北朝篇），臺北：臺灣學生書局中華民國 67 年版，第 167～168 頁。

的哲學體系不僅成爲了漢代的主導思想，其還成爲了儒學的重要組成部分，影響了中國兩千年之久。〔註 184〕」

3.2 董仲舒的天人感應理論

「儒學發展到漢代初年，則與陰陽家發生了結合的關係，（陰陽家的學說思想，與儒家經典中的《周易》、《春秋》和《書經》的《洪範》相通。）因之，由人道思想又回頭折返天道思想，而鄒衍天人相與的思想遂成西京之顯學。董仲舒適逢其會，涵濡闡揚，成爲諸儒之巨擘，而『天人相與』的思想遂作爲他哲學體系的大間架。〔註 185〕」可見，董仲舒受到了鄒衍「天人相與」思想的影響，並結合西漢時期的社會和政治狀況，進而構建起了具有時代特色的「天人感應」理論。董氏的「天人感應」理論〔註 186〕是一種以儒家人文精神爲基礎的，以神學思想作爲依託的，以西漢的社會現實作爲出發點的，新型的天人學說。該理論認爲：「天主宰人類社會，天人之間存在著一種神秘的聯繫，天能干預人事，而人的行爲也能感動天。自然界的各種災異、祥瑞現象代表了上天對人們的譴責和嘉獎。人的行爲，特別是帝王的作爲能夠對天產生巨大的影響，災異的起因源於上天對君王暴政的譴責。〔註 187〕」

〔註 184〕周桂鈿著《秦漢思想史》，石家莊：河北人民出版社 2000 年版，第 225 頁。
〔註 185〕金耀基著《中國民本思想史》，臺北：臺灣商務印書館民國 82 年版，第 105 頁。
〔註 186〕《漢書·董仲舒傳》所載的《天人三策》，是董仲舒回答漢武帝策問時的語錄彙編。漢武帝的策問都是從國家的現實問題出發，第一問是「三代受命，其符安在？災異之變，何緣而起？」第二問是「夫帝王之道，豈不同條共貫與？何逸勞之殊也？」第三問是「垂問乎天人之應」，「夫三王之教所祖不同，而皆有失，或謂久而不易者道也，意豈異哉？」詳見：班固撰《漢書》卷五十六，《董仲舒傳》，中華書局 1962 年版，第 2496～2513 頁。有的學者認爲：「董仲舒將『天人感應』理論貫穿到策問當中，對通過五行媒介發揮作用的天、地、人三界的一元性質作了新的強調，並以解決西漢社會的政治、經濟問題爲最終目的。」詳見：【英國】崔瑞德、【英國】魯惟一著，楊品泉、張書生等譯《劍橋中國秦漢史》，中國社會科學出版社 1995 年版，第 758～759 頁。
〔註 187〕詳見：宇野精一主編，洪順隆譯《中國思想之研究——儒家思想》，幼獅文化事業公司中華民國 68 年版，第 120 頁。【英國】崔瑞德、【英國】魯惟一著，楊品泉、張書生等譯《劍橋中國秦漢史》，中國社會科學出版社 1995 年版，第 759 頁。

董仲舒言：

> 凡災異之本，盡生於國家之失。〔註188〕

可見，董仲舒認爲，當人事特別是帝王的行爲不符合上天要求時，就會產生各種災異現象。但如果帝王及時改正自己的行爲，災異現象就會消失。董仲舒言：

> 五行變至，當救之以德，施之天下，則咎除。〔註189〕

如何在專制體制下發揮儒學的政治批判功能，成爲了儒學在西漢發展時，所遇到的一個現實問題。〔註190〕而董仲舒的「天人感應」理論，通過對君主行爲和施政的規範，進而來發揮儒學對朝政的批判作用，「以適應專制的大一統政權發展的需要。〔註191〕」並且，「董仲舒開創的漢儒災異之說，是漢代政治和文化思想的重要內容。〔註192〕」

3.2.1 天人感應理論與五德終始說

「在先秦時代，儒、道、法三家互相競爭也互相排斥，經秦、漢之際的大混合之後，（董）仲舒更進一步想憑藉最具容攝性的陰陽家的觀點鎔鑄各家，藉以脫出儒、法理想主義和現實主義難以調適的困境。〔註193〕」可見，董仲舒的確與陰陽家有著莫大的關係。〔註194〕羅伯特・克雷默認爲：「鄒衍學說對董仲舒思想的影響是顯而易見的。〔註195〕」梁啓超則認爲：「鄒衍書及其

〔註188〕蘇輿撰，鍾哲點校《春秋繁露義證》卷八，《必仁且智》，北京：中華書局1992年版，第259頁。

〔註189〕蘇輿撰，鍾哲點校《春秋繁露義證》卷十四，《五行變救》，北京：中華書局1992年版，第385頁。

〔註190〕韋政通著《董仲舒》，臺北：東大圖書股份有限公司中華民國75年版，第233頁。

〔註191〕王永祥著《董仲舒評傳》，南京：南京大學出版社1995年版，第82頁。

〔註192〕徐興無著《劉向評傳》，南京：南京大學出版社2005年版，第291頁。

〔註193〕韋政通著《董仲舒》，臺北：東大圖書股份有限公司中華民國75年版，第32頁。

〔註194〕學術界對於董仲舒是否借鑒過陰陽家的思想，存在爭議。何乃川認爲：「董仲舒對陰陽的運用，論述，其主幹應該說是繼承儒家《周易》的學說來展開的。」詳見：《董仲舒的元始陰陽觀》，載《中國哲學史》2004年第3期。龔鵬程則認爲：「在西漢儒學並沒有被陰陽家的思想所同化，其所出現的儒家陰陽化的發展趨勢只是儒家自身陰陽說、五德說發展的結果。」詳見：《漢代思想・漢代哲學的定位》，商務印書館2005年版，第4～5頁。

〔註195〕【英國】崔瑞德、【英國】魯惟一著，楊品泉、張書生等譯《劍橋中國秦漢史》，北京：中國社會科學出版社1995年版，第809頁。

他諸書皆不可見，可見者有董仲舒之《春秋繁露》。仲舒二千年來受醇儒之徽號，然其書祖述陰陽家言者幾居半。〔註196〕」顧頡剛認為：「董仲舒是提倡儒術的，是請漢武帝罷斥百家的，按理，他的書裏總應當全是儒家的話了。可是，翻開他的書來，滿紙是陰陽五行之說。要是依了司馬談論六家要指的話，把陰陽和儒分成兩家，那麼，還是請他到陰陽家的隊裏去的好。〔註197〕」祝瑞開也認為：「董仲舒鑒於他那時代階級矛盾的激化，繼承了這一社會思潮。他代表中小地主、富裕農民的利益和願望，以儒家思想為指導，揉合陰陽、道、法等各家思想提出了較鄒衍、《呂氏春秋》更為發展的唯心主義—神學的理論體系。〔註198〕」李澤厚認為：「董仲舒將儒家的精神灌注到了陰陽家的宇宙系統當中。〔註199〕」侯外廬則指出：鄒衍的陰陽五行思想是儒家「思孟學派到董仲舒之流的陰陽儒家的中間環節。〔註200〕」孫開泰認為：「董仲舒借用了鄒衍的陰陽五行學說的框架來建立起他的以儒學為主體的兼容諸子各家思想的新儒學體系。〔註201〕」馮樹勳認為：「在現存的《春秋繁露》中，與陰陽五行有關的篇幅，約為整體篇幅的 45%，佔有如此重要的比率，故陰陽五行不能不視作是董生關注的理論系統。〔註202〕」可見，董仲舒的確對陰陽五行思想進行了借鑒與吸收。

董仲舒為什麼會受到陰陽五行學說的影響？就宏觀範圍而言：因為，「陰陽五行的宇宙模式具有極寬的寬廣性，在每一系統的相應性上含有無限的比附性的可能。〔註203〕」所以，陰陽五行學說就附著於儒家經典，並獲得了發展。首先，「陰陽五行觀念通過《易經》侵入儒學；其次，漢儒解《書》經及《春秋》經者，也受陰陽五行說影響；最後，陰陽五行說通過讖緯滲透到儒

〔註196〕梁啓超《陰陽五行說之來歷》，載顧頡剛主編《古史辨第》（五冊），上海：上海古籍出版社 1982 年版，第 358～359 頁。

〔註197〕顧頡剛著《中國上古史研究講義》，北京：中華書局 2009 年版，第 115 頁。

〔註198〕祝瑞開著《兩漢思想史》，上海：上海古籍出版社 1989 年版，第 112 頁。

〔註199〕李澤厚著《中國古代思想史論》，天津：天津社會科學院出版社 2004 年版，第 146 頁。

〔註200〕侯外廬主編《中國思想通史》（第一卷），北京：人民出版社 1957 年版，第 557 頁。

〔註201〕孫開泰著《鄒衍與陰陽五行》，濟南：山東文藝出版社 2004 年版，第 136 頁。

〔註202〕馮樹勳《陰陽五行的階位秩序～董仲舒的天人哲學觀》，載《臺大文史哲學報》第 70 期。

〔註203〕侯外廬主編《中國思想通史》（第二卷），北京：人民出版社 1957 年版，第 103 頁。

學中去。〔註204〕」可見，「漢代的陰陽五行觀念已經彌漫於整個儒家經典之中。
〔註205〕」而且，鄒衍的陰陽五行學說「是漢代學術思想的骨幹，它用陰陽來
統轄天地、晝夜、男女、尊卑、動靜、剛柔……等。又以木、火、土、金、
水五行，來代表時令、方向、神靈、音律、服色……等。〔註206〕」不僅如此，
「陰陽家與儒家在秦漢之際這一時期，可以說早已合流了。董的哲學以陰陽
五行爲基礎，是由這些情況決定的。〔註207〕」除此之外，西漢時期自然災害
頻繁，「除了王莽時期，共發生水災 35 次，旱災 39 次，地震 37 次，雪霜凍
災 24 次。〔註208〕」這就爲用陰陽災異學說來解釋儒家經典，提供了必要的客
觀條件。

　　就微觀的具體內容而言：陰陽家的「氣化宇宙觀」在陰陽二氣的氣化流
動、天人之間以氣爲媒介的互動關係等方面對董仲舒「天人感應」理論產生
了一定的影響。〔註209〕就最終目的而言：「董仲舒思想的中心是在政治，是
要以陰陽之說，把西漢所繼承的法家尚刑的政治，轉變爲儒家尚德的思想。
〔註210〕」所以說，「漢武帝興學之後，鄒衍的陰陽五行思想被引進官學之中，
成爲了解釋儒書的思想律。〔註211〕」

　　那麼，董仲舒所借鑒的陰陽家的最主要觀點是什麼呢？金春峰認爲：「戰
國後期，天人關係，盛行的是陰陽家的陰陽五行、天人感應與鄒衍的終始五
德思想。在《呂氏春秋》的『十二紀』中，它與人君的起居飲食及施政及人
們的生產生活及祭祀民俗結爲一體，而以神秘的天人感應爲核心。秦朝的統
治者信奉這一學說，漢代的統治者也信奉這一學說。〔註212〕」可見，以「五

〔註204〕勞思光著《新編中國哲學史》（第二卷），桂林：廣西師範大學出版社 2005
　　　　年版，第 19～21 頁。
〔註205〕余英時著《士與中國文化》，上海：上海人民出版社 1987 年版，第 197 頁。
〔註206〕李威熊著《董仲舒與西漢學術》，臺北：文史哲出版社民國 67 年版，第 45
　　　　頁。
〔註207〕金春峰著《漢代思想史‧序》，北京：中國社會科學出版社 2006 年版，第 4
　　　　頁。
〔註208〕陳業新《災害與兩漢社會研究》，華中師範大學 2001 年博士論文，第 158 頁。
〔註209〕孫長祥《董仲舒哲學與公羊春秋》，載《哲學與文化》（臺灣）2003 年第 9 期。
〔註210〕徐復觀《陰陽五行及其有關文獻的研究》，載徐復觀著《中國思想史論集續
　　　　編》，上海：上海書店出版社 2005 年版，第 39 頁。
〔註211〕王夢鷗著《鄒衍遺說考》，臺北：商務印書館中華民國 55 年版，第 48～49
　　　　頁。
〔註212〕金春峰著《漢代思想史‧序》，北京：中國社會科學出版社 2006 年版，第 4 頁。

德終始說」爲代表的陰陽五行學說在秦與漢初產生了較大的影響，而董仲舒的學說也受到了它的影響。張岢之教授就認爲：「董仲舒作爲西漢時期儒學的代表人物，其思想更多是孔子後學之一的思孟學派與陰陽家思想的相互匯合。他擷取了思孟學派的『天人合一』的天命說，以及陰陽家的神學觀和『五德終始說』〔註213〕」。徐復觀也認爲：「董仲舒將『五德終始說』中的天命決定論，替換成了儒家的人事決定論，使儒家的人文精神滲透到了五德之說當中去。〔註214〕」卿希泰和唐大潮同樣認爲：「董仲舒把《春秋》學說完全和陰陽五行家的陰陽五德終始說的神學唯心主義相結合，將大量天象變化和超常自然現象加以全面的歪曲和神秘化爲前導，在漢王朝的支持下，混合封建宗教神學和庸俗經學而成的讖緯之學逐漸興起，並成爲兩漢之際宗教神學思想的主導。〔註215〕」可見，董仲舒主要借鑒了以鄒衍爲代表的陰陽學派的「五德終始說」、「神學理論」。

　　而作爲體現「秦漢思想主幹特色的『天人感應』理論〔註216〕」，在董仲舒的思想體系中究竟居於何位？李澤厚認爲：「董仲舒的一切說教都是圍繞著『天人關係』展開的。〔註217〕」周桂鈿認爲：「『天人之學』是董仲舒思想體系的軸心。〔註218〕」金春峰也認爲：「董仲舒思想是以『天人感應』爲內容和特徵的神秘主義目的論。〔註219〕」張岢之教授同樣認爲：「天人感應是董仲舒詮釋《春秋》的一大理論創造，也是董仲舒整個思想體系的核心。〔註220〕」可見，董仲舒思想的核心就是他的「天人感應」理論。〔註221〕

　　韋政通則認爲：「董仲舒的思想體系，是以當時流行的陰陽五行學說，

〔註213〕張岢之《眞孔子和假孔子》，載《西北大學學報（哲學社會科學版）》1978年第4期。

〔註214〕徐復觀《儒家對中國歷史運命掙扎之一例》，載徐復觀著《中國思想史論集》，上海：上海書店出版社2004年版，第274頁。

〔註215〕卿希泰、唐大潮著《道教史》，北京：中國社會科學出版社1994年版，第12頁。

〔註216〕李澤厚著《中國古代思想史論》，天津：天津社會科學院出版社2004年版，第146頁。

〔註217〕李澤厚著《中國古代思想史論》，天津：天津社會科學院出版社2004年版，第146頁。

〔註218〕周桂鈿著《秦漢思想史》，石家莊：河北人民出版社2000年版，第5頁。

〔註219〕金春峰著《漢代思想史·序》，北京：中國社會科學出版社2006年版，第122頁。

〔註220〕張岢之主編《中國思想學說史》（秦漢卷），桂林：廣西師範大學出版社2008年版，第322頁。

〔註221〕周桂鈿：《秦漢思想史》，石家莊：河北人民出版社2000年版，第154頁。

作爲基本的架構，建立一個以天爲中心，以天人感應爲其特色的天人關係論，然後根據這套理論，對先秦儒家的人性、倫理、政治等問題，重新加以解釋，並賦予新義。〔註222〕」可見，在董仲舒的「天人感應」理論，充分的借鑒了陰陽五行學說，而其借鑒的主要內容仍然是陰陽學派的「五德終始說」。魯惟一認爲：「董仲舒把上天的權威和五德循環的韻律聯繫在一起，進而形成了『天人感應』理論。〔註223〕」韋政通認爲：「董仲舒的災異感應說與《呂氏春秋・應同》所載的鄒衍學說有淵源上的關係。〔註224〕」「仲舒在《公羊春秋》的基礎上，所以能發展出一套天人感應的思想系統，主要是由於他承藉了極具繁衍性的陰陽家的思想。」〔註225〕徐復觀也認爲：「董仲舒是將《洪範》中自然之五行與鄒衍『五德之說』中之五行相雜糅，進而言災異的第一人。〔註226〕」步近智則明確指出：「董仲舒的『天人感應』理論，是以五德終始說爲基礎的。〔註227〕」

但是，董仲舒不僅僅只是借鑒了「五德終始說」，他還擴充和強調了祥瑞和災異的重要性〔註228〕，而且，其還對五德之說進行了儒學化的處理，將五德終始說「以吉凶禍福爲內容的天人感應，轉變爲以人爲中心的道德目的論和人文主義思想。〔註229〕」使得「他的天人感應說較比鄒衍的五德終始說前進了一步，更嚴密了一點。〔註230〕」這樣以來，就爲「儒家的仁政學說提供了神學的依據。〔註231〕」

〔註222〕韋政通著《董仲舒》，臺北：東大圖書股份有限公司中華民國75年版，第65頁。

〔註223〕【英國】崔瑞德、【英國】魯惟一著，楊品泉、張書生等譯《劍橋中國秦漢史》，北京：中國社會科學出版社1995年版，第786頁。

〔註224〕韋政通著《董仲舒》，臺北：東大圖書股份有限公司中華民國75年版，92頁。

〔註225〕韋政通著《董仲舒》，臺北：東大圖書股份有限公司中華民國75年版，第216頁。

〔註226〕徐復觀著《兩漢思想史》（第二卷），上海：華東師範大學出版社2001年版，第237頁。

〔註227〕步近智、張安奇著《中國學術思想史稿》，北京：中國社會科學出版社2007年版，第130頁。

〔註228〕【英國】崔瑞德、【英國】魯惟一著，楊品泉、張書生等譯《劍橋中國秦漢史》，北京：中國社會科學出版社1995年版，第784頁。

〔註229〕金春峰著《漢代思想史》，北京：中國社會科學出版社2006年版，第4頁。

〔註230〕羅光著《中國哲學思想史》（兩漢、南北朝篇），臺北：臺灣學生書局中華民國67年版，第214頁。

〔註231〕張豈之主編《中國思想學說史》（秦漢卷），桂林：廣西師範大學出版社2008

3.2.2 天人感應理論產生的時代背景及其對五德終始說的借鑒

一、天人感應理論產生的時代背景

「任何一種社會思潮和思想體系的產生都有社會歷史原因。〔註232〕」董仲舒「天人感應理論」的產生也有著極為深刻的社會歷史原因。

首先，希望對君王集權進行限制。秦朝的速亡讓董仲舒認識到了限制君權的重要性。正是由於秦始皇缺乏這種自我約束力，才會推行苛政，濫用民力，進而導致秦朝二世而亡。〔註233〕

董仲舒認識到了對君權進行限制的重要性，所以，才會把「天」建構成監督君王行為的至上神。董仲舒言：

> 春秋之法，以人隨君，以君隨天。……故屈民而伸君，屈君而伸天，春秋之大義也。〔註234〕

而董仲舒的「天人感應」理論的確對君權起到了一定的限製作用，正如錢穆所言：「陰陽據天意，《春秋》本人事，一尊天以爭，一引古以爭。非此不足以折服人主而自伸其說，非此亦不足以居高位而自安。〔註235〕」

其次，為民眾的基本生活權力提供保障。秦朝的百姓由於衣不蔽體、食不果腹，進而揭竿而起。〔註236〕可是，經歷了楚漢戰爭以後，百姓仍舊是民不聊生。〔註237〕歷史的教訓讓董仲舒逐漸意識到，如果，民眾失去了基本的

年版，第 133 頁。

〔註232〕張豈之主編《中國思想史》，西安：西北大學出版社 1993 年版，第 3 頁。

〔註233〕《史記·秦始皇本紀》載侯生與盧生之語：「始皇為人，天性剛戾自用，起諸侯，併天下，意得欲從，以為自古莫及己。專任獄吏，獄吏得親幸。博士雖七十人，特備員弗用。丞相諸大臣皆受成事，倚辨於上。上樂以刑殺為威，天下畏罪持祿，莫敢盡忠。上不聞過而日驕，下懾伏謾欺以取容。」可見，秦始皇把自己的喜好作為了施政的標準，這樣以來君王的自我約束力就顯得極為重要。詳見：司馬遷撰《史記》卷六，《秦始皇本紀》，中華書局 1959 年版，第 258 頁。

〔註234〕蘇輿撰，鍾哲點校《春秋繁露義證》卷一，《玉杯》，北京：中華書局 1992 年版，第 31～32 頁。

〔註235〕錢穆著《兩漢經學今古文評議》，北京：商務印書館 2001 年版，第 222 頁。

〔註236〕據《漢書·食貨志上》記載：「至於始皇，遂併天下，內興功作，外攘夷狄，收泰半之賦，發閭左之戍。男子力耕不足糧餉，女子紡績不足衣服。竭天下之資財以奉其政，猶未足以贍其欲也。海內愁怨，遂用潰畔。」可見，由於始皇的暴政，致使民不聊生。詳見：班固撰《漢書》卷二十四，《食貨志上》，中華書局 1962 年版，第 1126 頁。

〔註237〕據《漢書·食貨志上》載：「漢興，接秦之敝，諸侯並起，民失作業，而大饑

生活權力，那麼，國家就會產生極爲嚴重的社會危機。所以，他才會在「天人感應理論」中把「天」塑造成了兼愛天下的主宰之神，藉以促使君王推行儒家的仁德之政。

最後，爲了維護國家的大一統政權。西漢建立初期，劉邦分封了許多同姓和異性的諸侯。高祖當政期間，就發生了臧荼、利幾、貫高、彭越、英布等人的謀反活動。文帝期間同樣發生了劉長、新垣平的謀逆活動。景帝時更是爆發了以吳王劉濞爲首的七國之亂。武帝即位以後，還相繼爆發了劉安、劉賜、劉建的謀反事件。西漢屢次出現的謀反事件，讓董仲舒認識到了加強君權的重要性，如果君權缺失就會出現「諸侯力政」、「大夫專國」、「臣弑其君」、「子弑其父」的惡果。〔註238〕

所以，董仲舒的「天人感應」理論雖然強調了「天」的仁德之性，但其同樣通過「天」加強了君王的權威性、一統性。董仲舒先是強調了「天「的權威性、神聖性。其言：

> 天者，百神之君也，王者之所最尊也。〔註239〕

董仲舒而後又認爲君王受命於天，其言：

> 唯天子受命於天，則天下受命於天子，一國則受命於君。〔註240〕

> 是故天執其道爲萬物主，君執其常爲一國主。〔註241〕

而且天下都要臣服於君王，董仲舒言：

> 海內之心懸於天子。〔註242〕

> 故受命而海內順之，猶眾星之共北辰，流水之宗滄海也。〔註243〕

饉。凡米石五千，人相食，死者過半。高祖乃令民得賣子，就食蜀漢。天下既定，民亡蓋藏，自天子不能具醇駟，而將相或乘牛車。」詳見：班固撰《漢書》卷二十四，《食貨志上》，中華書局 1962 年版，第 1127 頁。

〔註238〕蘇輿撰，鍾哲點校《春秋繁露義證》卷四，《王道》，北京：中華書局 1992 年版，第 107～108 頁。

〔註239〕輿撰，鍾哲點校《春秋繁露義證》卷十五，《郊義》，北京：中華書局 1992 年版，第 402～403 頁。

〔註240〕蘇輿撰，鍾哲點校《春秋繁露義證》卷十一，《爲人者天》，北京：中華書局 1992 年版，第 319 頁。

〔註241〕蘇輿撰，鍾哲點校《春秋繁露義證》卷十七，《天地之行》，北京：中華書局 1992 年版，第 459 頁。

〔註242〕蘇輿撰，鍾哲點校《春秋繁露義證》卷九，《奉本》，北京：中華書局 1992 年版，第 278 頁。

〔註243〕蘇輿撰，鍾哲點校《春秋繁露義證》卷九，《觀德》，北京：中華書局 1992

有天子在，諸侯不得專地，……大夫不得廢置君命。〔註244〕

這樣以來，君王就有了來自了「天」庇祐，「大一統」政權的建設就有了「神」的支持。所以說，「董仲舒的『天人感應』理論意在與漢武帝的治國政策相契合。〔註245〕」

二、天人感應學說的理論來源

除了受到深刻的社會歷史原因影響外，董仲舒之前的學者關於「天人關係」的論述則是董氏「天人感應」理論的重要思想來源，學術界對此也進行過相關的論述。〔註246〕

1、來源於孟子的相關思想。孟子所倡導的革命思想認為，一種思想以是否重視民眾作為條件，根據人的倫理性、政治性的善惡來決定天命的歸屬，這與董仲舒的思想基本上是相同的。但孟子所講的人是大眾的人（人性之善是天予之），而董仲舒「天人感應」理論中的人則主要是指君王。

2、來源於黃老學派的相關理論。黃老學派將「天」理解為「道」，而將「人」尊崇為「聖人」。黃老學派所說的「人」主要指「王」和「人君」。黃老學派對「王」如此重視，自然會影響到董仲舒的思想。

3、來源於同類感應思想。《荀子‧勸學》、《韓詩外傳》卷一、《大戴禮記‧勸學》、《莊子‧漁父》、《呂氏春秋‧精通》、《呂氏春秋‧應同》、《呂氏春秋‧

年版，第 270 頁。

〔註244〕蘇輿撰，鍾哲點校《春秋繁露義證》卷四，《王道》，北京：中華書局 1992 年版，第 113～114 頁。

〔註245〕周桂鈿著《秦漢思想史》，石家莊：河北人民出版社 2000 年版，第 13 頁。

〔註246〕學術界關於董仲舒「天人感應」理論來源的論述參看：馮友蘭著《中國哲學簡史》，新世界出版社 2004 年版，第 116～117 頁。張岱年《中國哲學中「天人合一」思想的剖析》，載《北京大學學報（哲學社會科學版）》1985 年第 1 期。池田知久《中國古代的天人相關論──董仲舒的情況》，載溝口雄三、小島毅主編，孫歌等譯《中國的思維世界》，江蘇人民出版社 2006 年版，第 56～60 頁。康少峰《董仲舒「天人感應」說及其歷史評價》，載徐衛民、劉景純主編《秦漢史論》，三秦出版社 2009 年版，第 181～182 頁。金春峰著《漢代思想史》，中國社會科學出版社 2006 年版，第 67～88 頁。王玨、胡新生《論鄒衍五德終始說的思想淵源》，載《理論學刊》2006 年第 12 期。除此之外，孫秀偉還對董仲舒「天人感應」理論的來源進行了系統的總結，其認為主要來源於「春秋學」；先秦儒、道、墨的天人關係理論；《呂氏春秋》和《淮南子》中關於天人關係的理論。詳見：《董仲舒「天人感應」論與漢代的天人問題》，陝西師範大學 2010 年博士論文，第 95～120 頁。

召類》、《淮南子・天文訓》、《淮南子・覽冥訓》、《淮南子・繆稱訓》、《淮南子・泰族訓》等中都有關於這種思想的記載，同類感應思想主要是指物與物之間的感應，既便有天與人（君王）之間的感應也是偶然現象。然而，董仲舒用擬人化得手法將先前時代看做異類的「天」與「人」看成同類，將這種思想位於天人相關論之下；並且利用這種方式，說明了天人相關思想形成的依據。

　　4、來源於時令思想。《呂氏春秋・十二紀》、《淮南子・時則訓》、《禮記・月令》等篇中都有關於這種思想的記載。該思想認為，天子的政令應該配合自然界的四季運行，如果違反這種規則，就會導致災異發生。但是，這種思想也有與董仲舒天人感應思想相牴觸的地方。1、月令思想認為，人格神的主宰者是「皇天上帝」（季夏紀、季紀紀），而災異的主導者也是「皇天上帝」，而不是「天」。2、月令思想中的「天子」在下達政令時，並不是依據（從儒教的價值觀而言的）倫理的、政治的善惡與否，而是依據是否適合自然的機械運行的節奏來確定的。

　　5、來源於《墨子》中的「天人」相關思想。墨子將「人」設定為「天子」。並認為，要想做好「天子」，就必須順從天的意志，避免天的懲罰。〔註 247〕但是，墨子認為天子所要遵循的是墨家的愛利觀，並不是董仲舒所認為的儒家倫理思想。

　　6、受傳統「天命」觀的影響。《禮記・表記》言：「夏道尊命，殷人尊神。」夏啟討伐有扈氏，認為「有扈氏威侮五行，怠棄三正，天用剿絕其命。〔註 248〕」商湯討伐夏桀時言：「有夏多罪，天命殛之。」「予畏上帝，不敢不正。」〔註 249〕武王討伐紂王時也是借「天命」行事。可見，夏商周三代的統治者均以得「天命」自居，然而改朝換代卻是不爭的事實。所以，周公言：「我不可不監於有夏，亦不可不監於有殷。〔註 250〕」經過深入思考，周公得出的結論是「天命靡常」，

〔註247〕墨子言：「今天下之士君子，皆明於天子之正天下也，而不明於天之正天子也。是故古者聖人明以此說人曰：『天子有善，天能賞之；天子有過，天能罰之。』」詳見：孫詒讓撰，孫啟治點校《墨子間詁》卷七，《天志下》，中華書局 2001 年版，第 207～208 頁。

〔註248〕皮錫瑞撰，盛冬鈴、陳抗點校《今文尚書考證》，《甘誓》，北京：中華書局 1989 年版，第 193～195 頁。

〔註249〕皮錫瑞撰，盛冬鈴、陳抗點校《今文尚書考證》，《湯誓》，北京：中華書局 1989 年版，第 198～199 頁。

〔註250〕皮錫瑞撰，盛冬鈴、陳抗點校《今文尚書考證》，《召誥》，北京：中華書局 1989 年版，第 431 頁。

只有「以德配天」、「敬天保民」，才能「永言配命，自求多福。」〔註251〕及至孔子，發展了「尊天」、「敬天」、「畏天」的思想。其言：「唯天爲大，唯堯則之。〔註252〕」其又言：「君子有三畏：畏天命，畏大人，畏聖人之言。〔註253〕」董仲舒繼承、發展並充分利用了已有的「天命」思想和「敬天」、「畏天」等觀念，將其融入到自己的「天人感應」思想體系之中。

7、受傳統的災異變化與政治得失相聯繫觀念的影響。將自然界之「災異」變化與政治得失、歷史治亂興衰緊密聯繫也是古代思想家、政治家的一種普遍觀念。《尚書》〔註254〕、《左傳》〔註255〕、《國語》〔註256〕、《墨子》〔註257〕等中有大量關於自然災異與現實政治得失相聯繫的記載，這些都爲董仲舒「天人感應」理論提供了可以借鑒的理論模式。

除此之外，一些思想家也有關於自然災異與國家政治得失相聯繫的言論。陸賈認爲天遣告的對象是聖人，其言：聖人「因天變而正其失，理其端而正其本。」〔註258〕而且，他還認爲政治的得失與天象的災異、祥瑞相對應，

〔註251〕 程俊英、蔣見元著《詩經注析》，《大雅·文王》，北京：中華書局1991年版，第746～751頁。

〔註252〕 楊伯峻撰《論語譯注》，《泰伯》，北京：中華書局2009年版，第82頁。

〔註253〕 楊伯峻撰《論語譯注》，《季氏》，北京：中華書局2009年版，第174～175頁。

〔註254〕 《尚書·洪範》九疇中的第八疇「念用庶徵」將君王的言、行、思想、容貌、政令與自然界的天象相契合，藉以說明天與人之間存在的對應關係。除此之外，《尚書》中還有很多災異與人事相比附的記載。如：據《尚書·牧誓》載：「古人有言曰：『牝雞無晨。牝雞之晨，惟家之索。』」雌雞變態打鳴，是家境衰敗的前兆。

〔註255〕 《左傳·昭公七年》載：「夏，四月甲辰朔，日有食之。晉侯問於士文伯曰：『誰將當日食？』……對曰：『不善政之謂也。國無政，不用善，則自取謫於日月之災，故政不可不慎也。』」除此之外，《左傳·昭公二十一年》、《左傳·昭公二十四年》等中都有用日食預測吉凶的記載。

〔註256〕 《國語·周語上》記載了伯陽父關於地震的認識，其認爲「陽伏而不能出，陰迫而不能蒸，於是有地震。」並以此作爲西周滅亡的徵兆，「夫國必依山川，山崩川竭，亡之徵也，若國亡，不過十年，數之紀也。夫天之所棄，不過其紀。」

〔註257〕 《墨子·天志中》載上天用「是以天之爲寒熱也節，四時調，陰陽雨露也時，五穀孰、六畜遂，疾菑戾疫凶饑則不至。」來獎勵聖王的善治。如果，君王不能善治，就會出現天下大亂的局面。如：《墨子·非攻下》載：「昔者三苗大亂，天命殛之，日妖宵出，雨血三朝，……夏冰，地坼及泉，五穀變化，民乃大振。」夏桀之時「日月不時，寒暑雜至，五穀焦死，鬼呼國，鶴鳴十夕餘」等。

〔註258〕 王利器撰《新語校注》，《思務》，北京：中華書局1986年版，第169頁。

其言：「惡政生於惡氣，惡氣生於災異。〔註259〕」賈誼也認爲：「凡治不得，應天地星辰有動，非小故也。〔註260〕」韓嬰也有類似的觀點。〔註261〕上述與政治得失、治亂興衰密切相關的帶有政治「遣告」性質的表述，成爲董仲舒「天人感應」說的重要思想來源。

三、天人感應理論對五德終始説的借鑒

上述的觀點，或從一點或從一個方面論述了「天人感應」理論的思想來源。但有一種學說，卻從整體上對董仲舒「天人感應」理論的形成產生了影響，這就是「五德終始説」。

「鄒衍提出『類同（固）相召，氣同則合，聲比則應』的感應原理，實際上開創了天人感應的先河。對董仲舒以及讖緯神學都有一定的影響。〔註262〕」「《呂氏春秋》的五德終始説，它已經把天命與災祥聯繫到了一起，並且也已有了類固相召的思想，因此可以說『天人感應』論已具雛形，並且是呼之欲出了。〔註263〕」可見，鄒衍的「五德終始説」已經具有某些「天人感應」理論的意味，而董仲舒的「天人感應」理論主要從「天與君主的對應關係」、「符應」理論、「仁義理論在天人關係中的體現」、「貴土原則」等方面借鑒並吸收了「五德終始説」的相關理論。〔註264〕

〔註259〕王利器撰《新語校注》，《明誠》，北京：中華書局1986年版，第155頁。

〔註260〕賈誼撰，閻振益、鍾夏校注《新書校注》卷四，《鑄錢》，北京：中華書局2000年版，第169頁。

〔註261〕《韓詩外傳》卷一第二十二章引趙宣子答晉靈公之語言：「夫大者天地，其次君臣，所以爲順也。今殺其君，所以反天地，逆人道也，天必加災焉。晉爲盟主而不救，天罰懼及矣。」《韓詩外傳》卷二第三十章又引《傳》曰：「國無道則飄風厲疾，暴雨折木，陰陽錯氣，夏寒冬溫，春熱秋榮，日月無光，星辰錯行，民多疾病，國多不詳，群生不壽，而五穀不等。」可見，韓嬰也認爲政事與天象變化之間存在著某種對應關係。

〔註262〕方立天著《中國古代哲學》（上），北京：中國人民大學出版社2006年版，第492頁。

〔註263〕王永祥著《董仲舒評傳》，南京：南京大學出版社1995年版，第152頁。

〔註264〕有的學者認爲：「鄒衍受道～陰陽學說的啓發和戰國『天學』成就，已經創造出了『天人感應』學說。」詳見：莊春波《環淵與道～陰陽學派的形成》，載《管子學刊》1991年第2期。有的學者則認爲：鄒衍的「五德終始説」已經具有了限制君權的意味。其言：「戰國時代『爭於氣力』的現實更膨脹了君主的權勢，在這種情況下就更沒有什麼力量來對此加以約束，於是鄒衍就只能以宗教神秘之『天』的力量來彌補這一缺陷。」詳見：秦彥士著《諸子學與先秦社會》，河北人民出版社2003年版，第95頁。而有的學者還認爲：「在鄒衍的五德終始説中，帝王是受上天監護的，監

1、天人感應理論對五德終始說「天與君主對應關係」的借鑒

就天與君主的對應關係而言，董仲舒言：

> 天之所大奉使之王者，必有非人力所能致而自至者，此受命之符也。……《書》曰「白魚入於王舟，有火復於王屋，流爲鳥」，此蓋受命之符也。〔註265〕

而且，董仲舒還列舉了楚莊王因爲「天不見災，地不見孽」，而擔心「天其將亡予邪？不說吾過，極吾罪也。」的事例，來說明君王與天象之間存在著相契合的對應關係。〔註266〕

可見，「董仲舒『天人感應』理論不是從一般人而是從爲政者的『人』的倫理性、政治性的善與惡中去尋找直接屬於『天』的各種現象的結果與原因。〔註267〕」

董仲舒言：

> 天不言，使人發其意；弗爲，使人行其中。名則聖人所發天意，不可不深觀也。〔註268〕

而董仲舒此處所言的「聖人」，同樣是指君王和帝王。〔註269〕可見，在董仲舒的「天人感應」理論中，君王是天在人世間的呼應者。而「五德終始說」同樣認爲君王是天在人世間的代言人，無論是「黃帝」、「禹」、「湯」還是「文王」都是人世間的帝王，而且，在五德終始說中「之所以會產生不協

護有兩層含義：一是君主的行爲受到上天的監督，君主的行爲如果受到上天贊許的話，上天就會示祥瑞；如果受到上天反對的話，上天就會示災異。二是君主受到上天的保護。君主受命於上天，君主的權力神聖不可侵犯。而這種帝王受到上天監護的理論，對董仲舒的『天人感應』理論影響最大。」詳見：王繼訓著《漢代諸子與經學》，陝西人民出版社2003年版，第119～120頁。

〔註265〕班固撰《漢書》卷五十六，《董仲舒傳》，北京：中華書局1962年版，第2498～2500頁。

〔註266〕蘇輿撰，鍾哲點校《春秋繁露義證》卷八，《必仁且智》，北京：中華書局1992年版，第260～261頁。

〔註267〕【日本】池田知久《中國古代的天人相關論——董仲舒的情況》，載溝口雄三、小島毅主編，孫歌等譯《中國的思維世界》，南京：江蘇人民出版社2006年版，第47頁。

〔註268〕蘇輿撰，鍾哲點校《春秋繁露義證》卷十，《深察名號》，北京：中華書局1992年版，第285頁。

〔註269〕詳見：韋政通著《董仲舒》，東大圖書股份有限公司中華民國75年版，第198頁。周桂鈿著《秦漢思想史》，河北人民出版社2000年版，第143～144頁。

調的共鳴，乃起因於出現了某種特殊的因果關係—這就是統治者。〔註270〕」
所以說，董仲舒在「天人感應」理論中將「人」設定爲帝王的做法，顯然是
受到了「五德終始說」的影響。

2、天人感應理論對五德終始說「符應」思想的借鑒

就符應現象而言，董仲舒認爲《春秋》所要求的並不是「因惡夫推災異
之象於前，然後圖安危禍亂於後者。」即出現災異以後，君王才被迫的修德、
律己。而是要「內動於心志，外見於事情，修身審己，明善心以反道者也。」
即君王要主動的按照天道的要求來規範自身的言行。〔註271〕

董仲舒又言：

> 帝王之將興也，其美祥亦先見；其將亡也，妖孽亦先見。〔註272〕

可見，在「天人感應」理論中，董仲舒認爲一個朝代將要興盛的時候，
總會出現這樣或那樣的吉兆，這同樣是借鑒了「五德終始說」的「符應」理
論。因爲「五德終始說」同樣認爲：「凡帝王者之將興也，天必先見祥乎下
民。」而且，在「黃帝之時」，出現了「大螾大螻」；在「禹之時」，出現了
「天先見草木秋冬不殺」的祥瑞；在「湯之時」，出現了「天先見金刃生於
水」的祥瑞；在「文王之時」，出現了「天先見火赤鳥銜丹書集於周社」的
祥瑞。〔註273〕

而且，「董仲舒之言人能受天命，乃由天之情、之志、之道、之德，其通
過四時之神氣之運，而見於人之前者，原爲人之耳目所接之故；則此乃是自
天在自然世界之種種表現，以知天命而受之之說；又與五德終始說之以天命，
見於自然界之祥瑞符命者，其意趣無殊。〔註274〕」「五德終始說」所言的「大
螾大螻」、「草木」、「金刃」、「赤鳥」同樣爲自然界的動物和植物。所以說，
董仲舒的「天人感應」理論和五德終始說都是把「自然」作爲君王受命於天

〔註270〕【美國】本傑明·史華慈著，程鋼譯，劉東校《古代中國的思想世界》，南京：
　　　　江蘇人民出版社 2007 年版，第 377 頁。
〔註271〕蘇輿撰，鍾哲點校《春秋繁露義證》卷六，《二端》，北京：中華書局 1992
　　　　年版，第 156 頁。
〔註272〕蘇輿撰，鍾哲點校《春秋繁露義證》卷十三，《同類相動》，北京：中華書局
　　　　1992 年版，第 358 頁。
〔註273〕許維遹撰，梁運華整理《呂氏春秋集釋》卷十三，《應同》，北京：中華書局
　　　　2009 年版，第 284 頁。
〔註274〕唐君毅《原命中：秦漢魏晉天命思想之發展》，載唐君毅著《中國哲學原論·
　　　　導論篇》，北京：中國社會科學出版社 2005 年版，第 356 頁。

的紐帶。〔註275〕

3、天人感應理論對五德終始說「仁義」思想的借鑒

就仁義理論在天人關係中的體現而言，鄒衍的思想學說是以儒家的「仁義」理論作爲基礎的。〔註276〕五德終始說在天人關係方面就體現出了儒家的「仁義」原則。鄒氏的五德之說意在通過「符應」理論要求君王修德、律己，君王如果不能實行德治，那麼，上天就會降下「災異」，如果仍舊不知悔改，那麼，按照五行相勝的原則，政權就會被其它王朝所取代。

「天人感應」理論和五德終始說一樣，也以災異現象作爲工具要求君王推行仁德之政，董仲舒認爲「凡災異之本，盡生於國家之失。」而且「國家之失乃始萌芽，而天出災害以譴告之。」如果君王不知悔改，那麼「乃見怪異以驚駭之。」如果君王仍執迷不悟，那麼「其殆咎乃至。」〔註277〕

可見，董仲舒認爲，君王如果治理不好國家，上天就會降下災異現象。君王如果能夠按照天的要求，及時的改正自己的言行和施政策略，災異現象就會消失。那麼，天對君王要求的標準又是什麼呢？董仲舒認爲「天常以愛利爲意，以養長爲事。」所以，君王要取法於天，也要「以愛利天下爲意，以安樂一世爲事。」〔註278〕

董仲舒還認爲「且天之生民，非爲王也，而天立王以爲民也。」所以，如果君王「其德足以安樂民者，天予之。」如果君王「其惡足以賊害民者，天奪之。」〔註279〕可見，如果君王能夠效法天的仁政，天就會鞏固君王的統治，反之，天就會剝奪君王統治天下的權力。

作爲儒者的董仲舒，在他的學說中自然會體現出儒家的思想傾向，但是，「注重德行操守本是儒家德治、人治主張的重要思想，而鄒衍之五德終始的思想深處，亦寓有愛民、尚德、厭戰的思想，警戒天子若荒淫無道，必招致

〔註275〕有的學者認爲：「和董仲舒的『天人感應』理論一樣，災異思想同樣是鄒衍『五德終始說』的重要組成部分。」詳見：王繼訓著《漢代諸子與經學》，陝西人民出版社2003年版，第119頁。

〔註276〕詳見：本書第69～72頁。

〔註277〕蘇輿撰，鍾哲點校《春秋繁露義證》卷八，《必仁且智》，北京：中華書局1992年版，第259頁。

〔註278〕蘇輿撰，鍾哲點校《春秋繁露義證》卷十一，《王道通三》，北京：中華書局1992年版，第330頁。

〔註279〕蘇輿撰，鍾哲點校《春秋繁露義證》卷七，《堯舜不擅移、湯武不專殺》，北京：中華書局2007年版，第1992頁。

亡國之恨，以期達成理想的政治。〔註280〕」可見，董仲舒將儒家的「仁義」理論灌注到「天人關係」當中去的做法，確實是受到了「五德終始說」的影響。

4、天人感應理論對五德終始說「貴土」思想的借鑒

就貴土原則而言，董仲舒認爲「天」是具有極高地位的至上神，其言：

> 天者，百神之君也，王者之所最尊也。……每更紀者以郊，郊祭首之，先貴之義，尊天之道也。〔註281〕

可見，董仲舒希望通過對「天」的權威性、神秘性的渲染來對君權進行必要的抑制。雖然，這一做法能夠讓君王感受到「天」對自己行爲與施政策略的監督，但是，這種監督是高高在上的，並沒有使「君王」與「天」之間產生某種必然的聯繫，上天的監督作用也就因缺乏立足點而顯得空洞了。爲了彌補這一缺陷，董仲舒使「天」與「君王」具有了血緣上的關係，董仲舒言：

> 人之爲人本於天，天亦人之曾祖父也。〔註282〕

董仲舒進而認爲，「君王」與「天」之間是父子關係，君王應該以忠孝事天。其言：

> 受命之君，天意之所予也。故號爲天子者，宜視天如父，事天以孝道也。〔註283〕

董仲舒還認爲，既然君是天之子，那麼「天子不可不祭天也，無異人之不可以不食父。」而且，君王還要「事天」如「事父」。〔註284〕

而君王以忠孝事天的理論依據，則來源於五行中的「土」。在五行當中，土的地位是最重要的，董仲舒言：

> 土居中央，爲之天潤。土者，天之股肱也。其德茂美，不可名

〔註280〕韋政通主編《中國哲學辭典大全》，北京：世界圖書出版公司 1989 年版，第476 頁。

〔註281〕蘇輿撰，鍾哲點校《春秋繁露義證》卷十五，《郊義》，北京：中華書局 1992 年版，第 402～403 頁。

〔註282〕蘇輿撰，鍾哲點校《春秋繁露義證》卷十一，《爲人者天》，北京：中華書局 1992 年版，第 318 頁。

〔註283〕蘇輿撰，鍾哲點校《春秋繁露義證》卷十，《深察名號》，北京：中華書局 1992 年版，第 286 頁。

〔註284〕蘇輿撰，鍾哲點校《春秋繁露義證》卷十五，《郊祭》，北京：中華書局 1992 年版，第 404～405 頁。

以一時之事，故五行而四時者。土兼之也。〔註285〕

土者，五行最貴者也，其義不可以加矣。〔註286〕

就「忠」的理論來源而言，董仲舒言：

地出雲爲雨，起氣爲風。風雨者，地之所爲。……故下事上，如地事天也，可謂大忠矣。〔註287〕

土地產生風雨，但土地不敢佔有這一名聲，而是將其歸於天。土地辛苦勞作，取得的功勞也要一併的歸於天。土地對上天的服侍，可謂是最大的忠誠。

就「孝」的理論來源而言，董仲舒言：

土者。火之子也。……土之於四時無所命者，不與火分功名。……忠臣之義，孝子之行，取之土。〔註288〕

土是火的兒子，但其不與火爭功績和名聲，所以，土在四季當中沒有命名的對象。忠臣的道義，孝子的行爲，都由土取得。所以，「土所表現出的忠與孝，較其他四行爲更純更篤，堪爲臣子的最高模範，……又認爲土所盡的義務，是無窮無盡的，爲其他四行所不及。這並不是來自它的特殊性能，而是來自它無限的忠。〔註289〕」而「五德終始說」同樣是以「土」爲貴的。

五德終始說認爲「水氣至而不知，數備將徙於土。」〔註290〕可見，在「五德終始說」中土德既是政權轉移的起點，又是政權轉移的最終歸宿。五德之說還認爲「黃帝之時，天先見大螾大螻，黃帝曰：『土氣勝。』」所以「其色尚黃，其事則土。」〔註291〕可見，鄒衍又將土德和黃帝政權聯繫到了一起。

〔註285〕蘇輿撰，鍾哲點校《春秋繁露義證》卷十一，《五行之義》，北京：中華書局1992年版，第322頁。

〔註286〕蘇輿撰，鍾哲點校《春秋繁露義證》卷十，《五行對》，北京：中華書局1992年版，第316頁。

〔註287〕蘇輿撰，鍾哲點校《春秋繁露義證》卷十，《五行對》，北京：中華書局1992年版，第316頁。

〔註288〕蘇輿撰，鍾哲點校《春秋繁露義證》卷十，《五行對》，北京：中華書局1992年版，第316頁。

〔註289〕徐復觀著《兩漢思想史》（第二卷），上海：華東師範大學出版社2001年版，第236頁。

〔註290〕許維遹撰，梁運華整理《呂氏春秋集釋》卷十三，《應同》，北京：中華書局2009年版，第284頁。

〔註291〕許維遹撰，梁運華整理《呂氏春秋集釋》卷十三，《應同》，北京：中華書局2009年版，第284頁。

　　土地可以滋養萬物，「土」還是黃帝政權的象徵〔註 292〕，所以，鄒衍以「土」爲貴。而董仲舒則從「上」滋養萬物的屬性中，引申出了「忠孝」的觀念。可見，董仲舒「天人感應」理論中的貴土原則，〔註 293〕同樣是借鑒了「五德終始說」中的相關理論。

　　「五德終始說」和「天人感應」理論一樣，都將儒家的倫理道德與天相聯繫，意在通過天的權威性、神聖性來促使君王推行仁德之政。但是，二者同樣存在著明顯的差別，「五德終始說」將政權被取代視爲是對君王最爲嚴重的懲戒，而董仲舒所處的歷史時代與鄒衍不同，大一統政權已經建立，所以，他的「天人感應」理論只能用「災異」來警示君王，無法涉及政權轉移的問題。但是，董仲舒的「天人感應」理論同樣對「五德終始說」的「貴土原則」、「符應理論」、「陰陽五行思想」進行了儒學化的處理，並在此基礎上衍伸出了「三綱」、「五常」等理論，使董氏的天人之說更加的適應專制政權發展的需要。

3.2.3　董仲舒對天人感應理論的構建

一、天人相感的理論依據

　　在董仲舒的「天人感應」理論中，「天」與「人」都扮演著極爲重要的角色。爲什麼會選取「天」作爲監督君王的工具呢？除了受傳統的天命觀影響之外，「天比『天子的自律』、『法籍禮義』更能制約君主的行爲，董仲舒之所以求助於天，就在於天是一切禮儀制度、倫理道德的制定者和實施者，只有天才有能力把君王置於自身的監管之下。〔註 294〕」就「天」而言，董仲舒認爲其主要具有三種屬性，即自然性、道德性、神聖性，而道德性佔有主導的地位，並統攝著自然性與神聖性。但在「天人感應」理論中，神聖之天卻起

〔註 292〕據《史記・五帝本紀》載：黃帝「生而神靈，弱而能言，幼而徇齊，長而敦敏，成而聰明。……有土德之瑞，故號黃帝。」詳見：司馬遷撰《史記》卷一，《五帝本紀》，中華書局 1959 年版，第 1～6 頁。

〔註 293〕有的學者對董仲舒重視「土德」的原因進行了系統的分析，並歸納出了三點原因。「其一、萬物生長，無土不成；其二、土德茂美，可視爲忠臣孝子之行，十分值得褒倡；其三、土地爲一切經濟生活的根本，必須擺在中心位置加以考慮。」詳見：章權才著《兩漢經學史》，廣東人民出版社 1990 年版，第 128～129 頁。

〔註 294〕李耀南著《尊君與屈君——董仲舒之天的二重功能》，載《孔子研究》2004 年第 4 期。

著主要的作用，發揮著對君王行爲進行監督的職能。「在極其重視『受命於天』的觀念的理論中，努力符合受命之意是其最大的目的，而千方百計要讀懂天意的願望和要求，就使得一種以陰陽五行思想爲基礎理論對災異現象進行解釋的一覽表誕生了。〔註295〕」

就「人」而言，有的學者對董仲舒的著作研究後認爲，董仲舒「天人感應」理論中的「人」指的是最高權力者的天子和諸侯，或者將範圍再擴大一些，也可以指周邊的（含重臣和夫人）爲政者，但其主要指還是「王」和「人君」。〔註296〕

「自然界的奇異現象與以它作爲前兆的災難之間存在著某種神秘的必然的聯繫。〔註297〕」那麼，天人之間爲什麼會產生神秘的互動關係呢？首先，董仲舒認爲人與天屬於同類。〔註298〕其言：

> 天地之符，陰陽之副，常設於身，身猶天也，數與之相參，故命與之相連也。〔註299〕

> 是故人之身，首坌而員，象天容也；發，象星辰也；耳目戾戾，象日月也；鼻口呼吸，象風氣也；胸中達知，象神明也；腹飽實虛，象百物也。〔註300〕

可見，人體的各個器官都可以找到與天相對應的地方。董仲舒又言：

> 是故事各順於名，名各順於天。天人之際，合而爲一。〔註301〕

〔註295〕【日本】小島毅《宋代天譴論的政治理念》，載溝口雄三、小島毅主編，孫歌等譯《中國的思維世界》，南京：江蘇人民出版社 2006 年版，第 282 頁。

〔註296〕【日本】池田知久《中國古代的天人相關論——董仲舒的情況》，載溝口雄三、小島毅主編，孫歌等譯《中國的思維世界》，南京：江蘇人民出版社 2006 年版，第 56 頁。

〔註297〕【法國】列維～布留爾著，丁由譯《原始思維》，北京：商務印書館 1981 年版，第 279 頁。

〔註298〕有的學者認爲，人與天相結合的方式有三種。「其一，在於身體結構上的相合，人身的骨骼和内外器官的數目和天體結構的數目相合；這種結合爲物質性的相合。其二，爲心裏方面的相合，以人的心理生活來自天，也和天的活動相似。其三，即是『命與之相連也。』」詳見：羅光著《中國哲學思想史》（兩漢、南北朝篇），臺灣學生書局中華民國 67 年版，第 196～197 頁。

〔註299〕蘇輿撰，鍾哲點校《春秋繁露義證》卷十三，《人副天數》，北京：中華書局 1992 年版，第 356～357 頁。

〔註300〕蘇輿撰，鍾哲點校《春秋繁露義證》卷十三，《人副天數》，北京：中華書局 1992 年版，第 355～356 頁。

〔註301〕蘇輿撰，鍾哲點校《春秋繁露義證》卷十，《深察名號》，北京：中華書局 1992

可見，雖然人隸屬於天，但二者屬於同類。

其次，因爲人與天屬於同類，所以，二者的行爲都會對對方產生影響，這就是所謂的「同類相感」。〔註302〕董仲舒言：

> 百物去其所與異，而從其所與同，故氣同則會，聲比則應，其
> 驗皦然也。〔註303〕

可見，董仲舒認爲物以類聚，氣同則會會合；聲同則會比附。所以，災異、禎祥的基礎，不是神的賞罰而是物的「同類相感」原理。〔註304〕而人的行爲同樣可以對天產生影響。天與人進行相感的媒介就是「氣」。董仲舒言：

> 是天地之間，若虛而實，人常漸是澹澹之中，而以治亂之氣，
> 與之流通相淆也。〔註305〕

可見，人生活在天地之間的流動之氣中。所以，有的學者認爲：「董仲舒的天人感應思想的基本特徵是以氣爲中介的道德的機械式的感應。〔註306〕」

二、天人相感的途徑

再次，「『自然之天』在董仲舒整個天人之學中起到了一個中介的作用，目的是要溝通『神靈』之天與現實的『人』，從而共同構建一個『人道法天』的完整系統。〔註307〕」所以，「人（君王）需要通過自然界的陰陽、五行、四時來體察天意。〔註308〕」

董仲舒認爲，雖然「天意難見也，其道難理。」但是，人（君王）可以

年版，第288頁。

〔註302〕唐君毅認爲：「董仲舒對鄒衍『類同相召』的思想進行了發展，進而形成了『同類相動』的理論。」詳見：《原命中：秦漢魏晉天命思想之發展》，載唐君毅著《中國哲學原論·導論篇》，中國社會科學出版社2005年版，第359頁。

〔註303〕蘇輿撰，鍾哲點校《春秋繁露義證》卷十三，《同類相動》，北京：中華書局1992年版，第358～359頁。

〔註304〕金春峰著《漢代思想史》，北京：中國社會科學出版社2006年版，第139～141頁。

〔註305〕蘇輿撰，鍾哲點校《春秋繁露義證》卷十七，《天地陰陽》，北京：中華書局1992年版，第467頁。

〔註306〕金春峰著《漢代思想史》，北京：中國社會科學出版社2006年版，第139～141頁。

〔註307〕沈偉華《董仲舒天人之學微探》，載於《21世紀孔子網》。

〔註308〕李澤厚著《中國古代思想史論》，天津：天津社會科學院出版社2004年版，第136頁。

通過觀察「陰陽」的「入出」、「實虛」來瞭解「天之志」。君王還可以通過辨別「五行」的「本末順逆」、「小大廣狹」來觀察「天道」。〔註309〕

可見，人（君王）可以通過查陰陽、辨五行來瞭解天的眞實意圖和想法。

就「五行」而言，董仲舒認爲「夫仁誼禮知信五常之道，王者所當修飭也。」只有「五者修飭」，才能「受天之祐」，進而「享鬼神之靈，德施於方外，延及群生也。」〔註310〕

可見，君王只有修飭五常之道，並將其布施於天下，才能贏得上天的獎賞。而五常之道，則是董仲舒通過對「五行」進行倫理化處理取得的。董仲舒將五行之間的關係曲解附會成了父子、君臣關係。不僅如此，董仲舒還把禮、義、仁、智、信強加於五行。〔註311〕

這樣以來，五行觀念就和五常結合到了一起，五常之道也就形成了。而君王同樣需要按照五常之道來規範自己的行爲，並要將其融入到治國當中。

首先，作爲與五行之木相配的司農應該尙仁，進而使穀類豐收，以合木生火之理。諸如此理，司馬、司營、司徒、司寇都要與相應的五行與五常相契合，並要符合五行相生的的原理。〔註312〕

其次，五官要符合仁、義、禮、智、信的標準，如果不符就會出現相勝的局面。如：司農爲奸，會遭到司徒之誅，那便是金勝木；司寇爲亂，會遭到司營之誅，那便是土勝水；司營爲患，人民叛離，那便是木勝土。〔註313〕

最後，君王施政應該符合五常之理〔註314〕，而君王的貌、言、視、聽、思也要與五行、五常相配，〔註315〕只要這樣，上天才會給予獎賞。可見，「董仲舒把五行從自然領域引進到社會領域，從而使他的五行學說具備了社會的

〔註309〕蘇輿撰，鍾哲點校《春秋繁露義證》卷十七，《天地陰陽》，北京：中華書局1992年版，第467頁。

〔註310〕班固撰《漢書》卷五十六，《董仲舒傳》，北京：中華書局1962年版，第2505頁。

〔註311〕董仲舒對「五行」所進行的倫理化處理，詳見：本書128頁。

〔註312〕蘇輿撰，鍾哲點校《春秋繁露義證》卷十三，《五行相生》，北京：中華書局1992年版，第362～365頁。

〔註313〕詳見：蘇輿撰，鍾哲點校《春秋繁露義證》卷十三，《五行相勝》，北京：中華書局1992年版，第367～371頁。

〔註314〕詳見：蘇輿撰，鍾哲點校《春秋繁露義證》卷十三，《五行順逆》，北京：中華書局1992年版，第371～381頁。

〔註315〕詳見：蘇輿撰，鍾哲點校《春秋繁露義證》卷十四，《五行五事》，北京：中華書局1992年版，第387～393頁。

功能。〔註316〕」從而彌補了「五德終始說」缺乏社會控制的缺點。

就陰陽而言，董仲舒在「推曆陰陽」時言：

> 故臣不臣，則陰陽不調，日月有變；……此災異之應也。〔註317〕

可見，君王只有使陰陽和諧，上天才不會降下災異。董仲舒同樣對「陰陽」觀念進行了倫理化的處理，推演出了所謂的「三綱」理論。〔註318〕

由於「三綱」理論來源於天，所以，君王在處理相關的倫理關係時也要嚴格的遵守。如果出現倫理關係混亂的局面，上天同樣會降下災異。所以，董仲舒言：

> 及至後世，淫佚衰微，不能統理群生，……此災異所緣而起也。
> 〔註319〕

除此之外，董仲舒還把陽與德、陰與刑聯繫起來，進而要求君主任德遠刑。〔註320〕並認爲，君主只有把德政布施於天下，天才會對君王進行獎賞。

就「四時」而言，董仲舒言：

> 故四時之行，父子之道也；天地之志，君臣之義也。〔註321〕

可見，四時的運行，體現出了君、臣、父、子之間所要遵循的倫理道德關係。不僅如此，董仲舒還認爲，君王要按照四季的變化來安排政事。董仲舒言：「然則人主之好惡喜怒，乃天之暖清寒暑也。」即君王的喜、怒、哀、樂與四時節氣之間存在著對應關係。所以，「不可不審其處而出也。」即不同的時節要實行不同的政令。如果違反了這一規律，上天就會給予懲罰。「人主當喜而怒，當怒而喜，必爲亂世矣。」即君主在春季時推行冬季的政令、在冬季時推行春季的政令，這樣就會造成治世的混亂。董仲舒進而要求君王要

〔註316〕章權才著《兩漢經學史》，廣州：廣東人民出版社1990年版，第128頁。

〔註317〕王利器校注《鹽鐵論校注》卷九，《論菑》，北京：中華書局1992年版，第556頁。

〔註318〕董仲舒對「陰陽」所進行的倫理化處理，詳見：本書第128～129頁。

〔註319〕班固撰《漢書》卷五十六，《董仲舒傳》，北京：中華書局1962年版，第2500頁。

〔註320〕董仲舒言：「此皆天之近陽而遠陰，大德而小刑也。是故人主近天之所近，遠天之所遠，大天之所大，小天之所小。……務德而不務刑。刑之不可任以成世也，猶陰之不可任以成歲也。爲政而任刑，謂之逆天，非王道也。」可見，董仲舒認爲，君王在治國時要倡德而避刑。詳見：蘇輿撰，鍾哲點校《春秋繁露義證》卷十一，《陽尊陰卑》，中華書局1992年版，第327～328頁。

〔註321〕蘇輿撰，鍾哲點校《春秋繁露義證》卷十一，《王道通三》，北京：中華書局1992年版，第330～331頁。

「使好惡喜怒必當義乃出，若暖清寒暑之必當其時乃發也。」即按照天時的要求來布施政令。〔註 322〕

可見，在董仲舒的「天人感應」理論中，「陰陽五行被引申到社會治理中的策略與態度、人倫道德中的行為與規範，甚至一切事物與現象上去。〔註 323〕」可見，陰陽、五行、四時已經成為天與人相感的重要媒介，君王只有做到「予奪生殺，各當其義，若四時；列官置吏，必以其能，若五行；好仁惡戾，任德遠刑，若陰陽。」〔註 324〕上天才會給予肯定與眷顧。

三、天人感應理論的具體表現

最後，「天人感應」的表現形式又是怎樣的呢？董仲舒言：

> 凡災異之本，盡生於國家之失。〔註 325〕

> 國家將有失道之敗，而天乃先出災害以譴告之。〔註 326〕

可見，君王如果治國不當，上天就會通過災異現象來譴告他。那麼，君王如何失道，上天才會降下災異呢？董仲舒認為，君王如果「淫佚衰微，不能統理群生」即荒淫無度；「廢德教而任刑罰」即濫用刑罰；「殘賊良民以爭壤土」即征伐無度，就會造成「上下不和」，進而導致「陰陽繆盭而妖孽生矣。」〔註 327〕

董仲舒還認為，君王「不知自省，又出怪異以警懼之，尚不知變，而傷敗乃至。」〔註 328〕天譴告的順序是先災後異，出現「災」之後，君王如果不知悔改，上天就會降下「異」，君王如果仍執迷不悟，上天就會用災禍來懲罰他。上天一而再，再而三的給予君王彌補過失的機會，「以此見天意之仁而不

〔註 322〕蘇輿撰，鍾哲點校《春秋繁露義證》卷十一，《王道通三》，北京：中華書局1992 年版，第 333 頁。

〔註 323〕葛兆光著《中國思想史》（第一卷），上海：復旦大學出版社 2002 年版，第260 頁。

〔註 324〕蘇輿撰，鍾哲點校《春秋繁露義證》卷十七，《天地陰陽》，北京：中華書局1992 年版，第 467～468 頁。

〔註 325〕蘇輿撰，鍾哲點校《春秋繁露義證》卷八，《必仁且智》，北京：中華書局 1992年版，第 259 頁。

〔註 326〕班固撰《漢書》卷五十六，《董仲舒傳》，北京：中華書局 1962 年版，第 2498頁。

〔註 327〕班固撰《漢書》卷五十六，《董仲舒傳》，北京：中華書局 1962 年版，第 2500頁。

〔註 328〕班固撰《漢書》卷五十六，《董仲舒傳》，北京：中華書局 1962 年版，第 2498頁。

欲陷人也。」〔註329〕所以，董仲舒「天人感應」理論中的災異遣告「體現出了『天』對於君王的愛護和關心，君王只有不斷更正自己的言行與治國策略，上天才會對其進行眷顧與獎賞。〔註330〕」

但是，有些災異現象是由於陰陽失衡導致的，與君王的行為無關。

如：董仲舒言：

> 桀，天下之賤賊也；湯，天下之盛德也。天下除殘賊而得盛德大善者再，是重陽也，故湯有旱之名。〔註331〕

湯之時，天下大旱，這並不是由湯的失德所造成的，而是由於天用陽氣來剷除像桀一樣的賊寇，進而造成了陰陽的失衡，遂引起了旱災，並不是湯的過錯。

除了「天」與「君王」相對應的遣告形式之外，普通的人也會受到天的影響。如：董仲舒言：

> 天將陰雨，人之病故為之先動，是陰相應而起也。〔註332〕

可見，陰氣與人體的病痛之間也存在著交感的關係，但是，此處天對人的影響僅限於疾病和生活規律，不能與天對君王的遣告相提並論。

3.2.4 董仲舒天人感應理論的影響

「董氏把儒家人文精神與陰陽家天道精神相滲合，也可以說是在『天人相應』的帶有神秘色彩的陰陽家的思想骨骼裏，灌輸進去儒家仁義禮智的血液，這是董氏對儒家的大貢獻，也是他贏得『漢代孔子』的尊榮的理由。〔註333〕」那麼，董仲舒為何要構建起如此紛繁複雜的「天人感應」理論呢？原因在於其「深懼再度出現秦代君王專制權力無限擴張，凌駕一切之上，甚至剝奪了知識階層對意義與價值的最終裁判權的局面。〔註334〕」所以，其才會用「天」對君

〔註329〕蘇輿撰，鍾哲點校《春秋繁露義證》卷八，《必仁且智》，北京：中華書局 1992 年版，第 259 頁。

〔註330〕金春峰著《漢代思想史》，北京：中國社會科學出版社 2006 年版，第 143 頁。

〔註331〕蘇輿撰，鍾哲點校《春秋繁露義證》卷十二，《暖燠常多》，北京：中華書局 1992 年版，第 349 頁。

〔註332〕蘇輿撰，鍾哲點校《春秋繁露義證》卷十三，《同類相動》，北京：中華書局 1992 年版，第 359 頁。

〔註333〕金耀基著《中國民本思想史》，臺北：臺灣商務印書館民國 82 年版，第 107 頁。

〔註334〕葛兆光著《中國思想史》（第一卷），上海：復旦大學出版社 2002 年版，第 268 頁。

王的權力進行限制。〔註335〕而對君權進行限制的目的，就是促使君王行使儒家的仁德之政，進而通過「天人感應」理論來發揮儒學對現實政治的批判功能，〔註336〕以便「實現先儒們理想中的道德話語權。」〔註337〕進而解決西漢社會存在的諸多現實問題。

「天人感應」理論強調：「屈民而伸君，屈君而伸天。」這裡的「民」具有兩層含義。一、是指百姓。二、是指地方的諸侯王。可見，「屈民而伸君」的思想有利於西漢社會的穩定、皇權的加強。它爲封建國家的經濟發展，「大一統政權的鞏固提供了思想保障。〔註338〕」而「屈君而伸天」是希望通過天的神聖性與權威性來限制君權。「而天對於君王的限制則有兩種，一曰予奪國祚，二曰監督政事，前者是繼承孟軻『聞誅一夫』的思想衍成，後者則是由鄒子災異五行之說向前推進了一步的。〔註339〕」在「天人感應」理論沒有出現之前，君權是很難受到限制的，君王可以爲所欲爲，這樣勢必會造成吏治的腐敗，加速王朝的滅亡。董仲舒正是看到了這一弊端，他想用天命來壓制皇權，以達到監督、限制皇權的目的。中國地域廣闊，氣候條件極爲複雜，自然災害頻發，而各種災害現象都會被看做是上天對君主的警告，君主就不得不調整自己的施政方針，以符合上天的意志，「並要以仁德之政來治理國家。」〔註340〕所以，董仲舒的「天人感應」理論在皇帝的權威之上，又設置了一個更高的權威，君主的權力受到了制約和限制。「漢武帝以後的西漢皇帝們，雖然有無能的、懦弱的，卻沒有一個是荒淫的、殘暴的，這不能不歸功於董仲舒所設計的新儒術。〔註341〕」

〔註335〕周桂鈿綜合分析了南宋學者趙彥衛、清代學者皮希瑞、近代學者梁啓超等人的觀點後認爲：「董仲舒的『天人感應』理論在限制君權方面，確實起到了一定的作用。」詳見：《秦漢思想史》，河北人民出版社2000年版，第160～161頁。

〔註336〕李澤厚列舉了「天人感應」理論在反對任刑濫殺等方面對現實政治所進行的批判。詳見：《中國古代思想史論》，天津社會科學院出版社2004年版，第140～142頁。

〔註337〕王繼訓著《漢代諸子與經學》，西安：陝西人民出版社2003年版，第90頁。

〔註338〕周桂鈿著《秦漢思想史》，石家莊：河北人民出版社2000年版，第200～202頁。

〔註339〕金耀基著《中國民本思想史》，臺北：臺灣商務印書館民國82年版，第108頁。

〔註340〕李威熊著《董仲舒與西漢學術》，臺北：文史哲出版社民國67年版，第122頁。

〔註341〕於琨奇著《秦始皇評傳》，南京：南京大學出版社2006年版，第191頁。

　　不僅如此，「天人感應」理論還「提倡一種普遍的、整體論的宇宙觀，從而為人的行為和社會秩序提供了不可避免的制裁力量，也為帝國制度在宇宙中提供了一個位置。〔註342〕」歷代的思想家、政治家一般都會借用「天意」、「天志」來向統治者進諫，試圖用天的權威來約束統治者的行為，以便使其的統治政策能夠更好與儒家的仁政思想相結合，從而保證國家的長治久安。而且，「天人感應」理論還看到了人在「天人關係」中所起到的積極作用，其「一方面講天命災異，但另一方面，並沒有放棄儒家的基本精神，鄒衍五行四時的運行說法，是一盲目循環的天道觀。董氏的『天人感應』理論則不然，該理論認為人事的力量可以影響甚至挽迴天運。〔註343〕」董氏的「天人感應」理論同樣認識到了君王在治理國家時所起到的積極作用。〔註344〕但是，「天人感應」理論同樣具有一些消極影響。「董仲舒出來以後的前漢經學者，都相信人類的道德是順天命的，當人類的行為違反天命的時候，天便顯示災異來警告。同時，以為人類的本性中有著昭明不昧的德性，發揮這種德性便是『人底道』，但是，及其末流，後面的那一種思想，不知道在什麼時候消滅了，墮落到單注重占侯以預測將來的京房底易學及注意天災未來的讖緯說中了。〔註345〕」可見，董

〔註342〕【英國】崔瑞德、【英國】魯惟一著，楊品泉、張書生等譯《劍橋中國秦漢史》，北京：中國社會科學出版社1995年版，第809頁。
〔註343〕金耀基著《中國民本思想史》，臺北：臺灣商務印書館民國82年版，第118頁。
〔註344〕徐復觀認為：「在『天人感應』理論中，人對於天的決定意義更大一些。」詳見：《兩漢思想史》（第二卷），華東師範大學出版社2001年版，第245頁。韋政通認為：「君王法天的目的，還是為了實現人道，而且人只有在人道方面有了成效才能參天。……在天人感應中，使人仍享有某種程度的主動。」詳見：《董仲舒》，東大圖書股份有限公司中華民國75年版，第98頁。池田知久認為：「在『天人感應』理論中，君王受命於天，天乃是君權神授的保障與象徵，『天』並不是僅僅單方面支配『天子』的，『天子』對於『天』也有著反作用，從而肯定了『天子』的主體性和能動性。」詳見：《中國古代的天人相關論──董仲舒的情況》，載溝口雄三、小島毅主編，孫歌等譯《中國的思維世界》，江蘇人民出版社2006年版，第79～81頁。金春峰認為：「在『天人感應』理論中，形式上是天支配、主宰人，實質上是人支配天。人的力量與作用，既可以破壞陰陽五行的平衡，又可以調理陰陽，使風調雨順，國泰民安。」詳見：《漢代思想史·緒論》，中國社會科學出版社2006年版，第36頁。但是，有的學者也提出了相反的觀點，認為：「在『天人感應』理論中，董仲舒並沒有過多的強調個人的主觀能動性，而其是一種比命定論更具欺騙性的天命決定論。」詳見：於首奎著《兩漢哲學新探》，四川人民出版社1988年版，第164～173頁。
〔註345〕【日本】武內義雄著，汪馥泉譯《中國哲學思想史》，上海：商務印書館1939年版，第133～134頁。

仲舒的「天人感應」理論，不僅促進了災異學說的發展，〔註346〕還成爲了讖緯思想的先導，〔註347〕使神秘主義具有了相應的理論基礎。

3.3 再論董仲舒的三統說

「三統說」是董仲舒在對「五德終始說」進行吸納和借鑒的基礎上，結合併利用以往的古史系統與曆法，以西漢社會的政治、經濟發展狀況爲立足點，進而形成的一套關於歷史發展的理論體系。〔註348〕該理論以「白」、「赤」、「黑」作爲朝代確立的象徵，董仲舒言：

> 故湯受命而王，應天變夏作殷號，時正白統。……文王受命而王，應天變殷作周號，時正赤統。……故《春秋》應天作新王之事，時正黑統。〔註349〕

商代以「白統」立國、周代以「赤統」立國、新王以「黑統」立國。除此之外，三統所對應的曆法、禮樂也各不相同。〔註350〕

制度／三統	正日月朔	歲首	尚色	犧牲	行冠禮處	昏禮視處	喪禮殯處	祭牲	薦尚物	日分朝正
黑統	營室	建寅	黑	角卵	阼	庭	東階	黑牡	肝	半明
白統	虛	建丑	白	角繭	堂	堂	楹柱之間	白牡	肺	鳴晨
赤統	牽牛	建子	赤	角栗	房	戶	西階	騂牡	心	夜半

〔註346〕黃樸民認爲：「由於董仲舒的積極倡導，陰陽災異思想很快就氾濫起來。」詳見：《天人合一——董仲舒與漢代儒學思潮》，長沙嶽麓書社 1999 年版，第 92 頁。孫筱認爲：「自董仲舒以後，災異說成爲經師解經的主要方法。」詳見：《兩漢經學與社會》，中國社會科學出版社 2002 年版，第 323 頁。

〔註347〕劉師培認爲：「董劉大儒，競言災異，實爲讖緯之濫觴。」詳見：《國學發微》，寧武南氏校印，民國 25 年版，第 28 頁。金春峰也認爲：「『天人感應』思想成爲了讖緯迷信思想的前導。」詳見：《漢代思想史》，中國社會科學出版社 2006 年版，第 146 頁。

〔註348〕楊向奎認爲：「『三統說』的雛形在董仲舒之前就已存在，董仲舒所言的『三統說』發端於公羊學派，經董仲舒的發展最終成形。」詳見：《西漢經學與政治》，獨立出版社 2000 年版，第 49～50 頁。

〔註349〕蘇輿撰，鍾哲點校《春秋繁露義證》卷七，《三代改制質文》，北京：中華書局 1992 年版，第 186～187 頁。

〔註350〕表格的引用，詳見：王永祥著《董仲舒評傳》，南京大學出版社 1995 年版，330 頁。

　　而且，董仲舒還根據帝王的親疏遠近，對三統說的君王譜系進行了擴展。其言：「故聖王生則稱天子，崩遷則存爲三王，絀滅則爲五帝，下至附庸，絀爲九皇，下極其爲民。〔註351〕」可見，董仲舒創建的三統說，「把黑統、白統、赤統，與朝代相對應，並將朝代的發展置於三統的循環當中，朝代與哪個統相對應，就採取哪個統的禮樂制度。他把本代和前二代列爲『三王』（即本屆的三統），三王之前的五代列爲『五帝』，五帝之前的一代列爲『九皇』，一共是九代。所以三王，五帝，九皇，都不是固定的名稱而是推移的名稱，好像親屬之有高祖、曾祖和曾孫、玄孫一樣。〔註352〕」而且，三統說「是一種天人感應說在歷史領域的運用，是既帶有進化又兼有循環的特色的，其目的是爲漢王朝統治的合理性提供論證。〔註353〕」

3.3.1　三統說與五德終始說的關係

　　在漢武帝時期，「講《春秋》之學的人對著五德說的流行頗眼紅，就截取了它的五分之三，將漢的水德改爲黑統，周的火德改爲赤統，商的金德改爲白統，使得五德說的法典都適用於這一說，見得他們立說的有據。只是夏在五德說中爲木德，在三統說中爲黑統，有本質上的衝突。但他們說：不妨，孔子志在『行夏之時』，所以《春秋》用的是夏時，即此可以證明夏和《春秋》是同在一統的。〔註354〕」顧頡剛所言的截取「五德終始說」的學說，就是董仲舒的「三統說」。在董仲舒所著的《春秋繁露》中有「二十三篇，皆言陰陽五行，殆占全書之半。其中所含精深之哲理固甚多，要之半襲陰陽家言。而絕非孔孟荀以來之學術則可斷也。〔註355〕」雖然，梁啓超的論斷存在偏頗，但是這也從一個側面說明了，董仲舒的思想在很大程度上受到了陰陽家的影響。而「三統說」同樣受到了「五德終始說」的影響。侯外廬就認爲：「三統說對五德終始說有所繼承。〔註356〕」

〔註351〕蘇輿撰，鍾哲點校《春秋繁露義證》卷七，《三代改制質文》，北京：中華書局 1992 年版，第 202 頁。

〔註352〕顧頡剛《五德終始說下的政治和歷史》，載《清華大學學報（自然科學版）》1930 年第 1 期。

〔註353〕張立文著《中國古代哲學》（上），北京：中國人民大學出版社 2006 年版，第 492 頁。

〔註354〕顧頡剛著《秦漢的方士與儒生》，上海：上海世紀出版集團 2005 年版，第 3 頁。

〔註355〕梁啓超《陰陽五行說之來歷》，載顧頡剛主編《古史辨》（第五冊），上海：上海古籍出版社 1982 年版，第 360 頁。

〔註356〕侯外廬主編《中國思想通史》（第二卷），北京：人民出版社 1957 年版，第

徐興無認爲：董仲舒「運用了斗建的曆學理論，在戰國秦漢間流行的五德終始說中，插入極具儒學色彩的三統論。〔註357〕」范立舟則認爲：「『三統』說實際上不過是鄒衍『五德終始說』的一種簡化。〔註358〕」而且，有的學者還認爲：「董仲舒的『三統說』以鄒衍『五德終始說』作爲基礎，並在曆法革新、因循順序等方面對其進行了發展。〔註359〕」

除此之外，顧頡剛認爲：「我們在明瞭了五德終始說以後再來看這種學說，不消說得這是從五德說蛻化出來的。『三統說』在循環方式、制度建設、顏色屬性等方面都與『五德說』相同，只不過，『三統說』以三爲一小循環、十二爲一大循環，『五德說』則以五作爲循環的基數。〔註360〕」楊向奎則認爲：「三統說的內容是由五德終始說蛻化出來的。五德說是以五爲紀的循環，三統說是以三爲紀的循環。不僅如此，三統說在顏色劃分、禮樂制度等方面都與五德說相同。〔註361〕」可見，「五德終始說」確實對「三統說」的形成產生了巨大的影響。所以，正如馮友蘭所言：「吾人歷史上之事變，亦皆此諸天然的勢力之表現，每一朝代，皆代表一『德』，其服色制度，皆受此『德』之支配焉。……漢人之歷史哲學，皆根據此觀點也。〔註362〕」的確如此，「五德終始說」對漢代的諸如「三統說」、「堯後火德說」等歷史觀，都產生了較大的影響。

就「三統說」對「五德終始說」的借鑒而言。首先，二者都以顏色作爲朝代的象徵。「在三統中，三色與朝代的配合，乃來自五德終始的五德之色，則至爲明顯。〔註363〕」在「三統說」中，商是白統、周是赤統、新王是黑統，而在「五德終始說」中，商屬於金德、周屬於火德、新王屬於水德。那麼，三統說中的「三統」與五德終始說中的「五德」在顏色的屬性上究竟有何關係？墨子認爲：「青龍位於東方」、「赤龍位於南方」、「白龍位於西方」、「黑龍位於北方」。

109 頁。

〔註357〕徐興無著《劉向評傳》，南京：南京大學出版社 2005 年版，第 325 頁。

〔註358〕范立舟《陰陽五行與中國傳統歷史觀念》，載《管子學刊》1997 年第 2 期。

〔註359〕宋豔萍《陰陽五行與秦漢政治史觀》，載《史學史研究》2001 年第 3 期。

〔註360〕顧頡剛《五德終始說下的政治和歷史》，載《清華大學學報（自然科學版）》1930 年第 1 期。

〔註361〕楊向奎著《西漢經學與政治》，臺北：獨立出版社 2000 年版，第 44 頁。

〔註362〕馮友蘭著《中國哲學史》（上冊），上海：華東師範大學出版社 2008 年版，第 125 頁。

〔註363〕徐復觀著《兩漢思想史》（第二卷），上海：華東師範大學出版社 2001 年版，第 216 頁。

〔註364〕可見，墨子所言龍的顏色與『三統』的顏色相同，但其又與『五德』的顏色有何關係呢？如果用《管子‧幼官》之語與其相參看，就會發現其中的奧妙。《管子‧幼官》言：「旗物尚青，兵尚矛」，「青」即為木用事；「旗物尚赤，兵尚戟」，「赤」即為火用事；「旗物尚白，兵尚刃」，「白」即為金用事。「旗物尚黑，兵尚脅盾」，「黑」即為水用事。可見，「三統說」所言的朝代隸屬顏色與五德終始說是一致的。所以，有的學者認為：「三統說以赤白黑三色成為赤統白統黑統，則可確斷為仲舒滲糅了五德終始的創說。〔註365〕」

其次，二者都認為，政權是按照相勝的順序循環更迭的。「五德終始說」認為歷朝歷代都有自己所契合和對應的五德中之一德，它決定著該朝代的興衰。歷史發展是按照五行相勝的順序，一代一代循環往復的。政權轉移按照土、木、金、火、水依次相勝而具有矛盾性，又按照始於土終於水的循環往復而具有週期性。而「三統說」也認為政權轉移是按照白統、赤統、黑統的順序循環相勝的。所以，「二者都以循環論解釋歷史」〔註366〕的發展。

再次，二者都比較注重「聖統」的建設。無論是「五德終始說」中的黃帝、禹、湯、文王，還是「三統說」中的湯、文王，這些人都是古代著名的聖王。三統說與五德說以他們作為朝代的象徵，意在強調新生政權的合法性，並認為繼位帝王會像聖王一樣善治天下。

最後，二者都意在為新王立命。「五德終始說」將未來的王朝設定為「水德」，其目的是為燕昭王的稱「北帝」運動提供相關的理論支持。而「三統說」則借鑑了「五德終始說」為新王立命的理論，其將新生的政權設定為「黑統」，目的就在於為漢武帝的改曆提供天命上的支持。

就「三統說」與「五德終始說」的區別而言，有的學者認為二者的區別在於「其一，五德之相剋，是五種不同性質的君權和治術輪流當朝執政，其改制易服色象徵這質的差別。而三統之改制，是有其改制之名而無改道之實。正統王道只有一個，三統在形式上的變易，不過是後一代為糾正前代的過失

〔註364〕孫詒讓撰，孫啓治點校《墨子間詁》卷十二，《貴義》，北京：中華書局2001年版，第448頁。

〔註365〕徐復觀著《兩漢思想史》（第二卷），上海：華東師範大學出版社2001年版，第216頁。

〔註366〕王愛和《五行之相剋相生與秦漢帝國的形成》，載艾蘭、汪濤、范毓周主編《中國古代思維模式與陰陽五行說探源》，南京：江蘇古籍出版社1998年版，第394頁。

以回歸天道的措施。其二，五德解釋朝代之更替以武力之相剋征服，三統解釋君權之轉移以天命之相授相承相繼。其三，五行宇宙觀的最基本原則是變易，三統的最基本原則是天與道之永恆不變。其四，五德所代表的五種君權與治術依次循環，各當其中，並無道德價值上的優劣。而三統否定秦，以及任何類似秦的『亂世』，有歷史的合理性。〔註367〕」

但是，上述的觀點是值得商榷的，其一，三統說認爲歷史是不斷向前發展的，並非原地踏步，「而是具有歷史進化的意味」。〔註368〕其二，三統說也同樣認爲，朝代之間存在著相勝的革命關係。「相生的五行說，不曾被世主歡迎的，因爲它主張天道有一定的循環，而唯有德者可以承天命。相勝說則不然，可以力取，漢高祖就是因斬白蛇而得天命的。〔註369〕」「三統說」主張爲新王立命，其所言的「白統」商代與「赤統」周代之間就存在著相勝與相剋的關係。其三，在三統說，並沒有所謂的朝代優劣之分。「在漢初立五德說時，就以漢直接承周，不把秦當作一德。而董仲舒也有類似的看法，他認爲孔子作《春秋》，是應天作新王之事，時正黑統，似在爲漢立制。〔註370〕」因爲，三統說在帝德譜中刪除了秦朝，所以，三統中的「白統」、「赤統」、「黑統」均被認爲是受命於天，它們之間並沒有高低貴賤的區別。

而三統說與五德終始說的最大區別大致可以分爲三點。首先，「董仲舒『三統說』所描述的歷史更爲久遠，其在『九而復』的循環中，將古代的聖王追溯到了庖犧氏。而『五德終始說』以五代作爲一個循環周期，只是將古代的聖王追溯到了黃帝。〔註371〕」

其次，「三統說比較重視文物制度的歷史循環，而五德終始說則更關心政權轉移的規律和法則。〔註372〕」或許是由於文獻的缺失，或許是由於自身的理論缺陷，與三統說相比，五德終始說在禮樂制度、曆法制度建設等方面略顯不足。

〔註367〕王愛和《五行之相剋相生與秦漢帝國的形成》，載艾蘭、汪濤、范毓周主編《中國古代思維模式與陰陽五行說探源》，南京：江蘇古籍出版社1998年版，第394頁。
〔註368〕汪高鑫《董仲舒與兩漢史學思想研究》，北京師範大學2002年博士論文，第58～61頁。
〔註369〕楊向奎著《西漢經學與政治》，臺北：獨立出版社2000年版，第123頁。
〔註370〕李威熊著《董仲舒與西漢學術》，臺北：文史哲出版社民國67年版，第331頁。
〔註371〕汪高鑫《「三統說」與董仲舒的歷史變易思想》，載《齊魯學刊》2002年第3期。
〔註372〕楊權著《新五德理論與西漢政治——「堯後火德說」考論》，北京：中華書局2006年版，第122頁。

最後，「五德終始說的側重點在於政權的轉移，而三統說的側重點則在於政權的人文制度建設，以及新生政權對以往朝代弊政的更正與完善。〔註373〕」

3.3.2 關於三統的循環順序

關於三統的循環順序，學術界的觀點大致可以分為兩類。其一、三統循環的順序是：赤─黑─白，起於赤統，終於白統，政權始於夏的前一代。〔註374〕

周後二代	周後一代	周	商	夏	夏前一代	代次
土德（尚黃）	水德（尚黑）	火德（尚赤）	金德（尚白）	木德（尚青）	土德（尚黃）	五德說
白統法夏	黑統法商	赤統法文	白統法質	黑統法夏	赤統法商	三統說
此一代，漢文帝以下之五德說說為漢，三統說無文	此一代，五德說說為秦（漢初說為漢），三統說說為春秋				此一代，五德說說為黃帝，三統說說為帝嚳	附

其二、三統說的循環順序是：黑─白─赤，起於黑統，終於赤統，政權始於夏代。〔註375〕

但是，對「三統說」進行深入探究後卻能發現，其循環的順序是：白─赤─黑，起於白統，終於黑統，政權始於商代。

首先，在董仲舒《春秋繁露》帝德譜中出現的古代聖王中，「神農」是所有聖王中，歷史最久遠的一位。而董仲舒又言：

> 故湯受命而王，應天變夏作殷號，時正白統。親夏故虞，絀唐謂之帝堯，以神農為赤帝。〔註376〕

可見，如果「三統說」不是以商代的白統為始，自然不會把年代最久遠

〔註373〕雷家驥著《兩漢至唐初的歷史觀念與意識》，北京：書目文獻出版社1987年版，第39頁。

〔註374〕表格的引用，詳見：顧頡剛《五德終始說下的政治和歷史》，載顧頡剛主編《古史辨》（第五冊），上海古籍出版社1982年版，第443頁。

〔註375〕王永祥著《董仲舒評傳》，南京：南京大學出版社1995年版，第330～331頁。

〔註376〕蘇輿撰，鍾哲點校《春秋繁露義證》卷七，《三代改制質文》，北京：中華書局1992年版，第186頁。

的「神農」安排在這個朝代。

其次，商代是以神農爲赤帝，而周代「尙推神農爲九皇，而改號軒轅謂之黃帝。」〔註377〕按照此等順序類推，周的下個朝代（漢）則應該是「推黃帝爲九皇」，在董仲舒的《春秋繁露・三代改制質文》中先有「聖王」，而後有「天子」，然後有「三王」，再有「五帝」，次有「九皇」。關於這些稱謂又有什麼衡量的標準呢？董仲舒認爲是「遠者號尊」、「近者號卑」。〔註378〕再者，在五德終始說中，黃帝是與土德相聯繫的，漢武帝也曾下詔認爲，漢家與黃帝都是「率應水德之勝。」〔註379〕可見，「漢武帝認爲漢代與黃帝一樣，都應隸屬於土德。〔註380〕」所以說，新興的帝王以黃帝爲九皇，是與武帝朝的改曆運動相契合的，而只有三統說始於商代，新興的帝王（漢武帝）才能「推黃帝爲九皇」。

最後，雖然董仲舒言：「三正以黑統初。」〔註381〕但是，其言的三正非三統，顧頡剛也認爲，「三統說是用三正說作骨幹而又截取了五德說的一大半而作成的。〔註382〕」何謂三正？董仲舒言：「其謂統三正者，曰：正者，正也，統致其氣，萬物皆應。」即正統；「法正之道，正本而末應，正內而外應，動作舉錯，靡不變化隨從。」即治國之道；「凡歲之要，在正月也。」即正朔。〔註383〕

可見，董仲舒所認爲的「三正」是指：正統、正朔、治國之道。「正統」統攝著萬物的變化，正統正一切皆正；「法正之道」即爲治國之道，其會根據白統、赤統、黑統的不同而做出相應的變化。

「正統」、「法正之道」確定以後，董仲舒又對正朔做出了規定。「三正以黑統初。」的下一句話爲「正日月朔於營室，斗建寅。」〔註384〕「建寅」即

〔註377〕蘇輿撰，鍾哲點校《春秋繁露義證》卷七，《三代改制質文》，北京：中華書局1992年版，第199頁。

〔註378〕蘇輿撰，鍾哲點校《春秋繁露義證》卷七，《三代改制質文》，北京：中華書局1992年版，第200頁。

〔註379〕司馬遷撰《史記》卷二十六，《曆書》，北京：中華書局1959年版，第1260頁。

〔註380〕詳見：李漢三著《先秦兩漢之陰陽五行學說》，臺北：維新書局民國57年版，第112～114頁。

〔註381〕蘇輿撰，鍾哲點校《春秋繁露義證》卷七，《三代改制質文》，北京：中華書局1992年版，第191頁。

〔註382〕顧頡剛著《中國上古史研究講義》，北京：中華書局2009年版，第120頁。

〔註383〕蘇輿撰，鍾哲點校《春秋繁露義證》卷七，《三代改制質文》，北京：中華書局1992年版，第197頁。

〔註384〕蘇輿撰，鍾哲點校《春秋繁露義證》卷七，《三代改制質文》，北京：中華書

是以正月爲歲首，而白統的正朔是「建丑」即以十一月爲歲首〔註385〕，赤統的正朔是「建子」即以十二月爲歲首〔註386〕。所以，「三正以黑統初。」是在講黑統的歲首要早於白統與赤統。更爲重要的是，董仲舒所言的「三正以黑統初。」意在強調，新興的帝王（漢武帝）在改制的過程中要更正白統（商）、赤統（周）在正朔方面的缺點，以及在治國方面的不足。〔註387〕

　　無論「三統說」的循環順序是赤─黑─白，還是黑─白─赤，二者並不與白─赤─黑的循環順序相矛盾。因爲，董仲舒所言的「三統說」是「三而復」的，如果按照白─赤─黑的循環順序，白統商的上一代應該是夏的黑統，這就是黑─白─赤的循環順序；再以此類推，黑統的上一個朝代應該是赤統，這也就是赤─黑─白德循環方式，所以，三種循環方式的實質是相同的，只是由於選取的起始朝代不同，才造成了三種循環之間的差異。

3.3.3 關於三統改制的問題

　　董仲舒言：

> 王者必受命而後王。王者必改正朔，易服色，制禮樂，一統於
> 天下，所以明易姓，非繼人，通以己受之於天也。〔註388〕

　　董仲舒在回答王者如何改制的問題時，一方面談到「曆各法而正色」，「作國號，遷宮邑」，另一方面又談到「禮樂各以其法象其宜」，「易官名，制禮樂。」可見，董仲舒認爲，受命於天的君王，除了改正朔，易服色之外，還需要制定相應的禮樂制度，以便一統天下。〔註389〕

　　　　局 1992 年版，第 191 頁。
〔註385〕蘇輿撰，鍾哲點校《春秋繁露義證》卷七，《三代改制質文》，北京：中華書局 1992 年版，第 193 頁。
〔註386〕蘇輿撰，鍾哲點校《春秋繁露義證》卷七，《三代改制質文》，北京：中華書局 1992 年版，第 194 頁。
〔註387〕顧頡剛認爲，漢武帝之所以採用建寅之制以正月爲歲首的原因在於：一、「漢初實行的《顓頊曆》有很多弊端，太不實用。」詳見：《秦漢的方士與儒生》，上海世紀出版集團 2005 年版，第 13 頁。二、「孔子主張行建寅之制。」詳見：《五德終始說下的政治和歷史》，載顧頡剛主編《古史辨》（第五冊），上海古籍出版社 1982 年版，第 440 頁。楊權也有同顧頡剛相類似的看法。詳見：《新五德理論與兩漢政治──『堯後火德』說考論》，中華書局 2006 年版，第 112 頁。
〔註388〕蘇輿撰，鍾哲點校《春秋繁露義證》卷七，《三代改制質文》，北京：中華書局 1992 年版，第 185 頁。
〔註389〕蘇輿撰，鍾哲點校《春秋繁露義證》卷七，《三代改制質文》，北京：中華書局 1992 年版，第 185～186 頁。

那麼，「黑統」、「白統」、「赤統」究竟對應著何種禮樂制度呢？

就「黑統」的改制而言，董仲舒認為：

> 故《春秋》應天作新王之事，時正黑統。王魯，尚黑……樂制宜商，合伯子男為一等。〔註390〕

就「白統」的改制而言，董仲舒認為：

> 作濩樂，制質禮以奉天。〔註391〕

就「赤統」的改制而言，董仲舒認為：

> 作武樂，制文禮以奉天。〔註392〕

可見，「黑統」對應的禮樂制度為「商」、「白統」所對應的禮樂制度為「質」、「赤統」所對應的禮樂制度為「文」，而「商」、「質」、「文」又是董仲舒所言的「四法」中的一種。所謂的「四法」，即「一商一夏，一質一文」，它們是四種不同的禮樂制度。〔註393〕

文	質	夏（大）	商（常）	四法
進陰（地）	佚陰（天）	進陰（地）	佚陽（天）	其道
尊尊多〔禮〕文	親親多〔質〕愛	尊尊多〔義〕節	親親多〔仁〕樸	其德
同夏	同商	立嗣子孫，篤世子，妾不以子稱貴號	立嗣予子，篤母弟，妾以子貴	行事
同夏	同商	字子以母。別眇，夫婦同坐而食	字子以父，別眇，夫婦對坐而食	昏冠禮
同夏	同商	合葬	別葬	喪禮
先粗甾，婦從夫為昭穆	先嘉疏，夫婦昭穆別位	先亨，婦從夫為昭穆	先臊，夫妻昭穆別位	祭禮
文王赤	湯白	禹黑	舜赤	三統

董仲舒又言：「故天將授舜，主天法商而王」、「天將授禹，主地法夏而王」、

〔註390〕蘇輿撰，鍾哲點校《春秋繁露義證》卷七，《三代改制質文》，北京：中華書局1992年版，第187～191頁。

〔註391〕蘇輿撰，鍾哲點校《春秋繁露義證》卷七，《三代改制質文》，北京：中華書局1992年版，第186～187頁。

〔註392〕蘇輿撰，鍾哲點校《春秋繁露義證》卷七，《三代改制質文》，北京：中華書局1992年版，第187頁。

〔註393〕表格的引用，詳見：李威熊著《董仲舒與西漢學術》，臺北文史哲出版社民國67年版，第91頁。

「天將授湯，主天法質而王」、「天將授文王，主地法文而王」，〔註394〕此處所提到的湯「主天法質」與上文所言的白統「制質禮以奉天」，都是在講商朝應該遵從質禮，而文王「主地法文」與上文所提到的赤統「制文禮以奉天」，都是在講周朝應該遵從文禮。並且「四法如四時然，終而復始，窮則反本。」〔註395〕如果，按照一商一夏，一質一文的循環順序，白統（商朝）尊質禮，赤統（周朝）尊文禮，那麼，繼周而起的新興王朝（漢朝）應該是「主天法商而王」，其的禮樂制度則是：

> 「其道佚陽」即主張盛陽；「親親而多仁樸」即主張仁義質樸；「立嗣予子」即把王位傳給兒子；「篤母弟，妾以子貴」即信任母弟，妾因子而顯貴；「昏冠之禮，字子以父」即在婚禮、冠禮時父親給兒子命字；「別眇夫婦」即辨夫妻之別；「對坐而食」即夫妻對坐進食；「喪禮別葬」即夫妻要分開而葬；「祭禮先膟」即祭祀時用豬的肥肉肥油；「夫妻昭穆別位」即夫妻分爲左右而祭祀；最後是「封禪於尚位」即在地勢高的地方祭祀天地。〔註396〕

需要指出的是，「三統」不是獨立運行的，而是與「四法」、「五帝」、「九皇」等相結合而存在的。何爲「五帝」、「九皇」？

朝代	殷		周		春秋	
春秋					1	
周			1		2	} 春秋三王
殷	1		2	} 周三王	3	
夏	2	} 殷三王	3		1	
虞	3		1		2	
唐	1		2		3	} 春秋五帝
嚳	2		3	} 周五帝	4	
顓頊	3	} 殷五帝	4		5	
軒轅	4		5			
神農	5					
	——殷九皇		——周九皇		——春秋九皇	

〔註394〕蘇輿撰，鍾哲點校《春秋繁露義證》卷七，《三代改制質文》，北京：中華書局1992年版，第212頁。

〔註395〕蘇輿撰，鍾哲點校《春秋繁露義證》卷七，《三代改制質文》，北京：中華書局1992年版，第212頁。

〔註396〕蘇輿撰，鍾哲點校《春秋繁露義證》卷七，《三代改制質文》，北京：中華書局1992年版，第205～208頁。

有一個新王起來，他要封前二代之王的後人爲公，連自己的一代合成三王；又改號這三王前的五代之王爲帝，是爲五帝，封他們的子孫以小國；再把這五帝的前一代之王去了帝號，改號爲九皇（從新朝倒數上去，至五帝的前一代，是第九代，故曰九皇；不是有九個皇）。〔註397〕

而且，「五帝」、「九皇」並不是固定不變的，「神農」在白統中爲「赤帝」，在赤統中又是「九皇」，所以「五帝」、「九皇」不是特指具體的君王，而是隨著「三統」不斷變化的。董仲舒認爲，王者有「再而復者」、「三而復者」、「四而復者」、「五而復者」、「九而復者」，君王只有瞭解「四法」、「三統」、「五帝」、「九皇」的相輔相成循環之道，才能「通天地、陰陽、四時、日月、星辰、山川、人倫」即體陰陽、查四時、辨日月、明人倫，進而「號稱天子。」即眞正的受命於天。〔註398〕

3.3.4 關於三統更化的問題

董仲舒言：

> 今所謂新王必改制者，……若夫大綱、人倫、道理、政治、教
> 化、習俗、文義盡如故，亦何改哉？〔註399〕

可見，董仲舒認爲，新興帝王改制的內容僅是正朔和服色，而不包括習俗、文義。所以，有的學者認爲董仲舒的「三統說」只講循環，不談發展。〔註400〕然而，董仲舒認爲，只有在「盡如故」的情況下，習俗、文義才不

〔註397〕關於「五帝」、「九皇」圖表與文字的引用，詳見：顧頡剛著《中國上古史研究講義》，中華書局 2009 年版，第 124～125 頁。

〔註398〕蘇輿撰，鍾哲點校《春秋繁露義證》卷七，《三代改制質文》，北京：中華書局 1992 年版，第 200～201 頁。

〔註399〕蘇輿撰，鍾哲點校《春秋繁露義證》卷一，《楚莊王》，北京：中華書局 1992 年版，第 17～19 頁。

〔註400〕馮友蘭認爲：「三統」改制只是「表面上的事情」。詳見：《中國哲學史新編》（中冊），人民出版社 1998 年版，第 95 頁。侯外廬認爲：「三統」的歷史觀「承認歷史變遷的形式並沒有改變實質。」詳見：侯外廬主編《中國思想通史》（第二卷），人民出版社 1957 年版，第 109 頁。丁首奎認爲：「三統說」「沒有前進，沒有發展」。詳見：《兩漢哲學新探》，四川人民出版社 1988 年版，第 122 頁。張秋升認爲：「在董仲舒的歷史哲學中，既沒有歷史進化的明確表述，而且王者制禮樂仍舊是歷史表層的變動，再者禮之損益也並不表明歷史的進化，所以董氏的歷史哲學並沒有歷史進化的意味。」詳見：《董仲舒歷史哲學初探》，載《南開大學學報》1997 年第 6 期。但是，有的學者卻認爲董氏的「三統說」具有歷史進化的意味。汪高鑫認爲：「董

需要發生改變，但如果「盡如故」的情況不復存在了，習俗和文義就需要更化改制了。董仲舒言：「繼治世者其道同，繼亂世者其道變。」〔註401〕所以，繼亂世的聖王需要「掃除其跡而悉去之，復修教化而崇起之。」即對亂世的弊政進行更化。〔註402〕

周代末期「大爲亡道」，但秦不僅沒有對周末的弊政進行更化，反而推酷刑、毀禮義、興殺戮，使王道盡失。〔註403〕然而，西漢建立之初，同樣沒有對秦朝的弊政進行更化。賈誼認爲，漢初之時，商人與官吏狼狽爲奸，競爲奢靡，敗壞了社會風氣，使得道德淪喪。〔註404〕不僅如此，賈誼還意識到漢初社會存在著諸侯割據、匈奴侵擾、貧富差距嚴重等問題，〔註405〕社會形勢猶如「抱火厝之積薪之下而寢其上，火未及燃，因謂之安。」〔註406〕

因此，董仲舒認爲「秦受亡周之弊，而亡以化之」，而「漢受亡秦之弊，又亡以化之。」秦、漢都沒有對亂世的弊政進行更化，可見，武帝之時「夫

仲舒的『三統說』是一種歷史進化論，體現了一種變道救弊的主張，對漢朝政治當更化而不更化提出了批評。」詳見：《「三統說」與董仲舒的歷史變易思想》，載《齊魯學刊》2002 年第 3 期。王永祥也認爲：「董仲舒的『三統說』具有變更時弊的主張。」詳見：《董仲舒評傳》，南京大學出版社 1995年版，第 211 頁。雷家驥同樣認爲：「董仲舒『三統說』的目的與意義在針對前代而救弊扶衰。」詳見：《兩漢至唐初的歷史觀念與意識》，書目文獻出版社 1987 年版，第 39 頁。

〔註401〕班固撰《漢書》卷五十六，《董仲舒傳》，北京：中華書局 1962 年版，第 2518～2519 頁。

〔註402〕班固撰《漢書》卷五十六，《董仲舒傳》，北京：中華書局 1962 年版，第 2504頁。

〔註403〕董仲舒言：「至周之末世，大爲亡道，以失天下。秦繼其後，獨不能改，又益甚之，重禁文學，不得挾書，棄捐禮誼而惡聞之，其心欲盡滅先王之道，而顯爲自恣苟簡之治，故立爲天子十四歲而國破亡矣。」詳見：班固撰《漢書》卷五十六，《董仲舒傳》，中華書局 1962 年版，第 2504 頁。

〔註404〕賈誼言：「世之俗侈相耀，人慕其所不知，悷迫於俗，願其所未至，以相競高，而上非有制度也。今雖刑餘鬻妾下賤，衣服得過諸侯、擬天子，是使天下公得冒主而夫人務侈也。」詳見：賈誼撰，閻振益、鍾夏校注《新書校注》卷三，《瑰瑋》，中華書局 2000 年版，第 103 頁。

〔註405〕賈誼向文帝諫言曰：「今匈奴嫚姆侵掠，至不敬也，爲天下患」，而且「諸侯猶且人恣而不制」，「一人耕之，十人聚而食之，欲天下亡饑，不可得也。」詳見：班固撰《漢書》卷四十八，《賈誼傳》，中華書局 1962 年版，第 2240、2260、2243 頁。

〔註406〕班固撰《漢書》卷四十八，《賈誼傳》，北京：中華書局 1962 年版，第 2230頁。

繼二弊之後，承其下流，兼受其猥，難治甚矣。」〔註407〕

　　所以，董仲舒希望利用「三統説」來解決漢代所存在的諸多弊政。「三統
説」認爲「繼治世者固然其道統守一，但繼亂世者則因前代失道而必須更化。」
〔註408〕可見，按照「三統説」的要求，武帝朝應對秦與漢初的「亂世」進行
更化和改革。

　　董仲舒進而認爲，漢朝沒有善治天下的原因在於「失之於當更化而不更
化也。」所以，進行更化改制，解決西漢社會的諸多弊病，也就勢在必行了。
只有進行更化，才能「災害日去，福祿日來。」〔註409〕西漢的社會才能長治
久安。

　　再者，董仲舒言：「是以禹繼舜，舜繼堯，三聖相受而守一道，亡救弊之
政也。」〔註410〕可見，「三代因善於變道而國運長久的成功經驗，也爲董仲舒
的改制提供了一定的借鑒價值。〔註411〕」所以，董仲舒才會言：「然夏上忠，
殷上敬，周上文者，所繼之捄，當用此也。〔註412〕」可見，西漢社會的諸多
弊病、以往社會的治世經驗，都對「三統説」更化觀的形成產生了影響。

　　「三統説」既是一種歷史觀，又是董仲舒藉以改制的重要手段。通過「三
統説」，「董仲舒的改制不僅僅包括改正朔、易服色、徙居處等，還包括政治、
教育、人倫等多方面的問題和內容，其力圖對漢武帝以前的諸多政策進行全
面的革新。〔註413〕」

3.3.5 三統説的最終歸宿

　　在董仲舒的「三統説」中，政權循環的順序是：白—赤—黑。董仲舒將

〔註407〕班固撰《漢書》卷二十七上，《五行志上》，北京：中華書局 1962 年版，第
　　　　1332 頁。

〔註408〕雷家驥著《兩漢至唐初的歷史觀念與意識》，北京：書目文獻出版社 1987 年
　　　　版，第 91 頁。

〔註409〕班固撰《漢書》卷五十六，《董仲舒傳》，北京：中華書局 1962 年版，第 2504
　　　　～2505 頁。

〔註410〕班固撰《漢書》卷五十六，《董仲舒傳》，北京：中華書局 1962 年版，第 2518
　　　　～2519 頁。

〔註411〕汪高鑫《董仲舒與兩漢史學思想研究》，北京師範大學 2002 年博士論文，第
　　　　58～61 頁。

〔註412〕班固撰《漢書》卷五十六，《董仲舒傳》，北京：中華書局 1962 年版，第 2518
　　　　頁。

〔註413〕王永祥著《董仲舒評傳》，南京：南京大學出版社 1995 年版，第 369 頁。

黑統置於政權循環的終點，其目的就在於希望新興的帝王可以吸取白統、赤統的治世經驗，做到趨利避害，善治於天下。所以，董仲舒才會言：

> 《春秋》作新王之事，變周之制，當正黑統。〔註414〕

其又引孔子之言：

> 殷因於夏禮，所損益可知也；周因於殷禮，所損益可知也；其
> 或繼周者，雖百世可知也。〔註415〕

可見，董仲舒認為，西漢王朝只有避除以往朝代的諸多弊政，才能完善自身的統治。

「三統說」截取了「五德終始說」的金德、火德、水德，而刪除了木德與土德。有的學者認為，「三統說」對「五德終始說」進行截取的目的在於，利用五德說的影響力來宣傳自身的學說。〔註416〕有的學者則認為，由於限於三正之數，三統說不得不把土德的黃和木德的青犧牲掉而已。〔註417〕但是，深究其因卻能發現，「三統說」對木德與土德進行刪除的真正目的在於，確保西漢政權的長治久安。白─赤─黑之間是相勝的循環，如果，三統說中存在土德，那麼按照五行相勝的原則，土（尚黃）克制水（尚黑），即土德會對漢朝所屬的黑統產生相勝的剋制作用，而且土德會代替黑統成為新生政權的象徵。〔註418〕如果，三統說中存在木德，那麼按照五行相生的原則，水（尚黑）生木（尚青），即黑統會派生出木德，而且木德會代替黑統成為新生政權的象徵。〔註419〕可見，「三統說」對木德與土德進行刪除，既是為了防止其它政權對漢朝的克制，又是為了防止漢朝派生出新的政權。

無論是「三統說」白─赤─黑的循環順序，還是「三統說」對木德與土德的刪除，其目的就是要確保西漢王朝的長治久安。所以，董仲舒言：「改正

〔註414〕蘇輿撰，鍾哲點校《春秋繁露義證》卷七，《三代改制質文》，北京：中華書局 1992 年版，第 199 頁。

〔註415〕班固撰《漢書》卷五十六，《董仲舒傳》，北京：中華書局 1962 年版，第 2518 頁。

〔註416〕王永祥著《董仲舒評傳》，南京：南京大學出版社 1995 年版，第 332 頁。

〔註417〕顧頡剛著《中國上古史研究講義》，北京：中華書局 2009 年版，第 120 頁。

〔註418〕董仲舒所著的《春秋繁露》中有《五行相勝》篇，其中就有關於土對水（黑統）進行克制的論述。詳見：蘇輿撰，鍾哲點校《春秋繁露義證》卷十三，《五行相勝》，中華書局 1992 年版，第 366～371 頁。

〔註419〕董仲舒所著的《春秋繁露》中有《五行相生》篇，其中就有關於黑統（水）對木進行派生的論述。詳見：蘇輿撰，鍾哲點校《春秋繁露義證》卷十三，《五行相生》，中華書局 1992 年版，第 361～366 頁。

之義，奉元而起。」受命而王的天子，只有進行改制，才能「統天下」、「朝諸侯」、「遠方各衣其服而朝」，進而「明乎天統之義也。」〔註420〕

可見，董仲舒認爲，君王只有按照「三統說」的要求，進行相應的改制，才能統一正朔、服色，外夷、諸侯、大臣才能臣服，君王自身才能眞正的做到受命於天，建立大一統的政權。所以說，三統說「嘗試結合受命與改制的問題，解釋如何確定漢朝法統的存在與新王朝成立的合法性問題，以及如何調合漢初以來封建與專制制度的爭論，維持與保障漢代大一統政權合理而穩定的存在，並促使安和樂利理想社會的實現。〔註421〕」其的實質是「曲折地把這種大一統的觀念表述出來了。〔註422〕」

無論是董仲舒「天」的哲學，還是他的「天人感應」理論、「三統說」，董氏的這些學說都與「五德終始說」有著千絲萬縷的聯繫。就董仲舒「天」的哲學而言，其不僅對「五德終始說」中自然之天的相關理論進行了借鑑，其還將「五德之說」中「德」與「政權」之間的契合關係，借鑑到自身的「道德之天」中，進而構建起了「天」與「人」之間的互動關係。就「天人感應」理論而言，其是在「五德終始說」的藍本之上衍伸、發展而成的，其在「貴土」原則、「符應」現象、「天與君主的對應關係」、「仁義理論在天人關係中的體現」等方面都對「五德終始說」的相關理論進行了借鑑。如果說，董仲舒「天」的哲學、董氏的「天人感應」理論主要是對「五德終始說」進行借鑑的話，那麼，董仲舒的「三統說」則大大的拓展了「五德終始說」的發展空間。雖然，「三統說」在政權的循環方式、政權的德屬、「聖統」的建設等方面都對「五德之說」有所借鑑，但是，其將「五德終始說」對政權的「更化」發展成爲了對現實弊政的「更化」，這樣以來，「三統說」不再像「五德終始說」那樣只是重視政權的轉移、禮樂制度的建設，而是開始滲透到了具體的治國策略當中，爲「大一統」政權的構建提供理論上的支持。〔註423〕這是「五德終始說」所從未涉及到的，這也是董仲舒對「五德終始說」所進行的最大發展。

〔註420〕蘇輿撰，鍾哲點校《春秋繁露義證》卷七，《三代改制質文》，北京：中華書局1992年版，第195～197頁。

〔註421〕孫長祥《董仲舒哲學與公羊春秋》，載《哲學與文化》（臺灣）2003年第9期。

〔註422〕劉家和《論漢代春秋公羊學的大一統思想》，載《史學理論研究》1995年第2期。

〔註423〕詳見：姜廣輝所寫《從孔子到董仲舒》一文，載《光明日報》2014年1月27日，第16版。

第四章　劉向對五德終始說的吸納與發展

　　顧頡剛曾言：「整個漢代的學術都被陰陽五行思想所籠罩，不僅如此，人們的社會生活、君王士大夫們的政治生活，也都沒有脫離陰陽五行學說的範疇。〔註1〕」雖然，西漢中期以後的社會狀況與政治環境在逐漸發生著變化，但是，陰陽五行思想對漢代學術所產生的影響，卻絲毫沒有減弱。董仲舒以後，夏侯勝、魏相、孟喜〔註2〕、京房〔註3〕等人也對陰陽五行思想進行了傳承與發展，而劉向對於陰陽五行思想的吸納與利用則是更為的全面與系統。災異學說是以陰陽五行思想作為基礎的，作為一種系統的思想理論其發端於董仲舒，「而孟喜、京房以災異理論為基礎，進而構建起了自身的易學思想體系。孟喜、京房易學對董仲舒的『天人感應』理論進行了發展，將易卦的陰陽變化同樣視作是『上天』譴告的手段，並將『上天』的譴告範圍由國家政事推衍到了社會生活的諸多方面。〔註4〕」劉向則對董仲舒、孟喜、京房等人

〔註1〕 顧頡剛著《秦漢的方士與儒生》，上海：上海世紀出版集團 2005 年版，第 1頁。

〔註2〕 孟喜對陰陽家的陰陽五行變異思想、陰陽災異思想進行了繼承與發展，並成為其卦氣說的重要理論來源。詳見：文平《孟喜卦氣說溯源》，載《湘潭大學學報（哲學社會科學版）》2009 年第 6 期。

〔註3〕 京房在陰陽災異理論的基礎上發展出了「《易》陰陽災異論」，其與董仲舒的「天人感應」理論一樣，都服務於一定的政治信念和政治理想。詳見：陳侃理《京房的〈易〉陰陽災異論》，載《歷史研究》2011 年第 6 期。

〔註4〕 張豈之主編《中國儒學思想史》，西安：陝西人民出版社 1990 年版，第 181～194 頁。

的陰陽災異學說進行了總結與發展，劉向不僅對災異現象產生的原因、消弭災異的方法進行了系統的歸納，其還將自身的災異理論運用於現實的政治鬥爭，所以，劉師培認為：「劉向用陰陽災異說經，可以稱作是漢代的陰陽家之學。〔註 5〕」有的學者則更明確的指出：「漢代的陰陽五行學說肇始於陸賈，中經董仲舒，最後由劉向完成。〔註 6〕」

　　劉向字子政，沛縣人，漢室宗親，係楚元王劉交的四世孫。〔註 7〕「劉向生於昭帝元鳳二年，既公元前 79 年。死於成帝綏和元年，即公元前 8 年〔註 8〕」，其經歷了西漢昭、宣、元、成等四代君主。劉向所生活的時代正是西漢王朝由中興走向衰亡的過渡階段，各種社會矛盾日益激化，在王權內部，一部分劉氏宗親、士大夫同外戚、宦官之間進行著爭奪統治權的激烈鬥爭，劉向則是這些宗親和士大夫們的重要代表人物，在鬥爭的過程中，他提出了一些加強王權、改善民生的政治主張和社會政策，在中國古代思想史上佔有一定的地位。〔註9〕除此之外，劉向在經學和目錄學上還有著很深的造詣。

〔註 5〕劉師培著《國學發微》，寧武南氏校印，民國 25 年版，第 16 頁。

〔註 6〕王繼訓《先秦秦漢陰陽五行思想之探析》，載《管子學刊》2003 年第 1 期。

〔註 7〕詳見：班固撰《漢書》卷三十六，《楚元王傳》，中華書局 1962 年版，第 1928～1972 頁。

〔註 8〕吳全蘭著《劉向哲學思想研究》，北京：中國社會科學出版社 2007 年版，第 4～8 頁。

〔註 9〕班固言：「向睹俗彌奢淫，而趙、衛之屬起微賤，逾禮制。何以為王教由內及外，自近者始。故採取《詩》《書》所載賢妃貞婦，興國顯家可法則，及孽嬖亂亡者，序次為《列女傳》，凡八篇，以戒天子。及採傳記行事，著《新序》、《說苑》凡五十篇奏之。」詳見：班固撰《漢書》卷三十六，《楚元王傳》，中華書局 1962 年版，第 1957～1958 頁。可見，《列女傳》、《新序》、《說苑》乃是劉向的主要著作。學者們一般都認為，《列女傳》為劉向所著，而《新序》、《說苑》是否為劉向所著，能否反映劉向的思想，學術界對此則存在爭議。但是，隨著人們對《新序》、《說苑》的深入研究，一些當代的學者基本認定，上述兩部古籍出自劉向之手，而且能夠反映出劉向的思想概貌。徐復觀通過考辨認為：「《說苑》、《新序》乃是劉向所著，劉向所錄者皆係先秦舊錄，間或加入漢代言行，決非出自臆造。」詳見：《兩漢思想史》（第三卷），華東師範大學出版社 2001 年版，第 39～42 頁。祝瑞開認為：「《新序》、《說苑》都是係劉向根據中書保存，自己收藏和民間流行『傳記行事』的材料，重新編寫，創作而成。」詳見：《兩漢思想史》，上海古籍出版社 1989 年版，第 233 頁。吳全蘭對古今的典籍進行考辨後認為：「《新序》、《說苑》均由劉向編纂而成，可以反映出劉向的思想概貌。」詳見：《劉向哲學思想研究》，中國社會科學出版社 2007 年版，第 25～31 頁。除此之外，宋代學者高似孫曾言：「先秦古書甫脫爐劫，一入向筆，採擷不遺。至其正紀綱，迪教化，辨邪正，黜異端，以為漢規監者，

　　劉向思想的形成除了受其家學的影響外，因其長期進行典籍的編纂工作，對諸子之書多有涉獵，所以，還與他兼采諸家，以天下爲己任的士大夫身份有關，「劉向的哲學思想是以儒家的社會政治思想和倫理道德思想爲主流，以陰陽災異理論和道家思想爲主要特色，融合其他諸子百家的思想，形成一個以維護漢家劉姓王朝爲目的的功利主義思想。〔註 10〕」除了深受儒家思想，道家思想影響之外，〔註 11〕劉向思想學說還受到了陰陽家思想的影響。「我們讀劉向的著作，可以發現他大量吸收了陰陽家的思想。他以陰陽災異推論時政得失，把自然的變異現象和人的行爲聯繫起來，以相生的五德終始說推論歷史的演變，提倡『從時』，等等，都是以陰陽家的天人相應，同類相動、順天守時等思想爲理論基礎。〔註 12〕」而且，梁啓超認爲「陰陽災異之說」創於鄒衍，經由董仲舒、劉向的發展，遂成爲影響深遠的怪誕之說。〔註 13〕梁氏對陰陽災異學說的評價雖略顯偏頗，但其卻清醒的意識到了鄒衍、董仲舒、劉向三人之間的學術傳承關係。

　　「綜觀兩漢政治，與『五德終始說』，『陰陽災異說』，……所發生的關係，是那樣的深刻，普遍，則知齊人鄒衍之學，播種於戰國末期，生根於嬴秦，花孕怒放，則在兩漢了。〔註 14〕」可見，鄒氏的「五德終始說」的確在兩漢產生過較大的影響，而且，有的學者還認爲，劉向對「五德終始說」進行過

盡在此書，茲《說苑》、《新序》之旨也。嗚呼！向誠忠矣！嚮之書誠切切矣。漢之政日益萎薾而不振，訖終於大亂而後已，一杯水不足以救輿薪之火，此之謂歟。觀此，則嚮之抱忠懷誼，固有可憐者焉。」詳見：王雲五主編《叢書集成初編》，《子略》卷四，商務印書館中華民國 28 年版，第 40 頁。可見，劉向通過編寫《新序》、《說苑》進而向君王進諫，希望解決西漢王朝日益嚴重的政治問題和社會問題。所以，清代的學者朱一新認爲：「劉子政作《新序》，《說苑》冀以感悟時君。」詳見：《續修四庫全書》，《子部‧雜家類》，《無邪堂答問》卷四，上海古籍出版社 2002 年版，第 532 頁。

〔註 10〕郝繼東著《劉向及〈新序〉述評》，北京：線裝書局 2008 年版，第 72 頁。
〔註 11〕王萍《道家思想與劉向學術》，載《山東大學學報（哲學社會科學版）》2004 年第 3 期。
〔註 12〕吳全蘭著《劉向哲學思想研究》，北京：中國社會科學出版社 2007 年版，第 67 頁。
〔註 13〕梁啓超曾言：「然則造此邪說以惑世誣民者誰耶？其始蓋起於燕齊方士；而其建設之，傳播之，宜負罪責者三人，焉曰：鄒衍，曰董仲舒，曰劉向。」詳見：梁啓超《陰陽五行說之來歷》，載顧頡剛主編《古史辨》（第五冊），上海古籍出版社 1982 年版，第 353 頁。
〔註 14〕李漢三著《先秦兩漢之陰陽五行學說》，臺北：維新書局中華民國 57 年版，第 254 頁。

加工與完善。〔註 15〕可見，五德之說的傳承者並非僅僅只有董仲舒，劉向同樣對「五德終始說」的相關理論進行了吸納，進而解決西漢中期以後的政治問題和社會問題。五德終始說的「符應」〔註 16〕理論認為，聖王將治天下之時，上天就會降下祥瑞之兆，但是「符應」理論並沒有交代出現祥瑞的原因，董仲舒的「天人感應」理論正好彌補了這一缺陷，該理論以儒家的「仁政」標準來規範君王的言行，君王的言行如果違反了儒家倫理道德思想的要求，上天就會降下災異，如果國家得到善治，上天就會降下祥瑞。而「劉向則對董仲舒所創立的以天人感應理論為核心的陰陽五行災異學說，進行了繼承與發展。〔註 17〕」使五德終始說的「符應」理論變的更加完善。除此之外，五德終始說將金、木、水、火、土之間的生剋關係視為是政權轉移的推動力，而劉向則將自然之五行與現實中的人事相比附，並將自然五行之間的生剋關係附會於人事，進而認為女性、百姓、大臣、君王是推動歷史發展的重要力量，使五德終始說對於社會發展動因的闡發具備了現實的落腳點。不僅如此，五德終始說認為，政權是不斷變革的，沒有一個朝代會永遠的存在下去。劉向繼承了五德理論政權變革的思想，同樣認為：「自古及今，未有不亡之國。〔註 18〕」所以說，劉向在政權變革方面對五德終始說的相關理論進行了繼承，而其同樣在「符應」理論和社會發展動因等方面，對五德終始說進行了發展。

4.1 劉向的災異學說

　　鄒氏的五德之說雖然提出了「符應」的概念，但並沒有對產生「符應」的原因做過多的說明。董仲舒利用「天人感應」理論對「符應」現象做出了初步的分析，但是這種分析「只將五行作為臣道政事來安排，尚未上昇為君道王事，如此，則五行的王道德運色彩尚不夠濃厚，對君主與王朝的政治預警作用也不夠有力……這一切，都是留給他的後繼者繼續構建的時代課題。

〔註 15〕 鄧福田《「五德終始」學說簡論》，載《中國哲學史》1994 年第 1 期。
〔註 16〕 馮友蘭認為：「在某一『德』盛的時候，自然界就有一種現象，作為某一德盛的象徵。一個將興的朝代，就根據這個象徵決定它是受某德的支持。這種象徵叫做『符應』。」詳見：《中國哲學史新編》（上冊），人民出版社 1998 年版，第 629 頁。
〔註 17〕 郝繼東著《劉向及〈新序〉述評》，北京：線裝書局 2008 年版，第 83 頁。
〔註 18〕 班固撰《漢書》卷三十六，《楚元王傳》，北京：中華書局 1962 年版，第 1950～1951 頁。

〔註 19〕」劉向就是這樣一位出類拔萃的後繼者，他對董仲舒的天人學說進行了修補和深化，並對「符應」現象做出了更加系統和全面的解釋。「如果說是董仲舒完成了對陰陽五行思想理論框架與基本精神設計的話，那麼劉向的貢獻則主要在於他繼承和發展了董氏的天人感應論，並將陰陽五行思想真正而具體的落實下來。〔註 20〕」

4.1.1　劉向災異學說形成的歷史原因

　　劉向災異理論的產生與發展，除了受到傳統的以董仲舒為代表的天人感應理論影響之外，還受到了其它因素的影響。首先，「西漢中後期的儒生們大都宣揚陰陽災異學說，陰陽災異學說成為了儒家學說的重要組成部分，大臣們幾乎人人言陰陽災異，陰陽災異幾乎成為了一切政治得失的通論。〔註 21〕」而且，在劉向之前，就已經有士大夫利用陰陽災異說來影射權臣的擅政，張敞在《為霍氏上封事》中認為，由於霍光「海內之命，斷於掌握」，所以，導致了「月朓日食」、「晝冥宵光」、「地大震裂」、「火生地中」等災異現象的產生。〔註 22〕

　　可見，在西漢中期以後，用災異來評論政治的得失成為了一種趨勢，不僅如此，「陰陽災異學說還成為了一種廣泛流行的社會思潮。〔註 23〕」而且，「漢宣帝以後，穀梁〔註 24〕、左氏二家在對待災異的問題上已與公羊學派漸趨一致，三家都開始運用陰陽災異學說來尋求歷史上的災祥應驗，闡發相關的政治見解。〔註 25〕」這些都對劉向災異學說的形成產生了促進作用。

　　其次，從「元帝永光二年（公元前 43 年）至成帝陽朔四年（公元前 21 年），共有風災 4 次，霜災 2 次，雪災 5 此，雹災 1 次，凍災 1 次。〔註 26〕」

〔註 19〕徐興無著《劉向評傳》，南京：南京大學出版社 2005 年版，第 297 頁。

〔註 20〕王繼訓《劉向陰陽五行學說初探》，載《孔子研究》2002 年第 1 期。

〔註 21〕陳麗平著《劉向〈列女傳〉研究》，北京：中國社會科學出版社 2010 年版，第 157～165 頁。

〔註 22〕詳見：班固撰《漢書》卷七十六，《趙尹韓張兩王傳》，中華書局 1962 年版，第 3217 頁。

〔註 23〕鄧駿捷《劉向的憂患意識與學術實踐》，載《齊魯文化研究》2010 年第 9 輯。

〔註 24〕有的學者對劉向在石渠會議受《穀梁傳》的具體情況進行了論述，詳見：徐興無著《劉向評傳》，南京大學出版社 2005 年版，第 77～82 頁。

〔註 25〕劉家和《〈春秋〉三傳的災異觀》，載《史學史研究》1990 年第 2 期。

〔註 26〕陳業新《災害與西漢社會研究》，華中師範大學 2001 年博士論文，第 1～33 頁。

就「日食」而言，劉向認爲，自成帝即位以來「二十歲間而八食，率二歲六月而一發。」次數之多「古今罕有。」〔註27〕可見，自然災害的頻發，爲劉向的災異學說提供了相對豐富的立論依據。

最後，元帝時期宦官弘恭、石顯的專權，成帝時期外戚王氏的擅政，加之西漢中期以後，民不聊生，出現了較爲嚴重的社會危機，劉向希望通過「竊推《春秋》災異，以救今事一二。〔註28〕」即「把『擁漢安劉』作爲了自身災異學說的最終政治歸宿。〔註29〕」

4.1.2 劉向災異學說的文本載體

錢穆認爲：「劉向論政，率本災異。〔註30〕」的確如此，劉向往往把自己的災異學說同政論相聯繫，因而存留了不少關於災異理論的文獻材料。

就奏議類而言〔註31〕，《漢書・楚元王傳》就記載了不少劉向論災異的奏疏。如：《使外親上變事》，徐興無認爲：「這封變事，既講災異，又講人事。天人感應是劉向的政治思維取向。但可以明顯看出，他援引與推占災異，用意在於進諫。在劉向看來，消弭災異的法術是進賢良而退小人。〔註32〕」《條災異封事》，劉向總結了歷史上所發生的災異事件，認爲人君的稟性和才智是消除災異的主要手段，進而要求元帝打擊外戚和宦官。《極諫用外戚封事》，劉向列舉春秋以來政權旁落的現象，希望君王能以史爲鑒，永保劉氏政權。《論星孛山崩疏》，劉向以陰陽五行學說爲基礎，將自然界不合理的現象同人事報應相聯繫，勸諫君王要順天而行，避免災異。《復上奏災異》，劉向認爲成帝之時，日食等災異現象頻發，希望成帝「觀天文」、「察時變」、「崇劉氏」，修

〔註27〕 班固撰《漢書》卷三十六，《楚元王傳》，北京：中華書局 1962 年版，第 1963 頁。

〔註28〕 班固撰《漢書》卷三十六，《楚元王傳》，北京：中華書局 1962 年版，第 1932 ～1947 頁。

〔註29〕 孫叔平著《中國哲學史稿》（上），上海：上海人民出版社 1980 年版，第 293 頁。

〔註30〕 錢穆《劉向歆父子年表》，載顧頡剛主編《古史辨》（第五冊），上海：上海古籍出版社 1982 年版，第 153 頁。

〔註31〕 《全漢文》幾乎彙集了劉向言災異的所有奏議，其中包括《條災異封事》、《極諫用外戚封事》、《復上奏災異》、《對成帝甘泉泰畤問》、《日食對》等。詳見：嚴可均輯《全上古三代秦漢三國六朝文》，《全漢文》卷三十六，北京：商務印書館 1999 年版，第 368～379 頁。

〔註32〕 徐興無著《劉向評傳》，南京：南京大學出版社 2005 年版，第 118 頁。

德避禍。

　　除此之外，《漢書・五行志》中有《日食對》，成帝河平元年四月己亥晦，在東井六度（太陽位於井宿六度）發生日食，不盡如鈎。劉向認爲是害繼嗣之象。〔註33〕《漢書・郊祀志》中有《對成帝甘泉泰畤問》，由於成帝罷甘泉、泰畤的祭祀，大風毀壞了甘泉宮和泰畤的百餘棵大樹，劉向認爲先人立下的祭祀不能隨意更改，否則會殃及後代。《漢書・禮樂志》中有《說成帝定禮樂》，成帝時，在犍爲郡的水濱得古磬十六枚，劉向認爲是國家應興禮樂之象。〔註34〕

　　就著作類而言，主要是《洪範五行傳論》。〔註35〕劉向幾乎集合了西漢中期以前所有的災異現象，並用五行來進行歸類，對天人之間的關係進行了全面的概述。劉向的《洪範五行傳論》已經散失，但其基本的內容保存於《漢書・五行志》中。〔註36〕此外，《漢魏六朝百三家集》中的《劉子政集》還對《洪範五行傳論》進行了輯佚。〔註37〕所以，我們仍舊可以瞭解到《洪範五行傳論》一書的概貌。在《洪範五行傳論》中，劉向將五行同具體的「符應」現象相結合，對每一類的現象都做出了細緻的解釋。如木類：「木冰」是指重

〔註33〕據《漢書・五行志》載：「河平元年四月己亥晦，日有食之，不盡如鈎，在東井六度。劉向對曰：『四月交於五月，月同孝惠，日同孝昭。東井，京師也，且既，其占恐害繼嗣。』」詳見：班固撰《漢書》卷二十七下之下，《五行志下之下》，中華書局 1962 年版，第 1504 頁。

〔註34〕據《漢書・禮樂志》載：成帝時「犍爲郡於水濱得古磬十六枚，……劉向因是說上：『宜興辟雍，設庠序，陳禮樂，隆雅頌之聲，盛揖讓之容，以風化天下。如此而不治者，未之有也。』」詳見：班固撰《漢書》卷二十二，《禮樂志》，中華書局 1962 年版，第 1033 頁。

〔註35〕成帝時，王鳳等七人專權，成帝「詔向領校中《五經》秘書。向見《尚書洪範》，箕子爲武王陳五行陰陽休咎之應。向乃集合上古以來歷春秋六國至秦漢符瑞災異之記，推跡行事，連傳禍福，著其占驗，比類相從，各有條目，凡十一篇，號曰：《洪範五行傳論》，奏之。天子心知向忠精，故爲王鳳兄弟起此論也，然終不能奪王氏權。」詳見：班固撰《漢書》卷三十六，《楚元王傳》，中華書局 1962 年版，第 1950 頁。

〔註36〕白壽彝認爲，劉向作《洪範五行傳論》爲的是打擊外戚，宦官專權；《漢書・五行志》所引《洪範五行傳論》達一百五十二條之多。詳見：《劉向和班固》，載白壽彝著《中國史學史論集》，中華書局 1999 年版，第 112 頁。有的學者認爲：「《漢書・五行志》所載，劉氏父子推演災異者，共一百八十二事，上起西周幽王二年（公元前 780 年），下逮西漢成帝元延元年（公元前 21 年），言論凡二百二十六則。」詳見：侯外廬主編《中國思想通史》（第二卷），人民出版社 1957 年版，第 197 頁。

〔註37〕詳見：張溥輯《漢魏六朝百三家集》卷七，《劉子政集》，長春：吉林出版集團 2005 年版，第 313～384 頁。

臣、貴戚有篡政之象；金類：「石言」是指吉祥之象；火類：「御廩災」是指君王或諸侯王的夫人有不潔之象；水類：「水冰」是指弟有弒兄之象；土類：「大亡春禾」是指君王有奢靡荒淫之象。可見，劉向把各種「符應」現象進行了分門別類的劃分，並一一的做了解釋。除此之外，《玉函山房輯佚書》還載有劉向所撰的《春秋穀梁傳說》的佚文，其中有劉向對隱公九年、嚴公七年、僖公八年等時間段所發生的災異現象的解釋。〔註38〕

就詩賦與銘而言，劉向在《請雨華山賦》中談到了對鬼神的祭祀，進而諷勸君王要重視災異現象。劉向在《九歎》中通過對屈原的追憶，進而表達自己身爲劉氏宗親卻難以被重用的苦悶心情，並對宦官與外戚的擅政進行了批判。〔註39〕劉向在《杖銘》中將外戚和宦官稱爲「佞人」，把賢臣稱爲君王的「杖」，希望君王倚重賢臣，遠離「佞人」。〔註40〕

4.1.3 災異現象產生的原因

國家爲什麼會出現災異現象呢？劉向言：

> 和氣致祥，乖氣致異；祥多者其國安，異眾者其國危，天地之
> 常經，古今之通義也。〔註41〕

可見，劉向認爲：

> 災異的產生完全取決於氣的乘戾和調合。〔註42〕

劉向又言：

> 王道失則災害生，得則四海輸之祥瑞。〔註43〕

可見，劉向還認爲，國家如果治理的得當，上天就會出現祥瑞，否則，上天就會降下災異。那麼，君王在治理國家的過程中出現什麼問題，上天才會降下災異現象呢？

〔註38〕 詳見：《續修四庫全書》，《子部・雜家類》，上海：上海古籍出版社 2002 年版，第 264～266 頁。

〔註39〕 《請雨華山賦》、《九歎》，詳見：嚴可均輯《全上古三代秦漢三國六朝文》，《全漢文》卷三十六，商務印書館 1999 年版，第 361～367 頁。

〔註40〕 《杖銘》，詳見：張溥輯《漢魏六朝百三家集》卷七，《劉子政集》，吉林出版集團 2005 年版，第 274 頁。

〔註41〕 班固撰《漢書》卷三十六，《楚元王傳》，北京：中華書局 1962 年版，第 1941 頁。

〔註42〕 王繼訓《劉向陰陽五行學說初探》，載《孔子研究》2002 年第 1 期。

〔註43〕 《漢書・藝文志》，顏師古注引劉向《別錄》之語。詳見：班固撰《漢書》卷三十，《藝文志》，中華書局 1962 年版，第 1704 頁。

　　劉向借翟封茶之口回答了這個問題。翟封茶認爲，之所以會產生「雨穀」、「雨血」、「馬生牛，牛生馬」等災異現象，原因在於「其君幼弱」、「其諸卿貨」、「大夫比黨」、「百官肆斷」。〔註44〕

　　可見，劉向認爲，「雨穀」（天上下穀子）、「雨血」（天降血雨）、「馬生牛、牛生馬」等災異現象產生的原因在於，君王弱小無能、官員結黨營私、國家的法律和政令難以實施、賢臣得不到任用等。

　　而爲了現實政治鬥爭的需要，劉向認爲宦官和外戚的擅政是產生災異的最重要原因。劉向首先把矛頭對準了宦官，元帝初元二年（公元前47年），劉向借地震頻發之機，以其外親之手上書朝廷，在上書中劉向列舉了季布、兒寬等人的事例，建議元帝不要因爲一些罪責就放棄對人才的任用，並指出「前弘恭奏望之等獄決，三月，地大震。」即蕭望之被弘恭、石顯構陷以後，反而出現了地震的災異現象，而弘恭復職以後，「天陰雨雪」即上天卻降下雨雪的災異，而且「地動殆爲恭」即地震也是由於弘恭復職所引起的，劉向進而向元帝諫言：「退恭、顯以章蔽善之罰，進望之等以通賢者之路。」即罷黜宦官弘恭、石顯，任用賢臣，只有如此，才能「太平門開，災異之原塞矣。」〔註45〕

　　除了蕭望之的事件之外，「元帝初元三年四月乙未，孝武園白鶴館災。」劉向認爲其原在於「佞臣石顯」等人把持朝政，而君王「去貴近逸遊不正之臣」〔註46〕可見，弘恭、石顯媚君誤國，進而導致了災異現象的發生。

　　漢成帝即位以後，以石顯爲首的宦官集團雖遭到打擊，但是以王鳳爲首的外戚卻開始逐漸專權。劉向於是又將矛頭對準了外戚，並將成帝朝的外戚王氏視爲是竊國大盜，所以，饒宗頤稱劉向爲「反抗王氏的第一人。」〔註47〕

　　劉向認爲，在元帝之時，就已經出現了王氏將要擅政的「符應」現象。如：「元帝初元四年」，在王氏先祖王伯的墓門「梓柱卒生枝葉，上出屋。」劉向認爲是「王氏貴盛將代漢家之象也。」〔註48〕如：元帝「永光中，有獻

〔註44〕劉向撰，向宗魯校證《説苑校證》卷十八，《辨物》，北京：中華書局1987年版，第469～470頁。
〔註45〕班固撰《漢書》卷三十六，《楚元王傳》，北京：中華書局1962年版，第1930～1932頁。
〔註46〕班固撰《漢書》卷二十七上，《五行志上》，北京：中華書局1962年版，第1335～1336頁。
〔註47〕饒宗頤著《饒宗頤二十世紀學術文集》（第八冊），卷六《史學》（上），臺北：新文豐出版股份有限公司中華民國92年版，第697頁。
〔註48〕班固撰《漢書》卷二十七中之下，《五行志中之下》，北京：中華書局1962年

雄雞生角者。」劉向認爲「雞者小畜，主司時，起居人，小臣執事爲政之象也。」即身爲外戚（小臣）的王氏將會執政。〔註49〕除此之外，劉向還借助「釐公十五年『九月己卯晦，震夷伯之廟。』」的災異現象來影射王氏家族的世代簪纓，劉向言：「晦，暝也；震，雷也。夷伯，世大夫，正雷，其廟獨冥。天戒若日，勿使大夫世官，將專事暝晦。〔註50〕」

所以，劉向向成帝諫言：君王要有「御臣之術」，如果「大臣操權柄，持國政，未有不爲害者也。」即如果權臣擅政，國家就會危亡。〔註51〕可見，劉向希望成帝能夠重振朝綱，將王氏的擅政扼殺於萌芽之中。

但是，劉向的諫言並沒有能夠阻止王氏對漢家政權的篡奪。王氏「乘朱輪華轂者二十三人」即王氏一族地位尊榮；「青紫貂蟬充盈幄內，魚鱗左右。」即奢華無度。特別是王鳳「秉事用權」、「繫斷自恣」、「身私而託公」即徇私擅權；「尚書九卿州牧郡守皆出其門，……朋黨比周。」即黨羽遍佈朝野；而且「稱譽者登進，忤恨者誅傷」即排除異己。〔註52〕所以，劉向認爲「明視作威顓君害上危國者，從此人始也。〔註53〕」可見，王氏擅政的局面在成帝之時業已形成。

除了宦官、外戚擅政會產生災異現象之外，劉向還認爲其它因素也會導致災異的發生。首先，後宮女子的干政會導致災異的產生。

惠帝四年十月乙亥，未央宮凌室災；丙子，織室災。劉向以爲
元年呂太后殺趙王如意，殘謬其母戚夫人。〔註54〕

未央宮儲藏冰的地方發生火災，而絲織作坊也同樣遭遇了火災。劉向認爲，這些災異都是由呂后干政導致的。如果，諸侯的妻子出現淫亂的行爲，上天也會降下災異。

版，第1412～1413頁。
〔註49〕班固撰《漢書》卷二十七中之上，《五行志中之上》，北京：中華書局1962年版，第1370～1371頁。
〔註50〕班固撰《漢書》卷二十七下之上，《五行志下之上》，北京：中華書局1962年版，第1445頁。
〔註51〕班固撰《漢書》卷三十六，《楚元王傳》，北京：中華書局1962年版，第1958頁。
〔註52〕班固撰《漢書》卷三十六，《楚元王傳》，北京：中華書局1962年版，第1960頁。
〔註53〕班固撰《漢書》卷二十七中之上，《五行志中之上》，北京：中華書局1962年版，第1370～1371頁。
〔註54〕班固撰《漢書》卷二十七上，《五行志上》，北京：中華書局1962年版，第1331頁。

桓公八年「十月，雨雪。」周十月，今八月也，未可以雪，劉
向以爲時夫人有淫齊之行，而桓有妬之心，夫人將殺，其象見也。
〔註55〕

可見，桓公之妻有淫亂的行爲，所以，出現了八月即降下雨雪的災異現
象。

《春秋》桓公十四年「八月壬申，御廩災。」……劉向以爲御
廩，夫人八妾所舂米之臧以奉宗廟者也，時夫人有淫行，挾逆心，
天戒若曰，夫人不可以奉宗廟。〔註56〕

可見，劉向認爲，君王的妻子不潔，反而祀宗廟，所以導致了御廩火災
的發生。

其次，臣下的位高權重也會導致災異的出現。

《春秋》成公十六年「正月，雨，木冰。」劉向認爲「冰者陰之
盛而水滯者也，木者少陽。」所以是「貴臣卿大夫之象也。」〔註57〕

可見，劉向認爲，大臣權力過重，就會出現「木冰」的災異現象。

僖公三十三年「十二月，李梅實。」劉向認爲「周十二月，今
十月也，李梅當剝落，今反華實，近草妖也。先華而後實，不書華，
舉重者也。」即陰（臣）侵陽（君）位，所以是「象臣顓君作威福。」
〔註58〕

可見，果實成熟的時節不對，也是臣下權重之象。

昭公四年「正月，大雨雪。」劉向以爲昭取於吳而爲同姓，謂
之吳孟子。君行於上，臣非於下。又三家已強，皆賤公行，慢侮之
心生。〔註59〕

可見，若臣下已有犯上之心，同樣會引起災異現象的產生。

〔註55〕班固撰《漢書》卷二十七中之下，《五行志中之下》，北京：中華書局1962年
　　　　版，第1423頁。
〔註56〕班固撰《漢書》卷二十七上，《五行志上》，北京：中華書局1962年版，第1321
　　　　頁。
〔註57〕班固撰《漢書》卷二十七上，《五行志上》，北京：中華書局1962年版，第1320
　　　　頁。
〔註58〕班固撰《漢書》卷二十七中之下，《五行志中之下》，北京：中華書局1962年
　　　　版，第1412頁。
〔註59〕班固撰《漢書》卷二十七中之下，《五行志中之下》，北京：中華書局1962年
　　　　版，第1423頁。

再次，君王如果不能任用賢臣也會引發災異現象。劉向認為，君王如果「多疑心」，就會造成「賢人退而善政還」，進而產生「災異之所以重至」的惡果。〔註60〕

劉向又列舉出了一些事例來證明黜賢與災異之間存在著聯繫。

> 襄公九年「春，宋災。」劉向以為先是宋公聽讒，逐其大夫華弱，出奔魯。〔註61〕

> 襄公三十年「五月甲午，宋災。」劉向以為先是宋公聽讒而殺太子痤，應火不炎上之罰也。〔註62〕

可見，劉向認為賢臣如果被構陷，上天就會降下災異。

最後，君王應該修德、愛民，否則也會引發災異現象的產生。

> 嚴公二十年「夏，齊大災。」劉向認為「齊桓好色，聽如，以妾為妻，以妾為妻，適無數更。」所以「致大災。」〔註63〕

可見，劉向認為君王如果奢淫無度，上天就會降下災異。

「嚴公七年『四月辛卯夜，恒星不見，夜中星隕如雨。』」劉向認為，天降星隕意在「將欲人君防惡遠非，慎卑省微。」而君王只有「裁什一之稅，復三日之役」、「立信布德」、「改過修正」、「節用儉服」、「以惠百姓」，才能「諸侯懷德，士民歸仁，災消而福興矣。」〔註64〕

可見，劉向認為，君王如果輕繇薄役、修德施教、勤儉節用、惠澤百姓、進而善治天下，那麼，恒星不明、隕石如雨的災異現象就會消失，反之，災異就會繼續接踵而來。

4.1.4 災異現象消弭的方法

劉向言：「賢君見變，能修道以除凶。〔註65〕」那麼，君王如何去做才

〔註60〕班固撰《漢書》卷三十六，《楚元王傳》，北京：中華書局1962年版，第1943～1945頁。

〔註61〕班固撰《漢書》卷二十七上，《五行志上》，北京：中華書局1962年版，第1324頁。

〔註62〕班固撰《漢書》卷二十七上，《五行志上》，北京：中華書局1962年版，第1326頁。

〔註63〕班固撰《漢書》卷二十七上，《五行志上》，北京：中華書局1962年版，第1322頁。

〔註64〕班固撰《漢書》卷二十七下之下，《五行志下之下》，北京：中華書局1962年版，第1508頁。

〔註65〕班固撰《漢書》卷二十七上，《五行志上》，北京：中華書局1962年版，第1324

能消除災異現象呢？劉向結合現實政治，首先認爲，成帝應該打擊外戚王氏的專權。其言：「王氏與劉氏亦且不並立。」如果，王氏繼續專政擅權，那麼，劉家王朝「如下有泰山之安，則上有累卵之危。」所以，希望成帝能「守持宗廟。」〔註66〕而且，劉向還列舉了宣帝剷除霍氏家族的例子〔註67〕，希望成帝像「孝宣皇帝不與舅平昌、樂昌侯權」〔註68〕那樣奪回王氏手中的權力。

除此之外，劉向還爲成帝謀劃出了應對王氏的策略，其認爲，對於王氏要「厚安外戚，全其宗族」，這樣就可以「王氏永存，保其爵祿，劉氏長安，不失社稷。」否則「田氏復見於今，六卿必起於漢，爲後嗣憂。」〔註69〕

可見，從「全其宗族「、「保其爵祿」中可以看出，劉向並不主張誅滅王氏，而是建議成帝仍要給予王氏一定的爵位和俸祿，曾國藩認爲劉向此舉「宅心平實，指事確鑿，皆本忠愛二字。〔註70〕」

但是，劉向同樣認爲成帝應該剝奪王氏手中的權力，不然田氏代齊的事件就會在成帝朝重演，劉向還認爲「公族者國之枝葉，枝葉落則本根無所庇蔭。」希望成帝能夠「卑私門，保守社稷，安固後嗣。」〔註71〕即把王氏手中的權力轉移到劉氏宗親手裏，這樣社稷才能長安。

其次，劉向認爲君主應該親賢臣、遠佞邪。劉向曾歎言：「讒夫藹藹而漫

頁。

〔註66〕班固撰《漢書》卷三十六，《楚元王傳》，北京：中華書局1962年版，第1961頁。

〔註67〕據《說苑·權謀》載：孝宣皇帝之時，霍氏奢靡。茂陵徐先生曰：「霍氏必亡！夫在人之右而奢，亡之道也。孔子曰：『奢則不遜。』夫不遜者必侮上，侮上者，逆之道也。出人之右，人必害之。今霍氏秉權，天下之人，疾害之者多矣。夫天下害之，而又以逆道行之，不亡何待！」乃上書言：「霍氏奢靡。陛下即愛之，宜以時抑制，無使至於亡。」書三上，輒報聞。其後霍氏果滅。董忠等以其功封。人有爲徐先生上書者曰：「……今茂陵徐福數上書言霍氏且有變，宜防絕之。向使福說得行，則無裂地出爵之費，而國安平自如。往事既已，而福獨不得與其功。惟陛下察客徙薪曲突之策，而使居燔發灼爛之右。」書奏，上使人賜徐福帛十匹，拜爲郎。詳見：劉向撰，向宗魯校證《說苑校證》卷十三，《權謀》，中華書局1987年版，第323～324頁。

〔註68〕班固撰《漢書》卷三十六，《楚元王傳》，北京：中華書局1962年版，第1961頁。

〔註69〕班固撰《漢書》卷三十六，《楚元王傳》，北京：中華書局1962年版，第1962頁。

〔註70〕唐浩明總責編《曾國藩全集》，《讀書錄·漢書》，長沙：嶽麓書社1987年版，第95頁。

〔註71〕班固撰《漢書》卷三十六，《楚元王傳》，北京：中華書局1962年版，第1966頁。

著分，曷其不舒予情。〔註72〕」可見，劉向希望君王能夠採納自己的忠言，遠離讒臣。劉向又借晏子之口認為，君王只有選賢、進賢、并讓賢臣擔任一定的官職，國家才能避免災禍。晏子言：

> 國有三不詳，……夫有賢而不知，一不詳；知而不用，二不詳；用而不任，三不祥也。〔註73〕

所以，劉向上書言：「在上則引其類，在下則推其類，故湯用伊尹，不仁者遠，而眾賢至，類相致也。〔註74〕」進而要求君王任用賢臣。

最後，劉向認為君王應該修德、律己，善治天下。齊國出現彗星，「齊侯使祝禳之。」而晏子卻認為「天之有彗，以除穢也，君無穢德，又何禳焉。」如果是「德之穢，禳之何益。」〔註75〕可見，劉向認為，國家消除災異的最根本辦法在於君王的修德、自省。

那麼，君王修德的關鍵是什麼呢？那就是貴百姓。劉向借管仲之口言：

> 天者，非蒼蒼莽莽之天也，君人者以百姓為天。〔註76〕

而貴百姓的關鍵，則在於君王要把保障百姓利益作為施政的根本出發點，即「因民」施政，只有如此，天下才能善治。〔註77〕

劉向又借晉文公之口言：

> 神果不勝道，而妖亦不勝德，禍福未發，猶可化也。〔註78〕

可見，君王如果做到了修德、施仁政，那麼其就符合了天道的要求，也就可以戰勝災異現象了。所以，劉向借咎犯之口又言：「我合天道，獨以人事，固將勝之矣。〔註79〕」

〔註72〕 洪興祖撰，白化文等點校《楚辭補注》，《九歎·逢紛》，北京：中華書局1983年版，第283頁。

〔註73〕 劉向撰，向宗魯校證《說苑校證》卷一，《君道》，北京：中華書局1987年版，第19頁。

〔註74〕 班固撰《漢書》卷三十六，《楚元王傳》，北京：中華書局1962年版，第1964頁。

〔註75〕 劉向編著，石光瑛校釋，陳新整理《新序校釋》卷四，《雜事》，北京：中華書局2001年版，第621～624頁。

〔註76〕 劉向撰，向宗魯校證《說苑校證》卷三，《建本》，北京：中華書局1987年版，第73頁。

〔註77〕 劉向撰，向宗魯校證《說苑校證》卷七，《政理》，北京：中華書局1987年版，第168頁。

〔註78〕 劉向編著，石光瑛校釋，陳新整理《新序校釋》卷二，《雜事》，北京：中華書局2001年版，第216～217頁。

〔註79〕 劉向撰，向宗魯校證《說苑校證》卷十三，《權謀》，北京：中華書局1987年

4.1.5 劉向災異學說與董仲舒天人感應理論的異同

　　董仲舒所構建的「天人感應」學說，使儒學的政治批判功能得以發揮，君王的施政要符合儒家仁政的標準，而君王的言行也要符合儒家倫理道德的要求。但是，國家和社會的發展並非僅僅依靠君王一人，其受到多種因素的共同影響。西漢中期以後，君王的權力逐漸旁落，宦官和外戚成為了政治鬥爭的焦點。所以，有的學者認為，劉向的災異學說較之董仲舒的「天人感應」理論有著不同的特點。「其一、劉向把陰陽五行說進一步工具化，具體化，並將其運用到現實的政治鬥爭中去。其二、董仲舒把災異產生的原因歸結為君主的乘戾，而劉向則把災異出現的責任歸咎為權臣、外戚、或宦官，而不是君主。〔註80〕」

　　的確如此，董仲舒的天人感應理論雖然已經涉及到了諸侯割據問題，但是其的著眼點還是在如何去匡正君王的施政和言行。而劉向的災異學說卻以現實的政治鬥爭作為出發點，其「不是一個來自民間的知識分子，對於民生與社會問題不甚關注。他成長於郎官系統，活動於政治中樞，每當災異發生，輒將矛頭直對外戚、宦官。……他相信具體的災異現象與具體的人事之間，存在著真實的聯繫與占驗，可以採用一定的政治行為來消弭災異。〔註81〕」此外，二者之間還存在著一個明顯的差異，即董仲舒的天人感應理論首先強調的是君主受命於天，擁有絕對的權力。董仲舒言：

　　　　受命之君，天之所大顯也。〔註82〕

　　　　王者，天之所予也，其所伐皆天之所奪也。〔註83〕

　　　　唯天子受命於天，天下受命於天子。〔註84〕

　　而劉向的災異學說首先強調的是，君王如何才能奪取宦官和外戚手中的權力，其並沒有像董仲舒學說那樣去刻意的強調君主的權威性。

　　　　版，第331頁。

〔註80〕王繼訓《劉向陰陽五行學說初探》，載《孔子研究》2002年第1期。

〔註81〕徐興無著《劉向評傳》，南京：南京大學出版社2005年版，第148頁。

〔註82〕蘇輿撰，鍾哲點校《春秋繁露義證》卷一，《楚莊王》，北京：中華書局1992年版，第18頁。

〔註83〕蘇輿撰，鍾哲點校《春秋繁露義證》卷七，《堯舜不擅移湯武不專殺》，北京：中華書局1992年版，第220頁。

〔註84〕蘇輿撰，鍾哲點校《春秋繁露義證》卷十一，《為人者天》，北京：中華書局1992年版，第319頁。

　　如果僅從二者的不同點出發去審視劉向的災異學説，那是遠遠不夠的。「劉向在治《穀梁春秋》時，便以《洪範》五行之説附會解説，其目的在於繼承董仲舒以《易》陰陽之説解釋《公羊春秋》的事業，在《春秋》學的框架內建構一套完整的陰陽五行、天人感應的學説。〔註85〕」可見，劉向的災異學説同董仲舒的天人感應學説之間，存在著繼承與發展的關係。

　　董仲舒以《春秋》言災異，劉向也是如此。劉向認爲「諸侯背叛而不朝，周室卑微。」所以，春秋二百四十二年間日食、地震、星隕、水災、旱災、火災、蟲災等災異現象頻發，而且「弑君三十六，亡國五十二。」劉向進而指出「祥多者其國安，異眾者其國危。」〔註86〕以此來影射劉姓王朝的岌岌可危。

　　不僅如此，劉向還利用其它的儒家典籍來闡發自己的災異學説。如：其在元帝永光元年（公元前 43 年）《條災異封事》的奏疏中就引用了《詩》中的「百川沸騰，山冢卒崩，高岸爲谷，深谷爲陵。」《易》中的「拔茅茹以其匯，徵吉」、《論語》中的「見不善如探湯」來闡述他的災異學説。〔註87〕可見，儒家的典籍都成爲了劉向闡發自身「災異學説」的文本載體。就《易》而言：「劉向論《易》，以陰陽五行災異爲依託，以補察時政、經世致用爲旨歸。〔註88〕」就《詩》而言：「劉向從《易》、《詩經》、《春秋》中引用形象鮮

〔註85〕徐興無著《劉向評傳》，南京：南京大學出版社2005年版，第287頁。

〔註86〕劉向言：「自此之後，天下大亂，篡殺殃禍並作，厲王奔彘，幽王見殺。至乎平王末年，魯隱之始即位也，周大夫祭伯乘離不和，出奔於魯，而《春秋》爲諱，不言來奔，傷其禍殃自此始也。是後尹氏世卿而專恣，諸侯背畔而不朝，周室卑微。二百四十二年之間，日食三十六，地震五，山陵崩阤二，慧星三見，夜常星不見，夜中星隕如雨一，火災十四。長狄入三國，五石隕墜，六鶂退飛，多麋，有蜮、蜚，鸜鵒來巢者，皆一見。晝冥晦。雨木冰。李梅冬實。七月霜降，草木不死。八月殺菽，大雨雹。雨雪雷霆失序相乘。水、旱、饑、蝝、螽、螟蜂午並起。當是時，禍亂輒應，弑君三十六，亡國五十二，諸侯奔走，不得保其社稷者，不可勝數也。……由此觀之，和氣致祥，乖氣致異；祥多者其國安，異眾者其國危，天地之常經，古今之通義也。」詳見：班固撰《漢書》卷三十六，《楚元王傳》，中華書局1962年版，第1936～1941頁。

〔註87〕關於劉向利用儒家典籍來闡述其災異學説的做法，有些學者做了較爲詳細的論述。如：吳全蘭就對劉向利用儒家經典，來解釋災異現象的做法進行了論證。詳見：《劉向哲學思想研究》，中國社會科學出版社2007年版，第45～46頁。張立克還對劉向在《條災異封事》中對《詩》的引用，進行了詳盡的分析。詳見：《劉向〈條災異封事〉用〈詩〉考論～劉向〈詩〉學觀念再探》，載《渤海大學學報（哲學社會科學版）2010年第5期。

〔註88〕杜亞輝《論劉向劉歆父子的易學觀》，載《石河子大學學報（哲學社會科學版）》

明的『詩』來論證自己的災異說。〔註 89〕」就《書》而言：劉向著有《洪範五行傳論》，其「是一部陰陽災異大全，完全是劉向用陰陽五行學說闡釋《尙書‧洪範》的產物。〔註 90〕」可見，「劉向對儒家經典中的相關思想，進行了符合時代要求的全新闡釋，同時也使得漢代陰陽五行思想框架中的災異學說、天人感應學說乃至天命德運學說等既具備方術的依據，又具備了經學的依據。〔註 91〕」

除了廣泛的利用儒家典籍來闡發自己的學說之外，劉向災異學說對董仲舒天人感應理論的另一發展，就是擴大了儒學對現實政治批判的範圍。「董仲舒仕於武帝之時，帝權強大，故用陰陽學說，以警戒人主不要濫用帝權。劉向仕於成帝之朝，祿去公室，權在外家，其陰陽學說，目的在於譴告人主，帝權不可旁落。〔註 92〕」董仲舒天人感應學說的著眼點在君王，而劉向災異學說的著眼點既包括了君王，又包括了宦官和外戚，還涵蓋了後宮的女性。可見，劉向的災異學說使儒學對現實政治的批判已經不再局限於君主一人，而是將賢才、大臣、皇族等能夠對政治產生影響的因素都涵蓋了進去，這就使儒學對朝政的批判功能有了長足的發展，並使其具有了相應的時代特徵。但是，劉向希望借「災異學說」來剷除王氏擅權的願望最終仍未實現，「劉向憂王氏之勢盛而移漢，見之遠，慮之切，向死而漢亡，所繫亦大矣哉！〔註 93〕」

4.2　劉向的社會變異理論

《易傳‧繫辭下》言：「《易》，窮則變，變則通，通則久。〔註 94〕」《禮記‧大學》中也有「苟日新，日日新，又日新。〔註 95〕」的記載。可見，變異思想歷史淵源甚久。在劉向之前，同樣有許多思想家認爲社會是變異發展

2007 年第 4 期。

〔註 89〕【日本】加藤實著，李寅生譯《論劉向關於「幽厲」時代的詩經學》，載《吉林師範學院學報》1998 年第 4 期。

〔註 90〕劉松來著《兩漢經學與中國文學》，南昌：百花洲文藝出版社 2001 年版，第 217 頁。

〔註 91〕徐興無著《劉向評傳》，南京：南京大學出版社 2005 年版，第 300～301 頁。

〔註 92〕薩孟武著《中國政治思想史》，北京：東方出版社 2008 年版，第 189 頁。

〔註 93〕王夫之著，舒士彥點校《讀通鑒論》卷五，《成帝》，北京：中華書局 1975 年版，第 102 頁。

〔註 94〕唐明邦主編《周易評注》，《繫辭下》，北京：中華書局 2009 年版，第 266 頁。

〔註 95〕朱熹撰《四書章句集注》，《大學章句》，北京：中華書局 1983 年版，第 5 頁。

的。春秋時期，晉國的史墨就認爲：「社稷無常奉，君臣無常位，自古以然。
〔註96〕」孔子雖然反對社會變革，但他也認爲三代之間的禮儀制度存在著「損
益」關係。〔註97〕而商鞅則認爲治理國家應「不法古，不修今。〔註98〕」「法
古」就是復古倒退，「修今」就是不求發展。韓非則指出：「世異則事異」、「事
變則備變」、「古今異俗，新故異備」。〔註99〕所以，在治理國家的過程中要「不
期修古，不法常可，論世之事，因爲之備。〔註100〕」

　而鄒衍的變異思想則對劉向產生了更大的影響。

　據《漢書‧嚴朱吾丘主父徐嚴終王賈傳》載：

　　　嚴安者，臨淄人也。以故丞相史上書，曰：「臣聞鄒（衍）子曰：
　　『政教文質者，所以云救也，當時則用，過則舍之，有易則易，故
　　守一而不變者，未睹治之至也。』」〔註101〕

　可見，鄒衍認爲歷史條件發生了變化，治國策略也應該做出相應的變革，
五德終始說則很好的體現出了鄒衍的這種變異理論。「鄒氏的五德之說以陰陽
五行爲基礎來解釋歷史的變遷、宇宙的運行和人事的興廢。〔註102〕」並認爲
王朝按照五行相剋的順序不斷的變異與發展。

　劉向對五德終始說的政權變遷理論，以及前人的社會變異思想進行了總
結和發展，使其自身的變異理論變得更加完備，並更加符合時代發展的要求。

　首先，劉向認爲世間萬物是不斷變化的。其言：

　　　百方之事，萬變鐸出；或欲持虛，或欲持實；或好浮游，或好
　　誠必；或行安舒，或爲飄疾。〔註103〕

〔註96〕洪亮吉撰，李解民點校《春秋左傳詁》卷十八，《左傳‧昭公三十二年》，北
　　　　京：中華書局1987年版，第803頁。
〔註97〕楊伯峻撰《論語譯注》，《爲政》，北京：中華書局2009年版，第21頁。
〔註98〕蔣禮鴻撰《商君書錐指》卷二，《開塞》，北京：中華書局1986年版，第53
　　　　頁。
〔註99〕王先慎撰，鍾哲點校《韓非子集解》卷十九，《五蠹》，北京：中華書局1987
　　　　年版，第445頁。
〔註100〕王先慎撰，鍾哲點校《韓非子集解》卷十九，《五蠹》，北京：中華書局1987
　　　　年版，第442頁。
〔註101〕班固撰《漢書》卷六十四下，《嚴朱吾丘主父徐嚴終王賈傳》，北京：中華書
　　　　局1962年版，第2809頁。
〔註102〕陸玉林、唐有伯著《中國陰陽家》，北京：宗教文化出版社1996年版，第22
　　　　頁。
〔註103〕劉向撰，向宗魯校證《說苑校證》卷十六，《談叢》，北京：中華書局 1987

其又言：

> 天地之道，極則反，滿則損。五采耀眼，有時而渝；茂木豐草，
> 有時而落。物有盛衰，安得自若。〔註104〕

可見，劉向認爲一切事物都遵循著由盛到衰，再由衰到盛的變化規律，劉向進而又言：「今夫世異則事變，事變則時移，時移則俗易。」所以，君王要「觀其俗而和其風，總眾議而定其教。〔註105〕」

可見，劉向認爲時代發生了改變，治國的策略也要隨之改變，禮教要隨著風俗的改變而做出相應的調整，不能墨守陳規。

其次，在「世異則事異」的基礎上，劉向又認爲朝代是不斷更迭的，其把歷史的發展分爲了三個階段，一、「治世」，即西周；二、「亂世」，即春秋和戰國；三、「亡國」，即秦朝。〔註106〕劉向還借孔子之口言：

> 夏道不亡，商德不作，商德不亡，周德不作，周德不亡，《春秋》
> 不作，《春秋》作而後君子知周道亡也。〔註107〕

可見，劉向認爲歷史上的政權是不斷更替的，並沒有一個朝代可以永久的存在下去。劉向對《新序》、《說苑》中所記載的改朝換代的事例進行了總結，進而言：

> 無長安之國，無恒治之民。……自古及今，未有不然者也。
> 〔註108〕

可見，劉向不僅已經意識到歷史是變化發展的，其還對歷史發展的動因進行了初步的探究。

最後，劉向變異思想的出發點在於借古諷今。劉向因成帝營建昌陵耗資巨大，於是上書諫言以「王者必通三統，明天命所授者博，非獨一姓也。」

年版，第383～384頁。

〔註104〕劉向撰，向宗魯校證《說苑校證》卷十六，《談叢》，北京：中華書局 1987年版，第409頁。

〔註105〕劉向撰，向宗魯校證《說苑校證》卷十七，《雜言》，北京：中華書局 1987年版，第418頁。

〔註106〕張秋升《劉向歷史哲學分析》，載《北京郵電大學學報（社會科學版）》2000年第3期。

〔註107〕劉向撰，向宗魯校證《說苑校證》卷一，《君道》，北京：中華書局 1987年版，第31頁。

〔註108〕劉向撰，向宗魯校證《說苑校證》卷八，《尊賢》，北京：中華書局 1987年版，第181頁。

「自古及今，未有不亡之國也。」來警示成帝，希望成帝能夠「博觀終始，窮極事情，而是非分明。」否則「雖有堯舜之聖，不能化丹朱之子，雖有禹湯之德，不能訓末孫之桀紂。」〔註109〕漢朝將會危亡。

可見，身爲漢室宗親的劉向，對西漢中後期的社會狀況和政治狀況甚爲擔憂，其變異思想的最終目的，是在告誡君王要善治國家，不然就會像桀紂那樣亡國身死。

4.3 劉向對社會發展動因的闡釋

在劉向之前，雖然有許多思想家認爲社會是不斷變化發展的，但是很少有人去系統探討社會變異和發展的動因。〔註110〕而劉向則對社會發展的動因有著獨到的見解。據《說苑·君道》載：

> 「湯之時，大旱七年。」於是「使人持三足鼎祝山川。」可是「言未已而天大雨。」劉向因此以爲「故天之應人，如影之隨形，響之效聲者也。」〔註111〕

可見，劉向認爲，人的行爲可以影響到天，而且人是形，天是影。人的作用開始上昇到主導的地位，天的主宰作用，則下降到從屬地位。劉向已經否定了天對社會發展所起的決定性作用，「認爲歷史的發展是由人決定的，遇聖主行仁德禮教，則上天降福，國泰民安；如果昏君行荒淫暴亂，則上天降禍，國破家亡。在天人感應理論中，劉向依然尊崇他所信奉的儒家思想，不是單純相信天命，而是強調天命下的人事。〔註112〕」所以說，劉向已經把人事作爲了社會發展的動因。從劉向的災異學說中不難看出，雖然，劉向仍然認爲，只有君主才有能力去剝奪宦官和外戚的權力，管束好後宮的女性，但

〔註109〕班固撰《漢書》卷三十六，《楚元王傳》，北京：中華書局 1962 年版，第 1950～1951 頁。

〔註110〕有的學者將先秦諸子們對社會發展動因的探討進行了總結，並歸納出了「聖王史觀」與「重民史觀」。詳見：何根海、汪高鑫編著《中國古代史學思想史》，合肥工業大學出版社 2004 年版，第 38～41 頁。有的學者還認爲，司馬遷已經認識到了「民」對歷史發展所起到的重要作用。詳見：龐天祐著《秦漢歷史哲學思想研究》，中國社會科學出版社 2002 年版，第 91～96 頁。

〔註111〕劉向撰，向宗魯校證《說苑校證》卷一，《君道》，北京：中華書局 1987 年版，第 20 頁。

〔註112〕郝繼東著《劉向及〈新序〉述評》，北京：線裝書局 2008 年版，第 89 頁。

是，其同樣認識到了諸如大臣、百姓、女性等因素對社會發展所產生的影響。

　　五德終始說將朝代與五行相比附，並認爲自然五行之間的生剋關係是政權轉移的推動力，如：商（金）克夏（木）；周（火）克商（金）。但是，鄒衍在建構五德終始說時，其只是將歷史的發展附會於五行相勝的原則，無論是「相勝」原則的選取，還是朝代德屬的設置，目的都在於爲燕昭王的稱北帝運動提供政治理論上的支持，所以，五德終始說對於社會發展動因的闡發缺乏現實的落腳點，而劉向的社會發展動因理論則彌補了這一缺陷。劉向在《洪範五行傳論》中將君王、大臣、女性與自然之五行相比附〔註113〕，如：大臣屬於「木類」；女性屬於「火類」；君王屬於「土類」，與五德終始說不同的是，劉向的社會發展動因理論運用的是「五行相生原則」〔註114〕，不僅如此，劉向還借管仲之口認爲「君人者以百姓爲天。」並指出「百姓與之則安，輔之則強，非之則危，背之則亡。」〔註115〕所以，在諸多的歷史發展動因中，百姓是最爲基本的動因，除了百姓之外，君王、大臣、女性之間則存在著相生的關係。

　　大臣屬於「木類」，女性屬於「火類」，木生火，所以，劉向認爲「故湯用伊尹，不仁者遠，而眾賢至，類相致也。〔註116〕」即國家只有任用賢臣，才能「立社稷；辨上下之宜，使得其理。〔註117〕」即外戚與宦官各安其位，各守其宜。女性屬於「火類」，君王屬於「土類」，火生土，所以，劉向又列舉了諸多君王或諸侯王妻子興國的事例。如：鍾離春使齊宣王得以興國。〔註118〕樊姬輔佐楚莊王稱霸於諸侯。〔註119〕可見，在劉向的社會發展動因理論中，動因之間的順序是：百姓→大臣→女性→君王，除了相生的關係之外，動因之間還存在

〔註113〕詳見：本書第181～182頁。

〔註114〕與五德終始說相勝原則不同的是，劉向主張五行相生原則，並將這種原則用於古史系統的構建。詳見：本書第215～219頁。

〔註115〕劉向撰，向宗魯校證《說苑校證》卷三，《建本》，北京：中華書局1987年版，第73頁。

〔註116〕班固撰《漢書》卷三十六，《楚元王傳》，北京：中華書局1962年版，第1964頁。

〔註117〕劉向撰，向宗魯校證《說苑校證》卷二，《臣術》，北京：中華書局1987年版，第46頁。

〔註118〕張濤著《列女傳譯注》卷六，《辯通傳》，濟南：山東大學出版社1990年版，第231～235頁。

〔註119〕劉向編著，石光瑛校釋，陳新整理《新序校釋》卷一，《雜事》，北京：中華書局2001年版，第38～41頁。

著遞進的關係，百姓安定是國家得以發展的基礎，只有賢臣廣布於朝，才能防止外戚、宦官的擅政，而賢明的女性則可以興國，無論是大臣還是女性都是通過影響君王來促進歷史的發展，所以，在諸多的發展動因中君王是最爲重要的。

4.3.1 百姓對社會發展所產生的影響

首先，就百姓而言，據《新序・雜事》載：

> 「宋景公時，熒惑在心。」子韋認爲「熒惑，天罰也；心，宋分野也。禍當君身。」但是，可以將災禍「移於民。」宋景公認爲「民死，將誰君乎，寧獨死耳。」子韋又認爲「可移於歲。」但宋景公卻認爲「歲饑民餓，必死。」並指出「欲殺其民以自活，其誰以我爲君乎。」〔註120〕

可見，宋景公已經認識到了百姓是其治理國家的基礎，必須保障他們生存和生活的權力。不僅如此，有些君主還意識到了，自己與百姓有著共同的利益，命運也是聯繫在一起的。據《說苑・君道》載：

> 邾文公對徙於繹進行占卜，結果是「利於民，不利於君。」邾文卻認爲「苟利於民，寡人之利也。」並指出天爲民而立君「民既利矣，孤必與焉。」〔註121〕

而百姓同樣認爲，自身的利益與國家的發展是聯繫在一起的。據《說苑・善說》載：

> 晉獻公之時，平民祖朝上書獻公「願請聞國家之計。」並認爲，如果國家遭受禍殃會「禍及臣之身」，並發出了「臣安得無與國家之計乎？」的感歎。獻公召見了他，並立以爲師。〔註122〕

可見，祖朝雖身爲百姓，但是其仍希望爲國家的發展獻計獻策。而且劉向還認爲，百姓關乎著國家的安危與存亡，其言：

> 《春秋》記國家存亡，……強弱成敗之要，在乎附士卒、教習之而已。〔註123〕

〔註120〕劉向編著，石光瑛校釋，陳新整理《新序校釋》卷四，《雜事》，北京：中華書局2001年版，第625～629頁。

〔註121〕劉向撰，向宗魯校證《說苑校證》卷一，《君道》，北京：中華書局1987年版，第24頁。

〔註122〕劉向撰，向宗魯校證《說苑校證》卷十一，《善說》，北京：中華書局 1987年版，第271頁

〔註123〕劉向撰，向宗魯校證《說苑校證》卷十五，《指武》，北京：中華書局 1987

所以說，君王應該輕繇薄賦，與民休息，不然，就會有亡國的危險。據《新序·雜事》載：

> 中行寅「有革車百乘，不憂德義之薄也，唯患車之不足也。」
> 而且「賦斂厚」，導致「民謗詛」。太祝認爲「一人祝之，一國詛之，
> 一祝不勝萬詛。」國家將亡。〔註124〕

可見，百姓安居樂業是國家安定繁榮的基礎，百姓關乎到國家的存亡興廢，所以，百姓對於國家的發展至關重要。

4.3.2 女性對社會發展所產生的影響

其次，就女性而言，《新序》中就有關於女性對社會發展產生影響的記載。據《新序·雜事》載：

> 禹之興也，以塗山；桀之亡也，以末喜。殷之興也，以有莘；
> 紂之亡也，以妲己。文武之興也，以任姒。幽王之亡也，以褒姒。
> 〔註125〕

可見，劉向認爲賢明的妻子可以助君王興國，如：塗山、有莘；而品行不端的妻子可以導致亡國，如：末喜、妲己。除此之外，劉向還認爲諸侯的妻子同樣會對國家的發展產生影響。據《新序·雜事》載：

> 樊姬向楚莊王諫言：虞丘子爲楚國國相十餘年「未嘗進一賢。
> 知而不進，是不忠也；不知，是不智也。」所以，認爲其並非賢臣。
> 虞丘子得知此言後，「辭位而進孫叔敖。孫叔敖相楚，莊王卒以霸，
> 樊姬與有力焉。」〔註126〕

可見，諸侯的妻子可以通過向諸侯進諫的方式，來促進國家的強盛。齊國的鍾離春指出了齊宣王治理國家的四種弊政，而齊宣王也聽從了她的建議，於是「立停漸臺」、「罷女樂」、「退諂諛」、「選兵馬」、「實府庫」、「招進直言」、「立太子」、「進慈母」，而「齊國大安」。〔註127〕可見，齊宣王聽從了

年版，第 369 頁。

〔註124〕劉向編著，石光瑛校釋，陳新整理《新序校釋》卷一，《雜事》，北京：中華書局 2001 年版，第 88～93 頁。

〔註125〕劉向編著，石光瑛校釋，陳新整理《新序校釋》卷一，《雜事》，北京：中華書局 2001 年版，第 27～35 頁。

〔註126〕劉向編著，石光瑛校釋，陳新整理《新序校釋》卷一，《雜事》，北京：中華書局 2001 年版，第 38～41 頁。

〔註127〕劉向編著，石光瑛校釋，陳新整理《新序校釋》卷二，《雜事》，北京：中華

鍾離春的建議，改革了弊政，齊國也得到了善治。

　　除了《新序》之外，劉向對女性影響社會發展的論述，主要集中在《列女傳》一書中。劉向「對《列女傳》的編撰主要是希望君王能夠解決元、成之際后妃逾禮、外戚擅權的政治弊病。〔註 128〕」雖然，劉向編撰《列女傳》的目的在於反對女主干政，遏制外戚專權，但是，其同樣認識到女性與國家興亡之間存在著聯繫。

　　「在《列女傳》中，關於興亡的主題在《母儀》、《賢明》、《孽嬖》等三卷中表現的最為突出。劉向選擇的題材具有典型性，歷史上著名的后妃幾乎都囊括在內，如《母儀》卷前六傳的主要內容涉及了賢明君主的興國，夏商周的祖先及其開國之君的事蹟，這些君主都身處理想的政治清明時期；《賢明》卷以周的中興君主周宣王事蹟開篇，緊隨其後是著名的春秋五霸中的四霸齊桓公、晉文公、秦穆公、楚莊王故事，這些君主的共同特點是在亂世與逆境中崛起、中興。《母儀》、《賢明》這些君主身邊的女性對於國家的興旺起到了推動作用，她們遵守禮義，匡正君主的過錯。《孽嬖》卷的基調與《母儀》、《賢明》正相反，強調的是『亡國之君』身邊的女性，歷史上典型的自取滅亡君主身邊的女性故事，即夏桀、商紂、周幽王的亡國借鑒，這些女性違背禮義，縱容君主的過錯。與此類似，《列女傳》其他類別的傳記強調了女性對卿、士大夫及其家族起到的正反兩個方面的影響。〔註 129〕」

　　的確如此，《列女傳》中既有君王和諸侯妻子對治國產生影響的記載，如：妲己使紂王國破身亡〔註 130〕、褒姒使周幽王身死國亡〔註 131〕、鍾離春使齊宣王得以興國〔註 132〕、「齊桓衛姬」匡正齊桓公「好淫樂」，為之「不聽鄭衛之音」，她還成功的諫阻了桓公的伐衛之舉。〔註 133〕

　　　　書局 2001 年版，第 294～295 頁。

〔註 128〕張濤著《列女傳譯注》，濟南：山東大學出版社 1990 年版，第 2 頁。

〔註 129〕陳麗平著《劉向〈列女傳〉研究》，北京：中國社會科學出版社 2010 年版，第 211～212 頁。

〔註 130〕張濤著《列女傳譯注》卷七，《孽嬖傳》，濟南：山東大學出版社 1990 年版，第 257～260 頁。

〔註 131〕張濤著《列女傳譯注》卷七，《孽嬖傳》，濟南：山東大學出版社 1990 年版，第 260～264 頁。

〔註 132〕張濤著《列女傳譯注》卷六，《辯通傳》，濟南：山東大學出版社 1990 年版，第 231～235 頁。

〔註 133〕張濤著《列女傳譯注》卷二，《賢明傳》，濟南：山東大學出版社 1990 年版，第 54～56 頁。

又有君王和諸侯的母親對他們教導的記載，從《有虞二妃》到《周市三母》有六個傳記，記載了君王母親對君土所進行的教導，把先秦聖主所具有的種種美德歸因於他們母親對其的引導。如：棄母姜嫄〔註134〕、啓母塗山〔註135〕等；「衛姑定姜」〔註136〕、「魯季敬姜」〔註137〕則教導身爲諸侯的兒子如何去修身、治國。

還有百姓和士大夫的母親對兒子言傳身教的記載。如：「魏芒慈母」作爲後母而精心撫養五個兒子〔註138〕、「楚子發母」批評、教育兒子在作戰時要愛護士兵〔註139〕、「齊田稷母」對身爲齊國國相的兒子的受賄行爲予以了批評。〔註140〕

除此之外，《列女傳》中還有普通女性向君王進諫的記載。如：齊「孤逐女」自訪齊襄王，與襄王大談國事，並自薦爲齊國國相之妻〔註141〕；楚「處莊侄」，得知頃襄王「好臺榭，出入不時，……諫者蔽塞，……國既殆矣。」其便趁襄王出遊之機，「以緹竿爲幟，侄持幟，伏南郊道旁。王車至，侄舉其幟」，並得到了頃襄王的召見，處莊侄進而向襄王指出國家存在的「三難」、「五患」等弊端，使襄王痛改前非。〔註142〕

魯「漆室女」雖然沒有向國君進諫，但是她還是指出了魯國國政存在的弊端，其言：

> 今魯君老悖，太子少愚，愚偽日起。夫魯國有患者，君臣父子

〔註134〕張濤著《列女傳譯注》卷一，《母儀傳》，濟南：山東大學出版社1990年版，第6～9頁。

〔註135〕張濤著《列女傳譯注》卷一，《母儀傳》，濟南：山東大學出版社1990年版，第11～12頁。

〔註136〕張濤著《列女傳譯注》卷一，《母儀傳》，濟南：山東大學出版社1990年版，第17～22頁。

〔註137〕張濤著《列女傳譯注》卷一，《母儀傳》，濟南：山東大學出版社1990年版，第24～35頁。

〔註138〕張濤著《列女傳譯注》卷一，《母儀傳》，濟南：山東大學出版社1990年版，第46～49頁。

〔註139〕張濤著《列女傳譯注》卷一，《母儀傳》，濟南：山東大學出版社1990年版，第35～38頁。

〔註140〕張濤著《列女傳譯注》卷一，《母儀傳》，濟南：山東大學出版社1990年版，第49～52頁。

〔註141〕張濤著《列女傳譯注》卷六，《辯通傳》，濟南：山東大學出版社1990年版，第240～244頁。

〔註142〕張濤著《列女傳譯注》卷六，《辯通傳》，濟南：山東大學出版社1990年版，第244～245頁。

皆被其辱，禍及眾庶，婦人獨安所避乎？吾甚憂之。〔註143〕

可見，魯漆室女認為，魯穆公年老，而太子年幼，這樣很容易造成魯國的內亂，而魯漆室女對魯國國政弊端的分析也是切中要害的。

綜上所述，劉向認為，君王的妻子和母親、諸侯王的妻子和母親、百姓和士大夫的母親以及普通的女性都會對社會和國家的發展產生一定的影響，「其所論及的女性幾乎涵蓋了社會的各各層面。〔註144〕」但需要指出一點的是，君王的妻子和母親、諸侯王的妻子和母親是通過影響君王來促進或者阻止國家的發展；而百姓和士大夫的母親則用她們的高尚道德教育兒子，使自己的兒子成為國家發展的棟樑之才，進而輔佐君王治理國家；普通女性更是希望自己對國家政策的見解和主張，能夠得引起君王的重視，並付諸於實施。所以說，在劉向的社會動因理論中「女性使國家興盛或敗亡的作用主要表現在她們對帝王的影響，通過帝王對政權起作用。〔註145〕」

4.3.3 賢臣對社會發展所產生的影響

再次，就賢臣而言。劉向借楚國大夫昭奚恤之口認為，賢臣是國家的寶器，可以安邦定國。昭奚恤：

客欲觀楚國之寶器，楚國之所寶者賢臣也。〔註146〕

的確如此，楚莊王就因為自己得不到賢人的輔佐，而難以進食。其言：

天下有賢而我獨不得，若吾生者，何以食為！〔註147〕

不僅如此，劉向還認為，君王如果得到賢臣的輔佐，國家就會昌盛，如：「齊桓公得管仲，有霸諸侯之榮。」「秦穆公用百里奚而霸。」「吳闔廬用伍子胥而霸。」反之，國家就會有災禍。如：齊桓公「失管仲而有危亂之辱。」「虞不用百里奚而亡。」「夫差非徒不用子胥也，又殺之，而國卒亡。」〔註148〕

〔註143〕張濤著《列女傳譯注》卷三，《仁智傳》，濟南：山東大學出版社1990年版，第120頁。

〔註144〕馮利華《劉向〈列女傳〉賢智女性形象的社會文化底蘊》，載《作家雜誌》2011年第9期。

〔註145〕郝繼東著《劉向及〈新序〉述評》，北京：線裝書局2008年版，第93頁。

〔註146〕劉向編著，石光瑛校釋，陳新整理《新序校釋》卷一，《雜事》，北京：中華書局2001年版，第102～103頁。

〔註147〕劉向撰，向宗魯校證《說苑校證》卷一，《君道》，北京：中華書局1987年版，第17頁。

〔註148〕劉向編著，石光瑛校釋，陳新整理《新序校釋》卷二，《雜事》，北京：中華書局2001年版，第157～170頁。

劉向又舉了楚國伐晉的例子，來說明賢臣對國家存亡的重要性。

晉國因有賢臣沈駒，楚莊王未敢征討。但是，沈駒死後，晉國「諂諛多在君之廬者。其君好樂而無禮，其下危處以怨上。」楚莊王出兵討伐，大獲全勝。〔註149〕

可見，賢臣對於安邦定國有著至關重要的作用。所以「國無賢佐俊士，而能以成功立名、安危繼絕者，未嘗有也。〔註150〕」

劉向還進一步指出，君王要想稱霸並治平天下，必須需要賢臣的輔佐。其言：

> 人君之欲平治天下而垂榮名者，必尊賢而下士。……是故絕江海者託於船，致遠道者託於乘，欲霸王者託於賢。〔註151〕

既然賢臣對國家的發展如此重要，那麼，君王如何才能得到賢士呢？卞和因向楚共王進獻璞玉而失去雙腳，進獻君王所喜愛的珠寶尚且如此困難，何況是賢臣，所以，劉向認為，君王要想得到賢臣不是一件容易的事情。其言：

> 進寶且若彼之難也，況進賢人乎。……霸王之君興焉，其賢而不用，不可勝載。〔註152〕

劉向又借寧戚之口說出了國家得不到賢士的五種障礙。「主不好士，諂諛在傍，一阻也。」即君王不喜歡招賢納士；「言便事者，未嘗見用，二阻也。」即有能力的人得不到重用；「壅塞掩蔽，必因近習，然後見察，三阻也。」即君王被親信蒙蔽雙眼；「訊獄詰窮其辭，以法過之，四阻也。」即審律不公；「執事適欲，擅國權命，五阻也。」即權臣濫政。〔註153〕

劉向又進一步指出，國家要想得到賢臣，必須需要伯樂對賢士進行挖掘。其言：

〔註149〕劉向撰，向宗魯校證《說苑校證》卷十二，《奉使》，北京：中華書局 1987
年版，第 298～299 頁。

〔註150〕劉向撰，向宗魯校證《說苑校證》卷八，《尊賢》，北京：中華書局 1987 年版，
第 180 頁。

〔註151〕劉向撰，向宗魯校證《說苑校證》卷八，《尊賢》，北京：中華書局 1987 年版，
第 173 頁。

〔註152〕劉向編著，石光瑛校釋，陳新整理《新序校釋》卷五，《雜事》，北京：中華
書局 2001 年版，第 785～787 頁。

〔註153〕劉向撰，向宗魯校證《說苑校證》卷一，《君道》，北京：中華書局 1987 年版，
第 14 頁。

雖有賢者，而無以接之，賢者奚由盡忠哉！驥不自至千里者，待伯樂而後至也。〔註 154〕

而劉向認爲，這個「伯樂」既是賢士自己，又是其他的賢臣與君王。

1、賢士可以通過自薦的方式，來使君王任用自己。據《説苑・君道》載：

伊尹在回答湯如何選賢的問題時言：「昔者，堯見人而知，舜任人然後知，禹以成功舉之。」堯、舜、禹雖得賢而善治，但「無法度而任己直意用人，必大失矣。」所以，伊尹認爲選賢的方式在於「君使臣自貢其能，則萬一之不失矣。」〔註 155〕

2、賢士可以通過其他賢臣舉薦的方式，來得到國君的任用。孔子就認爲，能夠向君王舉賢的大臣，可以稱作「賢臣」。據《説苑・臣術》載：

子貢認爲管仲、子產爲賢臣，但是，孔子卻認爲「進賢爲賢」，「未聞管仲、子產有所進也。」〔註 156〕所以，認定二人並非賢臣。

翟黃則認爲，自己之所以能夠得到君主的厚待，原因在於其向君主舉薦了「吳起」、「西門豹」、「北門可」、「樂羊」、「李克」等賢臣，魏國得到大治。〔註 157〕而欒激則因爲沒有向國家舉薦賢臣，受到了趙簡子的斥責。〔註 158〕

可見，賢士除了自薦外，還可以通過別人舉薦的方式進入仕途。

3、君王還可以自己選取賢臣。首先，國君要想得到賢臣必須禮賢下士。劉向借郭隗之口認爲，君王要「逡巡而退以求臣。」如此「則師傅之材至矣。」那麼「上可以王，下可以霸，唯王擇焉。」〔註 159〕

〔註 154〕劉向撰，向宗魯校證《説苑校證》卷八，《尊賢》，北京：中華書局 1987 年版，第 184 頁。

〔註 155〕劉向撰，向宗魯校證《説苑校證》卷一，《君道》，北京：中華書局 1987 年版，第 11～12 頁。

〔註 156〕劉向撰，向宗魯校證《説苑校證》卷二，《臣術》，北京：中華書局 1987 年版，第 38～39 頁。

〔註 157〕翟黃言：「昔者，西河無守，臣進吳起而西河之外寧；鄴無令，臣進西門豹而魏無趙患；酸棗無令，臣進北門可而魏無齊憂；魏欲攻中山，臣進樂羊而中山拔；魏無使治之臣，臣進李克而魏國大治；是以進此五大夫者，爵祿倍，以故至於此。」詳見：劉向撰，向宗魯校證《説苑校證》卷二，《臣術》，中華書局 1987 年版，第 42 頁。

〔註 158〕趙簡子斥欒激曰：「吾嘗好聲色矣，而欒激致之，吾嘗好宮室臺榭矣，而欒激爲之，吾嘗好良馬善御矣，而欒激求之；今吾好士六年矣，而欒激未嘗進一人，是進吾過而黜吾善也。」詳見：劉向撰，向宗魯校證《説苑校證》卷一，《君道》，中華書局 1987 年版，第 26 頁。

〔註 159〕劉向撰，向宗魯校證《説苑校證》卷一，《君道》，北京：中華書局 1987 年版，

可見，劉向認爲，君王應該對賢士以禮相待，並且要做到畢恭畢敬，這樣天下的賢士就會紛至踏來。劉向還舉了「齊桓公見小臣稷」的例子來說明這個道理。據《新序・雜事》載：

> 齊桓公見小臣稷，五往而後得見。天下聞之，皆曰：「桓公猶下布衣之士，而況國君乎。」於是相率而朝，靡有不至。桓公所以九合諸侯一匡天下者，遇士於是也。〔註160〕

其次，不是所有的人都可以稱爲賢士，晏子稱賢臣爲「社稷之臣」並認爲其「能立社稷；辨上下之宜，使得其理；制百官之序，使得其宜；作爲辭令，可分佈於四方。」〔註161〕

可見，作爲賢士需能夠制百官、辨貴賤、制習文、立國政。所以，君王需要去粗取精，對賢士進行辨別。楚莊王認爲可以通過狩獵來取士，並認爲賢士需要具備三個條件，其言「榛藜刺虎豹者，吾是以知其勇也。」即勇猛；「攫犀搏兕者，吾是以知其勁有力也。」即強健；「罷田而分所得，吾是以知其仁也。」即仁義。〔註162〕

而且，劉向還借孔子之口說出了選取賢士的標準，其言：「毋取拑者，毋取健者，毋取口銳者。」「拑者大給利，不可盡用。」即選擇賢士不能選喜歡拑制別人的，這樣的人過於聰明，不能完全信任；「健者必欲兼人，不可以爲法也。」不能選擇過於逞強的人，因爲這類人總想勝過別人；「口銳者多誕而寡信，後恐不驗也。」不能選擇快口利舌的人，因爲這樣的人往往不務實。〔註163〕

那如何去辨別賢士呢？孔子又言：「親仁而使能。夫取人之術也，觀其言而察其行。〔註164〕」即君王要觀其言而察其行，言行一致者方可稱爲賢士。

最後，君王需要遠小人，勿聽諂諛之言，只有這樣，國家才能得到眞正

第 16～17 頁。
〔註160〕劉向編著，石光瑛校釋，陳新整理《新序校釋》卷五，《雜事》，北京：中華書局 2001 年版，第 682～683 頁。
〔註161〕劉向撰，向宗魯校證《說苑校證》卷二，《臣術》，北京：中華書局 1987 年版，第 46 頁。
〔註162〕劉向撰，向宗魯校證《說苑校證》卷一，《君道》，北京：中華書局 1987 年版，第 19 頁。
〔註163〕劉向撰，向宗魯校證《說苑校證》卷八，《尊賢》，北京：中華書局 1987 年版，第 186 頁。
〔註164〕劉向撰，向宗魯校證《說苑校證》卷八，《尊賢》，北京：中華書局 1987 年版，第 186 頁。

的賢士。據《說苑・君道》載：

　　　　太公認爲，武王因「好聽譽而不惡讒也，以非賢爲賢。」導致
　　「忠臣以誹死於無罪，邪臣以譽賞於無功。」賢士進而得不到任用。
　　〔註165〕可見，如果君王不辨忠奸，以奸爲賢，國家自然就不能得到
　　賢士。

　　君王如果已經得到賢士，那麼該如何去對待他們呢？首先，劉向認爲君主應該善待賢士。「窮者達之」即如果士窮困，就讓他富足起來；「亡者存之」即如果士在逃亡，就使他存活；「廢者起之」即如果士得不到重用，那就重用他，如此「四方之士則四面而至矣。」〔註166〕而且「財者君之所輕，死者士之所重也。〔註167〕」可見，君主只有善待賢士，賢士才會以死相報。

　　但是，如果君王「侮其臣」，那麼「智者不爲謀，辯者不爲使，勇者不爲鬥。」〔註168〕可見，君王如果不能善待賢士，自身也會遭受禍殃，「昔桀得罪於湯，紂得罪於武王，……至今不赦。〔註169〕」所以，「君要『報臣之功』，臣要報君主的知遇之恩，二者要建立一種良好的信任制度。〔註170〕」

　　其次，劉向認爲「舉賢而不用，是有舉賢之名，而不得眞賢之實也。〔註171〕」可見，君王應該授予賢士官職並對其進行重用，只有如此，賢士的作用才能得到眞正的發揮。據《說苑・尊賢》載：

　　　　齊桓公使管仲治國，以爲「上卿」、賜之齊國市租一年、立爲「仲
　　父」，齊國大安，而遂霸天下。〔註172〕

〔註165〕劉向撰，向宗魯校證《說苑校證》卷一，《君道》，北京：中華書局1987年版，第13～14頁。

〔註166〕劉向撰，向宗魯校證《說苑校證》卷八，《尊賢》，北京：中華書局1987年版，第184頁。

〔註167〕劉向編著，石光瑛校釋，陳新整理《新序校釋》卷二，《雜事》，北京：中華書局2001年版，第211～214頁。

〔註168〕劉向編著，石光瑛校釋，陳新整理《新序校釋》卷一，《雜事》，北京：中華書局2001年版，第73～74頁。

〔註169〕劉向編著，石光瑛校釋，陳新整理《新序校釋》卷四，《雜事》，北京：中華書局2001年版，第579～580頁。

〔註170〕王啓敏著《劉向〈新序〉〈說苑〉研究》，合肥：安徽大學出版社2011年版，第144頁。

〔註171〕劉向撰，向宗魯校證《說苑校證》卷一，《君道》，北京：中華書局1987年版，第13～14頁。

〔註172〕劉向撰，向宗魯校證《說苑校證》卷八，《尊賢》，北京：中華書局1987年版，第198頁。

可見，如果管仲不擔任一定的官職，不享有一定的爵位，其就不會輔佐齊桓公稱霸諸侯。反之，如果賢士得不到重用，國家就很難善治，甚至會有亡國之禍。據《說苑・尊賢》載：

孔子認為治國的關鍵「在於尊賢而賤不肖。」但「范、中行氏尊賢而不能用也，賤不肖而不能去也。」導致「賢者怨之，不肖者仇之，怨仇並前。」進而亡國。〔註 173〕劉向還認為「紂殺王子比干，而亡天下。」「吳殺子胥、陳殺洩冶，而滅其國。」所以「亡國殘家，非無聖智也，不用故也。」〔註 174〕

而且，劉向還認為「張急者、良材也。」「調下者、官卑也。」如果「取夫良材而卑官之。」琴聲就會悲涼。〔註 175〕可見，賢士需要有較高的官位，如果官職較低，那就很難發揮其應有的作用。

最後，君王在任用賢臣時要明辨是非，既不能盲從，也不能獨斷專行。劉向借武王與太公之間的對話來說明了這一道理。據《說苑・君道》載：

武王認為自身已經做到了「得賢敬士」，可是國家仍舊沒有善治。太公認為原因在於武王「以人言斷。」即「不能定所去，以人言去」；「不能定所取，以人言取」；「不能定所罰，以人言罰」；「不能定所賞，以人言賞。」進而導致「賢者不必用，不肖者不必退，而士不必敬。」國家難以善治。〔註 176〕可見，君王需趨利避害，慎言慎行。

可見，劉向認為，君王需要知賢、用賢、任賢進而信賢，賢臣才能得到善用，國家才能得到善治。〔註 177〕

賢臣如果已經得到君王的信任，並被委以重任，那麼其該如何輔佐國君呢？

首先，賢臣一定要各司其職。劉向言：

〔註 173〕劉向撰，向宗魯校證《說苑校證》卷八，《尊賢》，北京：中華書局 1987 年版，第 204～205 頁。

〔註 174〕劉向編著，石光瑛校釋，陳新整理《新序校釋》卷七，《節士》，北京：中華書局 2001 年版，第 964～966 頁。

〔註 175〕劉向撰，向宗魯校證《說苑校證》卷八，《尊賢》，北京：中華書局 1987 年版，第 201 頁。

〔註 176〕劉向撰，向宗魯校證《說苑校證》卷一，《君道》，北京：中華書局 1987 年版，第 13～14 頁。

〔註 177〕劉向撰，向宗魯校證《說苑校證》卷八，《尊賢》，北京：中華書局 1987 年版，第 199 頁。

當堯之時，舜爲司徒，契爲司馬，禹爲司空，……堯知九職之

事，使九子者各受其事，皆勝其任，以成九功，堯遂成厥功，以王

天下。〔註178〕

可見，舜、契、禹、夔等九人各盡其職，在他們的輔佐下，堯成爲了聖主。

其次，賢臣要做到六正。何爲「六正」？「一曰預禁乎未然之前，使主超然立乎顯榮之處。」即趨利避害；「二曰進善通道，勉主以禮義，匡救其惡，功成事立。」即匡正君行；「三曰數稱於往古之行事，以安國家社稷宗廟。」即以古察今；「四曰明察幽，見成敗，早防而救之，使君終以無憂。」即居安思危；「五曰守文奉法，任官職事，不受贈遺，飲食節儉。」即秉公執法；「六曰國家昏亂，敢犯主之嚴顏，面言主之過失。」即直言進諫。〔註179〕劉向認爲，只有做到「六正」才能稱爲賢臣。

最後，賢臣要以儒家「仁」的原則作爲其修身、治國的準則。劉向言：

故人臣不仁，篡弒之亂生；人臣而仁，國治主榮；明主察焉，

宗廟大寧。〔註180〕

可見，劉向認爲，「仁」是賢臣的立身之本，更是國家得以善治的重要條件。

劉向還認爲，君王在上「愼於擇士，務於求賢，設四佐以自輔」，賢臣在下「樂職」、「奉公」、「察幽」，如此「下無邪慝」、「百官能治」、「恩流群生」、「潤澤草木」，天下大治。〔註181〕

可見，君主擇賢臣而用，賢臣盡心輔政，君臣同心合力，國家自然就會得到善治。所以，在劉向的社會發展動因理論中，賢臣是促進國家發展的重要力量。

4.3.4 君王對社會發展所產生的影響

最後，就君王而言，無論是女性、百姓還是賢臣，他們只有通過君王才能發揮其促進國家和社會發展的作用。所以，君王在諸多的社會動因中，是

〔註178〕劉向撰，向宗魯校證《說苑校證》卷一，《君道》，北京：中華書局 1987 年版，第 9～11 頁。

〔註179〕劉向撰，向宗魯校證《說苑校證》卷二，《臣術》，北京：中華書局 1987 年版，第 34～35 頁。

〔註180〕劉向撰，向宗魯校證《說苑校證》卷五，《貴德》，北京：中華書局 1987 年版，第 100 頁。

〔註181〕劉向撰，向宗魯校證《說苑校證》卷一，《君道》，北京：中華書局 1987 年版，第 12～13 頁。

最爲重要的。劉向言：

> 有正春者無亂秋，有正君者無危國。〔註182〕

　　其在《條災異封事》中又進一步強調了君主在人類歷史發展中的作用，劉向認爲，只有君王才能通過「深思天地之心」、「跡察兩觀之誅」、「考祥應之福」、「觀雨雪之詩」來「以揆當世之變，放遠佞邪之黨。」進而達到「百異消滅」、「眾祥並至」、「太平之甚」、「萬世之利」的至德之世。〔註183〕可見，國家由亂至治的關鍵在於君王，君王有左右社會發展的能力。

　　劉向又借石讎之口言：「妃妾不一足以亡」即妃不和可以亡國；「公族不親足以亡」即宗室不親附可以亡國；「大臣不任足以亡」即大臣不受任用可以亡國；「使民不節足以亡」即徭役、賦稅過重可以亡國。所以，君王治國「不可以不愼也。」〔註184〕可見，君王在治國時需綜合考慮女性、賢臣、百姓等因素對國家發展所產生的影響，做到趨利避害。

　　那麼，君王如何去做才能促進國家發展呢？首先，君王應以儒家的「仁政」思想來治理國家。劉向認爲，「仁政」理論對君王提出了兩點要求，即對內要修德，對外要布施「仁愛」之政。就對內而言，劉向言：

> 三代積德而王，齊桓繼絕而霸，秦、項嚴暴而亡，漢王垂仁而帝。〔註185〕

　　可見，劉向認爲，君王只有修德才能國泰民安。此外，劉向還借吳起之口認爲國家的穩定「在德不在險」〔註186〕，希望君王能夠尙德選刑。

〔註182〕劉向撰，向宗魯校證《說苑校證》卷三，《建本》，北京：中華書局1987年版，第56頁。

〔註183〕班固撰《漢書》卷三十六，《楚元王傳》，北京：中華書局1962年版，第1946頁。

〔註184〕劉向撰，向宗魯校證《說苑校證》卷十，《敬愼》，北京：中華書局1987年版，第248～249頁。

〔註185〕劉向撰，向宗魯校證《說苑校證》卷九，《善謀》，北京：中華書局1987年版，第1167頁。

〔註186〕據《說苑・貴德》載：魏武侯浮西河而下，中流，顧謂吳起曰：「美哉乎河山之固也，此魏國之寶也！」吳起對曰：「在德不在險。昔三苗氏左洞庭而右彭蠡，德義不修，而禹滅之。夏桀之居，左河、濟而右太華，伊闕在其南，羊腸在其北，修政不仁，而湯放之。殷紂之國，左孟門而右太行，常山在其北，大河經其南，修政不德，武王伐之。由此觀之，在德不在險。若君不修德，船中之人盡敵國也。」武侯曰：「善。」詳見：劉向撰，向宗魯校證《說苑校證》卷五，《貴德》，中華書局1987年版，第97～98頁。

就對外而言，除了修德之外，君王還要布施「仁愛」於天下。據《說苑‧貴德》載：

　　景公探爵鷇，鷇弱，故反之。晏子曰：「吾君仁愛，禽獸之加焉，而況於人乎？此聖王之道也。」〔註187〕

齊景公因爲鄒雀幼小，而不忍傷害，聖王之道的關鍵就在於仁愛天下。而劉向認爲布施「仁愛」的關鍵則在於「明貴德而賤利」〔註188〕即君王要做到好義避利、先德後刑、崇禮尚教。那麼，如何才能眞正的實踐「仁愛」之政呢？劉向認爲，關鍵在於君王要「立榮恥而明防禁」、「崇禮義之節以示之」，如此「則下莫不慕義禮之榮，而惡貪亂之恥。」〔註189〕可見，君王要用「禮」來匡正自身、后妃、大臣的言行，而且在治國時要先德教後刑罰，只有這樣「仁愛」之政才能得到眞正的實施。

其次，君王要保障百姓的生存權力和切身利益。據《說苑‧政理》載：

　　太公告誡武王「治國之道，愛民而已。」並認爲愛民的關鍵在於「勿害」即勿使「民失其所務」；「勿敗」即勿使「農失其時」；「勿殺」即輕刑罰；「勿奪」即輕「賦斂」；「勿苦」即輕「徭役」。如此，才算是治國有道。〔註190〕

可見，君王治國的關鍵在於愛民，而愛民則要輕繇薄役，勿奪民時，並要使民衣食無憂。在這些愛民的措施中，保障百姓的生存權是最爲基本的。劉向借齊景公與晏子之間的對話，來強調了保障民眾生存權的重要性。據《說苑‧貴德》載：

　　景公睹長年負薪而有饑色，歎曰：「令吏養之。」晏嬰曰：「今請求老弱之不養，鰥寡之不室者，論而供秩焉。」景公曰：「諾。」於是老弱有養，鰥寡有室。〔註191〕

〔註187〕劉向撰，向宗魯校證《說苑校證》卷五，《貴德》，北京：中華書局1987年版，第101頁。
〔註188〕劉向撰，向宗魯校證《說苑校證》卷五，《貴德》，北京：中華書局1987年版，第111頁。
〔註189〕劉向撰，向宗魯校證《說苑校證》卷七，《政理》，北京：中華書局1987年版，第143頁。
〔註190〕劉向撰，向宗魯校證《說苑校證》卷七，《政理》，北京：中華書局1987年版，第161頁。
〔註191〕劉向撰，向宗魯校證《說苑校證》卷五，《貴德》，北京：中華書局1987年版，第101～102頁。

可見，君王需要使民老有所養、幼有所歸，鰥寡孤獨都能得到妥善的照顧。在保障民權的基礎上，君王還要勿奪民時，使百姓能自食其力。據《說苑‧貴德》載：

晉平公春築臺，叔向曰：「不可。……今春築臺，是奪民時也。

夫德不施則民不歸，刑不緩則百姓愁，使不歸之民，役愁怨之百姓，

而又奪其時，是重竭也。〔註192〕

可見，君王不僅要施德遠刑，而且還要使百姓有足夠的農耕時間，進而保證其農業生產得以順利進行。

不僅如此，劉向還借孔子之口指出「政在使民富且壽。」並認為「薄賦斂則民富，無事則遠罪，遠罪則民壽。」〔註193〕可見，劉向認為在百姓得以生存的基礎之上，君王還要輕繇薄役，使百姓能夠富足、長壽。除此之外，君王還要做到「樂者上下同之。」即與民同樂。〔註194〕

再次，君王要遠小人近君子，並要善於納諫。〔註195〕劉向因為自己的諫言得不到君王的重視，而感歎「念社稷之幾危兮，反為讎而見怨。」〔註196〕劉向借孔子之口言「良藥苦於口利於病，忠言逆於耳利於行。故武王諤諤而昌。」〔註197〕可見，武王善於納諫，進而國運昌盛。而且，劉向還借叔向之口認為，與災異和戰爭相比，君王不善於納諫則會產生更為嚴重的後果。〔註198〕所以，

〔註192〕劉向撰，向宗魯校證《說苑校證》卷五，《貴德》，北京：中華書局1987年版，第105頁。

〔註193〕劉向撰，向宗魯校證《說苑校證》卷七，《政理》，北京：中華書局1987年版，第149～150頁。

〔註194〕劉向撰，向宗魯校證《說苑校證》卷五，《貴德》，北京：中華書局1987年版，第100頁。

〔註195〕徐復觀認為：「劉向政治思想主要是說人君應任賢納諫，而不信讒言，這是劉向在元帝時親身所得的經驗教訓。」詳見：《兩漢思想史》（第三卷），華東師範大學出版社2001年版，第57頁。

〔註196〕洪興祖撰，白化文等點校《楚辭補注》，《九歎‧怨思》，北京：中華書局1983年版，第290頁。

〔註197〕劉向撰，向宗魯校證《說苑校證》卷九，《正諫》，北京：中華書局1987年版，第238～239頁。

〔註198〕據《說苑‧善說》載：晉平公問叔向曰：「歲饑民疫，翟人攻我，我將若何？」對曰：「歲饑，來年而反矣；疾疫，將止矣；翟人，不足患也。」公曰：「患有大於此者乎？」對曰：「夫大臣重祿而不極諫，近臣畏罪而不敢言，左右顧寵於小官而君不知，此誠患之大者也。」公曰：「善。」於是令國中曰：「欲有諫者為隱，左右言及國吏，罪。」詳見：劉向撰，向宗魯校證《說苑校證》卷十一，《善說》，中華書局1987年版，第286頁。

君王需要善於納諫。

但是，君王如果不能善於納諫，國家就有可能遭受禍殃。如：齊簡公沒有聽從諸御鞅的諫言，政權遭到了顛覆。〔註199〕如：魯哀侯也因不善於納諫而棄國逃亡齊國。〔註200〕所以，劉向認為「故忠臣之言，不可不察也。〔註201〕」除了納諫之外，君王還要近賢臣而遠佞臣，劉向認為「國家之任賢而吉。」如：「齊桓公用管仲，秦穆公用百里奚而國家大治。」「任不肖而凶。」如：「宋襄公不聽公子目夷之言而敗於楚國，曹國不用僖負羈之言，而敗死於戎。」〔註202〕可見，賢臣是國家善治的重要保障，而佞臣上欺君下害民，則是國家的大患。

最後，君王不應窮兵黷武，並要節儉治國。劉向言：「《司馬法》曰：『國雖大，好戰必亡。天下雖安，忘戰必危。』」即君王不應好戰，並認為「昔吳王夫差好戰而亡。」但是，劉向又指出「兵不可廢，廢則召寇。」即國家還應具備一定的軍事實力。〔註203〕所以，劉向進一步指出：

> 聖人之治天下也，先文德而後武力。凡武之興，為不服也，文化不改，然後加誅。夫下愚不移，純德之所不能化，而後武力加焉。
>
> 〔註204〕

可見，劉向認為，國家應該文武兼修，君王先推行教化，如若不行則再使用武力，對武力的使用是慎之又慎的。

〔註199〕《說苑・正諫》載：齊簡公有臣曰諸御鞅，諫簡公曰：「田常與宰予，此二人者甚相憎也，臣恐其相攻，相攻雖判而危亡，不可，願君去一人。」簡公曰：「非細人之所敢議也。」居無幾何，田常果攻宰予於庭，賊簡公於朝，簡公喟焉太息曰：「余不用鞅之言，以至此患也。」詳見：劉向撰，向宗魯校證《說苑校證》卷九，《正諫》，中華書局1987年版，第232頁。

〔註200〕據《說苑・敬慎》載：魯哀侯棄國而走齊。齊侯曰：「君何年之少而棄國之蚤？」魯哀侯曰：「臣始為太子之時，人多諫臣，臣受而不用也；人多愛臣，臣愛而不近也。是則內無聞而外無輔也。是猶秋蓬惡於根本而美於枝葉，秋風一起，根且拔矣。」詳見：劉向撰，向宗魯校證《說苑校證》卷九，《正諫》，中華書局1987年版，第260頁。

〔註201〕劉向撰，向宗魯校證《說苑校證》卷九，《正諫》，北京：中華書局1987年版，第233頁。

〔註202〕劉向撰，向宗魯校證《說苑校證》卷八，《尊賢》，北京：中華書局1987年版，第176頁。

〔註203〕劉向撰，向宗魯校證《說苑校證》卷十五，《指武》，北京：中華書局 1987年版，第365頁。

〔註204〕劉向撰，向宗魯校證《說苑校證》卷十五，《指武》，北京：中華書局 1987年版，第380頁。

此外，劉向還認爲，君王應以節儉治國，只有這樣國家才能昌盛，劉向借由余之口說明了這個道理。

秦穆公閒問由余曰：「古者明王聖帝，得國失國，當何以也？」由余曰：「臣聞之，當以儉得之，以奢失之。……堯有天下，飯於土簋，啜於土鉶。」〔註205〕

可見，由余認爲，堯治天下的時候，十分節儉，吃飯用土製的碗，飲水用土鼎，所以，天下大治。由余又言：

> 夏后氏以沒，殷周受之。作爲大器，而建九傲，食器雕琢，觴
> 勺刻鏤。四壁四帷，茵席雕文，此彌侈矣。而國之不服者五十有二。
> 〔註206〕

可見，由余認爲，到了殷周時期，君王用金玉裝飾車馬，食具精雕細琢，而國家卻並不穩定。所以，君王需以節儉治國。而且，君王節儉不僅可以興國，還可以使國家形成「尙儉」的風氣，劉向以齊桓公爲例來說明了這個道理。

齊桓公認爲，齊國財力不足，但「群臣衣服輿馬甚汰」，所以「欲禁之」。而管仲卻認爲「君嘗之，臣食之；君好之，臣服之。」即大臣會對君王的行爲進行倣仿。「今君之食也，必桓之犙；衣練紫之衣，狐白之裘。」所以「群臣之所奢太也。」齊桓公聽從了管仲的建議，「更製練帛之衣，太白之冠。」而「齊國儉也。」〔註207〕

除此之外，君王還應具有公平之心。齊景公時，國中有餓死之人，晏子進而對景公的爲政進行了批評，其言：

> 苟營內好私，使財貨偏有所聚，……惠不遍加於百姓，……夫
> 士民之所以叛，由偏之也。〔註208〕

可見，君王如果貪財好利，不能將財物和糧食普遍的施加給百姓，公平的心意不能布施天下，君王的聖德不能積極的彰顯，那麼國家就很難得到善治。

君王是國家政策的制定者和實施者，與百姓、女性、賢臣相比，其會對

〔註205〕劉向撰，向宗魯校證《說苑校證》卷二十，《反質》，北京：中華書局 1987
　　　　年版，第 519 頁。

〔註206〕劉向撰，向宗魯校證《說苑校證》卷二十，《反質》，北京：中華書局 1987
　　　　年版，第 520 頁。

〔註207〕劉向撰，向宗魯校證《說苑校證》卷二十，《反質》，北京：中華書局 1987
　　　　年版，第 524 頁。

〔註208〕劉向撰，向宗魯校證《說苑校證》卷十四，《至公》，北京：中華書局 1987
　　　　年版，第 348 頁。

國家和社會的發展產生更大的影響。那麼，君王如何治國才能使得國家昌盛呢？劉向借太公之口認爲「賢君之治國」，要「其政平，其吏不苛，其賦斂節，……不以私善害公法。」即薄賦斂、輕繇役、依法治國；「賞賜不加於無功，刑罰不施於無罪。」即賞罰有度；「進賢舉過者有賞。」即進賢、納諫；「不幸宮室以費財，不多觀游臺池以罷民」即節儉治國；「後宮不荒，女謁不聽，上無淫慝，下不陰害。」即勿荒淫、重外戚。如此「官無腐蠹之藏，國無流餓之民。」才是「賢君之治國也。」〔註209〕

可見，君王需進賢、納諫、愛民、并推行「仁政」，如此，國家才能善治、強盛。劉向的社會發展動因理論雖以五德終始說的五行生剋模式作爲藍本，但是，其用「人事」替換了「五德終始說」以自然五行之間的生剋關係作爲歷史發展動力的做法，凸顯了「人」在歷史發展中的作用。而且，與五德終始說不同的是，劉向用五行相生的原則來闡釋歷史發展動因之間的關係，意在防止湯武革命在西漢王朝的發生。

4.3.5 劉向思想學說的人文主義傾向

綜上所述，劉向以儒學爲底蘊的思想學說體系，是在吸納諸家思想〔註210〕的基礎上建立起來的，其對陰陽家的思想同樣有所借鑒，宣帝「復興神仙方術之事，而淮南有《枕中鴻寶苑秘書》。書言神仙使鬼物爲金之術，及鄒衍重道延命方，……更生幼而讀誦，以爲奇，獻之，言黃金可成。〔註211〕」可見，劉向對鄒衍的遺說是有所涉獵的，而他對鄒氏的五德終始說同樣進行了吸納與發展。無論是劉向的災異理論，還是他的變異思想、社會動因理論，都是從「擁漢安劉」的立場出發，希望君王能夠打擊宦官和外戚的擅政，並能任賢納諫。而且，劉向還「對現實政治提出了系統的意見，如重教化、輕刑罰、尊賢、以公與誠作爲權謀的標準、上不玩兵、下不廢

〔註209〕 劉向撰，向宗魯校證《說苑校證》卷七，《政理》，北京：中華書局 1987 年版，第 151～152 頁。

〔註210〕 詳見：姜廣輝主編《中國經學思想史》（第二卷），中國社會科學出版社 2003 年版，第 315～317 頁。有的學者還對劉向思想中的儒家學說成分、道家學說成分、法家學說成分進行了論述。詳見：吳敏霞《劉向學術思想特點淺議》，載《西北大學學報（哲學社會科學版）》1987 年第 2 期。

〔註211〕 班固撰《漢書》卷三十六，《楚元王傳》，北京：中華書局 1962 年版，第 1929 頁。

武等等。〔註212〕」劉向把畢生精力都奉獻給了西漢王朝，所以，班固對其稱讚道：「自孔子後，綴文之士眾矣，唯孟軻、孫況、董仲舒、司馬遷、劉向、楊雄。此數公者皆博物洽聞，通達古今，其言有補於世。〔註213〕」可是，劉向的諸多學說並沒有得到君王的重視，西漢王朝也每況愈下，其也不禁感歎「路蕩蕩其無人兮，遂不禦乎千里。〔註214〕」但是，劉向的思想學說「卻在『復歸先秦儒學經世致用傳統』、『推動古文經學興起』等方面對後世產生了一定的影響。〔註215〕」

　　更為重要的是，劉向以五德終始說的「符應」學說為藍本，並在董仲舒「天人感應」理論的基礎之上構建起了自身的「災異學說」，該學說認為人在天人關係中佔據著主導地位，特別是君王的言行從根本上影響著天象的產生，君王如果修德、博愛、任賢、納諫、那麼上天就會施以祥瑞，反之就會降下災異，可見，如果說，董仲舒的「天人感應」理論因極力渲染「天」的神聖性，還具有些許神學色彩的話，那麼，把百姓視為「天」的劉向的「災異學說」，就已經開始用人文主義的觀點去思考天人關係。此外，劉向還把君王視為社會發展的根本動因，並意識到大臣、百姓、女性等都會對國家的發展產生影響，其已經把「人事」看成是社會興亡的決定性因素，所以說，劉向的社會發展動因理論同樣是在用人文主義的觀點去闡釋歷史的演變。劉向的這種以人文主義觀點去思考天人關係、歷史演變的做法對後世的揚雄、桓譚等思想家也產生了一定的影響。如：揚雄就要求人們要「以人占天」，而不要「以天占人」，〔註216〕即是說要以人事作為立足點去考察天象的變化；桓譚則認為「國之廢興，在於政事；政事得失，由乎輔佐。〔註217〕」可見，桓譚也認為賢臣是推動社會發展的重要力量。所以，侯外廬主編的《中國思想史

〔註212〕徐興無著《劉向評傳》，南京：南京大學出版社 2005 年版，第 401 頁。

〔註213〕班固撰《漢書》卷三十六，《楚元王傳》，北京：中華書局 1962 年版，第 1972 頁。

〔註214〕洪興祖撰，白化文等點校《楚辭補注》，《九歎・離世》，北京：中華書局 1983 年版，第 287 頁。

〔註215〕吳全蘭著《劉向哲學思想研究》，北京：中國社會科學出版社 2007 年版，第 257～264 頁。

〔註216〕汪榮寶撰，陳仲夫點校《法言義疏》卷八，《五百》，北京：中華書局 1997 年版，第 264 頁。

〔註217〕范曄撰《後漢書》卷二十八上，《桓譚馮衍列傳》，北京：中華書局 1965 年版，第 957 頁。

綱》認爲:「從劉向、劉歆父子到揚雄、桓譚,可以看出一種向唯物主義演進的新思潮,這種新思潮爲王充的唯物主義作了準備。〔註218〕」

　　與董仲舒相比,劉向對於「五德終始說」的繼承與發展,主要是在「五德之說」的大框架內對其理論的缺失進行了修繕,並將其的相關理論運用到現實的政治鬥爭中。如:劉向的「災異」學說不僅在「天人關係」、「災異的構成」等方面對「五德終始說」的「符應」理論進行了發展,其還將「符應」理論運用到了現實的政治鬥爭當中。劉向的「社會變異」理論雖以「五德終始說」的「政權轉移」理論爲藍本,但其同樣將「五德之說」的政權轉移理論融入到了現實的政治生活當中,成爲了向帝王諫言的重要手段。而劉向的「社會發展動因」理論則用「人事」替換了「五德終始說」以自然五行之間的生剋關係作爲歷史發展動力的做法,凸顯了「人」在歷史發展中的作用。如果說,董仲舒對「五德終始說」繼承與發展的著眼點在於汲取「五德之說」中「自然」、「仁義」、「道德」、「聖統」等要素,並將其用於自身思想體系的構建,進而解決儒學在西漢發展時所遭遇到的種種問題。那麼,劉向對「五德終始說」繼承與發展的著眼點則在於將「五德之說」中的「符應」理論、「政權轉移」理論、「社會發展」理論運用到現實的政治鬥爭中,希望君王能夠打擊外戚、宦官,任賢、納諫,進而使劉氏王朝長治久安。

〔註218〕侯外盧主編《中國思想史綱》(上冊),北京:中國青年出版社1980年版,第159頁。

第五章　五德終始說的衰亡以及堯後火德說的興起

5.1 五德終始說衰亡的原因

　　西漢中期以後，統治危機頻發。封建士大夫們爲了維護政權的穩定性，開始不斷的向劉姓君王們獻計獻策。如：蓋寬饒等人的「禪讓說」；如：京房、谷永的「災異說」；如：甘忠可、夏賀良的「再受命說」等。〔註1〕在眾多的學說中，劉向、劉歆父子的「堯後火德說」，則產生了更爲巨大的影響。眾所周知，無論是漢初的水德與土德之爭，還是漢武帝在改制過程中對土德的推崇，其遵循的都是五德終始說中的相關理論。但是，隨著歷史的發展，五德終始說自身的局限性也逐漸顯現出來。其一，五德終始說以五行相勝作爲基礎，政權之間的更迭都是通過革命手段來完成的。〔註2〕其二，五德終始說帝德譜中的帝王

〔註 1〕　顧頡剛對漢武帝以後西漢王朝出現的政治危機，以及「禪讓說」、「災異說」、「再受命說」進行了較爲詳盡的論述。詳見：《五德終始說下的政治和歷史》，載顧頡剛主編《古史辨》（第五冊），上海古籍出版社1982年版，第465～504頁。而王葆玹更是對產生「禪讓說」產生的原因進行了分析，其認爲西漢末年的學者「鼓吹禪讓或不反對禪讓的理由，是認識到漢朝的衰亡已不可避免，眞正有意義的事情不過是在暴烈的『革命』和溫和的『禪讓』之間進行選擇，大家都害怕劇烈的社會動盪，願意通過不流血的方式來實現權力的轉移。」詳見：《今古文經學新論》，中國社會科學出版社1997年版，第454頁。

〔註 2〕　一些學者往往會把五德終始說與革命相聯繫，如：宋豔萍就認爲：「五德終始說主張新王朝以武力手段徹底推翻舊王朝，注重政治的全面革新，所以，秦始皇對其欣然接受。但是，西漢中期以後，隨著社會矛盾的激化，劉氏王朝害怕別人也用暴力手段來取代他們，所以便不再宣揚五德終始說，這是五德

或朝代太少，不利於新興王朝聖統的建立。其三，五德終始說的「符應」理論認爲，朝代將亡之時上天會降下災異。特別是，西漢中期以後，地震等自然災害頻發，這就對西漢王朝的長治久安造成了不利的影響。所以，基於五德終始說自身的局限性，其已經不能適應西漢王朝發展的需要了。

5.2 五德終始說與堯後火德說的異同

劉向、劉歆父子的「堯後火德說」，〔註3〕「採用五行相生順序的新德運

終始說被興起的漢家堯後說代替的重要原因。」詳見：《陰陽五行與秦漢政治史觀》，載《史學史研究》2001 年第 3 期。

〔註3〕 顧頡剛所著的《秦漢的方士與儒生》，上海世紀出版集團 2005 年版。顧頡剛所著的《中國上古史研究講義》，中華書局 2009 年版。顧頡剛所著的《五德終始說下的政治和歷史》，載顧頡剛主編《古史辯》（第五冊），上海古籍出版社 1982 年版。楊向奎所著的《西漢經學與政治》，獨立出版社 2000 年版。王葆玹所著的《今古文經學新論》，中國社會科學出版社 1997 年版。徐興無所著的《讖緯文獻與漢代文化構建》，中華書局 2003 年版。楊權所著的《新五德理論與西漢政治──「堯後火德說」考論》，中華書局 2006 年版。徐興無所著的《劉向評傳》，南京大學出版社 2005 年版。雷家驥所著的《兩漢至唐初的歷史觀念與意識》，書目文獻出版社 1987 年版。王保頂所著的《劉歆二題》，載《安徽師範大學學報》1996 年第 1 期。陳泳超所著的《〈世經〉帝德譜的形成過程及相關問題──再析五德終始說下的政治和歷史》，載《文史哲》2008 年第 1 期。等都對「堯後火德」說的形成進行了較爲詳盡的論述。但是，學術界在兩個問題上存在著爭議。其一，究竟是誰建構了「堯後火德說」？以往的學者大都認爲，「堯後火德說」建構者是劉歆。顧頡剛就認爲：「劉歆通過對五德終始說的改造，進而構建了堯後火德說。」詳見：《五德終始說下的政治和歷史》，載顧頡剛主編《古史辯》（第五冊），上海古籍出版社 1982 年版，第 470～532 頁。但是，隨著研究的深入，有些學者提出了不同的看法。楊權就認爲：「所謂的『堯後火德說』是劉向與劉歆父子共同構建的。」其對諸家觀點進行考辨後認爲：「劉向在成帝建始元年（公元前 32 年）至綏和二年（公元前 7 年）之間開始創建『堯後火德說』。」楊權還認爲：「劉向雖然推定出了『漢爲火德』，但是在其帝德譜中，堯爲木德，這與當時流行的『漢家堯後說』不相符，而劉歆則對這一理論缺陷進行了彌補，他在劉向帝德譜系的基礎上進一步整理和發展了古史系統，最終形成了『堯後火德說』。」詳見：《新五德理論與西漢政治──「堯後火德說」考論》，中華書局 2006 年版，第 126～138 頁。其二，「漢爲火德說」是否爲王莽篡漢的產物。以顧頡剛爲代表的學者認爲，劉歆構建「漢爲火德說」的目的，在於爲王莽篡漢作政治上的鋪墊與宣傳。詳見：《五德終始說下的政治和歷史》，載顧頡剛主編《古史辯》（第五冊），上海古籍出版社 1982 年版，第 554～612 頁。而楊權、徐興無、陳泳超等人則認爲，「堯後火德說」在王莽篡漢之前就已經形成，其最初爲劉向所創，意在復興西漢王朝。其中楊權指出：「『堯後火德說』並非王

觀，對西漢經學、哲學和文化的多重因素進行了總結，一方面承認秦得水德，另一方面並不承認其在德運歷史中的合法性。」〔註4〕很好的彌補了「五德終始說」的上述局限性。「堯後火德說」具有兩層含義。其一，漢家堯後，即劉漢政權的「聖統」源於「堯」；〔註5〕其二，劉漢政權和堯一樣同屬於火德；〔註6〕「漢家堯後說」與「漢為火德說」合流〔註7〕以後，「堯後火德說」最終形成。

　　「堯後火德說」在其發展和形成的過程中，共經歷了劉向初創與劉歆完善的兩個階段，而二人所構建的帝德譜系也是各不相同的。

　　劉向所構建的帝德譜系：〔註8〕

伏羲 → 炎帝 → 黃帝 → 顓頊 → 帝嚳 → 堯 → 舜 → 夏 → 殷 → 周 → 秦 → 漢
木　　火　　土　　金　　水　　木　　火　　土　　金　　水　　木　　火
青　　赤　　黃　　白　　黑　　青　　赤　　黃　　白　　黑　　青　　赤

　　從劉向所構建的帝德譜系中可以看出，其與鄒衍構建的五德終始說具有明顯的差異。「首先，兩個帝德譜的五行理論基礎不同。『五德之說』依據是五行相勝理論，而『堯後火德說』依據的則是五行相生理論。其次，兩個帝德譜出現的帝王或朝代數量相差很大。『五德之說』中有四個朝代，而『堯後火德說』中則有 12 個朝代，而且『堯後火德說』已經完成了兩輪五行循環，

　　　　莽篡權的產物，其在昭帝時就已經出現，而就其思想淵源而言，其來自於漢初的尚赤傳統，具體來說是漢家的受命符應，『五星聚於東井』（東井為二十八星宿之一，在南方朱雀七宿中居於首位，也稱『鶉首』。）的天文現象。」詳見：《新五德理論與西漢政治——「堯後火德說」考論》，中華書局 2006 年版，139～145 頁。
〔註4〕丁四新《劉向、劉歆父子的五行災異說和新德運觀》，載《湖南師範大學社會科學學報》2013 年第 6 期。
〔註5〕楊權對顧頡剛、錢穆等人的觀點進行了考辨，進而梳理出了「漢家堯後」說的產生原因以及發展過程。詳見：楊權著《新五德理論與西漢政治——「堯後火德說」考論》，中華書局 2006 年版，第 73～89 頁。
〔註6〕楊權對顧頡剛、林劍鳴、徐興無等人的觀點進行了考辨，對「漢為火德」說的歷史根源進行了論述。詳見：楊權著《新五德理論與西漢政治——「堯後火德說」考論》，中華書局 2006 年版，第 139～145 頁。
〔註7〕詳見：楊權著《新五德理論與西漢政治——「堯後火德說」考論》，中華書局 2006 年版，第 160～162 頁。
〔註8〕詳見：楊權著《新五德理論與西漢政治——「堯後火德說」考論》，中華書局 2006 年版，第 138 頁。

『五德之說』則尙未完成一輪五行循環。最後，鄒衍版帝德譜是從土德帝（黃帝）開始的，秦、漢的邏輯屬德是水和土；而劉向版帝德譜是從木德帝（伏羲）開始的，漢的實際屬德是火。〔註9〕」但是，我們同樣可以發現，在劉向版的帝德譜系中，漢爲火德而堯卻爲木德，這顯然與「漢家堯後說」不相符。而劉歆則對劉向的帝德譜系進行了擴充與調整，使「漢家堯後說」與「堯後火德說」二者結合到了一起。

劉歆所構建的帝德譜系：〔註10〕

太皞包羲	→ 共工	→炎帝神農	→黃帝軒轅	→ 少昊金天	→ 顓頊高陽	→ 帝嚳高辛
木	（閏水）	火	土	金	水	木
青		赤	黃	白	黑	青

→ 帝摯	→ 帝堯陶唐	→ 帝舜有虞	→伯禹	→成湯	→武王	→ 秦伯	→ 漢高祖
（閏統）	火	土	金	水	木	（閏水）	火
	赤	黃	白	黑	青		赤

雖然，「堯後火德說」對「五德終始說」有過諸多的借鑒。〔註11〕但是，二者之間仍舊存在著差異，如：「五德終始說」體現的是「聖人無父說」，「堯後火德說」體現的則是「聖人同祖說」。〔註12〕而二者最大的差異在於「五德終始說」以五行相勝爲理論基礎，而「漢家堯後」說則以五行相生作爲理論基礎。

〔註9〕 楊權著《新五德理論與西漢政治——「堯後火德說」考論》，北京：中華書局2006年版，第134～136頁。

〔註10〕 劉歆所創的帝德譜曾載於《世經》中，《世經》爲《三統曆》的一篇，雖然《世經》已經散佚，但是《漢書·律曆志》對劉歆的《三統曆》進行了轉述，所以我們可以從中歸納出劉歆帝德譜系的概貌。詳見：楊權著《新五德理論與西漢政治——「堯後火德說」考論》，中華書局2006年版，第150～151頁。

〔註11〕 有的學者認爲，「堯後火德說」在歷史觀、五行象徵意義等方面對「五德終始說」進行了借鑒。詳見：饒宗頤著《中國史學上之正統論》，上海遠東出版社1996年版，第16～23頁。汪高鑫《論劉歆的新五德終始歷史學說》，載《中國文化研究》2002年夏之卷。

〔註12〕 王葆玹著《今古文經學新論》，北京：中國社會科學出版社1997年版，第432～438頁。

5.3 堯後火德說的倡興

　　「相勝倡導革命，而相生則可以避免革命的發生。〔註13〕」加之，「漢家堯後說」把劉漢政權與堯聯繫在了一起，這樣更加突出了西漢王朝受命於天的權威性。所以，「『堯後火德說』比『五德終始說』更加適應西漢中後期政權的建設與發展，而『五德終始說』則開始漸漸的消亡。〔註14〕」

　　但是，「堯後火德說」究竟是何時踐行的呢？學術界對此存在爭議。有的學者認為，「堯後火德說」在西漢末年就已經推行，而且，「堯後火德說」並沒有使西漢王朝得以復興，而是被王莽所利用，成為了篡漢的工具。〔註15〕有的學者則認為，西漢末年的確出現了「堯後火德說」，但是西漢政府並沒有奉行過火德說，直到東漢初年才實行火德。〔註16〕「五德終始說」與「堯後火德說」代表了兩種不同的文化傳統，就五德說而言，其代表了趨於理性和先進的精英文化大傳統，它的理論背景是陰陽五行學說；就火德說而言，其代表了通俗實用而較為原始的大眾文化小傳統，它的理論背景則是由原始宗教信仰發展出來的五色帝信仰和充斥著神秘、原始色彩的讖緯之學。兩種傳統在西漢時期有過諸多交匯與融合，在西漢末年出現的「堯後火德說」仍舊是西漢初五色帝與相勝型五德說相混合的火德，所以，「堯後火德說」在西漢一直被視為內德，並未成為外德。〔註17〕

　　無論是推行於西漢末年還是踐行於東漢初年，「堯後火德說」對「五德終始說」的取代已經是不可扭轉的歷史潮流。東漢以後直至清朝，除了個別的諸如：武周等朝代採納了相勝的「五德終始說」之外，其餘的朝代幾乎都對相生的「堯後火德說」情有獨鍾。〔註18〕但是，「五德終始說」所開創的天人互動的政權轉移方式，卻是歷代君王所不敢輕視的。

〔註13〕殷南根著《五行新論》，瀋陽：遼寧教育出版社1993年版，第35頁。

〔註14〕詳見：羅光著《中國哲學思想史》（兩漢、南北朝篇），臺灣學生書局中華民國67年版，第93～96頁。

〔註15〕王莽對「堯後火德說」的移植和利用，詳見：楊權著《新五德理論與西漢政治——「堯後火德說」考論》，中華書局2006年版，第162～200頁。

〔註16〕李夢澤《西漢未行火德辨》，載《學術研究》2011年第5期。

〔註17〕陳啓雲、李培健《西漢火德疑案新解》，載《理論學刊》2012年第10期。

〔註18〕詳見：楊權著《新五德理論與西漢政治——「堯後火德說」考論》，中華書局2006年版，第25～30頁。

結 論

　　張豈之教授曾言：「思想史就是理論化的人類社會思想意識的發展史，思想史就是研究人類歷史上社會思想意識發展、演變及其規律的學科。〔註1〕」的確如此，思想史視域中的斑斑種種既是動態發展的，又是交錯交融的，張豈之教授把這種「交錯交融」稱之爲「會通」精神。張豈之教授還認爲，會通精神在中國傳統文化中體現的尤爲明顯〔註2〕，其言：「中華人文精神是一種文化會通精神。對待文化學術，有遠見的思想家、學問家們都主張『和而不同』的文化觀，贊成多樣性的統一，反對單調呆板的一致。在這種精神的影響下，中國古代的燦爛文化不僅是國內各個民族文化的綜合和融合，而且也是吸收並消化外來文化的結果。在文化學術上善於博采眾家之長，這是中華人文精神的優良傳統。〔註3〕」

　　而作爲中國傳統文化重要組成部分的儒學，其在發展的過程中同樣與其它學說有過會通和交融。「早期儒家學說多處體現出了『會通』精神。如：《禮記‧禮運篇》中對於『大同』社會的描述，就有墨家和道家思想的痕跡。『選賢與能』就和墨家『尚賢』思想相似；『老有所終』一段又相似於《墨子‧兼愛中》『老而無子者，有所得終其壽』，甚至『大同』這一名詞也可能是從墨家『尚同』而來。而《禮記‧禮運篇》有些地方也受到了《老子》的影響。

〔註1〕 張豈之《論思想史與哲學史的相互關係》，載張豈之著《儒學‧理學‧實學‧新學》，西安：陝西人民出版社1991年版，第375頁。

〔註2〕 詳見：張豈之《論中華文化的「會通」精神》，載《中國文化研究》2011年夏之卷。

〔註3〕 張豈之著《中華人文精神》，西安：陝西人民出版社2007年版，第129頁。

如稱『大同』世界爲『大道之行』；『大道』則是道家的術語。〔註4〕」到了魏晉時期，儒學又與道家思想相融合，進而形成了玄學。爲什麼說玄學是儒道合流的產物呢？

「首先，玄學的思想資料是《老子》、《莊子》和《周易》。其次，玄學的思想形式主要是注釋經典，這種形式，既繼承了儒家的傳統，又融合了道家的抽象思辨的特色。最後，玄學家力求把孔子與老子，道家的無爲與封建的倫理等級關係和觀念結合起來。所以，從上述三點可以看出，玄學不是道家學說的變種，也不是儒家學說的延續，而是儒道合流的思想體系。〔註5〕」

「而到了隋唐時期，儒、釋、道三家已經出現了合流的跡象。〔註6〕」就儒學同佛學的融匯而言，其主要是由儒家的學者來完成的。「如：韓愈，他雖然極力反佛，但是其思想同樣也受到了佛學的影響。他的『治心』論，無疑是佛學和早期儒學中孟子學說相交織的產物。他的『道統』理論也是發端於佛教的『祖統』說。如：柳宗元，他既頌揚佛教，又利用和改造佛學的若干理論命題，建立起無神論的思想體系。〔註7〕」

到了兩宋時期，理學開始興起。理學是在儒學、佛學、道教相結合的基礎上孕育發展起來的，「其一方面批判佛、道二教忽略對社會的治理，有悖於儒家的倫理道德思想；另一方面又對佛、道二教的哲學思辨理論進行了借鑑和吸納，它以儒家思想的內容爲主，同時也吸收了佛學和道教的思想。〔註8〕」馮友蘭就認爲理學「在堅持道家和佛家的基本思想上，比道家和佛家自己更加一貫和徹底，他們是比道家更道地的道家，也是比佛家更道地的佛家。〔註9〕」

那麼，在西漢時期，儒學有沒有與其它學說產生過融合與會通呢？答案是肯定的。張豈之教授就曾指出：「儒學與陰陽五行思想相結合是漢代儒學的一個重要特性。〔註10〕」

〔註4〕 張豈之《論中華文化的「會通」精神》，載《中國文化研究》2011年夏之卷。
〔註5〕 詳見：張豈之主編：《中國思想史》，西北大學出版社1993年版，第172～174頁。
〔註6〕 詳見：黃心川《「三教合一」在我國發展的過程、特點及其對周邊國家的影響》，載《哲學研究》1998年第8期。
〔註7〕 詳見：張豈之主編《中國思想史》，西北大學出版社1993年版，第240～241頁。
〔註8〕 張豈之主編《中國思想史》，西安：西北大學出版社1989年版，第335頁。
〔註9〕 馮友蘭著《中國哲學簡史》，北京：新世界出版社2004年版，第275頁。
〔註10〕 張豈之主編《中國儒學思想史》，西安：陝西人民出版社1990年版，第215

　　漢初，「諸子之學有過短暫的復興，各家之中，尤以儒家和道家爲盛。但從整個社會思潮看，陰陽五行學說影響巨大。〔註11〕」而與儒學進行會通的最主要對象，就是這種陰陽五行學說。「較之於經驗型的儒家傳統政治倫理，陰陽五行學說更具有理論思維方面的優勢。漢代今文經學在改造傳統儒學的過程中，也就水到渠成地引進『陰陽五行』學說。〔註12〕」可見，由於「陰陽五行的宇宙模式具有極寬的寬廣性，在每一系統的相應性上含有無限的比附性的可能。〔註13〕」所以，西漢的儒者們大都會運用陰陽五行思想來闡發自身的學說。〔註14〕

　　陰陽五行學說所涵蓋的範圍是十分廣泛的，就具體的內容而言，「五德終始說」在秦漢所產生的影響是最爲巨大的。〔註15〕所以，儒者們對「五德終始說」的借鑒是尤爲明顯的。馮友蘭認爲：「從董仲舒開始儒家與陰陽家已經開始合流。〔註16〕」而「劉向對於陰陽五行思想的吸納也是十分明顯的。〔註17〕」梁啓超則認爲「陰陽災異之說」創於鄒衍，經由董仲舒、劉向的發展，遂成爲影響深遠的怪誕之說。〔註18〕雖然，梁任公對他們三人的評價並不公允，但是仍可看出其三者之間確有學術上的傳承關係，在西漢，將儒學與陰陽五行學說進行融通的代表人物就是董仲舒與劉向，二人都對「五德終始說」有過借鑒與吸納。

　　在大一統政權面前，儒學的發展面臨著兩個前所未有的問題。一、先秦

　　　　頁。
〔註11〕張豈之主編《中國思想史》，西安：西北大學出版社 1993 年版，第 107～108頁。
〔註12〕劉松來著《兩漢經學與中國文學》，南昌：百花洲文藝出版社 2001 年版，第212～217 頁。
〔註13〕侯外廬主編《中國思想通史》（第二卷），北京：人民出版社 1957 年版，第 103頁。
〔註14〕據《漢書・眭兩夏侯京翼李傳》載：「漢興推陰陽言災異者，孝武時有董仲舒、夏侯始昌，昭、宣則眭孟、夏侯勝，元、成則京房、翼奉、劉向、谷永，哀、平則李尋、田終術。」詳見：班固撰《漢書》卷七十五，《眭兩夏侯京翼李傳》，中華書局 1962 年版，第 3194～3195 頁。
〔註15〕【日本】金谷治《鄒衍的思想》，載馬振鐸、袁爾鉅主編《日本學者論中國哲學史》，北京：中華書局 1986 年版，第 138 頁。
〔註16〕馮友蘭著《中國哲學簡史》，北京：新世界出版社 2004 年版，第 167 頁。
〔註17〕鄧福田《「五德終始」學說簡論》，載《中國哲學史》1994 年第 1 期。
〔註18〕梁啓超《陰陽五行說之來歷》，載顧頡剛主編《古史辨》（第五冊），上海：上海古籍出版社 1982 年版，第 353 頁。

儒學的德治理想如何與專制政體相結合；二、儒學如何發揮其政治批判功能。董仲舒將儒學與陰陽五行學說進行雜糅的目的，就是爲了解決上述的兩個問題，而董仲舒主要的借鑒對象則是陰陽五行學派的五德終始說。就第一個問題而言，董仲舒借鑒五德終始說的自然之天理論，將儒家的倫理道德與自然之天相結合，並將「天」修飾成爲儒家仁政的捍衛者，其一再強調天的權威性，並要求君王取法上天的仁德之政，天體現了先秦儒家的德治思想，而君主則是專制體制最爲關鍵的一環，君主對天的仁政的取法，正好完成了儒家政治思想與專制政體相結合的任務。就第二個問題而言，董仲舒從「天與君主的對應關係」、「符應」理論、「仁義理論在天人關係中的體現」、「貴土原則」等方面借鑒並吸收了「五德終始說」的相關理論，並在此基礎上構建起了獨具特色的「天人感應」理論。該理論從儒家「仁」的標準出發，通過對君主言行和施政的規範了，來發揮儒學對朝政的批判作用。

西漢中期以後，君王的大權逐漸旁落，形成了外戚、宦官專權的局面。此時的儒學，不僅面臨著如何去批判現實政治的問題，還要擔負起維護劉氏政權正統性的重任。劉向對五德終始說進行借鑒的目的，同樣是爲了解決以上的兩個問題。董仲舒的「天人感應」理論「只將五行作爲臣道政事來安排，尚未上昇爲君道王事，如此，則五行的王道德運色彩尚不夠濃厚，對君主與王朝的政治預警作用也不夠有力……這一切，都是留給他的後繼者繼續構建的時代課題。〔註 19〕」劉向就是這樣一位出類拔萃的後繼者，他對五德終始說的「符應」理論進行了借鑒，並在董仲舒「天人感應」理論的基礎上，發展出了一套獨具特色的「災異學說」。董仲舒「天人感應」以君王爲匡正對象，以儒家的倫理道德和「仁政」思想來要求君王的施政和言行。而隨著西漢政局的不斷變化，劉向「災異學說」匡正的對象，不僅包括君王，還包括大臣和女性，等一些能夠影響政局變化的特定人群。在劉向的推衍之下，儒學對現實政治的批判已經不再局限於君主一人，而是將賢才、大臣、皇族等能夠對政治產生影響的因素都涵蓋了進去，這就使儒學對政治的批判功能有了長足的發展，並使其具有了相應的時代特徵。而劉向災異學說批判的最主要對象則是那些擅政的宦官和外戚，劉向通過自己的學說來警醒君王，希望君王把外戚和宦官手中的權力轉移給劉姓宗親，進而確保劉氏政權的穩定。

作爲儒者的董仲舒和劉向，從不同時代的社會現實出發，通過對陰陽五

〔註19〕徐興無著《劉向評傳》，南京：南京大學出版社 2005 年版，第 297 頁。

行學派「五德終始說」的借鑒進而構建起了自身的思想體系，這體現出了張
岱之教授所言的中國傳統文化中不同學派之間的會通精神。而且，作爲戰國
時期重要社會思潮的「五德終始說」，被後世的思想家董仲舒、劉向所繼承與
發展，這也是思想史所要研究的重要內容。〔註20〕除此之外，張岱之教授還
言：「中國思想史中重要組成部分的儒學力求把人間的道德律令擴大爲天的道
德律令，並試圖說明以人爲中心的天、地、人的社會和自然的結構模式都被
道德律令所支配。〔註21〕」董仲舒通過借鑒「五德終始說」所構建起的「天
的哲學」、「天人感應」理論，以及劉向通過對五德終始說「符應」理論進行
發展，所建構起來的「災異學說」都將天塑造成爲儒家道德律令的捍衛者，
並要求君王將這種道德律令布施於天下，可見，這些同樣是中國思想史研究
的重要組成部分。

〔註20〕詳見：張岱之主編《中國思想史・序》，西北大學出版社 1993 年版，第 4 頁。
〔註21〕張岱之主編《中國思想史・序》，西安：西北大學出版社 1993 年版，第 5 頁。

附錄：人文學人——張豈之先生
學術研究紀實

　　張豈之先生畢生從事中國思想史的研究與教學，爲中國思想史學科的發展與壯大傾注了數十年的心血，張先生的學術研究以中國思想史爲核心，以華夏文明的演進爲主線，以民族復興爲最終歸宿，並逐漸將研究的視角從思想史延伸到了中國文化的諸多領域，其學術研究大致可分爲中國思想史研究、中國史學研究、中國傳統文化研究等三個方面。此外，張豈之先生還對中華文化的現代化等問題進行了探究，彰顯了一位人文學人的歷史使命感與責任感。

　　張豈之先生生於 1927 年，江蘇南通如皋人，抗戰期間，南通瀕臨淪陷，先生被家人輾轉送至陝西城固，並在西遷至此的北平師範大學附中繼續求學，而後，考入重慶南開中學，並於 1946 進入北京大學哲學系學習，1950 年開始在清華大學文科研究所攻讀研究生，在北大和清華求學期間，先生聆聽了侯外廬、胡適、朱光潛、熊十力、湯用彤、賀麟、石峻、容肇祖等著名學者的課程，先生曾感慨道：「這些老師身上有共同的一點：中西融合，古今會通。他們力求將中華傳統文化與西方文化精華融合起來，創造適合於時代需要的中國新文化。」[1] 439 諸先生的學識與師德對張豈之先生日後的學術研究產生了巨大的影響。

　　1952 年張先生任教於西北大學，開始了他長達 60 餘年的學術研究與教學生涯。張先生先後協助侯外廬先生整理出版了《中國思想通史》（第一卷至第四卷），並參與主編了《宋明理學史》，自著和主編的主要著作有《中國哲學

史略》、《中國思想史》、《儒學・理學・實學・新學》、《中國儒學思想史》、《中華人文精神》、《中國傳統文化》、《近代倫理思想的變遷》、《中國歷史》（六卷本）、《中國歷史十五講》、《中國思想文化史》、《中國學術思想編年》（六卷本）、《中國思想學說史》（六卷本）等〔註1〕。

　　在數十年的學術研究中，張豈之先生以中國思想史研究爲中心，並將研究視角擴展到了中國史學、中國傳統文化、教育等諸多領域，形成一套獨具特色的研究理論與方法〔註2〕。如：將思想史的研究與學術史、文化史、哲學史相結合；將歷史研究與文明史研究相結合，將傳統文化研究與文化自覺相結合，張豈之先生的學術研究不僅深化、發展了侯外廬學派的中國思想史研究，還拓展了侯外廬學派的研究視角與研究領域，並將侯外廬學派團隊協作、教學相長等學術傳統薪火相傳。

一、張豈之先生與中國思想史研究

　　張豈之先生初涉中國思想史研究始於上個世紀 50 年代，在 50 至 70 年代，張豈之先生先後協助侯外廬先生整理出版了《中國思想通史》第一卷至第三卷，參與了第四卷即唐宋思想史的編纂工作，此外，張先生還主編了《中國思想史綱》一書，在研究期間，張豈之先生不僅逐漸成爲了侯外廬學派的中堅力量，還對侯外廬學派思想史與社會史相結合的思想史研究方法有了更深層次的理解，張先生曾總結道：

　　　　侯外廬學派的思想史研究對象主要是：邏輯思想、哲學思想、社會思想，因爲，社會思潮往往集中反映出一定時期社會政治經濟與思想的相互關係。所以，社會思想是研究的核心，是三者之中的重中之重，通過對社會思潮的研究，力圖將社會史中的思想史揭示

〔註1〕有的學者對張豈之先生所寫的學術論文與學術著作的篇目進行了系統的歸納與總結，詳見：張祖群所寫的《試論張豈之先生的學術譜系》一文，載《中國輕工教育》，2012 年第 6 期。

〔註2〕學術界對於張豈之先生學術思想的研究已經取得了一定的研究成果。就著作而言，如：方光華、陳戰峰主編的《人文學人——張豈之教授紀事》一書，西安出版社，2008 年 1 月版，就學術論文而言，如：范立舟所寫的《張豈之先生與宋明理學史研究》一文，載《學術界》，2009 年第 2 期。如：陳榮慶所寫的《張豈之先生的中國思想文化史研究》，載《宜春學院學報》，2004 年第 1 期。如：張越所寫的《張豈之教授訪問記——關於中國思想史、文化史的研究》，載《史學史研究》，1995 年第 8 期。

出來，而社會思潮則是指一個歷史時期思想領域內的主要傾向，在春秋戰國時期，主要表現爲諸子之學；在漢代，主要表現爲經學；在魏晉時期則爲玄學；隋唐時期主要是佛教的傳入和佛教的中國化；宋以後是理學；清代是考據學，近代則是西學。[1] 404~413

可見，無論是研究對象、研究手段還是研究重點，張豈之先生對於侯外廬學派的思想史研究方法都有著自己的獨到見解，但是，張豈之先生並不只是繼承了侯外廬學派的思想史研究方法，在數十年的思想史研究與教學工作中[註3]，其還在侯外廬學派思想史研究的基礎之上對中國思想史學科的發展進行了諸多的理論創新。

首先，張豈之先生對中國思想史學科進行重新的界定，其言道：

思想史是歷史學的一個分支，屬於專門史的範疇，其是人類社會意識的發展史；確切的説，思想史是理論化的人類社會思想意識的發展史。中國思想史是整個中國歷史的一個組成部分，是理論化的中國社會思想意識的發展史。[2] 3

其次，張豈之先生對中國思想史的研究範疇進行了重新的釐定，其言道：

中國歷史上的政治思想、經濟思想、哲學思想、科學思想、法律思想、軍事思想等等，都是中國思想史的研究對象。關於思想史，既可以作分門別類的研究，例如分別研究哲學思想、法律思想、美學思想等等；也可以是綜合研究。而在綜合研究中，應以反映某一歷史時期的社會思潮爲主要內容。按此要求，在中國思想史的綜合研究中，更多是關於道德倫理思想、政治思想和哲學思想的內容。[2] 3

最後，張豈之先生對中國思想史的研究進行了整體性的開拓，先生總結道：

對於中國思想史研究的拓展需從七個方面著手：1、學術上的「和而不同」是中國思想史學術研究的準則；2、繼承發揚人文學術中西融會的開拓精神；3、在中國思想史研究中，文、史、哲和藝術、語

[註3] 張豈之先生對於思想史科學發展的理論貢獻主要體現在其所主編的《中國思想史》一書，該書共歷三版，第一版於 1989 年出版，共計 70 餘萬字；第二版於 1993 年出版，共計 40 餘萬字；第三版於 2012 年出版，共計 90 餘萬字，三個不同版本不僅僅是字數與內容的刪減和增加，字裏行間還體現了張豈之先生對於思想史相關理論的思考與探究。

言學等學科的交叉性和邊緣性的要求越來越突出；4、關注新史料研究；5、加強中國思想史中宗教思想的研究；6、加強中國思想史研究隊伍的建設；7、現實世界與中國思想史研究。[3]

可見，張豈之先生對於中國思想學科的定義、研究內容、研究方向等都進行了理論化的歸納與總結。除了理論創新之外，張豈之先生在具體的中國思想史研究中，「將中國思想史與學術史研究相結合，或者說從學術史的視角研究中國思想史；堅持思想史與社會史結合、思想史與文化史的融通」，[4] 73 以及思想史與哲學史的融合。

（一）思想史與社會史

由於學術界對於思想史的定義以及研究對象的認識存在著一定的差異，所以就形成了不同的思想史研究派別，如：以侯外廬為代表的「社會派」即以社會思想作為思想史的主要研究對象；以胡適、馮友蘭為代表的「哲學派」即認為哲學史等同於思想史；以葛兆光為代表的「一般態思想史」流派即以一般的知識、思想與信仰世界作為思想史的主要研究對象；以匡亞明為代表的「綜合學派」即認為中國思想史是研究觀念及其存在結構演變過程的學科。[5] 在眾多的思想史研究派別中，尤以侯派與葛派的學術成果最為豐厚，但分歧也較大。葛兆光先生對侯外廬學派思想史與社會史相結合的研究方法提出了自己的看法，他認為：

侯外廬學派的思想史內容既包括了「哲學」、「邏輯」和「社會思想」，又包括了「基礎」、「上層建築」和「意識形態」，在這些詞語內涵外延都不夠清楚的表述中，我們似乎看到了思想史的困境，除了可以理解的當時的情景之外，思想史與哲學史、意識形態史、邏輯學說史等等的界分不明也是一個重要原因，應該追問：思想史難道只能書寫精英與經典的思想嗎？[6] 7~12

可見，葛兆光先生並不認同侯外廬學派將精英與經典作為思想史最主要研究對象的做法，他認為：

並不是說我們不準備寫精英和經典的思想史，我只是說要注意思想家的知識、思想與信仰背景有些什麼，直截了當地說就是，過去的思想史只是思想家的思想史或經典的思想史，可是我們應當注意到在人們生活的實際的世界中，還有一種近乎平均值的知識、思想與信仰，作為底色或基石而存在，這種一般的知識、思想與信仰真正地在人們判斷、解釋、處理面前世界中起著作用，因此，似乎

在精英和經典的思想與普通的社會和生活之間，還有一個「一般知識、思想與信仰的世界」，而這個知識、思想與信仰世界的延續、也構成一個思想的歷史過程，因此它也應當在思想史的視野中。[6] 13

可見，葛兆光先生想通過對「一般的知識、思想與信仰世界」的研究來揭示人類思想的演進歷程。那麼，「精英思想」、「一般的知識、思想與信仰世界」二者誰才是中國思想史研究的核心呢？除了國內的學者之外，西方的漢學家也對這個問題存在著不同的看法，其中，史華慈的觀點極具代表性，他認為：

> 儘管中國的精英文化與民間文化可能都有共同的新石器時代的起源，但後來與民間文化發生了決定性的分離。此外，我還主張，在隨後的歷史中，精英文化與民間文化並非同一種文化的兩種版本，它們也不必然地呈現出平行並列的關係，它們之間的關係是兩個既相互影響但又相對分離的領域之間動態張力的互動關係。[7]546～547

可見，儘管史華慈認為，中國的精英文化與民間文化是同根同源且相互影響的，但其還認為，二者分屬於中國文化的兩個不同版本，沒有交集。與之相比，張豈之先生的觀點更加符合中國思想史的歷史發展原貌，其認為，以精英為代表的社會思想仍然是中國思想史研究的核心內容，但是，普通的民間思想與信仰同樣是中國思想史研究的重要組成部分，力圖通過對二者以及二者之間互動關係的研究來展示中國思想史發展的全貌。可見，張豈之先生不僅認為精英文化與民間文化均為中國文化的重要表現形式，其還將二者共同納入到了中國思想史的研究視域〔註4〕，而此種理論的提出，也是張豈之先生在不斷的探索與實踐過程中形成的。

首先，張豈之先生將科技史納入到了社會史的研究視域，張先生在 1983 年所寫的《論思想史與哲學史的相互關係》一文中指出：

> 古代的理論思維雖然是樸素的，但它不是天生的先驗觀念，也不是普通的日常意識，而是一種巧妙地運用概念的藝術，或稱之為

〔註 4〕 詳見：張豈之先生所寫的《論思想史與哲學史的相互關係》一文，載《哲學研究》1983 年第 10 期；張豈之先生所寫的《50 年中國思想史研究》一文，載《中國史研究》1999 年第 4 期；張豈之先生所寫的《開拓中國思想史研究》一文，載《群言》2002 年第 7 期；張豈之先生主編的《中國思想史》一書，西北大學出版社，2012 年 7 月版，第 1～5 頁。

綜合各種成果的科學抽象。要掌握和精通這種藝術，認識這種「科
學抽象」，並通過它們去認識人類思維的發展史，就應當把思想史研
究和科技史研究辯證地統一起來。[8]

可見，張豈之先生認為，除了相應的經濟基礎之外，中國古代科技的發
展同樣可以從一個側面彰顯古代思想意識形態的變化，所以，可以將科技史
的研究納入到社會史的研究範疇。更為重要的是，張豈之先生還將思想史與
科技史相結合的研究方法運用到具體的研究工作當中。

在 1990 年出版的，由張豈之先生主編的《中國儒學思想史》一書中，張
先生將儒學的發展與科技的演變共同納入到了思想史的研究視域，通過科技
的發展來揭示儒學思想的變化，通過對儒學理性與獨斷性的論述，來揭示儒
學對中國古代科技發展所產生的影響。如：在第六章「漢代儒學概述」中，
張豈之先生認為儒學的理性主義促進了漢朝科技的發展：1、儒學與自然科學
相結合促進了醫學的發展，如：出現了著名的醫學著作《黃帝內經》；2、促
進了宇宙理論的發展，如：出現了渾天說、蓋天說、宣夜說等；3、促進了煉
丹業的發展。[9] 214

與此同時，儒學的獨斷主義卻阻礙了漢代科技的發展：1、「罷黜百家，
獨尊儒術」阻礙了數學的發展，主要表現為邏輯理論的缺乏；2、天人感應與
陰陽五行結合形成的荒誕神學阻礙了天文學的發展；3、讖緯迷信之學阻礙了
農學、地理學的發展。[9] 216 可見，張豈之先生通過對漢代科技史的研究，
進而概括出了漢代儒學發展所呈現出來的兩重性：理性主義與獨斷主義。

其次，再將科技史納入到社會史的研究範疇之後，張豈之先生又不斷擴
大著社會史的研究範圍，張先生在 1999 年所寫的《50 年中國思想史研究》一
文中指出：

關於社會史與思想史相結合的研究方法，可作為學人的參考。
當前有的學人認為，關於社會史的研究最好不要局限於一定社會的
生產方式，應當擴大為社會存在的各個方面，如社會宗教、民風、
民俗、社會信仰等。有的學人正在試著去做。……不過，在擴大社
會史研究範圍的時候，對於社會史的核心——社會經濟結構的分
析，是不能忽視的。[10]

可見，張豈之先生贊成其他學者擴大社會史研究範圍的做法，但是，強
調社會經濟結構仍然是社會史研究的核心。隨後，張豈之先生在 2002 年所寫

的一篇文章中指出：

> 由於受到西方史學思潮的影響，尤其是受到法國年鑒學派的史識和史學研究方法的影響，我國的思想史研究也出現了新的突破，例如：關於社會生活的研究不能只限於經濟和經濟活動這一範疇，應當擴大到人們生活的許多方面，如衣、食、住、行、宗教信仰、民間習俗等方面。[3]

　　學術界對於社會史研究領域的新突破，張豈之先生是非常認可的，所以，他認爲：「在思想史研究中民間思想也是應當著重研究的課題。」[3] 可見，張豈之先生已經將一般的民間文化視爲是思想史的重要研究對象，張先生還將這一原則運用到具體的思想史研究當中，在張豈之先生主編的六卷本《中國思想學說史》中，每一卷基本都有社會篇，宗教篇、科技篇，以「秦漢卷」爲例：「從文章結構來看，其專列『社會篇』，用約五分之一的篇幅來論述社會基礎，這在以往的思想學說史著述中，似乎並不多見。……除了對秦漢政治、經濟、制度諸多方面的解析之外，對秦漢精神生活層面的問題也作了深度發掘。特別是對時人的信仰世界和風俗習慣做了積極地探討──具體涉及的問題，如五德終始論的實踐，時人對富貴、候王、神仙、長壽的嚮往，卜祀迷信、婚喪禮俗、精神風貌等。通過這些，更加凸顯秦漢思想學說的『底色』與『基石』。」[4] 69

　　最後，再將民間思想納入到中國思想史的研究視域之後，張豈之先生又系統的論述了如何將思想史與社會史結合進行中國思想史的研究：

> 一定社會存在對於該社會上層建築的「決定」中，並不是經濟基礎直接決定，而是辯證的，特別是上層建築中更加具有理論思維的部分，並不是經濟基礎直接決定，而是經過多種中間環節、曲折地加以反映的結果。[11] 2

　　可見，張豈之先生認爲，思想史與社會史的結合併不是簡單的經濟基礎決定上層建築，而是要在分析社會經濟活動的基礎上對社會經濟基礎與上層建築之間的諸如：精英思想、宗教思想、民間思想等多種中間環節進行闡釋，進而勾勒出中國思想史的發展概貌。張豈之先生又言：

> 我們可以看到，中國古代的一些思想家，他們的思想難以歸之於哪一個階級的專利品。他們的思想經過一定社會經濟基礎與上層建築之間的辯證關係的過濾，成爲中華民族在歷史發展過程中具有

代表性的理論思維，他們的思想屬於中華民族優秀傳統文化的組成
部分，……是中華民族子孫們共有的精神財富。[11] 3

可見，張豈之先生認為，對於社會史的研究是為了探究思想史演變的規
律，而不是為了給思想家進行階級屬性的劃分，只要是系統的理論學說，都
是思想史研究的重要內容。

總之，張豈之先生經過不斷的探索與實踐，不僅將民間的思想與信仰納
入到社會史的研究範疇，使得思想史的研究有了更加豐厚的社會基礎，還摒
棄了社會史研究中的階級決定論，使得諸家思想的原貌得以彰顯，這對於侯
外廬學派思想史與社會史相結合的研究方法來說是一個繼承，更是一種發展
與創新。

（二）思想史與學術史

思想史與學術史均以理論化的社會思想作為自己的研究對象，那麼，二
者之間究竟有何種關係？張豈之先生認為：

> 學術史不同於政治史、法律史等，也不同於思想史。在思想史
> 中含有一定學術史的內容，同樣，在學術史中也含有一定思想史的
> 素材，但這二者也不能等同，因為思想史更加偏重於理論思維（或
> 邏輯思維）演變和發展的研究。顧名思義，學術史必須研究「學術」，
> 而「學術」的載體是學術著作。著作是學術成果的一種表現形式，
> 當然還有其他形式。因此，要求學術史研究並評論有代表性的學術
> 成果，以闡明其學術意義（在學術史上有什麼地位與作用）和歷史
> 意義（對於當代社會以及後來社會有什麼影響）。[12] 1

可見，思想史的主要研究對象是「思想」，而學術史的主要研究對象則是
「學術著作」以及學術思想的傳承，二者似乎存在較大的差異，但是，任何
一個思想家的思想都是以學術著作作為載體的，思想史的研究不能脫離學術
史，而學術著作之間也存在著思想的傳承，學術史的研究同樣不能脫離思想
史。所以，張豈之先生進而指出：「在歷史上有些著作是學術著作，同時又是
思想理論著作，這是屢見不鮮的。因此將思想史與學術史研究加以綜合，並
不是人為地將它們捏合在一起，而是要尋找二者的溝通處，使之融合為一個
整體。」[10]

張豈之先生關於思想史與學術史相結合理論的形成經歷了三個階段。首
先，理論初創階段。在上個世紀 80 年代，張豈之先生和侯外廬、邱漢生等諸

先生主編了《宋明理學史》一書，該書「是一部與中國思想史有聯繫又有區別的獨立的學術著作，以理學本身作爲研究對象，不同於中國思想史、哲學史著作中只敍述個別理學代表人物的思想，而是對理學思想及其發展過程作全面的論述。」[1] 84 總的來說，《宋明理學史》是一本以探討理學思想演變的爲主的學術史。[4] 12

在該書的編纂過程中，張豈之先生已經開始將學術史與思想史相結合進行研究，如：張豈之先生認爲，二程將佛教華嚴宗的「事理」說概括爲「萬理歸於一理」，並在此基礎之上，用「理」解《易》，認爲觀卦爻象即可見「理」，理爲體，象爲用。張先生進而指出，二程用華嚴解《易》的做法在中國思想文化史上還是第一次，這反映出儒家經學與佛學的結合，是經學爲主，佛學爲輔；將經學改造爲理學。佛教傳入中國，魏晉時期有玄學化的佛學，隋唐時中國化的佛學有許多宗派，至兩宋時期又有匯合經學和佛學的理學，二程是眞正的開山祖。[1] 106~114

可見，張豈之先生從具體的思想家入手，通過對他們主旨思想演變的探究來揭示他們在學術史上的地位，以及學術本身的發展與傳承狀況。[4] 12~14

其次、理論發展階段。再從人物入手的基礎之上，張豈之先生又將形而上的史學作爲了捏合思想史與學術史的突破口。儘管，張豈之先生認爲其主編的《中國近代史學學術史》對思想史與學術史的結合進行了有意義的嘗試，但是，《中國近代史學學術史》一書凸顯的仍是史學與學術史的結合，該書提出了「歷史哲學」的概念，即從學術史發展的諸階段中提煉出學者對歷史發展的不同看法，展示學術與歷史之間所體現出的契合性。如：該書認爲，在傳統的學術思維下，歷史學家往往關注「歷史本質」、「歷史人物命運以及歷史命運」、「史學經世功能」等。[12] 13~25 但是，在近代西學東漸，西學與中國傳統文化產生碰撞的大背景下，學術環境發生了變化，所以，歷史學家對歷史的看法也發生了變化，陳序經、胡適、傅斯年的「個人主義」派把史學的個性和科學性放在了第一位，把理想化了的西方文化當成歷史學的價值追求。[12] 151~152 而以王國維、陳寅恪、湯用彤等人爲代表的「傳統文化主體論」派則試圖將傳統史學的道德人文精神轉化爲具有近代特徵的新人文精神，把傳統史學的倫理主體改造爲科學與道德相統一的史學主體。[12] 137

可見，在《中國近代史學學術史》一書中，張豈之先生將史學與學術史

的結合彰顯的淋漓盡致，這就爲作爲史學重要分支的思想史與學術史的結合提供了實踐經驗與理論範式。

最後，理論成熟階段。張豈之先生再經由思想家、史學捏合思想史與學術史的研究之後，又提出了思想史與學術史相融合的四個要點：1、對於文獻資料的研究；2、對於學派區別的研究；3、對於學術本眞的研究；4、對於學派之間的會通研究。[13] 16~17 並在此基礎上用「學說史」來融會思想史與學術史，使得思想史與學術史相結合的研究理論臻於成熟。

張豈之先生在《中國思想學說史》（五卷六冊，二百六十萬字）的總序中指出：「學說史是以中國思想史爲主幹的學術史；做到了從學術史深化思想史的研究」。[14] 2 在《中國思想學說史》的編寫過程中，張豈之先生將思想史與學術史相結合的研究落到了實處，該書「力圖按照中國思想史自身的特點，在研究過程中不是進行孤立的理論分析，隨意地剪裁、解讀思想史，將思想學說削足適履地納入某些既有的理論框架或理論預設之中，而是結合學術史的研究視野，立足於思想背後深沉渾厚的學術土壤，使理論分析更爲切合思想史自身發展的實際，深化思想史的研究。」[4] 63 如：1、就文獻資料的研究而言，該書根據郭店楚簡、上博竹簡重新考證了《老子》、《論語》等重要文獻的源流和版本，並對《黃老帛書》等新出土文獻的成書年代，主要內容，主旨思想進行了論證。[14] 122~1582 就學派的區別和聯繫而言，該書認爲，孔子「仁」、「禮」思想的內在矛盾導致了儒學的分化，形成了後來思孟與荀子哲學思想的對立。[14] 2483 就學術本眞的研究而言，該書認爲，董仲舒的學術思想雖然有神學的成分，但是，董氏的學說意在解決西漢中期的諸多社會與政治問題，進而維護西漢王朝的長治久安。[15] 132~134 可見，《中國思想學說史》對董仲舒的學術思想進行了還原本眞的客觀評價。4、就學派之間的會通研究而言，該書認爲，宋代哲學史的整體特徵是理學家吸收佛老思想以重新確立儒學的主體地位。[16] 139

張豈之先生認爲：「《中國思想學說史》全書貫穿了一個理論觀點——思想史與學術史的融合，這也是本書的一個特色。」[4] 86 誠如其所言，在《中國思想學說史》一書中，張豈之先生以思想學說爲主線，將思想史與學術史串聯到了一起，通過思想的演變來揭示學術史的發展，通過學術的探究來深化思想史對於思想家、學術思潮的研究，眞正做到了思想史與學術史的融會與貫通。

（三）思想史與文化史

思想是文化的最高表現形態，是文化的核心，而文化則彰顯了思想的時代特徵，是思想發展的外在推動力，張豈之先生言：

> 要研究文化的基本精神與本質，必須對思想史有精深的瞭解。反之，思想史研究的繼續深入，也必然會擴展到文化史的領域。因爲思想作爲社會和人們行爲的指導原則，往往在各種文化形態中表現出來，並通過這些文化形態對社會發生直接和間接的影響。如果能夠對滲透於各種文化要素之中的思想觀念作綜合的研究，就能從總體上把握一個時代思想文化的基本內容與特徵，展現社會的時代精神。所以從思想史研究向文化史研究方面擴展，是學術研究向縱深前進的趨向。[1] 87~88

可見，將思想史與文化史相結合進行研究，既可以爲思想史的研究提供文化上的載體，深化其研究；又可以爲文化史的研究提供理論支持，使文化史的研究更加的系統。那麼，能否將思想史與文化史融會貫通呢？張豈之先生認爲：

> 中華民族的文明史和文化史帶有鮮明的特點，它不同於古希臘文明，也不同於古埃及，古印度文明等。中華民族具有五千多年連綿不斷的文明史和文化史。而「文化」含有多種層面，有物質文化，制度文化，觀念文化等，還有歷史文物，藝術品等。不同的文化層面用觀念文化中的價值觀加以聯結。形成絢麗多彩的文化總體。這種「價值觀」，我們稱之爲「思想史」。因此，「思想史」和「文化史」可以溝通並聯結成一個整體。[17] 2

可見，張豈之先生認爲，思想史與文化史共同構成了色彩斑斕的人類文明史，將二者進行融合可以豐富中國思想史的研究，而張豈之先生對於思想史與文化史相結合的研究由來已久，早在上個世紀 90 年代，張豈之先生將儒學定位爲「人學」，並認爲：

> 孔子以「人」作爲理論探討的中心，在中國思想文化史上首次系統地論述關於人的價值、人的理想、人的完善、人的道德、人際關係以及人與自然關係等等關於「人」的學說。[1] 5

自然創造了人類的一半，人類創造自身另一半的過程就是文化演進的歷程。[18] 5 而在人類自我創造的過程中，良好的自我修養與人際關係則是人類

自我完善與發展的重要前提，所以，張豈之先生在《論儒學「人學」思想體系》一文中重點論述了個人的自我修養與人際關係，張先生認爲：孔子的「仁」既是處理人與人之間關係的重要準則，又是自我道德修養的重要標準。就人際關係而言：要遵循「仁者愛人」的準則，而這一準則又可以分爲三個層次，首先是「己所不欲、勿施於人」、其次是「己欲立而立人，己欲達而達人」、最後是「忠恕之道」。就個人修養而言：「仁」又包含著不同的標準，其中「恭」是指自重、「寬」是指寬厚、「信」是指信用、「敏」是指勤勞、「惠」是指幫助他人。[1] 5~9

如果說，張豈之先生對於儒學人學體系的研究是思想史與文化史相結合研究的個案的話，那麼，張先生主編的一系列通史性的著作都體現了思想史與文化史相結合的理念。如：《宋明理學史》一書，以理學史爲基點，進而探索宋明時期文化的基本精神與特點。[1] 84~85《中國思想學說史》一書，從哲學與文化互動揭示中國哲學發展的歷史，繼承侯外廬中國哲學史研究的社會史、學術史視野，增加了文化史視野。[19]

《中國思想文化史》一書則從整體上呈現了張豈之先生思想史與文化史相結合的研究理論。張先生指出：「《中國思想文化史》一書，以思想史（即文化的核心）爲主體，而旁及文化的其他方面」。[17] 2 的確如此，該書以文化的發展爲核心，以儒學的演進爲主線，系統的論述了中國思想文化在先秦、兩漢、魏晉、隋唐、兩宋、明清，以及近代的發展概貌，將思想與文化之間的互動關係展現的淋漓盡致。如：該書的第四章《兩漢時期的經學思想》專設一節「經學與漢代文學藝術」來論述經學對漢賦以及東漢樂府詩的影響。[17] 154~155 在《唐代思想文化的歷史價值》一章中，該書論述了儒學重民思想對唐朝現實主義詩歌創作的影響。[17] 238~242 而在《近代思想文化的特色》一章，該書論及了西方文化對於儒學發展所產生的影響。[17] 544~547 眞正做到了思想中有文化，文化中有思想。

可見，張豈之先生用思想史來貫穿不同層面的文化，用文化史來揭示不同時代的思想特質，用思想史與文化史相結合來展示歷代思想文化的整體面貌以及思想文化對社會發展所產生的影響。

（四）思想史與哲學史

思想史與哲學史究竟爲何種關係，學術界一直存在爭議，有的學者認爲哲學史等同於思想史，如：錢穆等；[20] 1~10 有的學者則認爲思想史包含哲

學史，如：侯外廬等。[21] 而張豈之先生在前人研究的基礎之上認為：

> 如果說哲學史的對象是人們對於自然、社會、思維一般規律的
> 認識史，主要側重於世界觀、認識論和邏輯問題的話，那麼思想史
> 則包括人類社會思想意識的各方面內容，包括一般規律的認識史，
> 也包括對現實社會具體問題的認識史。在思想史研究過程中，不是
> 從個別方面，而是從社會思想的整體方面去揭示每個個別的思想體
> 系，探究它們的整個發展過程。[8]

可見，思想史的研究範圍較之哲學史來說是寬泛的，但張豈之先生同樣
認為，在中國思想史的研究中要重視哲學史的研究，藉以來加強對思想家、
社會思潮的邏輯思想等問題的研究。

在上個世紀 70 年代張豈之先生編著的《中國哲學史略》一書中已經開
始重視思想史與哲學史相結合的研究，雖然受到當時社會環境的影響，該書
將中國哲學的發展歸納為唯心與唯物兩大陣營，通過唯物思想與唯心思想之
間的鬥爭來揭示中國哲學的演變歷程，但是該書仍然對一些思想家的思想學
說進行了客觀的闡釋，如：在論述王夫之對理學唯心主義思想批判的過程
中，對王夫之的「認識論」、「進化論」、「本體論」等核心思想進行了論述。
[22] 173～183

如果《中國哲學史略》是以哲學史為基礎來融會思想史的話，那麼，《中
國思想史》、《中國思想學說史》等著作則是以思想史為基礎來對哲學史進行
了融會。無論是 1989 年版的《中國思想史》，還是 1993 年、2012 年版的《中
國思想史》都貫穿了一個編纂原則，即以哲學思想為線索來貫穿思想家的主
旨學說。如：以老子的「道」的哲學來貫穿其「人生哲學」和「政治思想」。
[11] 79～90 通過韓非的「認識論」來貫穿其「歷史進化觀」和「法治思想」。[2]
82～88 而《中國思想學說史》一書則對思想史與哲學史的融會進行了發展，在
侯外廬先生哲學內涵本體論、認識論、歷史觀的基礎之上又增加了心性論、
境界論。[19] 如：該書對先秦儒家心性論的發展進行了論述，並認為儒家心性
論影響了中國哲學的發展。[14] 116～185

不僅如此，張豈之先生還通過對思想史與哲學史的融會來解決社會發展
中的問題。張先生先後發表了題為《關於生態環境問題的歷史思考》［註5］、

［註 5］ 該論文發表在《史學集刊》，2001 年第 3 期。

《關於環境哲學的幾點思考》〔註6〕等文章來關注環境保護問題，並認爲：環保問題的解決必須要將 20 世紀西方的環境人文成果與道家的自然哲學等中國古代優秀的「天人之學」相結合，只有如此，才能構建符合我國國情的生態文明。〔註7〕

可見，張豈之先生對於思想史與哲學史相結合的研究，以思想史的演變爲主線，以哲學史的融會爲重要手段，進而將中國思想文化的發展歷程揭示出來。而且，張先生還將研究視角著眼於社會的發展，眞正將思想史與哲學史相結合的研究落到了實處。

二、張豈之先生與中國史學研究

黑格爾將研究歷史的方法分爲三種：原始的歷史、反省的歷史、哲學的歷史，而哲學的歷史是對歷史思想的考察，是歷史研究的最高層次。黑格爾認爲，所謂歷史的思想即是歷史的理性，而這種理性又是指完全自由的自己決定自己的「思想」。[23] 1~12 張豈之先生也認爲中國歷史的發展規律是理性。[12] 26 但張先生對理性的理解卻與黑格爾不同，其認爲所謂的理性即爲文明。[24] 1~3

張豈之先生文明史觀理論的形成大致經歷了三個階段。首先，理論萌發階段。受教育部委託，張豈之先生歷時五年主編了《中國歷史》（六卷本）一書，該書圍繞著：中華民族的形成與發展、各個朝代的狀況、制度、民族關係與政策、重要歷史事件與人物、社會狀況、文化與學術等七個方面進行撰寫。[25] 張豈之先生認爲：

> 我們祖先最主要的創造就是制度的創造及其逐步完善。治理一個國家要有政治制度，有人才選拔制度，有財政制度，有法律制度，有農業（含土地）和手工業管理制度，有城市管理制度，有交易和商業制度等等。還有許多具體的政策措施。中國文明歷史沒有中斷過，沒有出現過空白，……吸取歷史經驗，我們覺得首先應重視制

〔註6〕 該論文發表在《西北大學學報》，2007 年第 5 期。

〔註7〕 張豈之先生對於環境哲學的研究還在繼續，2004 年陝西人民出版社出版了由其主編的《環境哲學前沿（第一輯）》，2004 年，張豈之先生開始主編「環境哲學譯叢」，並陸續出版了，《環境經濟學思想史》（上海人民出版社，2007年版）、《環境正義論》（上海人民出版社，2007 年版）、《現代環境倫理》（上海人民出版社，2007 年版）、《蓋婭：地球生命的新視野》（上海人民出版社，2007 年版）、《現代環境主義導論》（格致出版社，2011 年版）等書籍。

度文化的學習和研究。[26]

所以，《中國歷史》一書的最大編纂特色就是：「關於歷史事件、人物與制度相結合的敘述。」[25] 如：該書論述了商鞅變法所構建的制度被秦始皇所繼承，進而影響了中國歷史文明的發展。[27] 180~181 該書在撰寫西漢歷史時，將主父偃、衛青等歷史人物和漢武帝削藩、抗擊匈奴等歷史事件結合起來撰寫，並與漢武帝推行的算緡、告緡、鹽鐵專賣等制度相聯繫。[28] 84~106 以制度文明的演進為主線，展示了西漢歷史發展的宏偉藍圖。

所以，有的學者認為：「中國通史，自遠古至今，包括那麼漫長的年代，那麼多朝代、事件、人物、制度和問題，把它們融會貫通起來是相當困難的，張豈之先生用中國文明的進程把歷史統一起來，認為一部中國歷史是一部中國文明史。」[4] 37~38 在中國歷史的研究上，這種做法很有創建性。

其次，理論實踐階段。2002 年張豈之先生應北京大學出版社之約，主編了《中國歷史十五講》一書，該書分為文明起源、朝代更替、古代的盛世、交通與文明的傳播、歷史上的民族關係、古代的政治、法律和選官制度、古代農業、手工業和商業、軍事思想和軍事制度、古代社會生活、古代思想的演變、古代文學藝術、古代史學、古代科技等十五個專題。那麼，這十五個專題的中心是什麼呢？張豈之先生認為：「通過歷史看文明的價值；通過文明看歷史的演進。一部中國歷史實際是一部中國文明史，具體的說，這是中國物質文明、精神文明、政治文明、制度文明的演進歷史。中國文明史就是中華民族精神的靈魂。」[29]

誠如其言，張豈之先生將文明史觀的理論貫穿到十五個專題的寫作中，如：第五講「中國歷史上的民族關係」以中華民族的文明演進作為主線來闡釋中國古代各個朝代的民族關係。[24] 97~126 第十講「中國古代思想的演變」以古代文明的核心——儒家思想的發展為主線，來揭示中國古代思想的演變歷程。[24] 253~283 真正將文明史觀的理論運用到了實踐。

最後，理論成熟階段。2004 年張豈之先生擔任首席專家，領銜編撰中央馬工程首批教材——《史學概論》。該書以馬克思主義唯物史觀作為指導，結合歷史史實，對歷史學學科的性質、主要範疇、基本理論、發展歷程、研究方法與工具等問題進行了系統的闡釋。《史學概論》一書雖然以唯物史觀作為指導思想，但張豈之先生還認為：馬克思主義的本質是「人學」，此處的人是具體的人，而非抽象的人，所以，在進行史學理論研究的同時，也需要以人

的自我完善與發展的視角來描述史學的相關理論，通過人對於文明的創造來揭示歷史的發展以及相關的史學理論。[30] 所以，在《史學概論》的撰寫過程中，張豈之先生抓住了馬克思主義的「人學」本質，通過人來揭示文明發展與史學理論發展之間的關係，即文明——人——史學。如：第三章《中國馬克思主義史學》首先論述了近代中國文明進步對於中國馬克思主義史學所產生的影響，其次又論述了毛澤東等馬克思主義者對於中國馬克思主義史學的產生與發展所起到的作用，最後論及了中國馬克思主義史學在近代以及當代的豐碩成果。[31] 85~127 可見，在《史學概論》一書中，文明既與歷史發展相契合，又與史學理論相得益彰，使得張豈之先生的文明史觀理論最終成熟。

三、張豈之先生與中國傳統文化研究

學習、傳播中國傳統文化究竟有何裨益？近代以來，諸先生們皆有評述，觀點各異。[註8] 張豈之先生認為：傳統文化是民族和國家、歷史和文化的結晶。[32] 3~4 發掘和傳播中國傳統文化的最終目的在於達到文化上的自覺，進而促進社會的發展。[33] 而要達到傳統文化上的文化自覺，張豈之先生認為需要經歷三個階段。[註9]

首先，知識分子對於傳統文化的研究。張豈之先生非常熱衷於傳統文化的研究，成果頗豐，其中以《中國傳統文化》與《中華人文精神》最具代表性。張豈之先生主編的《中國傳統文化》一書對中國傳統文化進行了全面的概述，其中既有儒家、道教、法家和佛教等觀念文化；又有政治制度、經濟制度、文化制度、選官制度等制度文化；還有對文物 [註10]；以及關於文學、史學、醫藥養生、農學、天文曆算、科技等古代書籍的論述。

而《中華人文精神》則是對我國優秀民族文化的靈魂——人文精神所做的闡釋。該書除了將中華人文精神的精髓歸納為民族精神與創造精神之外，

〔註 8〕 張立文先生對「五四運動」時期馬克思主義思潮、實證主義思潮和非理性主義思潮代表人物對於中國傳統文化的態度進行了總結和分析。詳見：張豈之主編《民國學案（第一卷）》，湖南教育出版社，2005 年版，第 7~16 頁。

〔註 9〕 詳見：張豈之先生所寫的《關於文化自覺與社會發展的幾點思考》一文，載《西北大學學報》2002 第 4 期。

〔註 10〕 張豈之先生認為，文物含器物，如陶器、瓷器、青銅器、玉器、金銀器、漆器、銅鏡、古錢；含藝術品，如書法、繪畫；還含有古建築、陵墓、古代服飾等。詳見：張豈之主編《中國傳統文化》，高等教育出版社，2005 年版，第 1~8 頁。

還對人文精神的具體內容進行了論述：1、有對之學，中國古代思想文化中的「有對」之學，即辯證思維。中國的「有對」之學，反對片面性，主張全面性，老子，朱熹等思想家都對「有對」之學的發展做出過貢獻。[34] 21~44 2、天人之學，中國文明的起源和發展與農耕結有不解之緣。在農耕實踐中需要研究天與人的關係，在社會人事範圍也要探討「天時」、「地利」與「人和」的相輔相成的關係。荀子的「天人相分」理論、孟子和董仲舒的「天人合一」思想、劉禹錫和柳宗元的「天人和諧」理論都是古代「天人之學」的重要代表。[34] 45~60 3、為人之學，人獸之辨，即人與其他動物的區別──這是中國古代思想文化探討的一個重要問題。先哲們認為，人有社會生活，人有人倫，人有道德規範，並由此建立了道德倫理思想體系。孔子的「仁學」、孟子的「性惡論」、荀子的「性惡論」等都探討了人怎樣才能從善去惡，以及人應當遵守什麼樣的道德規範等。[34] 61~76 4、會通之學，中華人文精神是一種文化會通精神，對待文化學術，有遠見的思想家，學問家們都主張「和而不同」的文化觀，贊成多樣性的統一，反對單調呆板的一致。玄學是儒、道的會通，理學則是儒、釋、道三家的會通。[34] 77~94 5、經世致用之學，中華人文精神充滿以天下為己任的歷史使命感，無論是教育、學術、文化以至個人修身，最後都歸結到「經世致用」上來。明清之家的諸多思想家都具有「天下興亡、匹夫有責」的經世致用思想。[34] 95~114

其次，教育工作者對於傳統文化的傳播。張豈之先生認為，中國傳統文化的傳播需要兩個途徑。其一、對在校大學生進行傳統文化的教育，張豈之先生主編的《中國傳統文化》一書就是大學通識教材，此外，張先生還發表了《關於教育人文觀的思索》、《論我國大學文化素質教育的特色》、《高校文化素質教育與理論教育》、《對立耶？一體耶？科學教育與人文教育的歷史考察》、《西方近現代大學理念評析》、《傳統文化與素質教育》等文章對如何進行大學生傳統文化教育、進行大學生傳統文化教育的意義，以及大學教師如何提高人文素養等問題進行了探討。此外，張豈之先生還向大學生介紹、推薦了 25 本關於中國傳統文化的核心典籍。[34] 16~19 以此來指導大學生的中國傳統文化學習。

其二、對社會進行傳統文化的普及。張豈之先生認為，大學生畢業以後，會將個人對於傳統文化的認識擴展到社會群體。此外，張先生還認為，需要創辦一些刊物向全社會普及傳統文化的知識。自 1992 年起張豈之先生創辦並主編了意在提高公民文化素質的普及刊物《華夏文化》雜誌，該刊物刊登了大量來

自於社會的稿件，如：劉書通所寫的《關於塗山位置的確認──全國五處塗山稽考》一文對塗山的地理位置進行了細緻的考證。〔註11〕如：庶人所寫的《簡體字、繁體字與「文化」》一文對使用繁體字的重要意義進行了探討。〔註12〕如：萬昌勝所寫的《內涵豐富的苗族人名文化》一文對苗族人名與苗族文化的緣起和發展進行了闡釋。〔註13〕如：槐山所寫的《給麵包塗上蜂蜜──讀〈生活有哲學〉》一文對傅佩榮所寫的《生活有哲學》一書進行了介紹。〔註14〕上述文章的作者或是退休鄉村教師、或是普通的農民、或是少數民族地區的教育工作者，可見，《華夏文化》雜誌的確起到了傳統文化知識的社會普及作用。

最後，達到文化上的自覺。張豈之先生認為，文化自覺主要表現在：人文學術研究、道德自覺、理性自覺等方面，張先生進而指出：

> 知識分子群體的創造性勞動、以科學教育與人文教育爲基本理念的大學教育、對人文科學的重視，是提高文化自覺最重要的條件；同時道德自覺、理性自覺與文化自覺的融合也是不可或缺的。這些也許就是文化自覺轉化爲社會發展的中介環節，而社會發展又向文化自覺提出了新的更高的要求。[33]

可見，張豈之先生認為，只有將道德自覺、理性自覺與文化自覺相融匯才能彰顯出文化自覺對於社會發展的推動作用，而文化自覺又是與社會發展相輔相成的，所以說，文化自覺需要一個漸進的過程，並不是一蹴而就的。

除了中國思想史、中國歷史、中國傳統文化的研究之外，張豈之先生還非常執著於教育研究，特別是對人文學科研究生的教育研究，在三十餘年的研究生培養工作中 [35] 221，張豈之先生逐漸形成了「兼合」、「守正」、「日新」的教育思想，〔註15〕指導的畢業研究生大都成爲了科研機構，高等院校的學

〔註11〕詳見：劉書通所寫的《關於塗山位置的確認──全國五處塗山稽考》一文，載《華夏文化》2009 年第 3 期。

〔註12〕詳見：庶人所寫的《簡體字、繁體字與「文化」》一文，載《華夏文化》2009年第 4 期。

〔註13〕詳見：萬昌勝所寫的《內涵豐富的苗族人名文化》一文，載《華夏文化》2009年第 4 期。

〔註14〕詳見：槐山所寫的《給麵包塗上蜂蜜──讀〈生活有哲學〉》一文，載《華夏文化》2009 年第 4 期。

〔註15〕兼合：指應努力做到融會中西，貫通古今，虛心吸收其他學科、其他學人的長處，形成自得之見。守正：指做正派人，有正義感，追求實現社會公正，在學術上走正道，講學術道德，自覺地樹立優良學風。日新：指要有不斷創新、與時俱進的理念。詳見：張茂澤、孫學功所寫的《人文學科的治學與育人──張

術骨幹。

　　作爲學術界知名的思想史家、歷史學家、教育家，儘管年近 90，但張豈之先生還是堅持進行學術研究，除了論文與書籍的寫作之外，張先生還利用課餘時間，到全國各地的高校進行學術講座，並將自己最新的研究成果與學術界分享。如：2013 年 10 月張豈之先生在南京大學講授了其對中國歷史的相關研究成果；2014 年 4 月張豈之先生在東南大學講授了中國傳統文化所具有的親和力。更爲重要的是，自上個世紀 80 年代開始，張先生陸續撰寫《試論中國近代哲學的主線、內容與特點》、《關於中華文化走向的思考》等文章，並編撰了《近代倫理思想的變遷》〔註 16〕等書籍來思考中國文化的近代化問題，認爲中國文化對人類社會的發展提供了道德倫理的支持，而中國文化只有吸收和借鑒外來文化的諸多核心理念，才能達到自身的完善與突破，進而爲中華民族的復興提供文化上的保障。[36] 雖然張豈之先生數十年如一日進行學術研究，著述等身，但張先生仍以「人文學人」自居，其中國思想史、中國歷史、中國傳統文化等學術成就也只能待學術界進行評價了。

參考文獻

1. 張豈之，儒學・理學・實學・新學〔M〕，西安：陝西人民出版社，1991。
2. 張豈之，中國思想史〔M〕，西安：西北大學出版社，1993。
3. 張豈之，開拓中國思想史研究〔J〕，群言，2002（7）。
4. 方光華、陳戰峰，人文學人——張豈之教授紀事〔M〕，西安：西安出版社，2008。
5. 蔣廣學，中國思想史研究對象討論之評議〔J〕，江海學刊，2003（2）。
6. 葛兆光，中國思想史（導論）〔M〕，上海：復旦大學出版社，2004。
7. 本傑明・史華慈，古代中國的思想世界〔M〕，南京：江蘇人民出版社，2008。
8. 張豈之，論思想史與哲學史的相互關係〔J〕，哲學研究，1983（10）。
9. 張豈之，中國儒學思想史〔M〕，西安：陝西人民出版社，1990。
10. 張豈之，50 年中國思想史研究〔J〕，中國史研究，1999（4）。
11. 張豈之，中國思想史（上卷）〔M〕，西安：西北大學出版社，2012。
12. 張豈之，中國近代史學學術史〔M〕，北京：中國社會科學出版社，1996。

豈之教授談人文學科研究生的培養》，載《學位與研究生教育》2009 年第 3 期。
〔註16〕詳見：張豈之先生主編的《近代倫理思想的變遷》一書，中華書局 2008 年版。

13. 張豈之，張豈之自選集〔M〕，北京：學習出版社，2009。

14. 張豈之，中國思想學説史（先秦卷）〔M〕，桂林：廣西師範大學出版社，2008。

15. 張豈之，中國思想學説史（秦漢卷）〔M〕，桂林：廣西師範大學出版社，2008。

16. 張豈之，中國思想學説史（宋元卷上）〔M〕，桂林：廣西師範大學出版社，2008。

17. 張豈之，中國思想文化史〔M〕，北京：高等教育出版社，2006。

18. 王德峰，哲學導論〔M〕，上海：上海人民出版社，2000。

19. 方光華、袁志偉，《中國思想學説史》的哲學史研究〔J〕，湖南大學學報，2010（11）。

20. 錢穆，中國思想史〔M〕，臺北：臺灣學生書局，民國 77。

21. 張豈之，侯外盧先生關於中國思想史研究的幾封信〔J〕，史學史研究，1994（4）。

22. 張豈之，中國哲學史略〔M〕，西安：陝西人民出版社，1974。

23. 黑格爾，歷史哲學〔M〕，上海：上海世紀出版集團，2006。

24. 張豈之，中國歷史十五講〔M〕，北京：北京大學出版社，2003。

25. 張豈之，中國歷史（六卷本）介紹〔J〕，中國大學教學，2000（2）。

26. 張豈之，關於《中國歷史》教材的對話〔J〕，中國大學教育，2002（4）。

27. 張豈之，中國歷史（先秦卷）〔M〕，北京：高等教育出版社，2001。

28. 張豈之，中國歷史（秦漢魏晉南北朝卷）〔M〕，北京：高等教育出版社，2001。

29. 張豈之，文明與歷史——《中國歷史十五講》序〔J〕，華夏文化，2002（4）。

30. 張豈之，關於編寫《史學概論》教材的情況與思考〔N〕，光明日報，2006（8）。

31. 本書編寫組，史學概論〔M〕，北京：高等教育出版社，2009。

31. 張豈之，中國傳統文化〔M〕，北京：高等教育出版社，2005。

33. 張豈之，關於文化自覺與社會發展的幾點思考〔J〕，西北大學學報，2002（4）。

34. 張豈之，中華人文精神〔M〕，北京：人民出版社，2011。

35. 西北大學中國思想文化研究所.張豈之教授與研究生論學書信選〔M〕，西安：陝西人民出版社，2007。

36. 張豈之，關於中華文化走向的思考〔J〕，中國文化研究，2001（1）。

張豈之先生教育研究紀事

　　作為國內外知名的學術大師，張豈之先生除了在思想史、史學、哲學等方面有著極深的學術造詣外，其在數十年的教育研究與教學工作中還逐漸形成了獨具特色的教育思想，張先生將「大學」、「文化」、「素質」三位一體的「教育人文觀」運用到中國傳統文化的倡揚中，此外，其還在研究生的培養過程中彰顯出了兼和、守正、日新；經世致用；教學相長；循序漸進；因材施教等教育思想。

一、「教育人文觀」與文化自覺

　　張豈之先生〔註1〕是學術界公認的思想史家、史學家、哲學家，著述等身。在進行學術研究的同時，張豈之先生還對如何提升民族素質、如何達到社會文化自覺等問題進行了系統的思考，並認為，加強中國傳統文化的教育是實

〔註1〕張豈之先生生於 1927 年，江蘇南通如皋人，抗戰期間，南通瀕臨淪陷，先生被家人輾轉送至陝西城固，並在西遷至此的北平師範大學附中繼續求學，而後，考入重慶南開中學，並於 1946 進入北京大學哲學系學習，1950 年開始在清華大學文科研究所攻讀研究生，在北大和清華求學期間，先生聆聽了侯外廬、胡適、朱光潛、熊十力、湯用彤、賀麟、石峻、容肇祖等著名學者的課程，諸先生的學識與師德對張豈之先生日後的學術研究產生了巨大的影響。1952 年張先生任教於西北大學，開始了他長達 60 餘年的學術研究與教學生涯。張先生先後協助侯外廬先生整理出版了《中國思想通史》（第一卷至第四卷），並參與主編了《宋明理學史》，自著和主編的主要著作有《中國哲學史略》、《中國思想史》、《儒學·理學·實學·新學》、《中國儒學思想史》、《中華人文精神》、《中國傳統文化》、《近代倫理思想的變遷》、《中國歷史》（六卷本）、《中國歷史十五講》、《中國思想文化史》、《中國學術思想編年》（六卷本）、《中國思想學說史》（六卷本）等，張豈之先生在思想史、史學、哲學、中國傳統文化等方面的學術造詣極深，研究成果斐然，是公認的學術權威。

現文化自覺的重要手段。[1] 張先生認爲，傳播中國傳統文化的途徑主要有兩種，其一、對在校大學生進行傳統文化的教育。張先生了主編的《中國傳統文化》一書即爲大學通識教材，此外，張先生還發表了《傳統文化與素質教育》、《對立耶？一體耶？科學教育與人文教育的歷史考察》、《論我國大學文化素質教育的特色》、《西方近現代大學理念評析》、《高校文化素質教育與理論教育》、《關於教育人文觀的思索》等文章，系統的探討了大學生的傳統文化教育問題，形成了獨樹一幟的「教育人文觀」。[註2] 謝陽舉教授認爲，張岱之先生的「教育人文觀」不僅包含了大學理念的緯度、文化的緯度、素質的緯度，其還將三者高度濃縮成了一個三位一體的概念，集中展示了張岱之先生對大學素質教育、大學文化素質教育的獨特運思。[2]（P98～99）

其二、對社會進行傳統文化的普及工作。1992 年張岱之先生創辦並主編了《華夏文化》雜誌，該刊物刊登了大量來自於社會的稿件，文章的作者或是少數民族地區的教育工作者、或是退休鄉村教師、或是普通的農民，有的文章對某地的名勝古跡進行了介紹，如：劉書通所寫的《關於塗山位置的確認——全國五處塗山稽考》一文，[註3] 有的文章對傳統的民俗進行了考訂，如：姜吉林所寫的《我國古代的媒妁及其稱謂》一文，[註4] 有的文章則對古代文物進行了考釋，如：黃林納所寫的《牛角形三彩孔雀杯》一文，[註5] 有的文章還對古文字進行了考證，如：邢千里所寫的《從甲骨文「冊」字說起》一文，[註6] 經過 20 餘年的發展，《華夏文化》逐漸成爲了在社會上宣傳、普及中國傳統文化的重要陣地。

如果說，在大學中倡揚中國傳統文化彰顯了張岱之先生的「教育人文觀」，那麼，在社會中傳播中國傳統文化則是將這種「教育人文觀」的受眾由大學生擴展到了普通民眾，張岱之先生認爲「傳統文化是民族和國家、歷史和文化的結晶。」[3]（P3～4）而「人文精神」[註7] 則是中國傳統文化的精神

〔註2〕 詳見：謝陽舉所寫《爲了人文的春天——張岱之先生教育人文觀述要》一文，載《人文學人——張岱之教授紀事》，西安出版社，2008 年版，第 91～121 頁。

〔註3〕 詳見：《華夏文化》2009 年，第 3 期。

〔註4〕 詳見：《華夏文化》2009 年，第 4 期。

〔註5〕 詳見：《華夏文化》2009 年，第 3 期。

〔註6〕 詳見：《華夏文化》2008 年，第 4 期。

〔註7〕 張岱之先生認爲：「以人爲本，在社會生活中對人的尊重，對人的價值的正確認識，以及實現現實生活的平等和公正原則，就成爲倫理觀、法律觀需要繼

內核，其主要由天人之學、有對之學、爲人之學、會通之學、經世致用之學等構成。〔註8〕張豈之先生進而指出，人文精神是文化的核心，標誌著文化的發展方向。[4] 所以，張先生認爲，只有以大學生爲中心，將以「人文精神」爲核心的中國傳統文化在全社會範圍內進行傳播、發酵，才能達到「學術自覺」、「道德自覺」、「理性自覺」的中華民族的文化自覺。[1]

可見，張豈之先生所倡導的「教育人文觀」是倡揚中國傳統文化最爲重要的手段，因爲「教育人文觀」是一種使人成爲文明人的教育，[2]（P103）它關注的焦點只有一個，那就是「人」，所以，只有通過「教育人文觀」才能使全社會不同民族、不同信仰、不同職業、不同文化水平的人對中國傳統文化達成「人文」層面的共識，進而去接納它、學習它、吸收它，張先生的「教育人文觀」將「教育」與「人文」合二爲一，通過教育來傳播人文知識，利用人文知識來深化教育，使得中國傳統文化植根於心，其是實現文化自覺不可或缺的教育方法與理念。

二、兼和、守正、日新

除了學術研究之外，張豈之先生還非常執著於教育研究，特別是對人文學科研究生的教育研究，「西北大學中國思想文化研究所 1978 年被批准爲專門史（中國思想史）碩士學位點，1984 年被批准爲博士學位點，1995 年被批准爲國家歷史學博士後流動站。」[5]（P221）在三十多年的研究生培養工作中，張豈之先生逐漸形成了諸多獨具特色的教育思想。

在 2007 年 7 月舉行的「中國思想史學科建設研討會」上，張豈之先生做了題爲《兼和·守正·日新》的主題發言，「兼和」、「守正」、「日新」既是張先生數十年學術研究的心得體會，又是其進行研究生教育的研究經驗總結。〔註9〕

「兼和」指應努力做到融會中西，貫通古今，虛心吸收其他學科、其他學人的長處，形成自得之見。[6] 張豈之先生在北大和清華求學期間，先後聆聽過胡適、熊十力、朱光潛、石峻等著名學者的課程，諸先生的學識對張先生產生了極大的影響，先生曾感慨道：「這些老師身上有共同的一點：中西融

續努力解決的核心問題。這些被視爲社會生活的根本，即人文精神。」詳見：《關於教育人文觀的思考》，載《高等教育研究》2000 年第 6 期。
〔註8〕 詳見：張豈之先生所著的《中華人文精神》一書，人民出版社，2011.版。
〔註9〕 詳見：張豈之先生所寫的《兼和·守正·日新》一文，載《華夏文化》2007年第 4 期。

合，古今會通。他們力求將中華傳統文化與西方文化精華融合起來，創造適合於時代需要的中國新文化。」[7](P439) 張豈之先生同樣將這種「兼和」的教育方法運用到實際的研究生培養工作中，無論是課程的設置，還是論文的選題與寫作，張先生都力圖將「中西融匯」、「會通古今」的原則貫穿其間。此外，在張豈之先生所開的碩、博研究生必讀的書目中，就中國的典籍而言，既有《論語》、《孟子》這樣的儒家經典，又有《老子》、《莊子》這樣的道家經典，還有《壇經》、《肇論》這樣的佛教經典；就西方的典籍而言，則有《西方哲學史》（羅素）、《小邏輯》、《論法的精神》、《德意志意識形態》、《正義論》等不同時期、不同流派的著作。[5](P171～172) 可見，張豈之先生將「兼和」原則運用到了研究生培養的各個環節。

雖然，張豈之先生提倡中西會通的研究方法，但是，張先生立足研究生培養的客觀實際，並不主張研究生進行中西比較的研究，而是認為，研究生階段的學習要為後續的中西比較研究打好基礎。此外，張豈之先生還指出，在中西互通的過程中要堅持「自我」：「自我，即我們自己的某些基本思路、推論方法和名詞術語；有這個『主體』，才能有效地吸收域外的某些成果，使它們為我們所用。如果沒有『自我』，一味跟著別人跑，就有可能迷失『自我』。自己有了『主體』，將域外的見解經過消化而吸收，使得『主體』更加豐滿，這也許是最值得提倡的。」[8](P2～3)

「守正」指做正派人，有正義感，追求實現社會公正，在學術上走正道，講學術道德，自覺地樹立優良學風。[6] 張豈之先生將「守正」原則運用於研究生的培養主要體現在兩個方面。其一、做人，張先生指出：「所謂做人的教育，是指要做一個有高尚品德的人，要教育研究生正確處理個人與國家、個人與集體、個人與社會、個人與他人、個人與家庭、個人與教師等等方面的關係。只有在『做人』這一點上具有高尚的品德，才能有優良的政治素質，才能真正地建立共產主義世界觀，才能真正的搞好學術研究。」[9] 張先生進而認為：「在文章裏，在著作裏應體現人品，有人品才有文品。」[5](P31) 所以，「做人的教育」要貫穿研究生培養的各個環節，並且張先生將其放在了研究生培養工作的首位。[9]

其二、做學問，如果說，「做人的教育」是學術研究的基礎，那麼，「做學問的教育」則是學術研究的生命線。張豈之先生認為，要做好學問，首先，必須打好基礎，其中既包括相關的學術基礎和理論基礎；還包括外語基礎、

文字基礎、文獻基礎、邏輯基礎；甚至包括一定的人生閱歷。[10]（P74～75）

其次，注重學術規範，張豈之先生認爲，一種新的學術觀點的提出，要看它所依據的史料是否是新發現的史料，對於已經普遍使用的史料是否從新角度去做比較切合歷史實際的說明和解釋；與前人在某一個問題研究上所達到的高度相比，是否有所進展；對已將發表過的研究成果是否有全面的審查。新的學術觀點不能模仿，更不能抄襲他人的學術成果。[2]（P142）

最後，高度重視畢業論文質量，張豈之先生視畢業論文質量爲研究生培養工作中的重中之重。特別是博士論文，張豈之先生要求博士在撰寫畢業論文時，要盡可能完整地、系統地閱讀研究課題的原始資料，而且要編出資料長編。在這個基礎上進行分類歸納，進而得出切合實際的學術觀點。[9]在博士論文的審核和答辯環節，張豈之先生往往會邀請國內最一流的學者來進行博士論文的評審工作，如：邀請張立文教授來評審理學方面的論文；林家有教授來評審近代思想史方面的論文；龔書鐸教授來評審史學理論方面的論文。[5]（P148～149）而在論文答辯環節，張豈之先生不要求答辯委員做「集體討論」，而是要求答辯委員根據博士生實際答辯情況來判定其是否通過，並指出，博士論文答辯全票通過是一種不正常的現象。

「日新」指要有不斷創新、與時俱進的理念。[6]張豈之先生一再強調研究生要及時更新自己的知識儲備，要對最前沿的學術動態擁有敏銳的洞察力。[5]（P154～155）

張先生同樣將「日新」原則運用於研究生的培養工作中。如：在指導關於先秦楚文化的博士論文時，張先生要求這位博士生關注最新出土的楚地文物。[5]（P103）在指導關於近代學術史的博士論文時，張先生則要求博士生吸納港、澳、臺最新的研究成果。[5]（P42～43）在指導關於明清海防的博士論文時，張先生更是要求博士生要借鑒以日本爲主的最新海外研究成果。[5]（P85～86）

不僅如此，雖然張豈之先生年近九旬，但先生扔堅持進行學術研究，除了論文與書籍的寫作之外，張先生還利用課餘時間，到全國各地的高校進行學術講座，並將自己最新的研究成果與學術界分享。如：2013 年 10 月張豈之先生在南京大學講授了其對中國歷史的相關研究成果；2014 年 4 月張豈之先生在東南大學講授了中國傳統文化所具有的親和力。可見，張豈之先生眞正將「日新」踐行到了中國思想史的研究與教學中。

三、經世致用、教學相長

「經世致用」一直以來都是古代文人士大夫所恪守的人生信條，士人們希望通過自身的道德修養來完成先由內聖再到外王的終極目標。[11](P427~446) 而張豈之先生對於中國古代的「經世致用」之學也有著精深的研究，張先生認為：中華人文精神充滿以天下為己任的歷史使命感，無論是教育、學術、文化以至個人修身，最後都歸結到「經世致用」上來。明清之際的諸多思想家都具有「天下興亡、匹夫有責」的經世致用思想。[12](P95~114)

張豈之先生同樣將「經世致用」原則運用到研究生的培養工作中，張豈之先生不止一次的強調：「在時間允許的條件下，研究生要多多關注現實社會問題。我國古來學術為的是經世致用，當然不必那麼實用，但一個學者如果不為民說真話，說實話，不瞭解現實情況那是不好的。因此，還是要看點報紙，重要的文件，要做些研究。胸中有全局，有自己的心得體會，這樣做學問才會有時代感。」[5](P31)

張先生認為，農民的增收問題、城市居民的社保問題、[5](P31)環境保護問題、[13]等都是學者或研究生急需關注的現實問題，並指出，雖然研究生所選擇的學術課題不同，但社會的普遍性問題還是要關心的，這既是搞好學術研究的必要條件，又是對研究者社會良心、良知的考量。[5](P31)

「思想史是歷史學的一個分支，屬於專門史的範疇，其是人類社會意識的發展史；確切的說，思想史是理論化的人類社會思想意識的發展史。」[14](P3) 可見，思想史的研究範圍極為寬泛，「政治思想、經濟思想、哲學思想、科學思想、法律思想、軍事思想等等」[14](P3) 都是其研究的領域。所以，張豈之先生在培養研究生的過程中同樣要對一些之前沒有旁及的學術問題進行研習，做到「教學相長」。

「教學相長」一直以來都是侯外廬學派傳承的學術傳統。[註10] 張豈之先生曾回憶道：「我們師生間的文稿可以相互修改，侯外廬先生鼓勵我們這麼做。我至今懷念我們和侯先生一起寫書時的美好時刻。那時，侯先生自己執筆寫成的稿子送來，楊超、李學勤和我在他的稿子上有時也作文字修訂，甚

〔註10〕「侯外廬」學派是影響最大的中國馬克思主義史學派別。自上個世紀 40 年代後期起，這一學派在中國思想史領域辛勤耕耘、奮力開拓，撰寫出一系列具有重要學術價值的著作，如：《中國思想通史》、《宋明理學史》等。詳見：陳寒鳴所寫的《侯外廬與侯外廬學派》一文，載《歷史教學》，2004 年第 4 期。

至是觀點的修改。」[7](P418~419) 作爲侯外盧學派的領軍人物，張豈之先生在培養研究生時，也秉承著「教學相長」的原則。如：在指導一篇關於中國古代本體論的博士論文時，張先生同樣對中國古代本體論的相關理論進行了研究，並歸納出了符合思想史發展原貌的學術觀點：1、儒家是以《中庸》爲代表的道德本體論；2、道家是以玄學爲代表的自然本體論；3、佛教是以法性宗爲代表的心性本體論；4、法相宗是融匯了道德本體說、自然本體說與心性本體說的融合本體論。[5](P33~35) 可見，師生通過對相同學術問題的探究，眞正做到了「教學相長」。

除了師生共同進步之外，張豈之先生還視「教學相長」爲引導學生步入學術領域的重要手段。「侯先生平時很少給我們講如何搞科學研究，然而，他通過和我們討論問題，以及幫我們修改文稿，親切而又實際地帶領著我們走上科學研究的道路。」[7](P419) 張豈之先生也通過討論論文、學術問題等方式，潛移默化的將學生引領到學術研究的領域。如：在博士論文開題之前，張先生會讓博士生準備三個題目，通過與他們之間的討論，來最終確定博士論文的題目。[5](P172) 如：通過對一位博士所寫的關於春秋戰國時期明辨思潮論文的注釋、行文以及內在邏輯進行指導，使得這位博士對於學術論文的寫作，有了更進一步的認識。[5](P112~113) 可見，在張豈之先生看來，「教學相長」不僅可以提升師生的學術水平，其還是指導研究生進行學術研究的重要手段。

四、循序漸進、因材施教

張豈之先生對於研究生，特別是博士研究生的要求極爲嚴格，不僅要求他們多讀書，還要求他們做好讀書筆記，並且要在讀書的過程中發表見解，形成自己獨立的學術觀點。[5](P152) 所以，西北大學中國思想文化研究所的博士生大多需要學習 4 到 5 年才能畢業，有的甚至需要 6 年。[15]

雖然身爲嚴師，但張豈之先生並不主張博士研究生承擔過重的學術負擔，極爲反對博士生需在「核心期刊」、「權威期刊」上發表論文才能畢業的硬性規定。[16] 不僅如此，張豈之先生在實際的研究生培養工作中還恪守著「循序漸進」的教育規律。在研究生的學習階段，首先，張先生會讓學生研習《論語》、《孟子》、《老子》、《莊子》、《易傳》，因爲這 5 本典籍在思想上明快直截，不僅可以使學生對中國思想史產生興趣，還可以爲《詩》、《書》、《禮》、《春

秋》等典籍的繼續學習打下良好的基礎。[2]（P150）

　　其次，張先生會給研究生列出一大堆書目，先生不會再繼續指定書目，而是要求學生根據自身的興趣進行重點閱讀。這樣以來，研究生就能以某部典籍爲基礎，進行延伸性的閱讀，如：有的研究生對《老子》一書感興趣，那麼，他就可以以《老子》爲基礎對道家的典籍進行擴展性的閱讀，這就爲日後畢業論文的寫作，確定了研究方向。[2]（P151）

　　最後，張先生會讓學生把讀書的心得體會寫成文字，交他審閱，先生則會對讀書筆記進行評判和指正，而先生的意見往往都是一陣見血，直截了當的。研究生則會在讀書心得的基礎上開始撰寫畢業論文。如：有的研究生寫了關於中國科技史的讀書心得，他在讀書心得的基礎之上，最終將畢業論文的題目確定在了「李約瑟」難題上。[2]（P152～153）

　　可見，張豈之先生將「循序漸進」的原則貫穿於研究生培養的始末，入門、讀書、心得體會、觀點醞釀、論文寫作，各個環節環環相扣，一氣呵成。

　　由於研究生在學術基礎、文字功底、邏輯思維能力、外語水平等方面存在著不同程度的差異，所以，張豈之先生在指導研究生的過程中，還採取了「因材施教」的原則。對於基礎好的研究生，張先生會讓他們選擇學術難點作爲自己的研究課題，並認爲，唯其有難度，才有做頭，也才有趣味，才能培養科研的能力。如：讓一位文史基礎較好的研究生進行詩經學術史的研究。[5]（P114）對於基礎相對薄弱的研究生，張豈之先生會根據他們的學源、學術背景來確定畢業論文的題目。如：讓一位本、碩均爲音樂專業的研究生，將博士論文的撰寫與兩漢的「樂律學」相結合。可見，張豈之先生會根據研究生的實際情況來對他們採用不同的培養方法，制定不同的培養目標，眞正做了「因材施教」。

　　作爲學術界知名的思想史家、哲學家、歷史學家，張豈之先生在進行學術研究的同時，還將培研究生的培養工作視爲是自身學術生命的重要組成部分，並在教育研究的過程中逐漸形成了以「兼和」、「守正」、「日新」爲核心的教育思想，雖已年近 90，但張先生仍然在研究生培養工作的崗位上默默地堅守著、奉獻著，爲無數學子傳道、授業、解惑，使得中國思想史研究的種子薪火相傳。

參考文獻

1. 張豈之，關於文化自覺與社會發展的幾點思考〔J〕，西北大學學報，2002（4）。

2. 方光華、陳戰峰，人文學人——張豈之教授紀事〔M〕，西安：西安出版社，2008。

3. 張豈之，中國傳統文化〔M〕，北京：高等教育出版社，2005。

4. 張豈之，對立耶？一體耶？科學教育與人文教育的歷史考察〔J〕，科學中國人，2002（5）。

5. 西北大學中國思想文化研究所，張豈之教授與研究生論學書信選〔M〕，西安：陝西人民出版社，2007。

6. 張茂澤、孫學功，人文學科的治學與育人——張豈之教授談人文學科研究生的培養〔J〕，學位與研究生教育，2009（3）。

7. 張豈之，儒學‧理學‧實學‧新學〔M〕，西安：陝西人民出版社，1991。

8. 張豈之，中國思想文化史〔M〕，北京：高等教育出版社，2006。

9. 張豈之，博士生培養的三個方面〔J〕，學位與研究生教育，1992（4）。

10. 張豈之，張豈之自選集〔M〕，北京：學習出版社，2009。

11. 蒙培元，心靈超越與境界〔M〕，北京：人民出版社，1998。

12. 張豈之，中華人文精神〔M〕，北京：人民出版社，2011。

13. 張豈之，關於環境哲學的幾點思考〔J〕，西北大學學報，2007（5）。

14. 張豈之，中國思想史〔M〕，西安：西北大學出版社，1993。

15. 張豈之，兼和‧守正‧日新 〔J〕，華夏文化，2007（4）。

16. 張豈之，人文學科博士研究生的學術負擔不宜過重 〔J〕，中國高等教育，2000（20）。

參考文獻

古　籍

1. 〔西漢〕司馬遷：《史記》，中華書局，1959。
2. 〔西漢〕劉向：《戰國策》，齊魯書社，2010。
3. 〔東漢〕班固：《漢書》，中華書局，1962。
4. 〔東漢〕荀悅：《漢紀》，中華書局，2005。
5. 〔南朝〕范曄：《後漢書》，中華書局，1965。
6. 〔南朝〕蕭統：《文選》，上海古籍出版社，1986。
7. 〔宋〕洪興祖：《楚辭補注》，中華書局，1983。
8. 〔南宋〕朱熹：《四書章句集注》，中華書局，1983。
9. 〔明〕王夫之：《讀通鑑論》，中華書局，1975。
10. 〔明〕張溥：《漢魏六朝百三家集》，吉林出版集團，2005。
11. 〔清〕唐晏：《兩漢三國學案》，中華書局，1986。
12. 〔清〕孫希旦：《禮記集解》，中華書局，1989。
13. 〔清〕嚴可均：《全上古三代秦漢三國六朝文》，商務印書館，1999。
14. 〔清〕馬國翰：《玉函山房輯佚書》，《續修四庫全書》，上海古籍出版社，2002。
15. 〔清〕王仁俊：《玉函山房輯佚書續編》，《續修四庫全書》，上海古籍出版社，2002。
16. 〔清〕洪亮吉：《春秋左傳詁》，中華書局，1987。
17. 〔清〕姚振宗：《七略別錄佚文・七略佚文》，上海古籍出版社，2008。
18. 〔清〕皮錫瑞：《今文尚書考證》，中華書局，1989。
19. 高亨：《周易大傳今注》，齊魯書社，1998。

20. 程俊英、蔣見元：《詩經注析》，中華書局，1991。
21. 徐元誥：《國語集解》，中華書局，2002。
22. 黃懷信：《逸周書校補注譯》，三秦出版社，2006。
23. 朱謙之：《老子校釋》，中華書局，1984。
24. 楊伯峻：《論語譯注》，中華書局，2009。
25. 楊伯峻：《孟子譯注》，中華書局，2010。
26. 吳毓江：《墨子校注》，中華書局，1993。
27. 黎翔鳳：《管子校注》，中華書局，2004。
28. 許富宏：《鬼谷子集校集注》，中華書局，2010。
29. 王先謙：《莊子集解》，中華書局，1987。
30. 張震澤：《孫臏兵法校理》，中華書局，1984。
31. 陳鼓應：《黃帝四經今注今譯—馬王堆漢墓出土帛書》，商務印書館，2006。
32. 王先謙：《荀子集解》，中華書局，1988。
33. 王先慎：《韓非子集解》，中華書局，1998。
34. 吳小強：《秦簡日書集釋》，嶽麓書社，2000。
35. 許維遹：《呂氏春秋集釋》，中華書局，2009。
36. 許維遹：《韓詩外傳集釋》，中華書局，1980。
37. 蘇輿：《春秋繁露義證》，中華書局，1992。
38. 劉文典：《淮南鴻烈集解》，中華書局，1989。
39. 王利器：《鹽鐵論校注》，中華書局，1992。
40. 向宗魯：《說苑校證》，中華書局， 1987。
41. 石光瑛：《新序校釋》，中華書局，2009。
42. 張濤：《列女傳譯注》，山東大學出版社，1990。
43. 汪榮寶：《法言義疏》，中華書局，1997。
44. 黃暉：《論衡校釋》，中華書局，1990。
45. 王利器：《風俗通義校注》，中華書局，2010。
46. 中華書局編輯部：《唐宋注疏十三經》，中華書局，1998。

學術著作

1. 侯外廬、趙紀彬、杜國庠：《中國思想通史》（第一卷）、（第二卷），人民出版社，1957。
2. 侯外廬、張豈之：《中國思想史綱》，中國青年出版社，1980。

3. 張豈之:《中國儒學思想史》,陝西人民出版社,1990。

4. 張豈之:《中國思想學說史》(先秦卷)、(秦漢卷),廣西師範大學出版社,2008。

5. 張豈之:《中華人文精神》,陝西人民出版社,2007。

6. 張豈之:《中國思想史》,西北大學出版社,1993。

7. 張豈之:《中國思想史》,西北大學出版社,1989。

8. 張豈之:《儒學・理學・實學・新學》,陝西人民出版社,1991。

9. 張豈之:《中國思想史論集》(第一輯),廣西師範大學出版社,2000。

10. 胡適:《中國中古思想史長編》,安徽教育出版社,2006。

11. 胡適:《中國哲學史大綱》,東方出版社,2003。

12. 錢穆:《中國思想史》,臺灣學生書局,民國77。

13. 錢穆:《先秦諸子繫年考辨》,上海書店,1992。

14. 錢穆:《先秦諸子繫年》,商務印書館,2002。

15. 郭沫若:《中國古代社會研究》,河北教育出版社,2004。

16. 郭沫若:《青銅時代》,中國人民大學出版社,2009。

17. 顧頡剛:《古史辨》(第一冊)、(第五冊),上海古籍出版社,1982。

18. 顧頡剛:《中國上古史研究講義》,中華書局,2009。

19. 顧頡剛:《秦漢的方士與儒生》,上海世紀出版集團,2005。

20. 徐復觀:《兩漢思想史》,華東師範大學出版社,2004。

21. 徐復觀:《中國思想史論集續編》,上海書店出版社,2005。

22. 徐復觀:《中國人性論史》(先秦篇),上海三聯書店,2001。

23. 張立文:《中國哲學範疇發展史》(天道篇),中國人民大學出版社,1988。

24. 張立文、張緒通、劉大椿:《道學與中國文化》,人民出版社,1996。

25. 李零:《中國方術續考》,東方出版社,2000。

26. 李零:《簡帛古書與學術源流》,生活・讀書・新知三聯書店,2004。

27. 孫開泰:《鄒衍與陰陽五行》,山東文藝出版社,2004。

28. 孫開泰:《先秦諸子精神》,鳳凰出版社,2010。

29. 徐興無:《劉向評傳》,南京大學出版社,2005。

30. 徐興無:《讖緯文獻與漢代文化構建》,中華書局,2003。

31. 羅根澤:《古史辨》(第六冊),上海古籍出版社,1982。

32. 杜國庠文集編輯小組:《杜國庠文集》,人民出版社,1962。

33. 祝瑞開:《兩漢思想史》,上海古籍出版社,1989。

34. 〔清〕姚永樸:《諸子考略》,中華印刷局,民國17。

35. 王德箴：《先秦學術思想史》，美吉印刷社，民國 24。

36. 王伯祥、周振甫：《中國學術思想演進史》，亞細亞書局，1935。

37. 顧實：《漢書藝文志講疏》，上海古籍出版社，2009。

38. 陳柱：《諸子概論》，中國書籍出版社，2006。

39. 楊向奎：《西漢經學與政治》，獨立出版社，2000。

40. 楊寬：《西周史》，上海人民出版社，2003。

41. 馮友蘭：《中國哲學史》，華東師範大學出版社，2008。

42. 任繼愈：《中國哲學史》，人民出版社，1979。

43. 張岱年：《中國哲學大綱》，中國社會科學出版社，1982。

44. 張舜徽：《周秦道論發微》，中華書局，1982。

45. 馮契：《中國古代哲學的邏輯發展》（上冊），上海人民出版社，1983。

46. 劉文英：《中國哲學史》（上卷），南開大學出版社，2002。

47. 劉澤華：《中國的王權主義》，上海人民出版社，2000。

48. 李澤厚：《中國古代思想史論》，天津社會科學院出版社，2004。

49. 蕭公權：《中國政治思想史》，遼寧教育出版社，1998。

50. 勞思光：《新編中國哲學史》（第二卷），廣西師範大學出版社，2005。

51. 楊榮國：《中國古代思想史》，人民出版社，1973。

52. 孫以楷：《道家與中國哲學》（先秦卷），人民出版社，2004。

53. 黃天樹：《黃天樹古文字論集》，學苑出版社，2006。

54. 卿希泰、唐大潮：《道教史》，中國社會科學出版社，1994。

55. 步近智、張安奇：《中國學術思想史稿》，中國社會科學出版社，2007。

56. 劉翔：《中國傳統文化價值觀詮釋學》，上海三聯書店，1996。

57. 梁濤：《郭店楚簡與思孟學派》，中國人民大學出版社，2008。

58. 李劍農：《中國古代經濟史稿》（先秦兩漢部分），武漢大學出版社，2005。

59. 於首奎：《兩漢哲學新探》，四川人民出版社，1988。

60. 金春峰：《漢代思想史》，中國社會科學出版社，2006。

61. 周桂鈿：《秦漢思想史》，河北人民出版社，2000。

62. 唐君毅：《中國哲學原論·導論篇》，中國社會科學出版社，2005。

63. 林劍鳴：《秦漢史》，上海人民出版社，1989。

64. 謝松齡：《天人象：陰陽五行學說史導論》，山東文藝出版社，1989。

65. 池萬興：《管子研究》，高等教育出版社，2004。

66. 章權才：《兩漢經學史》，廣東人民出版社，1990。

67. 郭沂：《郭店竹簡與先秦學術思想》，上海教育出版社，2001。

68. 李輯：《中國遠古暨三代思想史》，人民出版社，1994。

69. 呂思勉：《先秦學術概論》，雲南人民出版社，2005。

70. 葛兆光：《中國思想史》（第一卷），復旦大學出版社，2001。

71. 龐樸：《帛書五行篇研究》，齊魯書社，1980。

72. 裘錫圭：《古代文史研究新探》，江蘇古籍出版社，1992。

73. 陳來：《竹帛五行與簡帛研究》，生活‧讀書‧新知三聯書店，2009。

74. 白奚：《稷下學研究》，生活‧讀書‧新知三聯書店，1998。

75. 王處輝：《中國社會思想史》，南開大學出版社，2003。

76. 劉蔚華、趙宗正：《山東古代思想家》，山東人民出版社，1985。

77. 顧文炳：《陰陽新論》，遼寧教育出版社，1993。

78. 殷南根：《五行新論》，遼寧教育出版社，1993。

79. 高晨陽：《中國傳統思維方式研究》，山東大學出版社，1994。

80. 楊權：《新五德理論與西漢政治──「堯後火德說」考論》，中華書局，2006。

81. 王永祥：《董仲舒評傳》，南京大學出版社，1995。

82. 於琨奇：《秦始皇評傳》，南京大學出版社，2006。

83. 王葆玹：《今古文經學新論》，中國社會科學出版社，1997。

84. 張實龍：《董仲舒學說內在理路探析》，浙江大學出版社，2007。

85. 郝繼東：《劉向及〈新序〉述評》，線裝書局，2008。

86. 王啓敏：《劉向〈新序〉〈說苑〉研究》，安徽大學出版社，2011。

87. 吳全蘭：《劉向哲學思想研究》，中國社會科學出版社，2007。

88. 金德建：《司馬遷所見書考》，上海人民出版社，1963。

89. 葛志毅：《譚史齋論稿續編》，黑龍江人民出版社，2004。

90. 馮達文、郭齊勇：《新編中國哲學史》（上冊），人民出版社，2004。

91. 孟祥才、胡新生：《齊魯思想文化史～從地域文化到主流文化》（先秦秦漢卷），山東大學出版社，2002。

92. 羅振玉：《羅雪堂先生全集三編》（第二冊），文華出版公司，民國59。

93. 胡厚宣：《甲骨文合集釋文》（二），中國社會科學出版社，1999。

94. 姚孝遂、肖丁：《小屯南地甲骨考釋》，中華書局，1985。

95. 饒宗頤：《梵學集》，上海古籍出版社，1993。

96. 饒宗頤：《中國史學上之正統論》，上海遠東出版社，1996。

97. 饒宗頤：《饒宗頤二十世紀學術文集》（第二冊）、（第五冊）、（第八冊），

新文豐出版股份有限公司，民國 92。

98. 雷家驥：《兩漢至唐初的歷史觀念與意識》，書目文獻出版社，1987。

99. 羅光：《中國哲學思想史》（兩漢、南北朝篇），臺灣學生書局，民國 67。

100. 金耀基：《中國民本思想史》，臺灣商務印書館，民國 82。

101. 王夢鷗：《鄒衍遺說考》，臺灣商務印書館，民國 55。

102. 李威熊：《董仲舒與西漢學術》，文史哲出版社，民國 67。

103. 韋政通：《董仲舒》，東大圖書股份有限公司，民國 75。

104. 李漢三：《先秦兩漢之陰陽五行學說》，維新書局，民國 57。

105. 鄺芷人：《陰陽五行及其體系》，文津出版社，民國 81。

國外學術著作

1. 〔美國〕陳榮捷：《中國哲學文獻選編》楊儒賓譯，江蘇教育出版社，2006。

2. 〔美國〕史華慈：《古代中國的思想世界》程鋼譯，江蘇人民出版社，2007。

3. 〔美國〕艾蘭、汪濤、范毓周：《中國古代思維模式與陰陽五行說探源》，江蘇古籍出版社，1998。

4. 馬振鐸、袁爾鉅：《日本學者論中國哲學史》，中華書局，1986。

5. 〔日本〕井上聰：《先秦陰陽五行》，湖北教育出版社，1997。

6. 〔日本〕溝口雄三、小島毅：《中國的思維世界》孫歌等譯，江蘇人民出版社，2006 年。

7. 〔日本〕安居香山、中村璋八：《緯書集成》，河北人民出版社，1994 年。

8. 〔日本〕小野澤精一、福永光司、山井湧：《氣的思想～中國自然觀與人的觀念的發展》李慶譯，上海人民出版社，2007 年。

9. 〔日本〕武內義雄：《中國哲學思想史》汪馥泉譯，商務印書館，1939。

10. 〔日本〕高島吞象：《高島易斷》王治本譯，北京圖書館出版社，1997。

11. 〔英國〕李約瑟：《中國古代科學思想史》陳立夫譯，江西人民出版社，2006。

12. 〔英國〕魯惟一：《漢代的信仰、神話和理性》王浩譯，北京大學出版社，2009。

13. 〔英國〕崔瑞德、〔英國〕魯惟一：《劍橋中國秦漢史》楊品泉、張書生等譯，中國社會科學出版社，1995。

14. 〔法國〕列維·布留爾：《原始思維》丁由譯，商務印書館，1981。

15. 〔法國〕列維·斯特勞斯：《野性的思維》李幼蒸譯，中國人民大學出版社，2006。

學術期刊

1. 張豈之：《真孔子和假孔子》,《西北大學學報（哲學社會科學版）》,1978 年第 4 期。

2. 張豈之：《論中華文化的「會通」精神》,《中國文化研究》,2011 年夏之卷。

3. 龐樸：《五行思想三題》,《山東大學學報》,1964 年第 1 期。

4. 龐樸：《陰陽五行探源》,《中國社會科學》,1984 年第 3 期。

5. 孫開泰：《陰陽家鄒衍的『天人合一』思想——『陰陽』是開啟『五行』的鑰匙》,《管子學刊》,2006 年第 2 期。

6. 孫開泰：《鄒衍年譜》,《管子學刊》,1990 年第 2 期。

7. 趙紀彬：《陰陽五行學派的代表——鄒衍》,《中國哲學史研究》,1985 年第 2 期。

8. 李學勤：《帛書〈五行〉與〈尚書·洪範〉》,《學術月刊》,1986 年第 11 期。

9. 于省吾：《殷代的交通工具和馹傳制度》,《吉林大學社會科學學報》,1955 年第 2 期。

10. 牟宗三：《陰陽家與科學》,《理想與文化》,1942 年第 1 期。

11. 湯一介、莊印：《董仲舒的哲學思想及其歷史評價》,《北京大學學報》,1963 年第 3 期。

12. 葛兆光：《復數的中國文化傳統》,《中華國學研究》,2008 年第 1 期。

13. 劉家和：《論漢代春秋公羊學的大一統思想》,《史學理論研究》,1995 年第 2 期。

14. 劉寶才：《水德與秦制》,《西北大學學報（哲學社會科學版）》,1986 年第 1 期。

15. 蔡德貴：《齊學·魯學與稷下學宮》,《東嶽論叢》,1987 年第 3 期。

16. 方光華：《春秋戰國時期思想解放與社會進步》,《史學理論研究》,2005 年第 4 期。

17. 范立舟：《陰陽五行與中國傳統歷史觀念》,《管子學刊》,1997 年第 2 期。

18. 胡孚琛：《齊學芻議》,《管子學刊》,1987 年第 1 期。

19. 陳江風：《五德終始理論與中國古代政權更迭兩種方式之關係》,《河南大學學報》,1995 年第 3 期

20. 宮欣旺：《論「五德終始說」的政治意識形態意蘊及其功能》,《中共銀川市委黨校學報》,2007 年第 3 期。

21. 章啟群：《兩漢經學觀念與占星學思想——鄒衍學說的思想史意義探

幽》,《哲學研究》,2009 年第 3 期。

22. 蔣重躍:《五德終始說與歷史正統觀》,《南京大學學報（哲學、人文科學、社會科學版）》,2004 年第 2 期。

23. 朱森縛:《試論陰陽五行家鄒衍及其學說》,《貴州社會科學》,1980 年第 3 期。

24. 王珏、胡新生:《論鄒衍五德終始說的思想淵源》,《理論學刊》,2006 年第 2 期。

25. 胡克森:《從五行說到鄒衍五德終始說理論的中間環節》,《北京行政學院學報》,2010 年第 1 期。

26. 王保頂:《論董仲舒五德終始說的影響及終結》,《史學月刊》,1996 年第 2 期。

27. 趙瀟:《論五德終始說在秦的作用和影響》,《齊魯學刊》,1994 年第 2 期。

28. 龐天祐:《略論秦漢時期的歷史循環思想》,《鄭州大學學報》,2000 年第 5 期。

29. 宋豔萍:《陰陽五行與秦漢政治史觀》,《史學史研究》,2001 年第 3 期。

30. 王勇:《漢初文化軟實力思想與武帝太初改制》,《求索》,2010 年第 4 期。

31. 黃樸民:《兩漢五德終始說種種及其實質》,《歷史教學》,1989 年第 4 期。

32. 湯其領:《秦漢五德終始初探》,《史學月刊》,1995 年第 1 期。

33. 鄭明璋:《論董仲舒與陰陽五行學說的政治化》,《管子學刊》,2006 年第 4 期。

34. 王繼訓:《劉向陰陽五行學說初探》,《孔子研究》,2002 年第 1 期。

35. 陳邦懷:《永盂考略》,《文物》,1972 年第 11 期。

36. 清華大學出土文獻研究與保護中心:《清華大學藏戰國竹簡〈保訓〉釋文》,《文物》,2009 年第 6 期。

學位論文

1. 孫秀偉:《董仲舒「天人感應」論與漢代的天人問題》,陝西師範大學,2010。

2. 黃磊:《歷史循環論和其他》,復旦大學,2008。

3. 張偉偉:《五德終始說研究》,蘭州大學,2008。

4. 崔濤:《董仲舒政治哲學發微》,浙江大學,2004。

5. 彭華:《陰陽五行研究（先秦篇）》,華東師範大學,2004。

6. 李華:《九鼎與鄒衍的五德終始說》,山東大學,2003。

7. 汪高鑫:《董仲舒與兩漢史學思想研究》,北京師範大學,2002。

8. 陳業新:《災害與西漢社會研究》,華中師範大學,2001。

後　記

2014 年 6 月下午的某一天，熊哥打來了電話，告知臺灣的花木蘭文化出版社要對張豈之先生指導過的博士論文進行出版，我非常高興，但在興奮之餘，又多了幾分惶恐，博士畢業快兩年了，博士學位論文卻一直丟在廢紙堆裏，幾乎沒有再去看過，更別說修訂了。

2009 年的 9 月，我來到西北大學中國思想文化研究所，拜在張豈之先生門下，攻讀中國思想史專業的博士學位。讀研期間，在博哥、慶龍的帶領下，喝酒、打牌成了我除讀書之外，最大的愛好。每每上完晚自習回到宿舍，博哥總是會擺下豐盛的晚宴，大家觥籌交錯，把酒言歡。三年散漫的碩士生活，導致我一時很難適應思想所嚴謹的學風與刻苦的治學傳統，迷茫、彷徨時刻縈繞著我，幸有諸多師兄、同窗、師弟的襄助，愚鈍的我才能得以順利的完成學業。

建鍾師兄對我是毫無保留的，他的酒量雖難以讓人恭維，但在畢業論文寫作、期刊論文發表等方面，卻給予了我極大的幫助。劉哥是我的舍友，三年來，我幾乎沒有打掃過宿舍，但劉哥卻用秦腔般的渾厚胸襟包容了我，從羊肉燴麵到葫蘆頭再到肉夾饃，請我吃了無數次的飯，幫我解決了無數的難題。張哥、石姐、傳頌、標子與我是同級的博士生，大家來自五湖四海，但卻是一個和諧的大家庭。我們會聊天聊到半夜、用標子煮飯的鍋傻傻的吃著火鍋，喝著小酒、更會因為一個學術問題爭論的面紅耳赤。

小鑫是我的師弟，但他自詡是我的軍師，而我則是他的愛情顧問兼生活上的管家，每天晚上，我倆都會在校園裏散步、談論夾雜著生活氣息的學術話題、去操場鍛鍊身體，儘管小鑫連 800 米都跑不下來，但在愛情的道路上，他卻一直奔跑著，從海拉爾狂奔到了天涯海角。小鑫的「冰、典、春」理論、永志師弟的「一把刀」理論更是為枯燥的生活增添了一抹色彩。

建鍾師兄去了重慶、劉哥回到了延安、張哥去了合肥、石姐輾轉到了漢中、標子則去了荊州、傳頌留在了所裏，小鑫遠涉到了海口，大家天各一方，但每每想到求學時的點點滴滴，雖有「天涯共此時」之趣，但更多的卻是「天涯若比鄰」之感。

2012 年 9 月，遠離父母，和妻子一起來到了河北邢臺學院工作，異鄉生活的驚喜、師生角色轉換的驚奇，使生活變得舒適、愜意；也使自己變得懈怠、懶惰。在各種瑣事與應酬中疲於奔命，並希望將因求學而缺失的物質歡愉一次性彌補回來，自己開始懶得看書，更怠於提筆寫作，幸得妻子的及時告誡，才使得我逐漸認識到爲學的關鍵在於持之以恆，更讓我體悟到了在思想所學習三年不僅僅是取得了一個博士學位，更重要的是要將思想所所秉承的諸如：編寫資料長編等優良的學術傳統運用到實際的學術研究與工作當中去。妻子不僅是我學術上的伴侶，他還在生活中照顧我、關心我，並包容我的壞脾氣和習慣性的熬夜。

廢話已多，不在累述！

首先，感謝張豈之先生在畢業論文框架、觀點醞釀、資料搜集等方面給予我的指導與教誨，特別是先生在得知我爲歷史本科生講授《中國思想史》的課程以後，特意郵寄給我他最新編著的《中國思想史》教材，並逐一叮囑我授課過程中需要注意的事項，先生一言一行所散發出來的人格魅力，讓我受用終生。

感謝謝揚舉老師、方光華老師、張茂澤老師、劉薇老師、陳戰峰老師、宋玉波老師、鄭熊老師、李江輝老師、夏紹熙老師在求學期間給予我的點撥與幫助。

其次，我要感謝聊城大學歷史文化學院的江心力老師、李泉老師、陳德正老師、李增洪老師、李桂民老師、官士剛老師、李德楠老師，是他們把愚鈍的我引領到了學術研究領域。

再次，我要感謝臺灣花木蘭文化出版社對我博士論文的認可，以及楊嘉樂女士、邱亞麗女士對我拙作出版所提供的幫助。

最後，我要感謝我的父母，謝謝他們對我工作的支持，對我生活的理解。

藏明

2014 年 7 月 14 日於邢臺學院